高等职业教育"十二五"规划教材

教育部高等学校高职高专汽车类专业教学指导委员会推荐精品课程教材

汽车舒适与安全系统的诊断与修复

主　编　李　英　　郭进国
副主编　王文龙　　何宝文　　赵连强
主　审　白　晶

上海交通大学出版社

内 容 提 要

本书包括四个学习情境。其中：汽车空调系统的诊断与修复介绍汽车空调系统的组成及工作原理、汽车空调系统的使用与维护、汽车空调系统的诊断与修复、汽车自动空调系统的组成和工作原理、汽车自动空调系统的诊断与修复；汽车车身附件系统的诊断与修复介绍汽车电动座椅的诊断与修复、汽车电动车窗的诊断与修复、汽车电动顶窗的诊断与修复、汽车电动后视镜的诊断与修复、汽车中央门锁系统的诊断与修复、汽车巡航系统的诊断与修复；汽车安全系统的诊断与修复介绍汽车安全气囊系统的组成及工作原理、汽车安全气囊系统元件的结构和工作原理、汽车安全气囊系统的诊断与修复、汽车安全带系统的诊断与修复、汽车防碰撞系统的诊断与修复、汽车防盗系统的诊断与修复；汽车信息娱乐系统的诊断与修复介绍汽车导航系统的诊断与修复、汽车音响的诊断与修复、车载电话的诊断与修复。

本书强调实用性和实践性，可作为高职和中职院校汽车类专业的专业教材，也可供汽车制造企业、汽车维修企业、汽车运输企业的技术人员参考。

图书在版编目(CIP)数据

汽车舒适与安全系统的诊断与修复/李英,郭进国主编.
—上海：上海交通大学出版社,2012
高职汽车检测与维修专业规划教材双证系列
ISBN 978-7-313-08223-7

Ⅰ.汽…　Ⅱ.①李…②郭…　Ⅲ.汽车—安全装
置—检修—高等职业教育—教材　Ⅳ.U472.41

中国版本图书馆 CIP 数据核字(2012)第 041130 号

汽车舒适与安全系统的诊断与修复
李　英　郭进国　主编
上海交通大学出版社出版发行
(上海市番禺路 951 号　邮政编码 200030)
电话：64071208　出版人：韩建民
昆山市亭林印刷有限责任公司 印刷　全国新华书店经销
开本：787mm×1092mm 1/16　印张：17　字数：411 千字
2012 年 8 月第 1 版　2012 年 8 月第 1 次印刷
印数：1～3 030
ISBN 978-7-313-08223-7/U　定价：36.00 元

高等职业教育"十二五"规划教材

教育部高等学校高职高专汽车类专业教学指导委员会推荐精品课程教材

顾问

陈　宇　　中国就业促进会副会长、北京大学中国职业研究所所长、教授、博导

王建平　　中国人才交流协会汽车人力资源分会常务副会长、秘书长

余卓平　　中国汽车工程学会常务理事、同济大学汽车学院院长、教授、博导

王优强　　教育部高等学校高职高专汽车类专业教学指导委员会秘书长、教授、博导

陈关龙　　上海交通大学汽车工程学院常务副院长、教授、博导

荀逸中　　上汽集团华域汽车有限公司副总经理

任　勇　　东风日产乘用车公司副总经理

阮少宁　　广州元丰汽车销售服务有限公司董事长

委员

尹万建　　王秀贞　　董继明　　曹景升　　李　英　　王大鹏　　赵树国　　阎忠孝　　孙　雷　　苗全生

本书编写委员会

主　编　李　英　郭进国

副主编　王文龙　何宝文　赵连强

主　审　白　晶

序

　　我国作为世界汽车生产和消费大国,汽车产业的高速发展和汽车消费的持续增长,为国民经济的增长产生了巨大拉动作用。近年来,我国汽车专业职业教育事业取得了长足发展,为汽车行业输送了大量的人才。随着汽车产业的迅猛发展,社会对汽车专业人才提出了更高的要求。进一步深化人才培养模式、课程体系和教学内容的改革,提高办学质量,培养更多的适应新时代需要的具有创新能力的高技能、高素质人才,是汽车专业教育的当务之急。

　　作为汽车专业教育的重要环节,教材建设肩负着重要使命,新的形势要求教材建设适应新的教学要求。职业教育教材应针对学生自身特点,按照技能人才培养模式和培养目标,以应用性职业岗位需求为中心,以素质教育、创新教育为基础,以学生能力培养、技能实训为本位,使职业资格认证内容和教材内容有机衔接,全面构建适应 21 世纪人才培养需求的汽车类专业教材体系。

　　本书作者既有来自汽车专业教学一线的老师,也有来自行业和企业的专家,他们根据自己长期从事实际工作的经验,对人才培养模式和教学方法进行了新的探索和总结,并形成这一系列特点明显的创新教材。我觉得该系列教材有以下两个值得关注的亮点:

　　一是教材编写形式新颖。该系列教材按照理实一体化教学模式进行编写,在整个教学环节中,理论和实践交替进行,让学生在学中练、练中学,在学练中理解理论知识、掌握技能,达到学以致用的效果。

　　二是教材内容生动活泼。书中提供了大量详细、实用的案例,也穿插讲述了相关知识和技巧,引导学生积极参与教和学的过程,激发学生学习的热忱,增强学生学习的兴趣。

　　我衷心希望通过本系列教材的出版为我国高等职业教育汽车类专业教材的编写探索一个新的模式,也期待本系列教材的出版为我国汽车类专业人才培养和教育教学改革起到积极的推动作用。

北京大学中国职业研究所所长
中国就业促进会副会长
中华职业教育社专家委员会副主任
中国就业培训技术指导中心学术委员会主任

陈宇

(教授,博导)

2011 年 5 月

前　言

随着高等职业教育的快速发展,职业教育步入了以提高质量为重点的新阶段。《国家中长期教育改革和发展规划纲要(2010~2020年)》制定了"优先发展、育人为本、改革创新、促进公平、提高质量"的工作方针,明确提出"适应经济社会发展和科技进步的要求,推进课程改革,加强教材建设,建立健全教材质量监管制度"。提高教学质量的首要条件是开发满足企业发展需求的适于高职学生学习的具有高职特色的教材,使学生"想学",而且"能学",实现"学有所教、学有所成、学有所用"。

本着"以服务为宗旨,以就业为导向"的原则,在面向全国进行汽车维修行业分析和企业调研的基础上,确定了符合高职教育类型和层次的"汽车维修医生"的专业人才培养目标。在分析职业成长历程的基础上,确定了"汽车维护和拆装调整—各系统诊断与修理—整车诊断和性能检测"三阶递进式的工学结合课程体系。《汽车舒适与安全系统的诊断与修复》课程属于能力培养第二阶段,是一门重要的专业核心课程。课程对应的典型工作任务是:汽车安全与舒适系统故障排除,难度等级为中级。

本课程的前修课程有《汽车拆装与调整》、《汽车维护》、《发动机机械系统故障的诊断与修理》、《汽车电气系统故障的诊断与修理》、《汽油发动机管理系统故障的诊断与修理》等。本书主要培养学生利用现代检测设备进行安全与舒适系统的故障诊断、零部件检测及维修等专业能力,同时注重培养学生的社会能力和方法能力。专业能力主要包括:能正确分析汽车舒适与安全系统及部件的组成、结构和工作原理;能正确使用各种仪器和设备;能正确进行汽车舒适与安全系统的故障诊断;能正确进行汽车舒适与安全系统各部件的检测及维修。

汽车舒适与安全系统是汽车的重要部分,其性能的好坏直接影响到汽车的安全性和舒适性。随着汽车工业的不断发展,人们在努力追求汽车动力性、经济性的同时,对汽车行驶的安全性、稳定性和驾乘舒适性也提出了更新更高的要求,从而促使汽车舒适与安全系统采用微机控制并且由简单取代传统的机械调节,发展到通过微机对汽车各系统进行最优化控制,并向智能化方向发展。

汽车舒适与安全系统涉及面广、内容多,结构原理复杂,这就要求根据工作任务的需要合理地选择和组织学习内容。本书基于工作任务的需要选取内容,包括完成任务所需的知识和技能。基于工作过程的完整性和认知规律,本书的内容排序由四个学习情境构成:汽车空调系统的诊断与修复、汽车车身附件系统的诊断与修复、汽车安全系统的诊断与修复、汽车信息娱乐系统的诊断与修复。为了便于组织教学,每个学习情境下分为若干学习单元,每个学习单元都是相对独立的一个工作任务,每个学习单元都是一个完整的工作过程。每个单元的学习就是完成任务,在完成任务中理解知识、掌握技能、领悟过程,从而具备完成任务的能力。每个学习单元按照学习要求、学习内容、案例分析、测试习题编排。每个学习单元中,首先明确提出学习要求;接着按照学习要求组织学习内容;然后列举案例并进行分析,将学习内容与工作任务相结合;最后给出测试习题突出重点,帮助学生检查学习效果。

本书由北京现代职业技术学院汽车工程系李英老师担任主编,邢台职业技术学院汽车工程系郭进国老师担任第二主编,邢台职业技术学院汽车工程系王文龙老师和北京现代职业技术学院汽车工程系何宝文老师、赵连强老师担任副主编,北京现代职业技术学院汽车工程系白晶老师担任主审。具体分工如下:李英老师编写学习情境3,郭进国老师编写学习情境2和学习单元4.3,王文龙老师编写学习情境3,何宝文老师编写学习单元4.1,赵连强老师编写学习单元4.2。在本书的编写中,石家庄别克维修站技术总监曹利民给予了大力支持,各位老师、各位编辑都付出了辛苦的劳动,在此一并表示深深的感谢!

汽车技术发展迅速,作者水平有限,希望能与广大读者相互学习,共同提高。

编　者

目　　录

➠ 学习情境 1

汽车空调系统的诊断与修复

学习单元 1.1 汽车空调系统的认识

学习目标

掌握汽车空调系统的作用与组成,掌握空调制冷循环系统、空调通风、取暖、配气系统和空调电气控制系统的基本构成与工作原理。

空调即空气调节,是指在封闭的空间内,对空气温度、湿度、流速及空气的清洁度进行部分或全部调节的过程。空调是汽车现代化的标志之一,已成为现代汽车的标准装备。

1.1.1 汽车空调系统的作用与组成

1. 汽车空调的作用

汽车空调的主要功能是调节车内的温度、湿度、气流速度、空气洁净度等,从而为乘员创造清新舒适的车内环境。

(1) 调节车内的温度:汽车空调在冬季利用其采暖装置升高车室内的温度。轿车和中小型汽车一般以发动机冷却循环水作为暖气的热源,而大型客车则采用独立式加热器作为暖气的热源。在夏季,车内降温则由制冷装置完成。

(2) 调节车内的湿度:普通汽车空调一般不具备这种功能,只有高级豪华汽车采用的冷暖一体化空调器,才能对车内的湿度进行适量调节。它通过制冷装置冷却、去除空气中的水分,再由取暖装置升温以降低空气的相对湿度。但目前在汽车上还没有安装加湿装置,只能通过打开车窗或通风设施,靠车外新风来调节。

(3) 调节车内的空气流速:空气的流速和方向对人体舒适性影响很大。夏季,气流速度稍大,有利于人体散热降温;但过大的风速直接吹到人体上,也会使人感到不舒服。舒适的气流速度一般为 0.25m/s 左右。冬季,风速大了会影响人体保温,因而冬季采暖时气流速度应尽量小一些,一般为 0.15~0.20m/s。根据人体生理特点,头部对冷比较敏感,脚部对热比较敏感,因此,在布置空调出风口时,应采取上冷下暖的方式,即让冷风吹到乘员的头部,暖风吹到乘员的脚部。

(4) 过滤、净化车内的空气:由于车内空间小,乘员密度大,车内极易出现缺氧和二氧化碳浓度过高的情况。汽车发动机废气中的一氧化碳和道路上的粉尘、野外有毒的花粉都容易进入车内,造成车内空气污浊,影响乘员的身体健康,因此必须要求汽车空调具有补充车外新鲜空气、过滤和净化车内空气的功能。一般汽车空调装置上都设有进风门、排风门空气过滤装置和空气净化装置。

2. 汽车空调系统的组成

完善的汽车空调系统一般由制冷系统、取暖系统、配气系统、电气控制系统四大部分组成，严格说来，还应包括空气净化系统。高级轿车装备有碳罐、空气滤清器和静电除尘式净化器等一套较完整的空气净化系统，而在普通轿车中，空气净化的任务则由蒸发器直接完成。

（1）制冷系统：由压缩机、冷凝器、储液干燥器（或集液器、积累器）、膨胀阀（或膨胀节流管、孔管）、蒸发器、冷凝器散热风扇、制冷管路、制冷剂等组成，如图 1-1-1 所示。

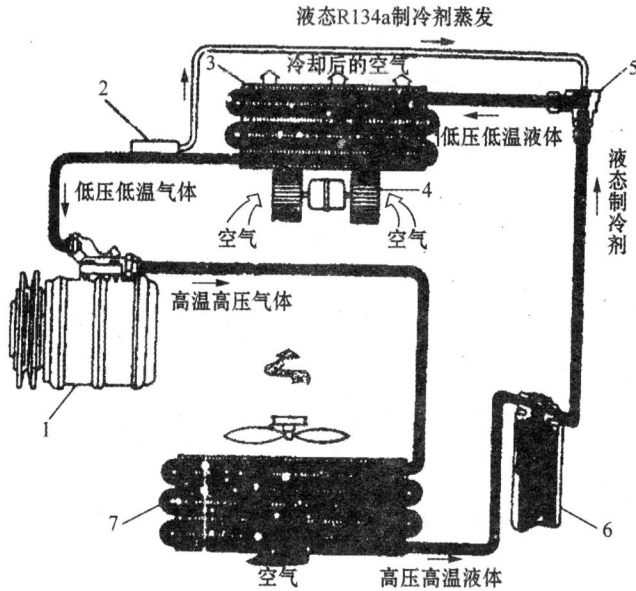

图 1-1-1　制冷系统的结构

1—压缩机；2—感温包；3—蒸发器；4—鼓风机；5—膨胀阀；6—储液干燥器；7—冷凝器

压缩机输出侧、高压管路、冷凝器、储液干燥器和液体管路构成高压侧；蒸发器、积累器、回气管路、压缩机输入侧和压缩机油池构成低压侧。压缩机是空调系统高、低压侧的分界点；膨胀阀或孔管是高、低压侧的另一分界点。制冷剂的压缩、冷凝、膨胀和蒸发，是汽车空调的基本过程，而实现这一过程是依靠高、低压侧的各种组件完成的。

（2）取暖系统：由加热器、水阀、水管、发动机冷却液等组成，如图 1-1-2 所示。

（3）配气系统：由进气模式风门、鼓风机、混合气模式风门、气流模式风门、导风管等组成。汽车室内或室外未经调节的空气，经鼓风机作用送至蒸发器或加热器处，此时已被调节成冷空气或暖空气的空气流，根据风门模式伺服电动机开启角度而流向相应的出风口，见图 1-1-3。

（4）控制电路：包括点火开关、A/C 开关、电磁离合器、鼓风机开关及调速电阻器、各种温度传感器、制冷剂高低压力开关、温度控制器、送风模式控制装置、各种继电器。近几年来高级轿车上普遍采用了计算机自动控制，大幅度降低了人工调节的麻烦，提高了空调经济性和调节效果。

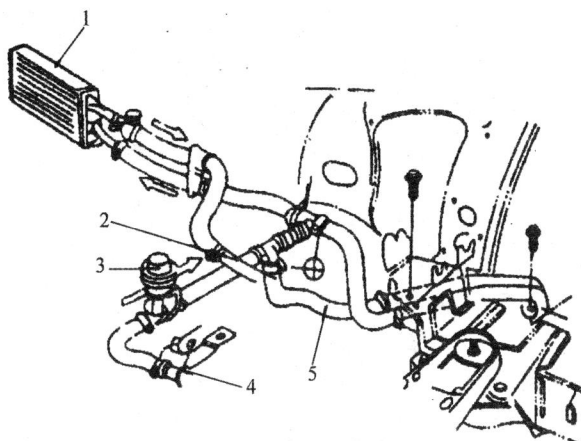

图 1-1-2　取暖系统供水管

1—加热器;2—发动机进水管;3—水阀;4—发动机出水管;5—预热管

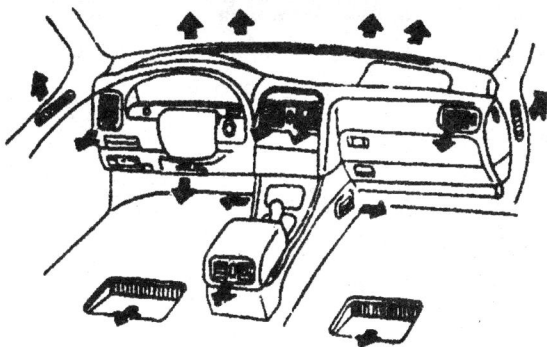

图 1-1-3　配气系统风门布置图

1.1.2　汽车空调制冷循环系统

1. 汽车空调制冷循环系统的工作原理

蒸气压缩式制冷装置由压缩机、冷凝器、膨胀阀、蒸发器这四大部件加上一些辅助设备,用管道依次连接组成。同样,汽车制冷系统也由制冷四大部件以及辅助设备和耐氟软管组成,制冷剂在封闭的系统中循环流动。下面就图 1-1-4 说明其制冷基本原理。

压缩机运转时,将蒸发器内产生的低压低温蒸气吸入气缸,经过压缩后,使蒸气的压力和温度增高后排入冷凝器。在冷凝器中高温高压的制冷剂蒸气与外面的空气进行热交换,放出热量使制冷剂冷凝成高压液体,然后流入干燥贮液器,并过滤流出。

经过膨胀阀的节流作用,压力和温度急剧下降,制冷剂以低压的气液混合状态进入蒸发器。在蒸发器里,低压制冷剂液体沸腾气化,吸取车厢内空气的热量,然后又进入压缩机进行下一轮循环。这样,制冷剂便在封闭的系统内经过压缩、冷凝、节流和蒸发四个过程,完成了一个制冷循环。

在制冷系统中,压缩机起着压缩和输送制冷剂蒸气的作用,它是整个系统的心脏。膨胀阀对制冷剂起节流降压作用,同时调节进入蒸发器制冷剂液体的流量,它是系统高低压的分界

笔记

膨胀阀
(高压高温液体制冷剂转
变为低压低温液体制冷剂。
控制进入蒸发器的制冷剂
的温度和流量)

蒸发器
(液体制冷剂在蒸发器
里蒸发吸热,用来降低
室内温度)

风机
(低噪声双轴端风机
向室内吹冷气)

压缩机
(低温低压气态制冷剂
进入压缩机,被压缩成
高温高压气态制冷剂
后送入冷凝器)

冷凝器
(从压缩机来的气态
制冷剂被冷却转变
为液态,送入储液干燥器)

储液器
(从冷凝器来的液体制冷剂
里的水分和污垢经过滤后
送入膨胀阀,通过视液镜可
观察制冷剂)

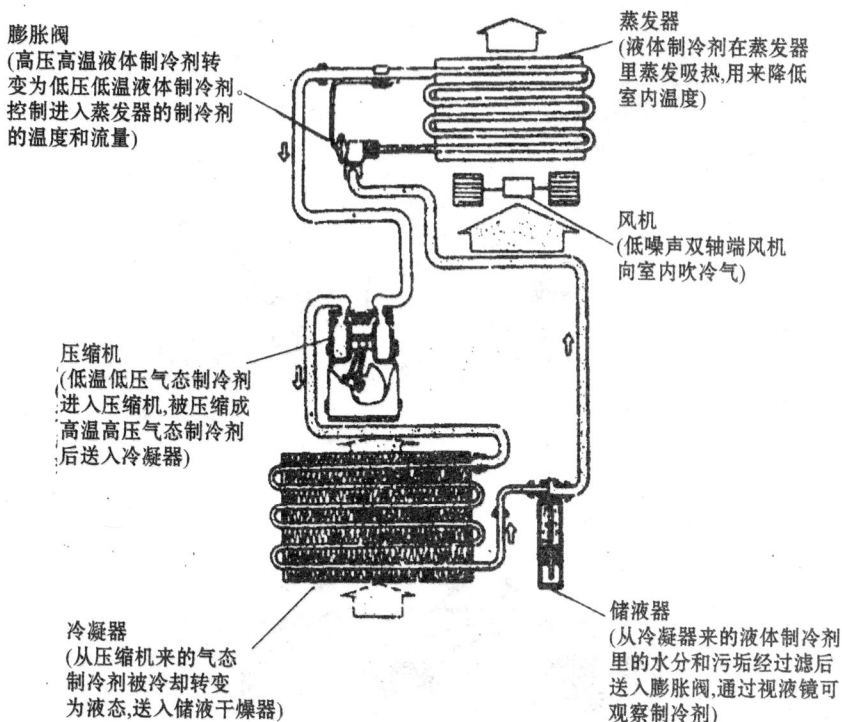

图 1-1-4 汽车空调制冷系统的工作原理图

线。蒸发器是输出冷量的设备,制冷剂在其中吸收被冷却空气的热量实现降温。冷凝器是放出热量的设备,从蒸发器中吸收的热量连同压缩机消耗功能所转化的热量一起从冷凝器让冷却空气带走。压缩机所消耗的功到了补偿作用,只有消耗了外界的功,制冷剂才能把从车内较低温度的空气中吸取的热量,不断地传递到车外较高温度的空气中去,从而达到制冷的目的。

当然,为提高空调系统的可靠性、安全性和舒适性,在系统中还有不少辅助控制元件,而且大型客车空调器比轿车空调器更复杂。图 1-1-5 是客车上采用的冷气装置流程示意图。图中除了基本循环的流程外,还有一路旁通回路。旁通回路的作用是调节制冷量,可根据热负荷大小来调整制冷量大小。

当热负荷较小时,电磁阀打开,有一半的制冷剂直接流到压缩机吸气管,而不经过冷凝器、储液器、蒸发器等部件。因此,制冷量减少,同时也减少了发动机的负载。当环境温度较低时,由于低压的作用而使自动旁通阀打开。这样,还能减少制冷量使得蒸发器能够除霜。这种除霜方法称为压力式除霜。

2. 汽车空调制冷循环系统的组成

汽车空调制冷系统由压缩机、热交换器、储液干燥器(或集液器)、膨胀阀(或孔管)、温度和压力控制装置、压缩机保护系统等组成,下面分别介绍主要功能部件的结构、原理。

1) 压缩机

压缩机是汽车空调制冷系统的心脏,其作用是维持制冷剂在制冷系统中的循环流动,吸入来自蒸发器的低温、低压制冷剂蒸气,压缩制冷剂蒸气使其压力和温度升高,并将制冷剂蒸气送往冷凝器。压缩机和膨胀阀是制冷系统中低压和高压、低温和高温的分界。

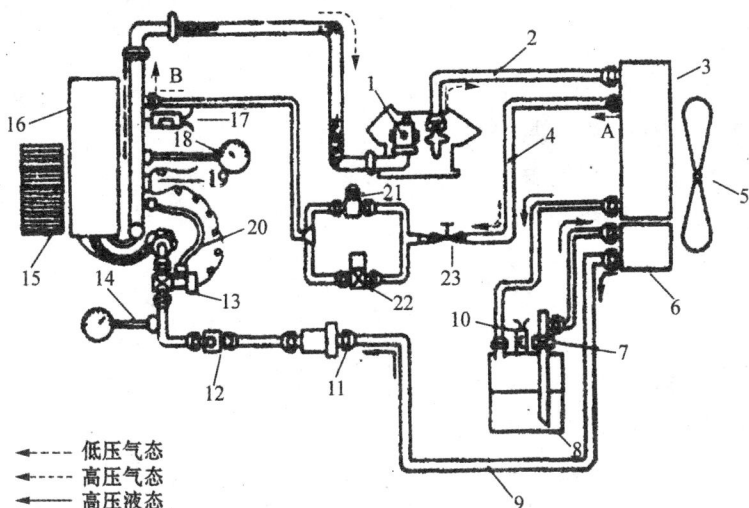

图 1-1-5　客车制冷装置流程图

1—压缩机；2—排气管；3—冷凝器；4—旁通路；5—风扇；6—过冷器；7—截止阀；8—储液器；9—供液管；10—高压继电器；
11—过滤器；12—视液器；13—膨胀阀；11—高压表；11—鼓风机；16—蒸发器；17—低压继电器；11—低压表；
19—感温包；20—平衡管；21—自动旁通阀；22—电磁阀；23—截止阀

汽车空调压缩机与一般用途的压缩机相比，在结构和性能上有下列特殊的要求：

（1）制冷能力强，尤其要求有良好的低速性能，以确保汽车在低速行驶和息速时也有足够的制冷能力。

（2）节省动力，尤其是汽车在高速行驶时动力消耗不能过大，否则不仅使经济性降低，还会影响汽车的动力性。

（3）对于轿车和轻型汽车来说，压缩机必须在发动机舱有限的空间内安装固定，因此要求压缩机的体积和质量都要小。

（4）汽车在高温息速情况下，发动机舱里的压缩机温度可达 120℃；汽车行驶时颠簸振动也很大，要求压缩机在高温和颠振的情况下能正常工作。

（5）要求压缩机启动、运转平稳，振动小，噪声低，工作可靠。

用于汽车制冷系统的压缩机按运动形式可分为：

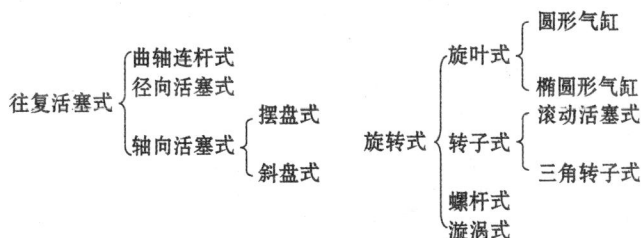

往复活塞式 {
曲轴连杆式
径向活塞式
轴向活塞式 {
摆盘式
斜盘式
}
}

旋转式 {
旋叶式 {
圆形气缸
椭圆形气缸
}
转子式 {
滚动活塞式
三角转子式
}
螺杆式
漩涡式
}

按压缩机工作时工作容量是否变化可分为定容量式和变容量式。

2）热交换器

汽车空调中的冷凝器和蒸发器统称为热交换器。热交换器的性能直接影响汽车空调的制冷性能，而且金属材料消耗大、体积大。它的重量要占整个汽车空调装置重量的 50%～70%，它所占据的空间直接影响汽车的有效容积,布置起来又很困难,所以,使用高效热交换器是极为重要的。

(1)冷凝器:其作用是把压缩机排出的高温、高压制冷剂气体,通过冷凝器将热量散发到车外空气中,从而使高温、高压的制冷剂气体冷凝成较高温度的高压液体。汽车空调冷凝器有管片式、管带式及平行流式三种结构形式。

(2)蒸发器:其作用是将经过节流降压后的液态制冷剂在蒸发器内沸腾气化,吸收蒸发器表面周围空气的热量而降温,风机再将冷风吹到车室内,达到降温的目的。

汽车车厢内的空间小,对空调器尺寸有很大的限制,为此要求空调器(主要是蒸发器)具有制冷效率高、尺寸小、重量轻等特点。

汽车空调蒸发器有管片式、管带式、层叠式三种结构。

(3)储液干燥器与集液器:

①储液干燥器。串联在冷凝器与膨胀阀之间的管路上,使从冷凝器中来的高压制冷剂液体经过滤、干燥后流向膨胀阀。在制冷系统中,它起到储存、干燥和过滤制冷剂中杂质的作用。

储液器的功能是储存液化后的高压液态制冷剂。根据制冷负荷的大小需要,随时供给蒸发器。同时还可补充制冷系统因微量渗漏的损失量。

干燥的目的是防止水分在制冷系统中造成冰堵。水分主要来自新添加的润滑油和制冷剂中所含的微量水分。当这些水分-制冷剂混合物通过节流装置时,由于压力和温度下降,水分便容易析出凝结成冰,造成系统堵塞的"冰堵"故障。

在中小型汽车空调系统中,一般将具备储液、干燥、过滤三种功能的装置组成一体,这个容器称为储液干燥器。图1-1-6是其结构原理图。从冷凝器来的液态制冷剂,从入口处进入,经滤网和干燥剂除去水分和杂质后进入引出管,从出口流向膨胀阀。

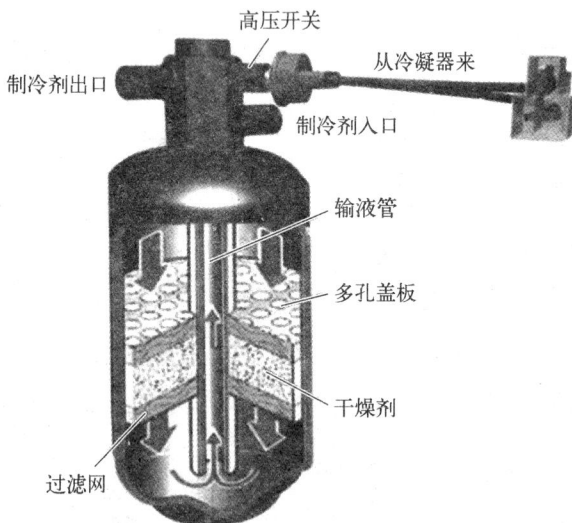

图1-1-6　储液干燥器

干燥剂是一种能从气体、液体或固体中除掉潮气的固体物质,一般常用的有硅胶及分子筛。分子筛是一种白色球状或条状吸附剂,对含水分低、流速大的液体或气体有极高的干燥能力。它不但使用寿命长,还可经再生处理后重新使用,缺点是价格较贵。

为了保证系统安全工作,目前使用的储液干燥器上都安装了高、低压保护开关。

② 集液器:与储液干燥器类似,但它装在系统的低压侧压缩机入口处。装有集液器的空调系统通常使用孔管,因而它是孔管式循环离合器空调系统的特征之一。

集液器的主要功能是防止液态制冷剂液冲击压缩机。因为压缩机是容积式泵,设计上不允许压缩液体。集液器也用于贮存过多的液态制冷剂,内含干燥剂,起储液干燥器的作用。结构见图 1-1-7。

制冷剂从集液器上部进入,液态制冷剂落入容器底部,气态制冷剂积存在上部,并经上部出气管进入压缩机。在容器底部,出气管回弯处装有带小孔的过滤器,允许少量积存在管弯处的冷冻油返回压缩机,但液体制冷剂不能通过,因而要用特殊过滤材料。

低压侧的压力控制器,如循环离合器系统控制蒸发器温度的压力开关,常装在集液器上。集液器中干燥剂的组成和特性,和储液干燥器内完全一样。

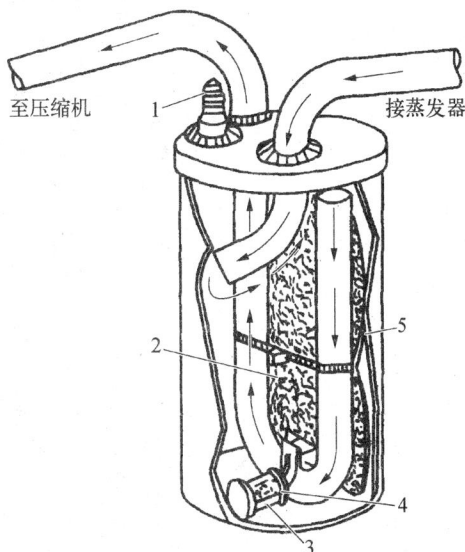

图 1-1-7　集液器
1—测试孔口;2—干燥剂;
3—滤网;4—泄油孔;5—出气管

(4) 膨胀节流装置:主要有热力膨胀阀、H 型膨胀阀与膨胀节流管等。下面分别对其进行介绍。

① 热力膨胀阀:是制冷系统中自动调节制冷剂流量的元件,广泛应用于各种空调制冷系统中。热力膨胀阀的工作特性好坏直接影响整个制冷系统能否正常工作。热力膨胀阀具有节流降压、自动调节制冷剂流量和控制制冷剂流量、防止液击和异常过热发生等作用。

② H 型膨胀阀:是一种整体型膨胀阀,它取消了外平衡式膨胀阀的外平衡管和感温包,直接与蒸发器进出口相连。

H 型膨胀阀因其内部通路形同 H 而得名,其安装位置及工作原理如图 1-1-8 所示。它有 4 个接口通往空调系统,其中两个接口和普通膨胀阀一样,一个接集储器十燥器出口,另一个接蒸发器进口。但另外两个接口,一个接蒸发器出口,另一个接压缩机进口。感温包和毛细管均由膜片下面的感温元件所取代,感温元件处在进入压缩机的制冷剂气流中。H 型膨胀阀结构紧凑、性能可靠,符合汽车空调的要求。

H 型膨胀阀安装在蒸发器的进出管之间,阀上端直接暴露在蒸发器出口工质中,感应温度不受环境影响,也不需要通过毛细管而造成时间滞后提高调节灵敏度。由于该膨胀阀无感温包、毛细管和外平衡接管,可免除因汽车颠簸、振动使充注系统断裂外漏以及感温包包扎松动,而影响膨胀阀的正常工作,提高了膨胀阀的抗振性能。

③ 膨胀节流管:是一种固定孔口的节流装置,其两端都装有过滤网,以防堵塞。膨胀节流管直接安装在冷凝器出口和蒸发器进口之间。

由于其不能调节流量,液体制冷剂很可能流出蒸发器而进入压缩机,造成压缩机液击。为此,装有膨胀节流管的系统,必须同时在蒸发器出口和压缩机进口之间,安装一个气液分离器

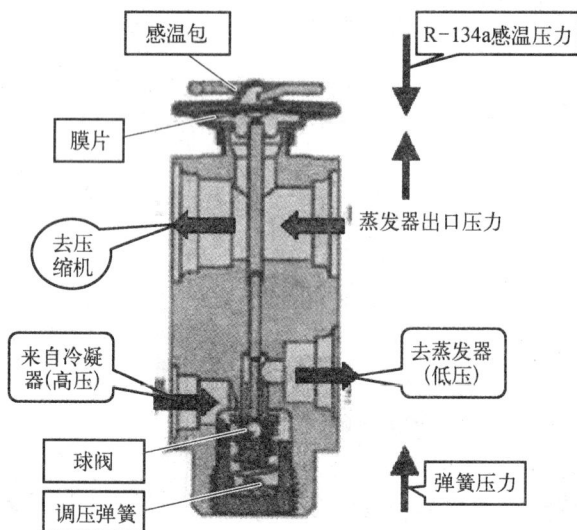

感温包

R-134a感温压力

膜片

蒸发器出口压力

去压缩机

来自冷凝器(高压)

去蒸发器(低压)

球阀

调压弹簧

弹簧压力

图 1-1-8　H 型膨胀阀工作原理图

(集液器、积累器),实现液、气分离,避免压缩机发生液击。

膨胀节流管的结构如图 1-1-9 所示。它是一根细铜管,装在一根塑料套管内;塑料套管外环形槽内装有密封圈。因塑料套管连同膨胀节流管都插入了蒸发器进口管中,密封圈就是用来密封塑料套管外径和蒸发器进口管内径向间的配合间隙的。膨胀节流管不能维修,坏了只能更换。

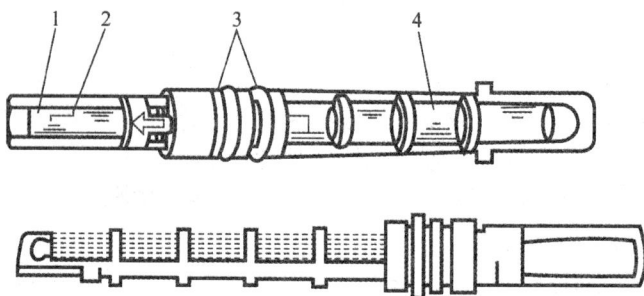

图 1-1-9　膨胀节流管
1—出口滤网;2—孔口;3—密封圈;4—进口滤网

由于膨胀节流管没有运动部件,结构简单、成本低、可靠性高,同时节省能耗,很多轿车都采用这种节流方式。

1.1.3　汽车空调通风、取暖、配气系统

在相对封闭的汽车车厢内,为了满足舒适性的要求,除了能够对温度进行调节、大量新鲜空气的及时补充外,还要对狭小的车厢内部空间的气流进行调配。汽车空调通风、取暖与配气系统正是完成上述任务的重要组成部分。

1. 汽车通风与空气净化装置

1）通风装置

为了健康和舒适,汽车车厢内空气要符合一定的卫生标准。这需要输入一定量的新鲜空气。新鲜空气的配送量除了考虑人们因呼吸排出的二氧化碳、蒸发的汗液、吸烟以及从车外进入的灰尘、花粉等污染物,还必须考虑造成车内正压和局部排气量所需的风量。将新鲜空气送进车内,取代污浊空气的过程,称为通风。

新鲜空气进入量必须大于排出和泄漏的空气量,才能保持车内压力略大于车外的压力。保持车内空气正压的目的是防止外面空气不经空调装置直接进入车内,而且能防止热空气泄出,以及避免发动机废气通过回风道进入车内,污染空气。

因此,对车厢内进行通风换气以及对车内空气进行过滤、净化是十分必要的,汽车通风和空气净化装置也是汽车空调系统的重要组成部分。

汽车空调的通风方式一般有动压通风、强制通风和综合通风三种。

(1) 动压通风:也称自然通风,它是利用汽车行驶时对车身外部所产生的风压为动力,在适当的地方开设进风口和排风口,以实现车内的通风换气。

进、排风口的位置决定于汽车行驶时车身外表面的风压分布状况和车身结构形式。进风口应设置在正风压区,并且离地面尽可能高,以免引入汽车行驶时扬起带有尘土的空气。排风口则设置在汽车车厢后部的负压区,并且应尽量加大排气口的有效流通面积,提高排气效果,还必须注意到防尘、噪声以及雨水的侵入。

图 1-1-10 所示是用普通轿车车身的模型进行风洞试验的表面压力分布图。由图可见,车身外部大多受到负压,只有在车前及前风窗玻璃周围为正压区。因此,轿车的进风口设在车窗的下部正风压区,而且此处都设有进气阀门和内循环空气阀门,用来控制新鲜空气的流量。一般在空调系统刚启动,而

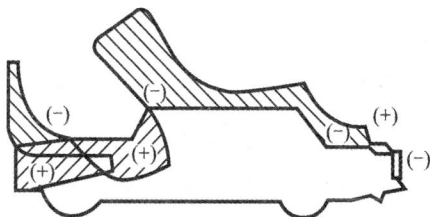

图 1-1-10　轿车车身表面风压分布

且车内外温差较大时,关闭外循环气道,采用内循环方式工作,这样可以尽快降低车内温度。排风口设置在轿车尾部负压区。

由于动压通风不消耗动力,且结构简单,通风效果也较好,因此,轿车大多设有动压通风口。

(2) 强制通风:是利用鼓风机强制将车外空气送入车厢内进行通风换气的。这种方式需要能源和通风设备,在冷暖一体化的汽车空调上,大多采用通风、供暖和制冷的联合装置,将外气与空调冷暖空气混合后送入车内,此种通风装置常见于高级轿车和豪华旅行车上。

(3) 综合通风:指一辆汽车上同时采用动压通风和强制通风。采用综合通风系统的汽车比单独采用强制通风或自然通风的汽车结构要复杂得多。最简单的综合通风系统是在自然通风的车身基础上,安装强制通风扇,根据需要可分别使用和同时使用。这样,基本上能满足各种气候条件的通风换气要求。

综合通风系统虽然结构复杂,但省电、经济性好,运行成本低。特别是在春秋季节的天气,用动压通风导入凉爽的外气,以取代制冷系统工作,同样可以保证舒适性要求。这种通风方式近年来在汽车上的应用逐渐增多。

2) 空气净化装置

汽车空调系统采用的空气净化装置通常有空气过滤式和静电集尘式两种。前者在空调系统的送风和回风口处设置空气滤清装置,它仅能滤除空气中的灰尘和杂物,因此,结构简单,只需定期清理过滤网上的灰尘和杂物即可,故广泛用于各种汽车空调系统中。后者则是在空气进口的过滤器后再设置一套静电集尘装置或单独安装一套用于净化车内空气的静电除尘装置,它除具有过滤和吸附烟尘等微小颗粒杂质的作用外,还具有除臭、杀菌、产生负氧离子以使车内空气更为新鲜洁净的作用。由于其结构复杂、成本高,所以,只用于高级轿车和旅行车上。

图 1-1-11 所示为实用的静电集尘式空气净化装置结构示意图,它通常安装在制冷、采暖采用内循环方式的大客车上,采用这种装置净化后的空气清洁度很高,可以充分满足汽车对舒适性的要求。

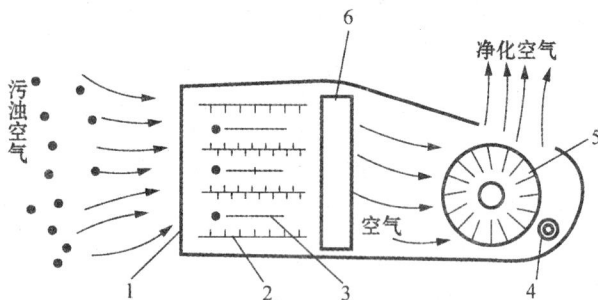

图 1-1-11　静电集尘式空气净化装置

1—粗滤器;2—集尘电极;3—充电电极;4—负离子发生器;5—风机;6—活性炭过滤器

2. 汽车空调取暖系统

现代汽车空调已发展成为冷暖一体化装置,不仅能制冷,而且能制热和通风,成为适应全年性气候的空气调节系统。汽车空调取暖系统主要作用是能与蒸发器一起将空气调节到乘员舒适的温度;在冬季向车内提供暖气、提高车内环境温度;当车上玻璃结霜和结雾时,可以输送热风用来除霜和除雾。

汽车空调取暖系统按暖气设备所使用的热源可分为发动机余热式和独立热源式;按空气循环方式可分为内循环、外循环和内外混合循环式三种;按照载热体可分为水暖式和气暖式两大类。

1) 余热式取暖系统

(1) 水暖式暖气装置:轿车、载货汽车和小型客车经常利用发动机冷却循环水的余热作为热源,将其引入热交换器,由鼓风机将车厢内或车外部空气吹过热交换器而使之升温。此装置设备简单、安全经济,但热量小,受发动机运行工况影响大。如图 1-1-12 所示,水暖式暖气装置的工作原理是通过发动机上的冷却水控制阀 4 分流出来的冷却水送入暖风机的加热器芯子 1,放热后的冷却水由加热器出水管 2 流回发动机。冷空气被加热器鼓风机 13 强迫通过加热器芯子,被加热后,由不同的风口吹入车厢内,进行风窗除霜和取暖。另一路冷却水通过水箱进水管 5 进入水箱 8,降温后由水箱出水管 11 回到发动机。通过控制冷却水控制阀的开闭和流水量大小,可调节暖风机的供热量。

输入暖风机的空气有三种方式:一是输入车内的空气称内循环;二是输入车外的新鲜空气称为外循环;三是同时输入内外两种空气称为混合循环。一般内循环采暖效果好,加热空气吸

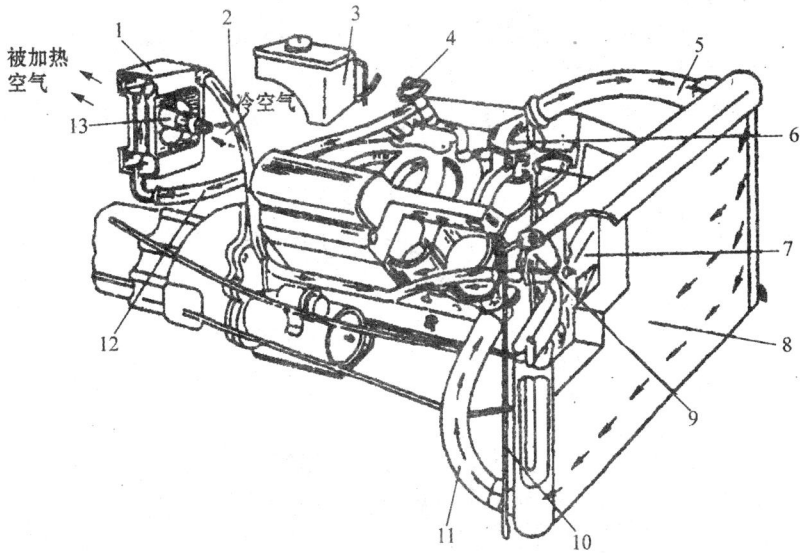

图 1-1-12 汽车余热水暖装置

1—加热器芯子;2—加热器出水管;3—膨胀水管;4—冷却水控制阀;5—水箱进水管;6—恒温器;
7—风扇;8—水箱;9—水源;10—水箱溢流管;11—水箱出水管;12—加热器水管;13—加热器鼓风机

热量少,外循环吸入的空气新鲜,混合循环则具备两者优点,克服了两者缺点,在汽车上应用广泛。如图 1-1-13 为内、外混合循环式暖气装置。由外部空气吸入口 7 吸进新鲜空气,由内部空气吸入口 5 吸进内部空气,在混合室 4 混合,被鼓风机 8 送入热交换器 1,加热后被送往前座脚下,并通过后座导管 2,暖气管道 3 供后座席取暖。

(2)气暖式暖气装置:利用发动机排气管中的废气余热或冷却发动机后酌热空气作为热

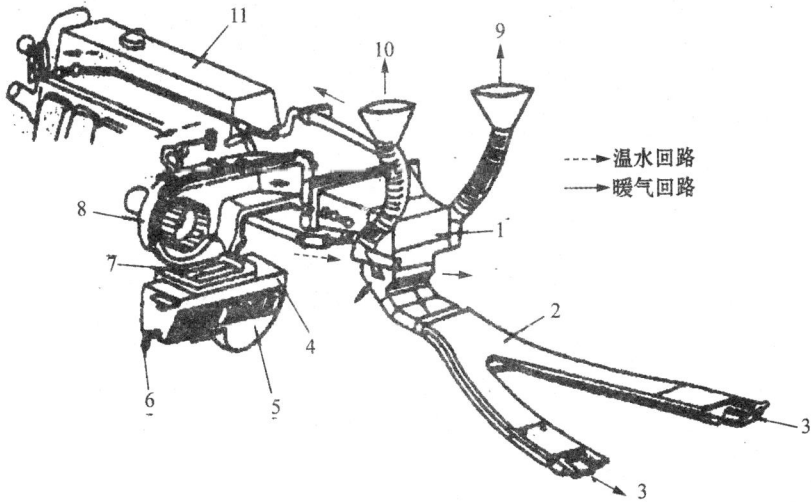

图 1-1-13 内、外混合循环式暖气装置

1—热交换器;2—后座导管;3—暖气管道;4—混合室;5—内部空气吸入口;6—风门操纵;
7—外部空气吸入口;8—鼓风机;9—除霜(前窗);10—除霜(后窗);11—发动机

源,通过热交换器加热空气,把加热后的空气输送到车厢内取暖,称为气暖式暖气装置。这种暖风装置受车速变化的影响大,对热交换器的密封性、可靠性要求高。

图 1-1-14 所示是另一种结构气暖装置,通过热交换器 11,将冷却发动机后的部分空气与进气管 2 的空气相混合,加热后通过排热风管 9,在鼓风机 7 的作用下送入车室内,以供采暖。

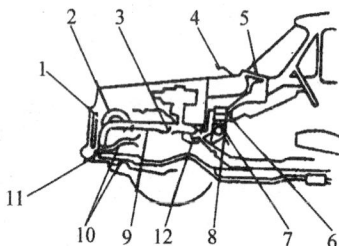

图 1-1-14　气暖暖风机

1—挡风栅;2—进气管;3—夏季用热风泄出阀;4—通风;5—除霜器;6—电动机;7—鼓风机;
8—转阀;9—排热风管;10—专用排气管(除霜、去雾等);11—热交换器;12—截止阀

2) 独立燃烧室取暖装置

利用发动机余热式取暖装置普遍受发动机功率和工况影响较大,车速低、下坡时暖气效果不佳,目前大客车普遍采用独立式取暖装置,其热容量大,热效率可达 80%。一般可使用煤油、轻柴油作燃料。

3. 汽车空调配气系统

1) 汽车空调配气方式

汽车空调已由单一制冷或取暖的方式发展到冷暖一体化形式,由季节性空调,发展到全年性空调,真正起到空气调节的作用。系统根据空调的工作要求,可以将冷、热风按照配置送到驾驶室内,满足调节需要。

图 1-1-15 是汽车空调配气系统的基本结构,它通常由三部分构成:第一部分为空气进入段,主要由用来控制新鲜空气和室内循环空气的风门叶片和伺服器组成;第二部分为空气混合段,主要由加热器、蒸发器和调温门组成,用来提供所需温度的空气;第三部分为空气分配段,

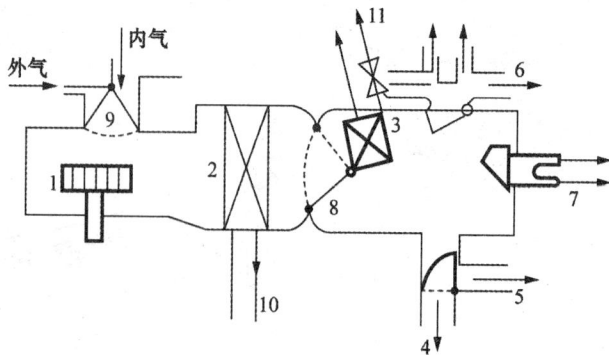

图 1-1-15　汽车空调送风系统

1—鼓风机;2—蒸发器;3—加热器;4—脚部吹风口;5—面部吹风口;6—除霜风口;7—侧吹风口;
8—加热器旁通风门;9—新鲜空气风门 10—蒸发器制冷剂进出管;11—加热器进出水管

使空气吹向面部、脚部和风窗玻璃上。它们是通过手动控制拉索(手动空调)、真空气动装置(半自动空调)或者电控气动(全自动空调)与仪表板空调控制键连接动作,执行配气工作的。

空调送风系统的工作过程如下:新鲜空气＋车内循环空气→进入风机→空气进入蒸发器冷却→由风门调节进入加热器的空气→进入各吹风口。

空气进入段的风门主要控制新鲜空气和室内循环空气的比例,当夏季室外空气气温较高、冬季室外温度较低的情况下,尽量开小风门,以减少冷热气量的损耗。当车内空气品质下降,汽车长时间运行或者室内外温差不大时,这时应定期开大风门。一般汽车空调空气进口段风门的开启比例为 15%～30%。

加热器旁通风门主要用于调节通过加热器的空气量。顺时针旋转风门,开大旁通风门,通过加热器空气量少,由风口 4、5、7 吹出冷风;反之,逆时针旋转风门,关小旁通风门,这时由风口 4、5、6、7 吹出热风供采暖和玻璃除霜用。

2) 汽车空调手动、半自动真空控制系统

汽车空调配气系统的基本结构有手动、半自动真空控制系统和全自动电控真空控制系统。全自动电控真空控制系统采用微电脑控制空调的工作过程,其配气系统的操作方式与执行器的结构与手动、半自动真空操作系统有较大区别。

对于手动、半自动真空控制系统而言,虽然从汽车空调整体结构和控制电路上有较大差别,但其配气系统的工作原理和控制过程并无严格区分,所不同的只是手动系统对风门、调温门的控制,部分采用拉索连动机构;半自动真空操作系统则全部采用真空控制结构。它们的共同特点是对系统的控制都是依靠人工转换空调面板上的控制开关,而配气的工作则通过真空执行器来完成。

真空系统是通过控制真空通断实现执行元件对空调各风门动作的系统,主要由真空罐、真空选择器、真空驱动器和真空管路四部分组成。

图 1-1-16 中真空控制部件包括真空罐、真空选择器、真空执行器和真空管路。其中真空选择器受面板的功能选择键控制,其结构见图 1-1-16,共有 OFF、MAX、NORM、BI-LEVEL、VENT、HEATER、DEF①～⑦个功能位置,如表 1-1-1 所示。真空执行器包括气源门真空驱动器、热水阀真空驱动器、上风口和中风口真空驱动器以及下风口真空驱动器。配气部件包括调温门、蒸发器、加热器、调温门、上下风门。调温键直接控制调温门的位置。

表 1-1-1 空调功能键说明

序　号	功能键位置	功　能
①	OFF	停止
②	MAX	最冷
③	NORM	正常空调
④	BI-LEVEL	双层出风
⑤	VENT	通风
⑥	HEATER	暖气
⑦	DEF	除霜

笔记

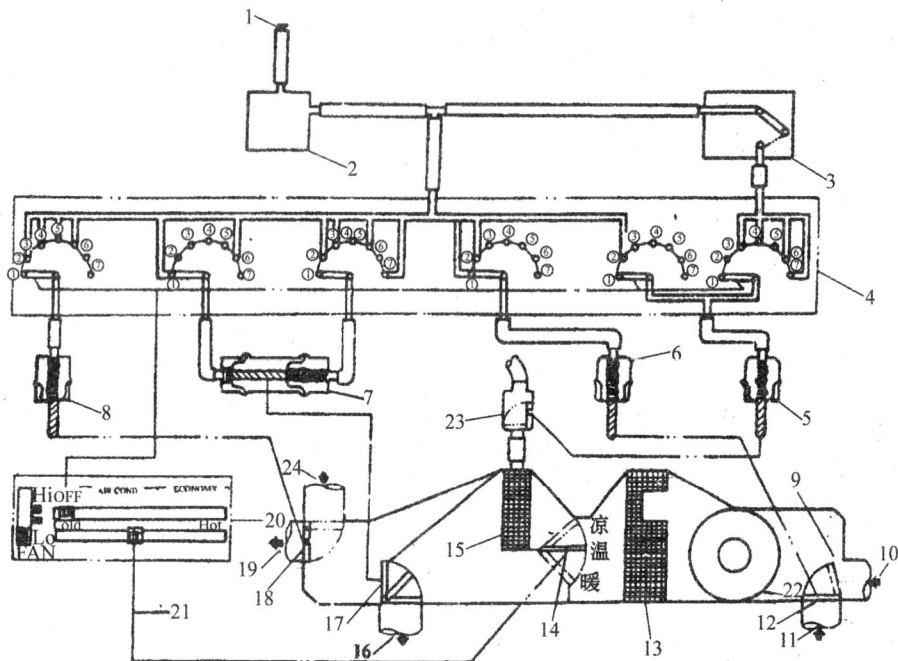

图 1-1-16　半自动空调系统的真空控制结构图

1—进气歧管接口;2—真空罐;3—调温键在 COOL 时,热水阀真空切断;4—真空选择器;5—热水阀真空驱动器;
6—气源门真空驱动器;7—下风口真空驱动器;8—上风口和中风口真空驱动器;9—在 MAX 功能时设计规定新鲜空气占
20%的外来空气口开启位置;10—外来空气口;11—车内循环空气风口;12—外来空气口阀门;13—蒸发器;14—调温门;
15—加热器芯;16—下风口;17—下风口阀门;18—中风口和上风口阀门;19—中风口;20—空调控制面板;
21—调温门拉索;22—空调风机 23—热水真空阀;24—上风门(除霜门)

1.1.4　汽车空调电气控制系统

为了保证汽车空调系统正常工作,满足车内舒适性条件的要求,汽车空调需要由控制系统进行一系列控制。控制系统的控制功能包括:

车内温度控制:控制系统控制送风温度、送风量和送风方向,以调节车内温度。

发动机负荷控制:非独立式空调由发动机驱动,空调的运行会影响发动机负荷的变化,进而影响汽车的行驶性能。空调控制系统应协调发动机和空调的运行。

安全保护控制:当空调系统压力过大或温度过高时,会造成空调系统的损坏,因此,控制系统应能进行安全保护控制。

1. 常用控制装置

1) 电磁离合器

电磁离合器安装在压缩机的主轴上,其作用是接通或断开发动机的动力,使压缩机运转或停转,同时,当压缩机过载时,离合器打滑,起到一定的保护作用。电磁离合器有两种结构形式:一种是旋转线圈式,电磁线圈与皮带轮一起转动;另一种是固定线圈式,电磁线圈固定不动。固定线圈式应用较多,其结构如图 1-1-17 所示,主要由压力板 1、皮带轮 2、电磁线圈 4 等组成,电磁线圈固定安装在压缩机壳体上,压力板安装在压缩机主轴上,皮带轮通过轴承 3 安装在压缩机主轴上,可以自由转动。电磁线圈的电路受压力开关和恒温器等控制,当电磁线圈断电时,皮带轮在压缩机主轴上空转,发动机的动力不能传递给压缩机,压缩机停转;当电磁线圈通电时,压力板压向皮带轮,发动机的动力经皮带轮、压力板传递给压缩机,压缩机运转。

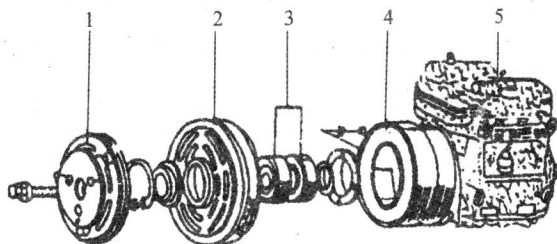

图 1-1-17　压缩机电磁离合器

1—压力板;2—皮带轮;3—皮带轮轴承;4—电磁线圈;5—压缩机

2) 恒温器

恒温器又称温度控制器、温控开关、热敏开关等,如图 1-1-18 所示安装在蒸发器表面,串联在压缩机离合器的电路中。其作用是检测蒸发器表面的温度,通过控制压缩机的通断来控制蒸发器表面的温度,从而调节车内温度,防止蒸发器表面因温度过低而结霜。常用的恒温器有波纹管式和热敏电阻式两种。

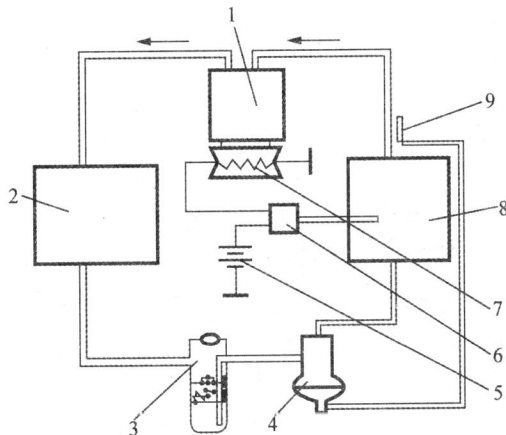

图 1-1-18　恒温器的安装位置

1—压缩机;2—冷凝器;3—储液干燥器;4—膨胀阀;5—蓄电池;6—恒温器;

7—压缩机离合器电磁线圈;8—蒸发器;9—毛细管温控器

3) 压力开关

压力开关安装在制冷剂循环管路中,检测制冷循环系统的压力,当压力异常时启动相应的保护电路,防止造成系统的损坏。常见的压力开关主要有高压开关、低压开关、双重压力开关和三重压力开关等。

(1) 高压开关。汽车空调在使用中,当出现散热片堵塞、冷却风扇不转或制冷剂过量等不正常状况时,系统压力会过高,若不加控制,过高的压力会损坏系统元件。高压开关安装在高压管路中,一般装在储液干燥器上,串联在压缩机电磁离合器电路或冷凝器风扇电路中,当系统压力过高时,高压开关动作,切断离合器电路或接通冷却风扇高速档电路,防止压力继续升高,避免造成系统的损坏。

高压开关有两种类型:常开型和常闭型。其结构如图1-1-19所示。常开型高压开关串联在冷凝器风扇电路中,膜片2上方通高压侧制冷剂,下方作用有一弹簧5。正常情况下,制冷剂压力低于弹簧压力,触点断开,冷凝器风扇低速运转;当制冷剂压力异常升高时,制冷剂压力大于弹簧压力,触点闭合,冷凝器风扇高速运转,加强冷却。常闭型高压开关串联在压缩机电磁离合器电路中,正常情况下,制冷剂压力低于弹簧压力,触点闭合,压缩机运转;当制冷剂压力异常升高时,制冷剂压力大于弹簧压力,触点断开,压缩机停止运转;当制冷剂压力下降到正常值时,触点闭合,压缩机恢复运转。

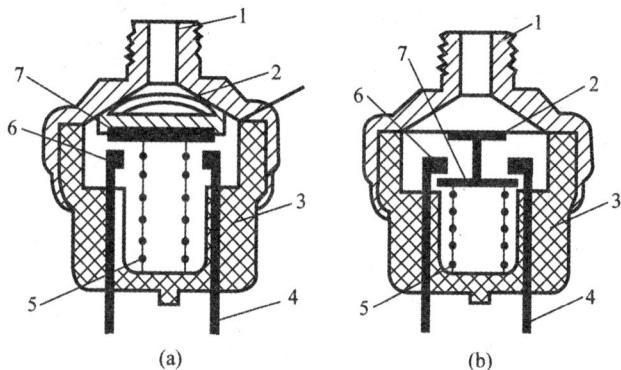

图1-1-19　高压开关
1—接头;2—膜片;3—外壳;4—接线柱;5—弹簧;6—固定触点;7—活动触点
(a)常开型高压开关　(b)常闭型高压开关

(2)低压开关。当制冷系统的制冷剂不足或泄漏时,冷冻润滑油也有可能随之泄漏,造成空调系统润滑不良,如果压缩机在缺油状态下运行,将导致严重损坏。低压开关通常用螺纹接头直接安装在高压管路中,串联在电磁离合器电路中。其结构与常开型高压开关相似,当制冷剂压力正常时,动触点接通压缩机电磁离合器电路;当压缩机排出的制冷剂压力过低时,低压开关断开,切断电磁离合器电路,压缩机停止运行,防止损坏压缩机。

此外,当环境温度过低时,制冷剂的温度和压力也随之降低。例如:使用R12制冷剂的空调系统,当环境温度低于10℃时,制冷剂压力为0.423MPa,此时低压开关断开,压缩机停止运转,从而减少动力消耗,达到节能的目的。

(3)双重压力开关。新型的空调制冷系统是把高低压开关组合成一体,成为双重压力开关,安装在储液干燥器上面,这样就减少了压力开关的数量和接口,从而减少了制冷剂泄漏的可能性。双重压力开关的结构如图1-1-20所示,其工作原理是:

当高压制冷剂的压力正常时,压力保持在0.423~2.75MPa之间,金属膜片处在平衡位置,高压触头14、15和低压触头1、2、6、7都闭合,电流从6、7触头到高压触头14、15后再到1、2触头出来。当制冷压力下降到0.423MPa时,弹簧压力将大于制冷剂压力,低压触头1、2和6、7脱开,电流随即中断,压缩机停止运行。当压力大于2.75MPa时,制冷剂压力继续压迫金属膜片上移,将整个装置往上推到上止点,并推动顶销将高压动触头14与高压静触头15分开,将离合器电路断开,压缩机停止运行。当高压端的压力小于2.17MPa时,金属膜片恢复正常位置,压缩机又开始运行。

笔记

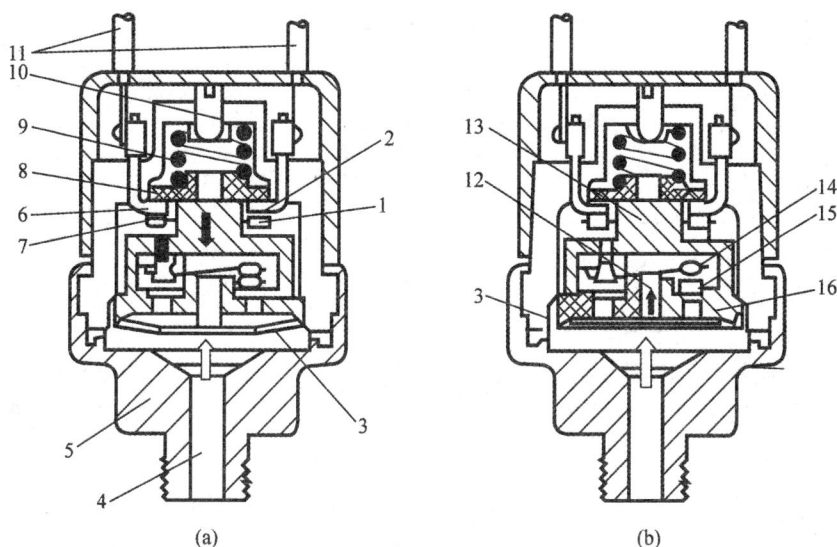

图 1-1-20　双重压力开关

1、7—动低压触头；2、6—静低压触头；3—膜片；4—制冷剂压力通道；5—开关座；1—绝缘片；9—弹簧；

10—调节螺钉；11—接线柱；12—顶销；13—钢座；14—动高压触头；15—静高压触头；16—膜片座

(a) 制冷压力小于 0.423MPa 时　　(b) 制冷压力大于 2.75MPa 时

　　(4) 三重压力开关。由双重压力开关(高压开关、低压开关)和中压开关组成,结构更加紧凑。三重压力开关安装在高压管路中。如图 1-1-21 所示,当压力过高或过低时,双重压力开关控制压缩机停止运转;当制冷剂压力达到某一中间值时,中压开关控制接通冷凝器风扇电路。

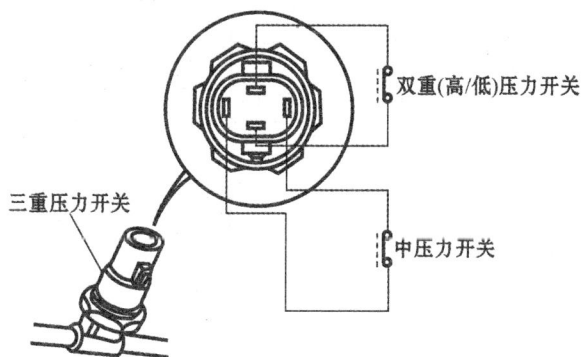

图 1-1-21　三重压力开关

常见汽车空调压力开关的类型及作用见表 1-1-2。

表 1-1-2　压力开关类型及作用

压力开关类型	特　性	安装位置	作　用
低压开关 A 型	常闭	高压管路	高压侧压力过低时断开压缩机
低压开关 B 型	常闭	低压管路	低压侧压力过低时断开压缩机(CCOT 系统)
低压开关 C 型	常开	低压管路	低压侧压力过低时接通旁通电磁阀

(续表)

压力开关类型	特　性	安装位置	作　用
高压开关 A 型	常闭	高压管路	高压侧压力过高时断开压缩机
高压开关 B 型	常闭、常开	高压管路	高压侧压力过高时接通冷凝器风扇高速档
双重压力开关	常闭	高压管路	高压侧压力过高或过低时断开压缩机
三重压力开关	由双重压力开关和中压开关组成	高压管路	高压侧压力过高或过低时双重压力开关断开压缩机;压力达到某一中间值时,中压开关控制接通冷凝器风扇电路

（5）过热限制器。当制冷系统的制冷剂泄漏量较多时,压力下降,若压缩机继续工作,会引起过热现象。此时制冷剂的温度上升,但压力不增加,润滑油变质,进而损坏压缩机。过热限制器安装在压缩机后盖紧靠吸气腔的位置,串联在压缩机电磁离合器电路中。其作用是检测压缩机的温度,当压缩机温度过高时,切断电磁离合器的电路,使压缩机停止运行,防止损坏压缩机。

如图 1-1-22 所示,过热限制器由过热开关 2 和熔断器 3 两部分组成。过热开关安装在压缩机后缸盖上,是一种温度开关,其结构如图 1-1-23 所示。当压缩机温度正常时,导电触点 7 和接线端子 1 断开;当压缩机过热时,过热开关内的制冷剂蒸气温度和压力也随之升高,推动膜片将导电触点 7 与接线端子 1 接通,接通熔断器电路。熔断器内部 B 和 C 之间接一个低熔点金属丝 5,S 和 C 之间接电热丝 4。正常情况下,电流经空调开关 6、熔断器低熔点金属丝到压缩机离合器的电磁线圈 1;当压缩机过热时,过热开关闭合,熔断器中的电热丝通电,电热丝发热后熔化低熔点金属丝,切断压缩机离合器电路,压缩机停止运转,起到保护的作用。

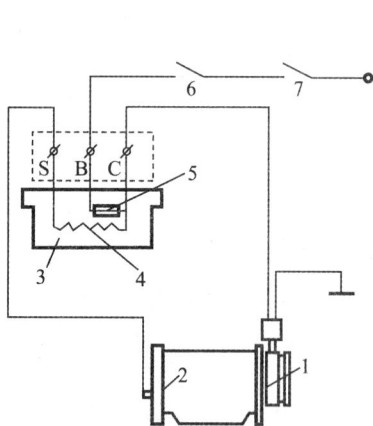

图 1-1-22　过热限制器

1—电磁离合器;2—过热开关;3—熔断器;4—电热丝;
5—低熔点金属丝;6—空调开关;7—点火开关

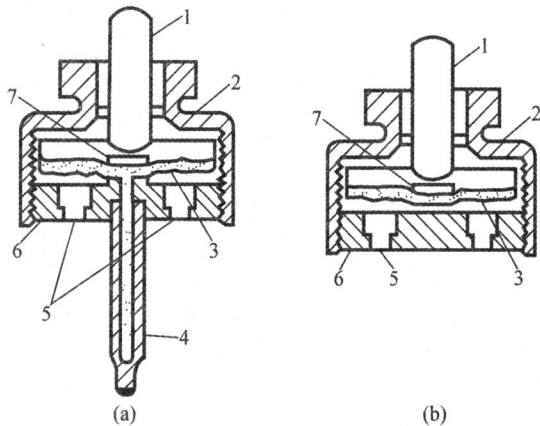

图 1-1-23　过热开关

1—接线端子;2—外罩;3—膜片;4—热敏管;
5—基座开口;6—膜片安装基座;7—导电触点
(a) 早期结构　(b) 新结构

还有一种压缩机过热开关也称压缩机过热保护器,安装在压缩机尾部,直接串联在压缩机离合器的电路中。当压缩机排出的高压制冷剂气体温度过高或由于缺少制冷剂以及润滑不良而造成压缩机本身温度过高时,开关断开,直接断开电磁离合器,压缩机停转。

（6）冷却液过热开关和冷凝器过热开关。冷却液过热开关也称水温开关,安装在发动机散热器或者冷却液管路上,检测发动机冷却液温度,控制压缩机离合器,防止在发动机过热的情况下使用空调。水温开关一般为双金属片结构,当发动机冷却液温度超过规定值(如奥迪100为120℃)时,触点断开,直接切断(或者触点闭合通过空调放大器切断)电磁离合器电路使压缩机停止工作;而当发动机冷却液下降至某一规定值(如奥迪100为106℃)时,触点动作,自动恢复压缩机的正常工作。

冷凝器过热开关安装在冷凝器上,检测冷凝器的过热度,控制冷却风扇。当其温度过高时,接通冷凝器风扇电机,加强冷却,使系统能正常工作。桑塔纳轿车的冷凝器的过热开关有两个,当冷凝器温度为95℃时,风扇低速运转;当温度为105℃时,风扇高速运转,以增强冷却效果。

4) 高压卸压阀

如果制冷剂的压力升得太高,将造成系统的损坏。高压卸压阀安装在压缩机或高压管路上,检测高压侧系统的压力,其结构如图1-1-24所示。当压力正常时,高压卸压阀保持常闭;当压力过高超出调整值时,卸压阀打开,释放制冷剂;直到压力降低到调定值,在弹簧作用下,阀又自动关闭,以保证制冷系统正常工作。

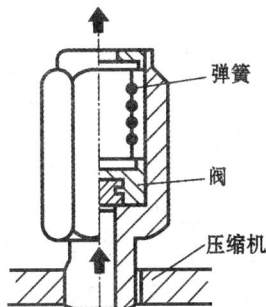

图 1-1-24　高压卸压阀的结构

2. 汽车空调系统电路

汽车空调系统种类繁多,电路形式多样,分析电路时应按一定规律进行。空调系统电路可以分成鼓风机控制、冷凝器风扇控制、温度控制(压缩机控制)、通风系统控制和保护电路等几部分。

1) 鼓风机控制

要使车内有一个舒适的环境,除了要控制送风温度外,还应根据环境变化和乘员的不同需要,控制鼓风机的转速,以控制送风速度。鼓风机转速的控制方式有以下三种不同形式:

(1) 鼓风机开关和调速电阻控制方式:该控制方式的装置由鼓风机开关和调速电阻两部分组成,调速电阻一般装在空调蒸发器组件上,利用气流进行冷却;鼓风机开关一般装在操作面板内,设置不同档位,供调速用,鼓风机开关可控制鼓风机电源正极,也可控制鼓风机搭铁电路。调节鼓风机开关,改变调速电阻接入方式,改变鼓风机电路中的电流以调节鼓风机转速。

鼓风机的控制档位一般有二、三、四、五速四种,最常用的是四速,如图1-1-25所示。鼓风机开关1处于Ⅰ位时,鼓风机电路中串入3个电阻,风机低速运转;鼓风机开关处于Ⅱ位时,鼓风机电路中串入两只电阻,风机中低速运转;鼓风机开关处于Ⅲ位时,鼓风机电路中串入1个电阻,风机中高速运转;鼓风机开关处于Ⅳ位时,鼓风机电路中不串入电阻,鼓风机以最高速运转。

(2) 晶体管控制方式:该控制方式常装在中高档汽车上,可实现风速的自动控制。如图1-1-26所示,空调电脑3根据车内温度传感器信号、车外温度传感器信号和其他信号计算输出一控制信号给大功率晶体管5基极,大功率晶体管根据基极电流的不同,控制鼓风机产生不同的转速。空调制冷状态时,如果车内温度比所选定的温度高很多,鼓风机将高速运转;如果车内温度降低,鼓风机将低速运转。空调取暖状态时,如果车内温度比所选定的温度低很多,鼓风机将高速运转;如果车内温度上升,鼓风机将低速运转。

笔记

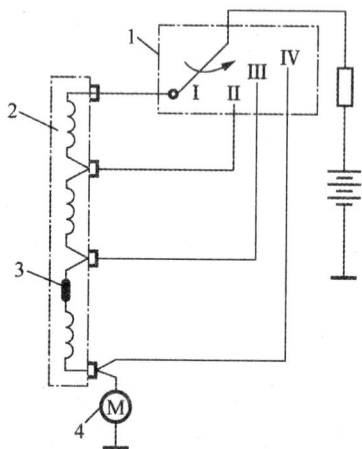

图 1-1-25 鼓风机开关和调速电阻
联合控制的鼓风机控制电路
1—鼓风机开关;2—调速电阻;3—限温开关;4—鼓风机

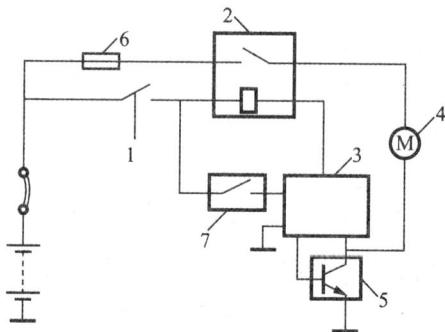

图 1-1-26　晶体管控制的鼓风机控制电路
1—点火开关;2—加热继电器;3—空调电脑;4—鼓风机;
5—大功率晶体管;6—熔丝;7—鼓风机开关

（3）晶体管与调速电阻组合控制方式:该控制方式有自动模式和人工模式两种,如图 1-1-27 所示,当鼓风机开关置于"AUTO"档时,鼓风机的转速由空调电脑根据车内温度传感器、车外温度传感器和其他传感器的信号通过晶体管进行控制。当鼓风机开关离开"AUTO"档,按人工模式调节鼓风机开关时,鼓风机的转速由鼓风机开关和调速电阻进行控制。

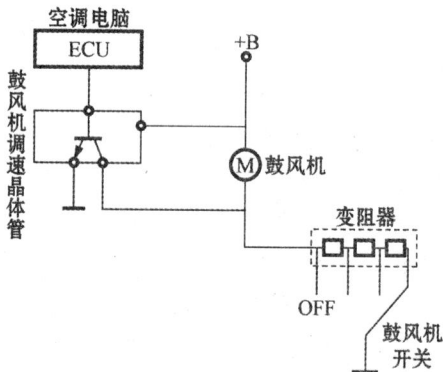

图 1-1-27　晶体管与调速电阻组合控制的鼓风机控制电路

2）冷凝器风扇控制

对于一般小客车和大中型客车,如冷凝器不装在水箱前,需单独设置冷凝器风扇,冷凝器风扇一般只受空调开启信号控制。轿车空调的冷凝器一般都装在水箱前,水箱和冷凝器共用冷却风扇,一般根据水温信号和空调信号共同控制,同时满足水箱散热和冷却器散热需要。下面分析一些较典型的冷凝器风扇电路。

（1）空调开关直接控制:该控制方式的电路如图 1-1-28 所示,空调开关 4 置于"ON"位时,给压缩机电磁离合器 3 供电的同时,冷凝器风扇继电器 2 线圈通电,继电器触点闭合,冷凝器风扇运转。

笔记

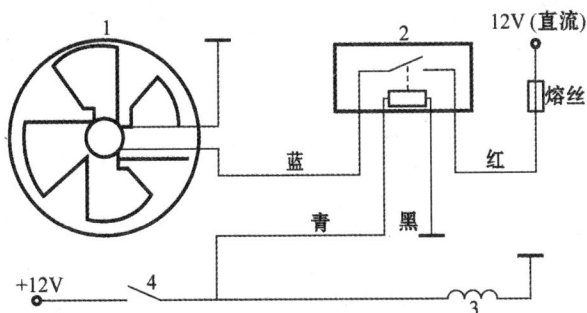

图 1-1-28   空调开关直接控制的冷凝器风扇控制电路
1—冷凝器风扇；2—冷凝器风扇继电器；3—压缩机离合器；4—空调开关

(2) 空调开关和水温开关联合控制：该控制方式的电路如图 1-1-29 所示，水箱和空调冷凝器共用一个冷却风扇，这种风扇有低速和高速两种转速，分别受低速风扇继电器和高速风扇继电器控制。控制冷凝器风扇的信号是空调开关和水温开关，

当空调开关接通时，低速风扇继电器通电，触点闭合，电流经调速电阻进入冷凝器风扇电机，风扇低速运转；当冷却系统水温达到 89～92℃时，低速风扇继电器通电，冷凝器风扇低速运转；当发动机水温升至 97～101℃时，高速风扇继电器通电，风扇高速运转，以加强散热。

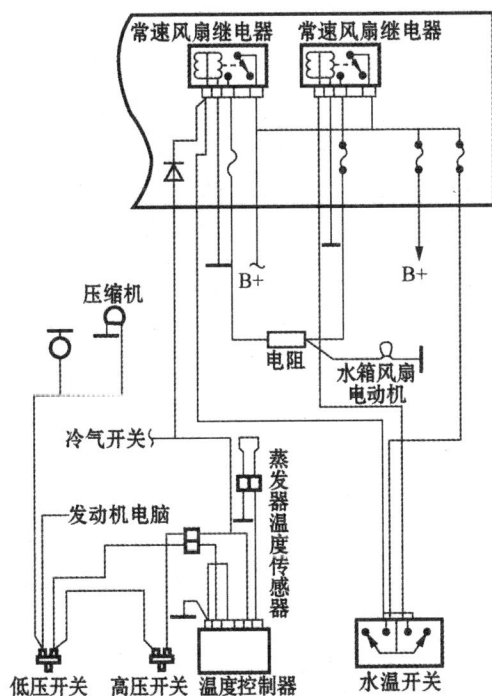

图 1-1-29   空调开关和水温开关联合控制的冷却风扇控制电路

(3) 制冷剂压力开关与水温开关联合控制：目前很多轿车采用制冷剂压力开关和水温开关组合的方式对冷却风扇进行控制。丰田 LS400 冷却风扇控制系统的电路如图 1-1-30 所示，该控制系统中有两个并排的冷却风扇，控制冷却风扇的信号是水温开关和高压开关。水温开

关和高压开关处于不同状态,则冷却风扇继电器形成不同组合,从而控制冷却风扇不运转、低速运转或高速运转。

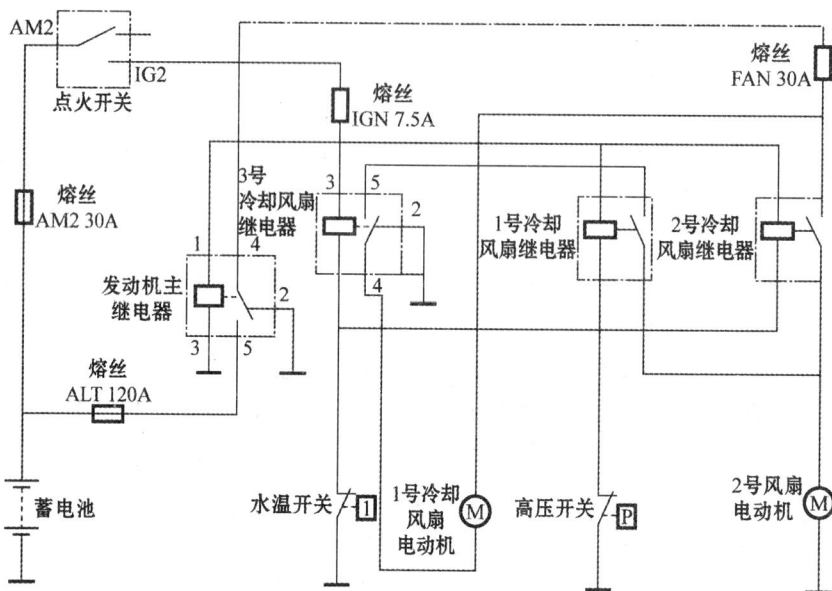

图 1-1-30　丰田 LS400 冷却风扇控制系统电路

3) 压缩机控制

根据有无继电器,压缩机的控制方式可分为直接控制和继电器控制两种类型。直接控制方式中开关安装于电源与压缩机离合器之间,直接控制电源的通断,当开关闭合时,大电流经开关至压缩机离合器,由于大电流流经开关触点,容易烧蚀触点。继电器控制方式中开关安装于压缩机继电器线圈的电路中,通过控制压缩机继电器控制压缩机离合器,由于小电流流经开关触点,有效地防止触点烧蚀,目前大多数轿车采用继电器控制方式。

根据控制元件的不同,压缩机控制电路可分为以下几种:

(1) 开关控制:该控制方式的控制电路如图 1-1-31 所示,当空调开关(A/C 开关)、环境温度开关、恒温器开关、压力开关闭合时,压缩机继电器通电,压缩机电磁离合器通电,压缩机运转。

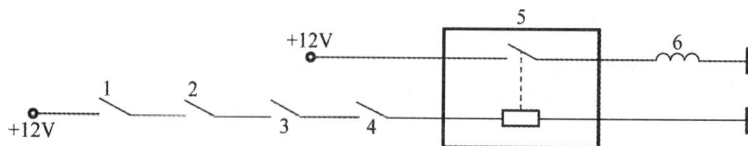

图 1-1-31　开关控制压缩机

1—空调开关;2—环境温度开关;3—恒温器开关;1—压力开关;1—压缩机继电器;6—压缩机电磁离合器

(2) 空调控制器控制:该控制方式的控制电路如图 1-1-32 所示,空调控制器根据各种开关和传感器信号控制压缩机的运转。

3. 通风系统的控制

通风系统的控制就是通过控制进气门、温度门、送风门的位置,改变送风方向和送风温度,

笔记

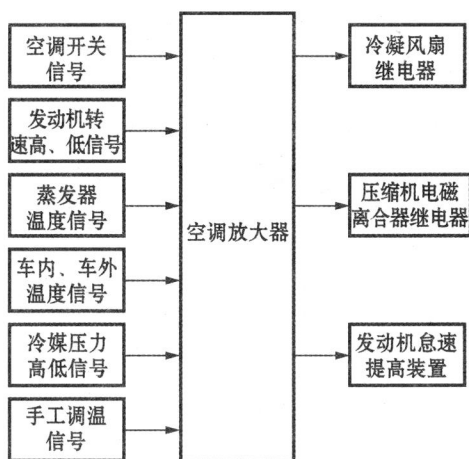

图 1-1-32 空调控制器控制压缩机

以满足空气调节的需要。风门的控制方式有机械拉索控制、真空控制和电机控制,目前轿车多采用电机控制方式,以实现最佳送风方式的控制。

案例分析

案例: 蒸发器漏制冷剂导致空调制冷效果不良。

车型: 丰田雷克萨斯。

症状: 行驶 10 年的车,空调制冷效果不好。

诊断: 用压力表监测发现制冷剂不足,对空调系统进行加压和抽真空发现有泄漏。但是在发动机仓用制冷剂泄漏仪检测不出泄漏的部位,一般情况下,如果发动机舱检测不出泄漏部位就要考虑是不是蒸发器的部分泄漏。经检查发现是蒸发器接头的密封圈有泄漏。

修复: 更换了蒸发器处管路接头的密封圈,故障排除。

分析: 新车空调系统一般不会出现故障,但是老车的空调系统就容易出现故障。一般为连接管路的接头处与压缩机泄漏,有少部分车表现为管路泄漏。对于接头处泄漏的需要更换相应的密封圈,更换密封圈时注意密封圈的型号。对于压缩机泄漏的需要更换压缩机总成。

测试习题

一、填空题

1. 汽车空调系统的作用有_____、_____、_____、_____。

2. 汽车空调系统的组成包括_____、_____、_____和_____。

3. 空调系统按通风方式不同可以分为_____、_____和_____。

4. 控制系统的控制功能包括_____、_____和_____。

5. 根据控制元件的不同,压缩机控制电路可分为_____和_____两种。

二、判断题

1. 目前动压通风被广泛应用于普通轿车。   (   )

2. 冷凝器属于热交换器。   (   )

3. 空调系统一般在仪表盘上没有指示灯。   (   )

4. 客车空调的冷凝器一般都装在水箱前,水箱和冷凝器共用冷却风扇,一般根据水温信

号和空调信号共同控制。　　　　　　　　　　　　　　　　　　　　　　　（　　）

5. 空调系统电路可以分成鼓风机控制、冷凝器风扇控制、温度控制（压缩机控制）、通风系统控制和保护电路等几部分。　　　　　　　　　　　　　　　　　　　　（　　）

三、问答题

1. 简述汽车空调制冷系统的工作原理。

2. 简述汽车空调取暖系统的分类。

3. 简述动压通风的优点。

4. 简述汽车空调配气系统的基本结构。

学习单元1.2　汽车空调系统的使用与维护

学习目标

掌握汽车空调系统使用的日常注意事项和维护方法以及对空调系统常用的检测方法，能够正确使用和维护空调。

1.2.1　汽车空调系统的使用

轿车以及中小型旅行车空调基本上是非独立式的空调，其操纵使用比较方便，但如果使用不当，会对空调性能及寿命、发动机的工作稳定性及功耗、乘员的舒适性有很大的影响，正确地使用汽车空调是保证其发挥最大效率的必要条件，也是节约能源、延长使用寿命、发挥其最大效率的关键。

汽车空调系统的正确使用包括下述几个方面：

（1）起动发动机时，空调开关应处在关闭位置。

（2）发动机熄火后，应关闭空调器，以免耗尽蓄电池的电能，造成再次起动困难。

（3）夏天停车时，应尽量避免阳光直晒，以免加重空调器的负担；如果在阳光下长时间停车，在开空调之前，应先打开门窗和风机，把车内的热气赶出。

（4）开空调后，车厢门窗应关闭，以降低热负荷。

（5）在使用空调时，切勿将功能键选在制冷量最大位置而将调风档选在最小位置，如果这样，冷气排不出去，蒸发器易结霜，严重时会使压缩机发生"液击"现象。

（6）上长坡时，应暂时关闭压缩机，以免水箱"开锅"。

（7）超车时，应了解本车是否装有超速停转装置，超速停转装置开关一般安装在油门踏板下面，可先试一下，突然重重踩一下踏板，压缩机马上停转，说明有；否则无。如果无超速停转装置，在超车时，应先关压缩机。

（8）应经常清洗冷凝器。清洗时使用压缩空气或冷水冲洗，不可用热蒸汽冲洗。

（9）冬季不使用空调时，也应定期开启压缩机（每两周一次，每次10min左右）以避免压缩机轴封处因油干而泄漏，转轴因油干而咬死。如果气温过低，空调系统中温控保护起作用而使压缩机不能起动，此时可将保护开关短接或用一根导线直接给离合器通电，使压缩机工作，待运行结束后，再将电路恢复到原样。

（10）在空调运行过程中，若听到空调装置有异响或发现其他异常情况，应立即关闭空调系统,并及时请有关维修人员进行检修。

总之,在使用汽车空调系统时要认真阅读使用说明书,严格按照使用说明的要求进行操作。

1.2.2　汽车空调系统的维护

车辆行驶 7 500km 或使用 6 个月后进行首次维护以及车辆每行驶 15 000km 或 12 个月后进行常规维护时,均应对其空调系统进行维护。作为专业汽车空调维护人员,应做到一问、二听、三看、四摸和五检查,具体如下:

一问:在维护汽车空调时,应首先询问车主在使用时是否发现和听到的异常情况,如果有,则应问清异常情况发生的时间、地点、现象和出现的频率;其次询问上次维护的时间和维修过的地方及原因,并一一记录下来。虽然车主往往不具备汽车空调的专业知识,只能讲出故障表面的、粗糙的现象,但这些资料对后面的维修时判断故障的原因和部位具有非常重要的参考价值。

二听:起动发动机并稳定 1500r/min 左右,打开空调 A/C 开关,听压缩机工作声响,来判断其运行情况。如果听到"咝咝"的尖叫声,则是皮带过松产生的滑动异响,应及时检查,调整皮带松紧度;若发现皮带过松而无法调整或磨损过剧,应更换。如果听到抖动声,一般是压缩机固定螺栓和托架安装螺栓松动,应及时给予紧固。用试棒探听压缩机内部,正常运转,只听到压缩机清脆而均匀的阀片跳动声。如果有敲击声,一般是制冷剂的"液击"或奔油(冷冻油过多)敲缸声等。如果机体内有严重的摩擦声,以及离合器时而发出的摩擦声,则是压缩机负荷过重,润滑油不足,以及离合器打滑引起;如果在停机时,听到清晰的机体内运动部件的连续撞击声,则是内部的运动部件严重磨损,引起轴与轴之间、活塞与缸体之间、连杆与轴之间间隙过大或松动;另外,还要听一下空调系统中的鼓风机有无异响。

三看:观察冷凝器表面是否清洁。如果冷凝器表面有碎片、杂物、油渍泥污,要注意清理,以免影响制冷效果。发现翅片弯曲,要用尖嘴钳小心拨正。观察空调器的蒸发器的进风处,在进风处,一般汽车都装有空气过滤网,经常观察过滤网,发现其较脏时,应进一步检查蒸发器,并清理其杂物。清理蒸发器表面有泥土时,不能用水清洗,要用压缩空气吹。观察空调制冷系统管路的连接处是否有油渍,一旦有油渍,则说明此处有制冷剂渗漏;另外,还要注意压缩机上的压缩机轴封、前后盖板的密封轴等处有无渗漏的油渍。

四摸:用手触摸正在工作着的空调系统管路及各部件的温度。正常情况下,低压管路呈低温状态,高压管路呈高温状态。低温区是从膨胀阀出口—蒸发器—压缩机进口处。这些部件表面应该由凉到冷再到凉,连接部分呈有露水,但不应有霜冻。如果有霜冻,则说明空调制冷系统有问题,有可能是膨胀阀感温包内液体漏失,需要重新换一个膨胀阀;也可能制冷剂太多,需要放一点制冷剂;还有可能是蒸发器表面温度传感器或恒温器出现了故障。

高温区是从压缩机的出口—冷凝器—储液干燥器—膨胀阀的入口处。这些部件表面温度达 40~85℃。用手小心摸触高温区,特别是金属部件,如压缩机的出口、冷凝器、储液干燥器等都是热的,手感热而不烫,则为正常;若手感烫手,则要检查冷凝器的冷却是否良好,看看冷凝器表面是否清洁,冷凝器风扇的风力是否过小。此时可向冷凝器上浇少量的水,若温度还烫手,则可能是制冷剂过多;若高温区手感不够热,则为制冷剂过少;若没有温度变化,则说明制冷剂已漏光。

　　储液干燥器正常情况下是热的,如果其表面出现露水,则说明干燥剂破碎堵住制冷剂流通的管路。若其进口处是热的,出口处是冷的,也说明其内部堵塞,必须马上更换储液干燥器。

　　高温区与低温区的分界线是压缩机和膨胀阀。正常情况下,压缩机的进口处是低温区,手感冰凉,出口处是高温区,手感较热;膨胀阀则正好相反。用手触摸压缩机的进出口处,它们之间应有明显的温差。若温差不大,说明制冷剂不足;若没有,说明制冷剂漏失了。用手触摸膨胀阀的进出口处,进口处是热的,出口处是冰凉的,有露水,若发现膨胀阀出口处有霜冻现象,则说明膨胀阀的阀口已堵塞,其原因可能是杂物堵塞,也可能是冰堵。摸的时候,一定要注意安全,防止烫伤或皮带等运动件碰伤人体。

　　五检查:通过上述四个步骤后,还要做进一步的检查,准确判断空调系统的故障,认真完成空调系统保养工作。检查的具体内容如下:

　　(1) 检查调整皮带的张力。检查皮带张紧力(松紧度)是否适宜,表面是否完好,配对的皮带盘是否在同一平面上。皮带新装上时正好,运转一段时间会伸长,因而需要再次张紧。随着结构不同,皮带长度不同,有不同的张紧力要求。皮带张力应按各种车型说明书上的规定进行。皮带过紧会使皮带过早磨损,并导致有关总成的轴承损坏;过松则使转速降低,制冷量过小,风速(风量)过低以及发电机的发电量不足。

　　压缩机带轮的调整方法根据不同的安装结构而不同。长形半圆槽孔调整时只要松开。目前大多数的安装方式是压缩机直接安装在缸体的凸台上固定不动,中间惰轮安装在一个可调整的支架上。调整时,只要调整中间惰轮与曲轴带轮和压缩机带轮的位置即可,调整值因车型不同而不同。一般是,在 100N 的压力下,曲轴张紧轮与压缩机皮带间的压下距离为 10mm 左右。

　　(2) 检查电磁离合器。接通空调 A/C 开关,压缩机应立即工作;断开空调 A/C 开关,压缩机应立即停止工作。在短时间内断开、接合几次,可检查电磁离合器工作是否正常。如果不正常,应先检查空调电路是否有故障,然后再检查电磁离合器是否正常。

　　天冷时,若压缩机不起动,可能是由于环境温度开关或低压开关起作用。可将电瓶正极与电磁离合器直接连接,若压缩机仍不转动,则说明电磁离合器有故障;在环境温度开关规定的气温(2~4℃)以下正常起动压缩机,若能起动,则说明环境温度开关损坏,应更换。

　　可以直接用万用表测量电磁线圈的电阻,其电阻值应在正常范围。例如:丰田系列轿车和旅行车,电磁离合器的线圈的电阻值为:BB 系列:11.4~12.2Ω;RB 系列:3.0~3.4Ω。

　　(3) 检查高、低压保护开关。高、低压保护开关的作用是在制冷系统发生故障的时候,保护压缩机和制冷系统不受破坏。它们与压缩机电磁离合器、冷凝器风扇联系在一起。当系统工作压力太高,或者环境温度太低,制冷剂泄漏完时,高、低压保护开关会切断压缩机电磁离合器的电路。正常时,低压开关是闭合的,检查时,用万用表欧姆档测量其值应为"0"欧姆;若测量其值为无穷大,则表明低压开关断开。这时用导线跨接低压开关,打开空调 A/C 开关,制冷系统能正常地工作,则说明低压开关损坏,更换低压开关。高压开关正常时是断开的,随着制冷系统的压力上升。当压力达到一定值时闭合,这时接通冷凝器风扇的高速档,如果压力继续上升,上升到 2MPa 时,高压开关断开,切断压缩机电磁离合器的电源。检查时,用万用表测量其两端,其电阻应为无穷大。打开空调 A/C 开关,制冷系统正常工作,然后用导线跨接其两端,冷凝器风扇应为高速转动,否则说明高压开关已损坏,应更换。

　　(4) 检查冷冻机油油面。压缩机有视油窗的,察看油平面是否在刻线以上。在侧面有放油塞的,可略松开放油塞,如果有油流出就是油量正好;若没有油流出,则需要添加润滑油。如果有油尺的,根据说明书规定用油尺检查。

(5) 检查膨胀阀。检查膨胀阀感温包与蒸发器出口管路是否贴紧,隔热保护层是否包扎牢固。

(6) 检查采暖系统。首先应该保证有足够的冷却液,看看散热器和水箱中是否有足够的冷却液,然后起动发动机怠速5min后,打开鼓风机,拨动调温键,看看出风口的温度是否有变化,操纵机构是否移动自如。如果温度不变,操纵吃力,则应该修理。最后观察采暖系统是否漏水等。

(7) 检查风机及调速器。按下风机开关后,检查风机工作时是否有异常声响,是否有异物塞住叶片或碰到其他部件。

然后从低档到高档分别拨动调速开关,每档让风机停留5min,检查其吹出的风量是否有变化。若没有变化,则可能是调速器或调速电阻损坏,应更换。

(8) 检查观察孔视液窗。汽车空调大多数装配有观察孔视液窗来观察制冷系统内部工质流动的情况。轿车的观察孔视液窗大多数安装在储液干燥器上,通过观察孔视液窗来检查制冷系统工况的方法如下:起动发动机,稳定在1500r/min左右,制冷系统运行5min,把空调温度键调到最低位置,鼓风机调到最高转速,看观察孔中制冷剂流动情况。

① 清晰,孔内无气泡。孔内无气泡,也看不见液体流动,这种表示系统内制冷剂全部漏光。用手触摸压缩机进、排气口,没有冷热感觉,出风口无冷风。这时应立即停止压缩机,检查制冷剂泄漏的原因并修理,否则压缩机会因缺润滑油而咬死。

孔内无气泡,看见液体快速流动,这种表示制冷剂过多。用手触摸压缩机进排气口,两边有明显的温差,而且高压侧有烫手感,低压侧有冰霜。用歧管压力表检测,高低压都过高。这时应排出过多的制冷剂。

孔内无气泡,看见有液体稳定的紊流,这种表明制冷剂适量。用手触摸压缩机进排气口,两边有明显的温差,而且高压侧热、低压侧凉。用歧管压力表检测,高低压都正常。

② 偶尔有气泡,偶尔看到有气泡流过,这种情况说明制冷剂稍微不足或储液干燥器的干燥剂已饱和,制冷系统中有水分。

当膨胀阀有冰堵,则表明制冷系统中有水分,应更换储液干燥器。

当膨胀阀没有冰堵和结霜现象,用歧管压力表检测,高低压都有点低,则说明制冷系统中制冷剂不足,这时应检查有无泄漏的地方和补充适量的制冷剂。

③ 大量气泡或泡沫状,这种情况说明制冷剂严重不足并有大量的水分。此时必须检漏修理,修好后应抽真空,加制冷剂。

④ 观察孔的玻璃上有条纹状的油渍或黑油状泡沫,这种情况可能有三种情况。

若压缩机进排气口有明显的温差,停止压缩机,孔内油渍干净,则说明制冷系统内的冷冻机油过多,应放掉一些冷冻机油。

若压缩机进排气口有明显的温差,停止压缩机,孔内仍有油渍或其他杂物,则说明制冷系统内冷冻机油变质、脏污,应清洗制冷系统,重新注入冷冻机油和制冷剂。

若压缩机进排气口无温差,空调器出风口无冷风,则说明制冷系统无制冷剂,视窗镜上是冷冻机油。

1.2.3 汽车空调系统的性能测试

1. 空调系统维修后的外观检查

新装的或修理后的汽车空调,每台都要进行外观检查。外观检查主要包括如下的内容:

(1)观察:油漆是否均匀、有无脱落、划痕等缺陷,门窗是否密封,隔热层是否平整、牢固、紧贴,电气路线是否布置整齐、连接牢固,空调系统各部件仪表是否干净,有无油污,安装牢固与否等。

(2)控制键的检查:移动和旋转各个控制键时,应灵活,无阻碍和吃力感。当开动空调器时,压缩机开动应轻快而噪声小;电扇的开关变化,吹出的风量也相应变化,并无异常噪声;按下各个功能键,风口的风向应按各键所规定的风向吹出;移动温度键,空调器吹出的风温度应该有变化;如果是自动空调,看其是否在调定的温度范围内稳定工作。

(3)检查泄漏:应用电子检漏仪,对汽车空调系统的制冷管道和部件,进行一次全面而又细致的泄漏检查。发现有微小泄漏的地方,如果是接管或器件有"O"形橡胶圈的,略微拧紧一点螺母即可,注意"O"形橡胶圈不要压得太紧,否则密封反而不好。如果是管道有裂纹等,就要重新修理。

汽车空调检漏的可靠方法是用电子检漏仪和肥皂泡法,卤素灯只能做辅助检查,不能作为出厂的质量检漏工具。

2. 空调性能测试

空调系统检修之后,应进行性能试验,以检查制冷系统的制冷性能是否恢复、故障是否排除等。

在所有安装或修理工作结束,并经过外观检查,在路试之前先做一些简单项目的性能测试,以保证下一步路试的进行或修理的质量。特别是修理后的汽车空调,保温性能、车内气流分布、温度差异等都不用检查,故汽车空调修理做简单性能测试合格后即可出厂。

汽车空调简单性能测试的方法是用压力表测量其高、低压力值和用温度计测量空调器吹出的空气温度。

1)冷气系统性能检测程序

性能试验是为了检验冷却系统的效率,其试验程序如下:

(1)将车辆停放在阴凉处,关闭汽车所有门窗。

(2)压力表组与高低压侧的检修阀(压缩机上)或充排气阀相连。

(3)起动发动机,使发动机转速维持在较高转速。

(4)温度控制开关在最冷(COOL)位置,把冷气的窗口全开。

(5)车厢内温度为25~35℃时,压力表读数应为:高压1.37~1.57MPa,低压侧0.15~0.25MPa。

(6)测量冷气出口处的温度,用干湿球温度计求相对湿度。

(7)观察视液窗,分析判断制冷剂的数量。

2)测试方法

(1)用玻璃温度计和干湿球温度计测试。高、低压值检测之后,再测定车厢内的降温效果。将干湿球温度计放在冷气系统进风口处,把玻璃棒温度计放在冷气的出口处,如图1-2-1所示。

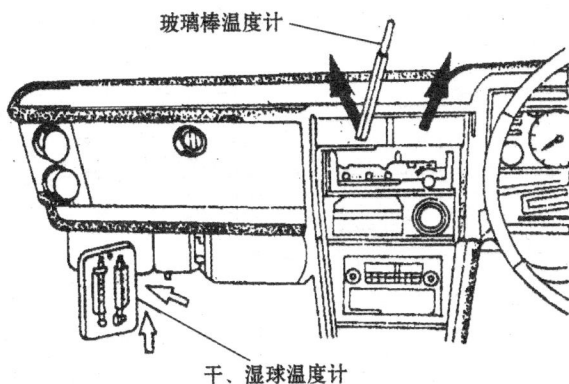

图 1-2-1　用玻璃温度计和干湿球温度计测试

①　测量车厢内的相对空气温度。测出冷气系统空气进口处(蒸发器进口)干湿球温度计的干球和湿球温度,利用湿空气曲线图,求出在蒸发皿进口处的空气相对湿度,如图 1-2-2 所示。例如:设蒸发器进口处的干球温度和湿球温度分别为25℃和19.5℃,图 1-2-2 中虚线的交叉点即为相对湿度,此时的相对湿度为60%。

曲线图的读法说明:
通过测量蒸发器进气口的空气
干湿球温度,可以求出空气的相对湿度(%)
例如,蒸发器进气口的干球温度为25℃,
湿球温度为19.5℃时,从图上两条虚线的
交点可以看出相对湿度是60%

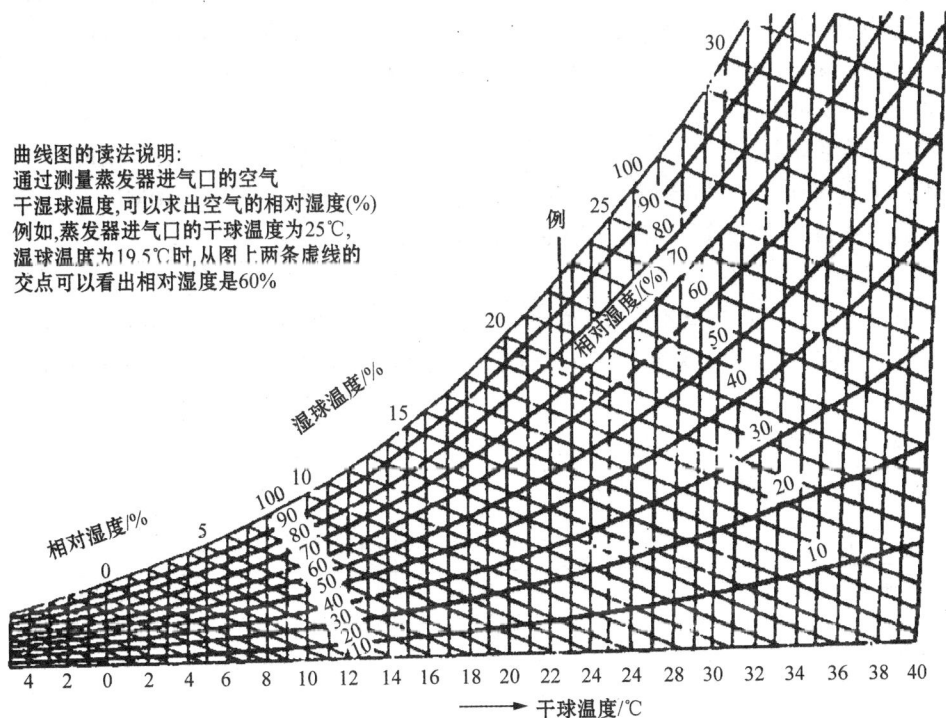

图 1-2-2　湿空气曲线图

②　测量冷气系统进气口和排气口的温度差。读出冷却系统冷气出口处的玻璃棒温度计的指示值和进气口处干湿球温度计的指示值,两者之差即为所求之温差。

③　评定制冷性能。若空气相对湿度和进气口与排气口的冷气温差的交叉点在标准性能图 1-2-3 的两条线的包围范围之内(两条阴影线之间),说明制冷性能良好;如果交叉点在这两

笔记

个区域外,说明所检测的空调系统制冷性能不好,还需进一步检修和调整。

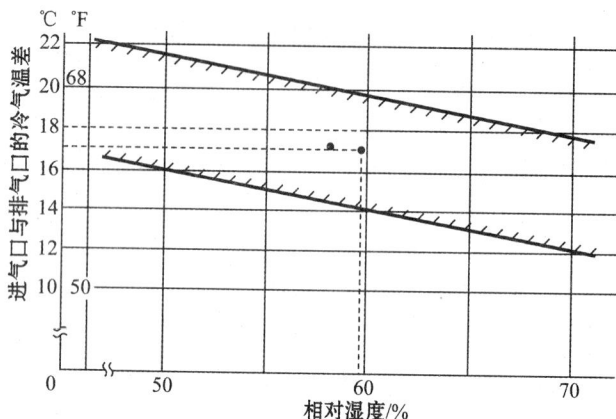

图 1-2-3 标准性能曲线图

(2)用压力表组测试。把压力表组的高、低压两侧分别接在压缩机的两检修阀或高低压管路的充、排气阀上。

发动机预热后,在下列特定条件下,从压力表组读取压力值(由于环境的影响,表上指示值可能有轻微的变化):将开关设定在内循环状态、空气进口处温度为 30～35℃、发动机在 1500r/min 下运转、鼓风机转速控制开关位于位于最高档、温度控制开关处于最冷位置。空调系统高低压侧压力值应为:

R134a 空调系统压力值:低压侧为 0.15～0.25MPa;高压侧为 1.37～1.57MPa。

R12 空调系统压力值:低压侧为 0.15～0.20MPa;高压侧为 1.45～1.50MPa。

如果压力太高或太低,说明系统存在故障。

3)道路实验

汽车空调经过上述检验之后,进行道路实验。实验时,汽车应满载额定乘员,在晴天少云、有日光照射,外界气温 35℃,风速不大于 3m/s,太阳辐射强度为 (4.6±2.1)[J/(cm²·min)]、路面平坦、硬实、干燥、树阴少的公路上,长度不小于 40km,全开空调分别以 20km/h、40km/h、60km/h 行驶,测量每种车速下行驶 10min、30min,进行降温能力、保温性能、爬坡性能等与气温有密切的项目实验。如表 1-2-1 所示。

表 1-2-1 道路试验车室内降温标准值

车速/(km/h)	10min 时车内温度/℃	30min 时车内温度/℃
20	＜30	＜27
40	＜29	＜26
60	＜28	＜25

在测量车内的气流分布与温度分布时,测量点应布置在相当于人坐着姿势的耳朵高度,但不会影响呼吸的部分。

做降温实验时,应先将汽车停放阴凉处,门窗全开,人员下车,使车内温度平衡,然后人员迅速上车,起步、开冷气,开始记录。每隔 1～2min 记录一次,直到连续三次记录相差不多为止。

做空调开、关与经济性、动力性对比实验时,要尽量做到两种实验的外界工况条件相同;开空调时,压缩机正常运转。

各个国家或汽车厂制定的汽车空调道路实验方法略有差异,在进行汽车空调路试时,不同的轻型车参照厂家的具体说明进行。

案例分析

案例:制冷剂泄漏导致空调制冷效果不良。

车型:尼桑风度。

症状:25万km的车,空调制冷效果不好。

诊断:用压力表监测发现制冷剂不足,对空调系统进行加压和抽真空发现有泄漏。用肥皂泡检查,没有发现泄漏点,考虑到如果空调系统泄漏得过慢,用肥皂泡就不能检测出来,于是考虑用荧光剂来检测。

修复:添加荧光剂,过一段时间后再检查,找到了泄漏点,故障排除。

分析:对于一些制冷剂泄漏比较缓慢的车,如果用肥皂水直接检查,很难找到泄漏点。此时可以向制冷剂中添加荧光剂,等空调运行一段时间后再检查,就可以轻易地找到泄漏点,这就要求维修人员必须掌握多种诊断方法才能圆满完成各种故障的排除。

测试习题

一、填空题

1. 汽车空调系统首次维护的条件是_____,常规维护的条件是_____。

2. 汽车空调系统的一般维护方法包括_____、_____、_____、_____和_____。

3. 空调系统维修后的外观检查包括_____、_____和_____。

4. 冷气系统性能检测方式包括_____、_____和_____。

二、判断题

1. 观察孔视液窗来检查制冷系统工况时,孔内无气泡,也看不见液体流动,这种表示系统内制冷剂全部漏光。　　　　　　　　　　　　　　　　　　　　　（　　）

2. 可以用温度计和湿度计监测空调性能。　　　　　　　　　　　　　　　（　　）

3. 启动发动机并稳定1500r/min左右,打开空调A/C开关,如果听到"咝咝"的尖叫声,一般是压缩机固定螺栓和托架安装螺栓松动,应及时给予紧固。　　　　　　（　　）

4. R134a空调系统压力值:低压侧为0.15～0.20MPa;高压侧为1.45～1.50MPa。如果压力太高或太低,说明系统存在故障。　　　　　　　　　　　　　　　　（　　）

三、问答题

1. 空调系统的正确使用应包括哪些内容?

2. 简述检验冷却系统效率的试验程序。

学习单元1.3　汽车空调系统的诊断与修复

学习目标

掌握汽车空调系统故障诊断程序和故障诊断方法,能够针对空调系统故障制定故障诊断程序,熟练使用诊断设备进行诊断并排除故障。

　　汽车空调系统比较复杂,要进行故障诊断,一要全面理解整个系统的组成及工作原理,二要熟练使用诊断设备,三要重视空调系统故障诊断的特殊性,四要掌握科学的诊断程序和方法。

1.3.1　汽车空调系统的诊断

　　汽车空调故障的诊断方法很多,有基本诊断法、压力表诊断法、故障表诊断法、流程图诊断法等。

　　1. 基本诊断方法

　　基本诊断方法是指根据看、听、摸等方式直观感觉到故障的部位。

　　1)看

　　除观察仪表盘上的压力、水温、油压等性能指示灯外,还应重点查看以下部位:

　　(1)检查压缩机驱动皮带,要求松紧适宜。可用两个手指压皮带中间部位,能压下 7～10mm 为宜。

　　(2)检查压缩机皮带是否歪斜,压缩机在发动机上安装是否牢固。

　　(3)检查冷凝器表面是否脏污、变形,与水箱之间是否有杂物。

　　(4)检查蒸发器和空气过滤网是否干净和通风良好。

　　(5)检查制冷系统管路、接头及组件表面有无油迹。如有油迹,一般是制冷剂出现渗漏。

　　(6)检查制冷管路是否有擦伤或变形等。

　　(7)从视液窗查看制冷剂的多少。

　　① 如果从视液窗看到的很清晰,可能有两种情况:一是系统内无制冷剂,二是制冷剂过量。区别两者可通过检查出风口温度或冷凝器温度判别。

　　② 如果从视液窗看到机油条纹,说明系统内没有制冷剂,运行时油滴痕迹留在了视窗上。这种情况往往是制冷剂泄漏后的表现。

　　③ 如果视窗里有气泡出现,说明制冷剂不足。气泡呈泡沫状,表示制冷剂严重不足。在制冷剂充足的情况下也有可能出现气泡,这是由于制冷剂内含有潮气,此时应更换储液干燥器。

　　④ 如果向冷凝器喷水后,不见视窗内出现气泡,说明制冷剂量过多。如图 1-3-1 所示。

图 1-3-1　观察视液窗

　　2)听

　　一是听取驾驶员对故障原因的说明,二是监听设备有无不正常噪声。当接通空调开关,压缩机开始工作时,发动机声音稍微增大,可视为正常。耳听压缩机、送风机、排风机是否有异常声音。作为维修人员,还应当仔细了解、听取驾驶人员对故障现象的描述。

　　3)摸

　　开启制冷系统 15～20min 后,用手触摸系统部件,感受其温度。

（1）压缩机进、排气管,应有明显温差。

（2）冷凝器进、出口管应有温差,出口管温度应低于进口处温度。

（3）储液干燥器进、出口温度的比较:进口温度与出口温度相等时,表示冷气系统正常;进口温度低于出口温度时,表示制冷剂不足;进口温度高于出口温度时,表示制冷剂过多。

（4）膨胀阀进、出口温差明显。

（5）利用手感,比较车箱冷气栅格吹出的冷风凉度及风量大小。

注意,在用手触摸高压区部位时要防止烫伤。如果压缩机高、低压侧之间没有明显温差,则说明制冷剂泄漏严重。

4）测

通过看、听、摸这些过程,只能发现不正常的现象,对于一些较为复杂的故障,还要借助于压力表对制冷系统进行测试。对装有自动空调系统的汽车还要结合系统自诊断,进行综合分析判断,确定故障部位并进行排除。

通过看、听、摸、测量等手段分析故障现象及其产生原因,可较快地排除空调系统故障,下面用两个例子分析这种诊断方法。

2. 用歧管压力表诊断

基本检查只是一种对系统直观、外表的检查,它并没有反映出系统内部循环的情况,而制冷系统工作时,内部压力变化有一定的规律可循;压力与温度是密切相关的,这正是进行仪表诊断的依据。我们可根据压力的变化情况,进一步诊断出系统可能出现故障的原因及部位。对于制冷系统而言,歧管压力表组是最常用的工具。

1）诊断方法

用歧管压力表组测量系统压力时,首先将压力表组的高、低压手动阀关闭,然后将压力表组的高、低压软管分别连接到系统的高、低压检修阀上,并利用系统内制冷剂压力排除管内空气。启动空调系统,待压力表指示稳定后即可读取压力值。

2）诊断标准

R134a 制冷剂空调系统压力正常范围:

表读数:低压侧　0.15～0.25MPa;

　　　　高压侧　1.37～1.57MPa。

R12 制冷剂空调系统正常工作压力范围:

表读数:低压侧　0.15～0.20MPa;

　　　　高压侧　1.45～1.50MPa。

根据车型不同,测试工况不同,压力范围略有差异。

3）用压力表组判断、分析系统故障

（1）制冷不足。

① 故障现象:高、低压侧的压力都偏低,从玻璃观察窗内看到有连续的气泡出现,高压管温热、低压管微冷。

② 故障原因:制冷剂充注不足或系统某些部位发生渗漏。

③ 故障诊断与排除:充入适量的制冷剂或用检漏仪查找渗漏部位,并予以修复。

（2）系统中有水分。

① 故障现象:工作期间,在低压侧压力有时正常,有时指示真空;高压侧压力指示正常,有

时稍高;间歇性制冷,最后不制冷。

② 故障原因:干燥剂吸湿能力达到饱和;制冷循环系统内在膨胀阀(或孔管)处结冰,阻滞了制冷剂的流动,导致不制冷;当冰融化后,系统又恢复到正常状态。

③ 故障诊断与排除:干燥剂处于饱和状态,更换储液干燥器或干燥剂。反复抽真空,排除系统中的水分,然后注入适当数量的新制冷剂。

(3) 制冷剂循环不良。

① 故障现象:高压和低压侧压力都偏低;从储液干燥器到主机组的管路都结霜;制冷不足。

② 故障原因:储液干燥器堵塞,阻滞了制冷剂的流动。

③ 故障诊断与排除:更换储液干燥器。

(4) 制冷剂不循环。

① 故障现象:低压侧压力指示真空,高压侧压力指示太低;膨胀阀或储液干燥器前后管路上有露水或结霜;不制冷或间歇制冷。

② 故障原因:系统中有水分或污物阻滞了制冷剂的流动;膨胀阀感温包破裂导致阀门关闭,使制冷剂无法流动。

③ 故障诊断与排除:检查膨胀阀并清理脏物,若感觉温包破裂,应更换膨胀阀。更换储液干燥器;抽真空并充注适量制冷剂。

(5) 制冷剂过多或冷凝器散热不良。

① 故障现象:低压侧和高压厕压力均偏高;即使发动机转速快速升高或降低,通过观察窗也见不到气泡;制冷不足。

② 故障原因:系统中制冷剂过量;冷凝器散热不良。

③ 故障诊断与排除:若制冷剂过量使制冷能力下降,应适当排放部分制冷剂;若冷凝器表面脏污或与散热器间夹有杂物、风扇电机存在故障导致冷凝器散热不良,应清洁冷凝器,检查风扇电机的运转情况。

(6) 系统中有空气。

① 故障现象:高压侧和低压侧压力都太高;低压管路发热;在储液器的观察窗内出现气泡;制冷效果不好。

② 故障原因:由于抽真空作业时不彻底,使系统中残存部分空气。

③ 故障诊断与排除:彻底抽真空,重新充注适量新制冷剂;检查压缩机油是否变脏或不足,应更换或添加。

(7) 膨胀阀安装不正确或感温包有故障(开度不合适)。

① 故障现象:高压侧和低压侧压力都太高;在低压侧管路结霜或有大量露水;制冷不足。

② 故障原因:膨胀阀存在故障或感温包安装不正确。

③ 故障诊断与排除:由于膨胀阀开度过大,导致向蒸发器高低压侧都流入过量制冷剂,应检查膨胀阀的工作情况以及膨胀阀上感温包的安装位置。

(8) 压缩机故障。

① 故障现象:低压侧压力太高;高压侧压力太低;无冷气吹出。

② 故障原因:压缩机磨损严重,阀门渗漏或损坏。

③ 诊断与排除:拆检压缩机,视情修复或更换。

3. 用故障诊断表分析诊断

制冷系统的故障,经常用系统内各部位的压力进行分析,制冷效果、制冷剂泄漏也是分析事故的重要依据。电气系统方面的故障常表现为:电气元件损坏、保险丝烧断、触头接触不良、过载烧坏、电动机不工作等,这些故障使制冷循环停止工作,并且常伴有异味、过热等现象;机械元件出现异常一般为压缩机、风机、皮带轮、离合器、膨胀阀、轴封、热交换器、轴承、阀片等出现故障。表 1-3-1 列出了汽车空调常见故障以及以压力、温度、视镜为准进行的分析,判断故障时可作参考。

表 1-3-1　空调故障及故障分析

现象—部位故障	低压侧压力	高压侧压力	视镜	吸入管路	储液干燥器	液体管路	输出管路	排气
正常工作情况	正常	正常	清晰	冷或轻微出汗	温	温	热	冷
制冷剂不足	非常低	非常低	有气泡	微冷	微温	微温	微温	温
制冷剂泄漏	低	低	有气泡	冷	温至热	温	温至热	微凉
压缩机故障	高	低	清晰	冷	温	温	温	微凉
冷凝器工作不正常	高	高	清晰或偶有气泡	微凉至温	热	热	热	温
膨胀阀卡在开启位置	高	高或正常	清晰	冷、结霜或出汗	温	温	热	微冷
冷凝器和膨胀阀之间有阻塞	低	低	清晰	冷	冷、出汗或结霜	冷、出汗或结霜	阻塞点前热	微冷
压缩机与冷凝器之间有阻塞	高	高、正常或低	清晰	微冷至温	温或热	温或热	热	温
膨胀阀卡在关闭位置	低	低	清晰	阀出口处出汗、结霜	温	温	热	微冷

根据故障类型,可以依照图表快速找出故障的原因及排除方法。

1) 取暖系统的故障与排除

取暖系统的故障与排除如表 1-3-2 所示。

表 1-3-2　取暖系统的故障与排除

故　障	原　因	排除方法
1. 不供暖和暖气不足	(1) 空调器风机坏 (2) 风机继电器、调温电阻器坏 (3) 发热器漏风 (4) 温度门真空电动机坏 (5) 热风管道堵塞 (6) 冷却水管受阻 (7) 加热器芯管子内部有空气 (8) 加热器的翅片变形而通风不畅 (9) 加热器芯管子积垢堵塞 (10) 热水开关或真空电动机失效 (11) 冷却液不足 (12) 发动机的石蜡节温器失效	(1)、(2) 用万用表检查电阻,电阻值为零或无穷大则更换 (3) 更换发热器壳 (4) 更换真空电动机 (5) 清除管路 (6) 水管弯曲,更换抽水管 (7) 排出管内空气 (8) 修理和更换加热器 (9) 用化学方法除垢 (10) 拆修或更换,保证有足够的热水量 (11) 补充冷却液,并检查散热器盖是否漏气 (12) 更换石蜡节温器

（续表）

故　障	原　因	排除方法
2. 鼓风机不转	(1) 熔丝熔断或开关接触不良 (2) 鼓风机电机烧损 (3) 鼓风机调速电阻断路	(1) 检查熔丝和开关，用小号砂纸轻擦开关 (2) 更换鼓风机电机 (3) 更换电阻
3. 漏水	软管老化，接头不紧，热水开关关不死	更换水管，紧固接头，修复热水开头
4. 过热	(1) 调温风门调节不当 (2) 发动机节温器坏了 (3) 风扇调速电阻坏了	(1) 调整调温门的位置 (2) 更换节温器 (3) 更换电阻
5. 除霜热风不足	(1) 除霜风门调速不当 (2) 出风口阻塞 (3) 供暖不足	(1) 重调 (2) 清理 (3) 同前
6. 操纵吃力或不灵活	(1) 操纵机构卡死，风门黏紧 (2) 所有真空电动机失灵	(1) 调整或修理 (2) 更换
7. 加热器芯有异味	加热器漏水	检查进出水接头并紧固；若加热器管漏水，则更换

2）制冷系统的故障与排除

制冷系统的故障与排除如表 1-3-3 所示。

表 1-3-3　制冷系统的故障与排除

故　障	原　因	排除方法
1. 系统噪声太大	(1) 离合器结合时打滑 (2) 离合器轴承磨损，间隙过大，或缺油 (3) 离合器电磁线圈故障或者接头松动 (4) 传动皮带松驰、磨损引起打滑 (5) 皮带轴承磨损 (6) 皮带过紧引起压缩机振动 (7) 带轮中心线不平行引起压缩机振动 (8) 压缩机安装螺钉松动；支承板松动或破碎 (9) 进、排气阀片损坏 (10) 活塞环磨损 (11) 敲缸 (12) 风扇叶片变形引起噪声和电机轴承磨损引起叶片和机罩摩擦 (13) 冷冻机油过多或过少 (14) 制冷剂过量引起高压管振动，压缩机有敲击声 (15) 制冷剂不足引起蒸发器进口有嘶嘶声 (16) 制冷系统水分过量	(1) 若没油渍则清洗和修理；若弹簧或卡盘坏了，则更换离合器 (2) 更换离合器轴承，或者加入适量润滑油 (3) 拧紧接头，更换电磁线圈 (4) 调整到合适张力或更换皮带 (5) 更换轴承 (6) 调整皮带张力 (7) 重新安装压缩机，使其中心线平行 (8) 拧紧安装螺钉；更换压缩机支承板 (9) 更换 (10) 修理或更换压缩机 (11) 打开高压维修阀检查 (12) 维修或更换风扇 (13) 排去式加注冷冻机油，保持正确油平面 (14) 排放制冷剂，直到高压表值正常 (15) 检查有无泄漏，并修好，加足制冷剂 (16) 更换干燥器，系统再次抽真空，充注制冷剂

（续表）

故　障	原　因	排除方法
2. 完全没有冷气	(1) A/C 熔丝烧断	(1) 查明原因,更换熔断器
	(2) 电路断路器有故障	(2) 查明原因,予以纠正,更换断路器
	(3) A/C 开关有故障	(3) 检查开关
	(4) 主继电器接触不良或有其他故障	(4) 检查主继电器
	(5) 电线和接头折断或脱落	(5) 检查线路,接通线路
	(6) 离合器电磁线圈短路烧毁	(6) 检查线圈,若短路则更换
	(7) 恒温开头或放大器失灵	(7) 更换
	(8) 热敏电阻器有问题	(8) 检查,电阻与温度变化曲线不符合时,更换合适的
	(9) 蒸发器的风扇电路或继电器有故障	(9) 若电机有毛病,则更换;若继电器有毛病,则修理
	(10) 皮带松弛或折断	(10) 调整或更换
	(11) 高压或低压开关有故障和断开	(11) 检查开关,并查明断路的原因;有故障,则换掉
	(12) 制冷剂全部漏光:①压缩机轴封漏油;②储液干燥器上的易熔塞熔化;③软管破损;④系统其他地方	(12) 查明漏点,修理并重新抽真空、注液
	(13) 储液干燥或膨胀阀堵塞	(13) 检查,并查明堵塞原因
	(14) 压缩机的进、排气阀门折断或阀板磨损	(14) 更换阀门和阀板
	(15) 缸盖密封垫损坏	(15) 更换
3. 输出的冷气量不足	(1) 蒸发器风扇转速太慢	(1) 检查接头是否松动,调速电阻是否失效
	(2) 热敏电阻器有故障	(2) 检查或更换
	(3) 放大器有故障或恒温开关有故障	(3) 检查放大器,更换;检查恒温开关,更换
	(4) 离合器因电压过低而打滑	(4) 找出原因,输入规定电压
	(5) 离合器因磨损过量而打滑	(5) 更换磨损严重的离合器零件
	(6) 离合器循环过于频繁	(6) 调整或者更换恒温器开关或温度放大器
	(7) 压缩机进、排气阀腔窜气	(7) 更换缸垫
	(8) 储液干燥器滤网堵塞	(8) 更换滤网,清洗或更换储液干燥器
	(9) 膨胀阀滤网堵塞	(9) 卸下滤网,清洗或更换滤网
	(10) 膨胀阀感温包保温层脱落而松动,或者感温包感温液体漏光	(10) 重新包捆感温包;如感温包有泄漏,则更换膨胀阀
	(11) 孔管滤网堵塞	(11) 清理滤网,并更换液气分离器
	(12) 冷凝器的气流不畅通	(12) 清理冷凝器表面杂物
	(13) 蒸发器的气流不畅通	(13) 清理蒸发器表面,修理温度混合风门
	(14) 蒸发器压力控制阀有故障	(14) 更换
	(15) 系统中制冷剂过多或不足	(15) 排出多余的制冷剂或充入适量制冷剂
	(16) 冷冻机油过多	(16) 排出多余的油
	(17) 系统内进有空气	(17) 排空、抽真空、注液
	(18) 车外温度高,车外循环风门关不死	(18) 修理外循环风门或更换此真空电动机
	(19) 蒸发器结霜堵塞	(19) 调整恒温开关或蒸发器压力控制器
	(20) 蒸发器风箱壳漏气	(20) 修理补漏

（续表）

故　障	原　因	排除方法
4. 输出冷气时有时无	（1）离合器线圈电路接触不牢；接地搭铁松动 （2）离合器打滑或磨损严重 （3）主继电器、风扇继电器有故障 （4）连接插头插座有松脱 （5）风扇变阻器有故障 （6）电机接触不良 （7）离合器因电压过低而时有打滑现象 （8）恒温器或放大器有故障 （9）系统内湿气过多 （10）膨胀阀失灵；感温包松动 （11）恒温器调整的断开温度过低 （12）蒸发器压力控制器有故障	（1）焊接牢固；拧紧修理搭铁 （2）清洗干净油渍，更换磨损零件 （3）更换继电器 （4）接牢或更换松脱的插座 （5）更换调速器 （6）更换风扇电动机 （7）找出原因并予以改正 （8）更换恒温器或放大器；检查热敏电阻 （9）更换干燥剂，重新抽真空，注液 （10）检查感温包或更换膨胀阀 （11）重新调整 （12）更换

1.3.2　汽车空调系统的修复

当汽车空调制冷系统有故障时，需要对制冷系统进行压力检测、泄漏检查等，在检修或更换某一部件时，制冷剂需要释放或回收。当汽车空调制冷系统经检修或安装完毕后，还要对制冷系统进行压力检查、泄漏检查，排除系统的内水和空气（抽真空），加注冷冻油，充注冷冻剂。

所以汽车空调制冷系统维修操作技能主要包括两检四维护：即检测系统压力、检测渗漏、排空、抽真空、充注制冷剂、加机油等。

1. 系统压力检测

使用歧管压力表检测空调系统高、低压侧的压力值，安装压力表到高低压侧检修阀或气门阀后，双阀关闭可以检测空调高低压侧的压力。

1）检测步骤

（1）将压力表组表阀与空调制冷系统压缩机高压检修阀、低压检修阀连接。连接时，先关闭高、低压手动阀，并在接好后，排除胶管内的空气，否则管内空气会跑到制冷系统内。

（2）起动发动机，使压缩机的转速保持在 2 000r/min；置空调控制板上的功能选择键在"Max"（或 A/C）位置，温度键于"Cool"位置，风扇键于"Hi"位置。

（3）将一根玻璃温度计放进中风门空调出风口（检测空调冷风温度），而将干湿温度计放在车内空气循环进气口处（检测室内环境温度），湿温度计的球部要包覆饱蘸水的棉花。

（4）空调系统至少要正常工作 15min 后，才能进行检测工作，记录数据。空调的正常值要达到检测标准要求。

2）检测标准

环境温度：21～32℃下，空调冷风温度：1～10℃。

R134a 制冷剂空调系统压力正常范围：

表读数：低压侧　0.15～0.25MPa；

高压侧　1.37～1.57MPa。

R12 制冷剂空调系统正常工作压力范围：

表读数：低压侧　0.15～0.20MPa；

高压侧 1.45～1.50MPa。

歧管压力表读数如图 1-3-2 所示。

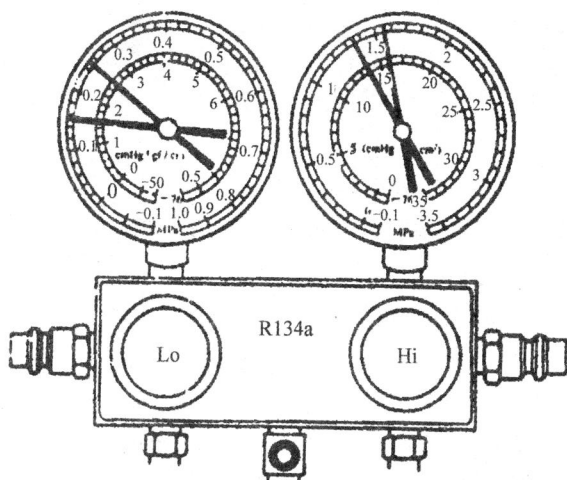

图 1-3-2 歧管压力表读数

注：根据车型不同、测试工况（发动机转速、蒸发器入口温度）不同，压力范围略有差异。详见随车制造商手册，此处仅作参考。

3）空调制冷系统检漏

汽车空调制冷系统的检漏方法常用的有目测检漏法、肥皂泡检漏法、染料检漏法、检漏灯检漏法、电子检漏仪检漏法、抽真空检漏法（负压检漏）和加压检漏法（正压检漏）等几种。

（1）目测检漏法：是指用肉眼查看制冷系统（特别是制冷系统的管接头）部位有否润滑油渗漏痕迹的一种检漏方法。因为制冷剂通常与润滑油（冷冻机油）互溶，所以在泄漏处必然也带出润滑油，因此，制冷系统管道有油迹的部位就是泄漏处。若发现在某处有油污渗出，可进一步擦拭后再检查，如仍有油污渗出，即是泄漏。

（2）皂泡检漏（肥皂液检漏）法：是指在检漏时，对施加了压力的制冷系统，用毛刷或棉纱蘸肥皂液涂抹在被检查部位，察看被检查部位是否有气泡产生的一种检漏方法。若被检查的部位有气泡产生，则说明这个部位是泄漏点。肥皂水检漏法简便易行，而且很有效，但操作比较麻烦，维修工采用此法检漏时，要求一定要细致、认真。

（3）染料检漏（着色检漏）法：确定泄漏点或压力漏点，把黄色或红色的颜料溶液通过表座引入空调系统的检漏方法，是个理想的方法。染料能指出漏点的准确位置，因为漏点周围会有红色和黄色 2 种染料积存，并且不会影响系统的正常运行。

有的制冷剂中含有染料，如杜邦公司生产的加有红色染料的制冷剂 R12，名称为 Dytel，其注入空调系统方法和注入 R12 完全一样。

① 准备工作：将压力表组接入系统，放掉系统中的制冷剂；拆下表座中间软管换接一根长152mm、两端带坡口螺母的铜管；铜管的另一端和染料容器相接，中间软管的一端也接在染料容器上，而另一端则和制冷剂罐接通。

② 染料进入系统：起动发动机并怠速运转，调整控制器到最凉位置；缓和地打开低压侧手阀，使染料进入系统；向系统充注制冷剂，应为实际量的一半。让发动机连续运行 15min，然后

关闭发动机和空调系统。

③ 观察系统:观察软管和接头是否有染料溶液泄漏现象,如果发现漏点,按要求修理。染料可以保留在系统内,对系统无害。

着色检漏是采用着色剂代替肥皂液检漏的方法,前面已经提到过。

(4) 检漏灯检漏法:是指在检漏时,利用卤素与吸入的制冷剂燃烧后产生不同颜色的火焰进行检漏的一种方法。

泄漏量少时,火焰呈浅绿色;泄漏较多时,火焰呈蓝色;泄漏量很大时,火焰呈紫色。

(5) 电子检漏仪检漏法:检查时,应当遵照电子检漏仪制造厂家的有关规定。一般按下列步骤进行:

① 转动控制器或敏感性旋钮至断开(OFF)或 0 位置。

② 电子检漏仪接入规定电压的电源,接通开关。如果不是用电池供电,应有 5min 的升温期。

③ 升温期结束后,放置探头于参考漏点处进行标定,调整控制器和敏感性旋钮至检漏仪有所反应为止,移动探头,反应应当停止,如果继续反应,则是敏感性调整得过高,如果停止反应,则是调整合适。

④ 移动寻漏软管,依次放在各接头下侧,还要检查全部密封件和控制装置。

⑤ 断开与系统连接的真空软管,检查真空软管接头处有无制冷剂蒸气。

⑥ 如发生漏点,检漏仪就会出现像放置在参考漏点处的反应状况。

⑦ 探头和制冷剂的接触时间不应过长,也不要把制冷剂气流或有严重泄漏的地方对准探头,否则会损坏探测仪的敏感元件。

这里要注意压缩机主轴轴封的泄漏问题。到目前为止,汽车空调压缩机的主轴轴封泄漏制冷剂的问题还没有得到完全的解决。如果用精密的电子检漏仪调整到最灵敏档,总能发现压缩机的轴封有微量的 R12 泄漏出来。现在的问题是,如何才能判定其不属于正常泄漏?目前最通常的判断是:将电子检漏仪的灵敏度调整到每年为 15g 泄漏量即报警。如果小于 15g/年,则认为是允许的,不会妨碍空调系统工作。这个泄漏量用卤素检漏灯是不能检出的。卤素检漏灯在每年泄漏量为 48g 时,不能检出;每年为 288g 时,其火焰微绿色;每年泄漏量为 384g 时,火焰颜色变为淡绿色。很明显,若轿车空调系统的制冷量每年漏量为 200g,其制冷性能已经严重受损而不能正常工作。所以,这里可以明白,汽车空调检漏的可靠方法是用电子检漏仪和肥皂泡法,卤素检漏灯只能作为辅助检查,不能作为出厂的质量检漏工具。

(6) 加压检漏(正压检漏)法:是指将 1.5～2MPa 压力的氮气、二氧化碳或混有少量制冷剂的氮气、二氧化碳,或者等介质加入制冷系统中,再用肥皂水或卤素检漏灯进行检漏的一种方法。这种方法常用于空调制冷系统中的制冷剂全部漏光时的检漏。要注意的是,在高压条件下操作时尽量不要用空气压缩机加压或制冷系统本身的压缩机加压,因为这样会使制冷系统带入一部分水分。

(7) 抽真空检漏(负压检漏)法:抽真空检漏,通过做气密性试验法进行检漏,是对制冷系统抽真空以后,保持一段时间(至少 60min),观察系统中的真空压力表指针是否移动(即指针是否发生变化)的一种检漏方法。要指出的是,采用这种方法检漏,只能说明制冷系统是否有泄漏,而不能确定泄漏的具体部位。

2. 制冷剂排空

制冷剂排空是指将制冷系统内制冷剂排出。制冷剂排空有两种方法：一种是传统排空法；另一种是回收排空法，如利用制冷剂加注、回收多功能机进行回收等。回收处理后的制冷剂可继续使用。

1）传统排空方法

传统排空方法如图 1-3-3 所示。操作如下：

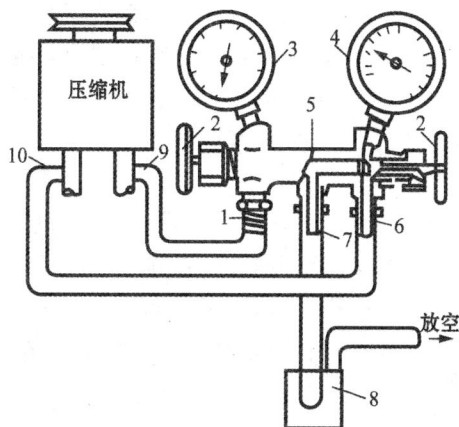

图 1-3-3 制冷剂排空

1—低压管；2—手柄；3—低压表；4—高压表；5—表阀；6—高压管；7—维修软管；
8—集油罐；9—吸气阀；10—排气阀

（1）把歧管压力表组连接到系统的高、低压检修阀上。

（2）起动发动机并使转速维持在 1 000～1 200r/min，并运行 10～15min。

（3）风扇开至高速运转，将系统中所有的控制开关都放到最冷位置使系统达到稳定状态。

（4）把发动机转速调到正常怠速状态。

（5）关闭空调的控制开关，关闭发动机。

（6）慢慢打开歧管压力表组上的低压手动阀，让制冷剂缓缓从中间软管流入回收装置中。等压力下降到 350kPa 时，再慢慢拧开高压手动阀，以防止冷冻机油被带出。

（7）歧管压力表组的高、低压力表指示为零，说明系统内制冷剂已排空。

2）回收排空法

制冷剂的放卸回收、净化循环使用工作过程如下：

用表阀系统将汽车空调制冷系统中的制冷剂引入回收到储液瓶。其中，高压阀连接压缩机排气管，低压阀连接压缩机吸气管。表阀的中间接口连接 φ60mm×100mm 的钢瓶。钢瓶的底部有一个截止阀，用来放卸制冷剂带出的润滑油（冷冻机油）。降压时，先慢慢拧开高压手动阀，让制冷剂徐徐流出而尽量不带出冷冻机油。当压力下降到 350kPa 时，再慢慢拧开低压手动阀，让制冷剂经降压、除酸、干燥、过滤等工序处理后，重新压缩、冷凝、液化，装入储液瓶中。

在此过程中，对生成的酸性物质的清除，常采用中和法或膜处理方法，使酸性物质自动分离；对混入制冷剂中的水分清除采用分子筛吸附，使制冷剂的含水量降低到可重新使用的标准（含水量 0.001%）；对不溶杂质（如铁屑、油污、灰尘等），可采用空调用的过滤装置加以清除。

3）注意事项

（1）回收场地应通风良好。不要使排出的制冷剂靠近明火，以免产生有毒气体。

（2）制冷剂排出而冷冻润滑油并非全部排出，因此应测定排出的油量，以便补充。

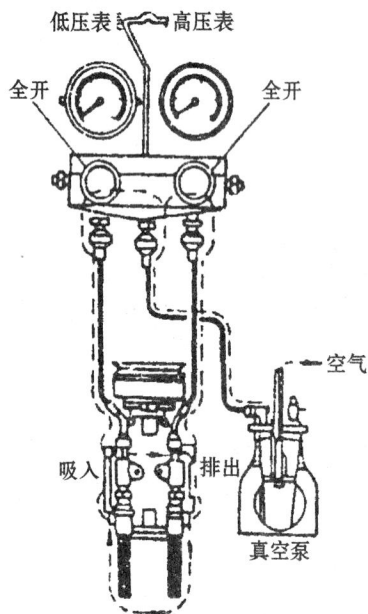

图 1-3-4　空调制冷系统抽真空

3. 空调制冷系统抽真空

抽真空的目的有两个：一是排除制冷系统内残留的空气和水分；二是还可进一步检查验证系统的密闭性，为向系统内充注制冷剂作好准备。实际上抽真空并不能直接把水分抽出制冷系统，而是压力降低后水的沸点也降低了，水汽化成水蒸气而抽出系统外。

抽真空管路连接如图 1-3-4 所示。具体操作过程如下：

（1）将歧管压力表的两根高、低压软管分别接在高、低压侧气门阀上，将其中间软管与真空泵相连接。

（2）打开歧管压力表上的高、低压手动阀，启动真空泵，观察低压表的指针，应该有真空显示。

（3）连续抽 5min 后，低压表应达到 0.03MPa（真空度），高压表略低于零，如果高压表不能低于 0 刻度，表明系统内有堵塞，应停止，修复后，再抽真空。

（4）真空泵工作 15min 后，低压表指针应在 0.01～0.02MPa 之间。如果达不到此数值，这时应关闭高、低压手动阀，观察低压表的指针，如果指针上升，说明真空有损失，系统有漏点，应停止，修复后才能继续抽真空。

（5）系统压力接近于真空时，关闭高、低压手动阀，保压 5～10min。如低压表指针不动，则开启真空泵，打开高、低压手动阀，继续抽真空，抽真空的时间不得少于 30min，如时间允许，可再长些。

（6）抽真空结束时，先关闭高、低压手动阀，再关闭真空阀，最后关闭真空泵电源，其目的是防止空气进入制冷系统。这样，就可以向系统中充注制冷剂或加注冷冻机油。

4. 制冷系统充注制冷剂

在制冷系统经过抽真空并确认没有泄漏后，可开始对系统充注制冷剂。

充注方法主要有三种：

1）从高压端充注

充注的是液态制冷剂，将制冷剂罐倒立、压缩机停转，它是靠制冷剂罐内与系统之间的压差与位差进行充注的，这种方法适合于系统内抽过真空而无制冷剂的情况，可完全充注。它的特点是速度快。操作如下：

（1）如图 1-3-5 所示，将歧管压力表组与系统检修阀、

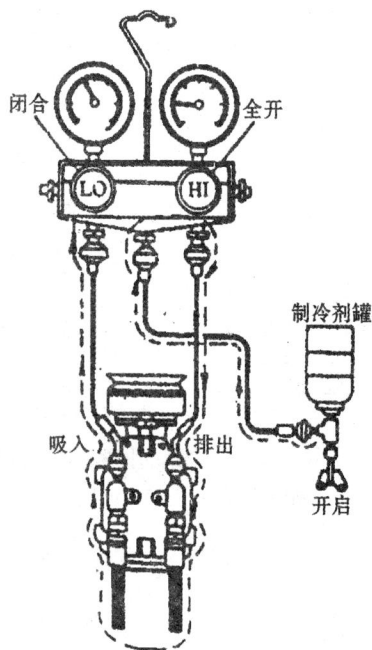

图 1-3-5　高压端充注法

制冷剂罐注入阀、制冷剂罐连接好。

(2) 用制冷剂排除连接软管内的空气,具体方法是:先关闭高、低压手动阀,打开制冷剂瓶罐上的阀门,然后使用压力表组上的放气阀或者拧松软管接头。当软管排出制冷剂气体后,一般是 3～5s,迅速拧紧软管接头。

(3) 将制冷剂罐倾斜倒置于磅秤上,并记录起始质量。如果使用小罐,则记录小罐瓶数。

(4) 打开制冷剂瓶罐上阀门,然后缓慢打开高压手动阀,将制冷剂注入系统内,当磅秤指示到达规定质量时,迅速关闭制冷剂阀门。

(5) 关闭高压手动阀,充注结束。

注意:高压端充注制冷剂时,严禁开启空调系统,也不可打开低压手动阀。

2) 从低压端充注气态制冷剂

将制冷剂罐正立、压缩机工作。这种方法适合于向系统内补充少量制冷剂的情况(补充充注)。操作如下:

(1) 如图 1-3-6 所示,将歧管压力表组与系统检修阀、制冷剂罐连接好。

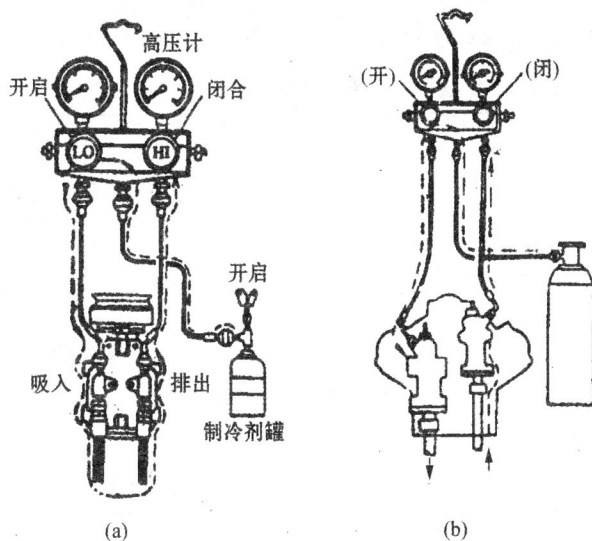

图 1-3-6　低压端充注法
(a) 轿车充注　(b) 大客车充注

(2) 用制冷剂排除连接软管内的空气。

(3) 将制冷剂罐直立丁磅秤上,并记录起始质量。如果使用小罐,则记录小罐瓶数。

(4) 打开制冷剂罐阀门,然后打开低压手动阀,向系统充注气态制冷剂。

(5) 起动发动机并将其转速调整在 1250～1500r/min,接通空调开关,把风机开关开至最大、把温度控制开关调到最低。

(6) 当制冷剂充至规定质量时,先关闭低压手动阀,然后关闭制冷剂阀门。

(7) 关闭空调开关,停止发动机运转,迅速将高、低压软管从检修阀上拆下。

注意:低压端充注时,瓶罐应为直立,高压手动阀处于关闭位置。

3) 高低压端综合充注

高低压端综合充注时先从高压端气门阀充注一定量液态制冷剂,然后起动发动机,空调制冷系统工作,再从低压端气门阀吸入补足制冷剂量,这种方法充注制冷剂的速度较快,不需要其他的专用仪器,一般汽车修理厂都采用这种方法。

此外,按空调系统运行状态分有系统停开下充注(高压充注)法和系统运行下充注(低压充注)法。按充注制冷剂罐的大小分有充注制冷剂有小罐充注(1 磅罐充注)法和大罐充注法。1磅罐实际上只含 396.9g 制冷剂;大罐名义上含有 4.5、6.8、11.3、13.6、22.7 和 65.8kg 制冷剂的容器罐。按充注制冷剂的形态分还有液体充注(制冷剂罐倒置)法和气体充注(制冷剂罐正置)法。

4)制冷剂充注量

制冷剂充注量是否合适可从以下几方面观察:

(1)压力表观察:如 R12 制冷剂系统,发动机转速为 2 000r/min,风机转速为最高档,气温为 21～32℃时,系统内低压侧压力应为 0.15～0.20MPa,高压侧压力应为 1.45～1.50MPa。R134a 制冷剂系统,系统内低压侧压力应为 0.15～0.25MPa,高压侧压力应为 1.37～1.57MPa。

(2)储液干燥器上视液窗观察:系统工作时视液窗内清亮、无气泡,可观察到有液体流动。

(3)系统中制冷剂的数量及观察窗所对应的征兆如表 1-3-4 所示。

表 1-3-4　系统中制冷剂的数量及观察窗所对应的征兆

项目	征　兆	制冷剂数量	处理方法
1	观察窗内出现气泡	不足	(1)用检漏仪检查渗漏部位,进行修复 (2)充入适量制冷剂
2	观察窗内无气泡出现	无、足够或太多	参照 3 和 4
3	压缩机进、出口间无温度差	无或很少	(1)用检漏仪检查渗漏部位,进行修复 (2)充入适量制冷剂
4	压缩机进、出口间温度明显不同	适量或太多	参照 5 和 6
5	空调关闭后,制冷剂在观察窗口立即呈现清晰状态	过多	排出多余制冷剂,达到规定数量
6	空调关闭后,在观察窗内能见到制冷剂泡沫,然后变成清晰状态	正常	

(4)参照厂方提供的手册加注。表 1-3-5 列出几种车型制冷剂加注量,仅供参考。

表 1-3-5　冷剂加注量

车　　型	制冷剂加注量/kg
桑塔纳轿车	1～1.2
普通轿车	0.7～0.8
丰田 CROWN 牌 MS112、MS122 小轿车	前置空调:0.8;双联空调:1.2
日产 DATSUN 牌(430)小轿车	前置空调:0.9;双联空调:1.4
马自达 E200、E1800 型旅行车	1.6

（续表）

车　型	制冷剂加注量/kg
三菱 ROSA 牌 BS310C 型旅行车	2.7
丰田 HIACE 牌 RH20 型旅行车	2.4
日野 RCA20 型、RE200 型大客车	7
三菱 BS701T 大客车	6.3
帕萨特 PASSAT B5	680.2～733.4mL

5）注意事项

（1）由于目前汽车空调制冷系统常用制冷剂有 R12 和 R134a 两种，因此，加注前首先要查明系统所用制冷剂类型。

（2）加注制冷剂前注意排空连接软管内的空气，特别是用小罐加注时，每次换罐后都要对连接软管内空气进行排空。

（3）加注后，拆卸软管时应注意防止软管内残留的制冷剂损伤眼睛及皮肤。

5. 加注冷冻机油

1）压缩机冷冻机油油量的检查

压缩机冷冻机油油量的检查方法一般有两种：

（1）观察视镜。通过压缩机上安装的视镜玻璃，可观察冷冻机油量，如果压缩机冷冻机油面达到观察高度的 80% 位置，一般认为是合适的，如果油面在这个界限之下，则应添加冷冻机油；如果在这个位置之上，则应放出多余的冷冻机油。

（2）观察油尺。未装视镜玻璃的压缩机，可用量油尺检查其油量。这种压缩机有的只有一个油塞，油塞下面有的装有油尺，有的没有油尺，需要另外用专用油尺插入检查。观察油面的位置是否在规定的上下限之间。

2）添加冷冻机油

添加冷冻机油一般可在系统抽真空之前进行，添加方法有：

（1）直接加入法：将冷冻机油装入干净的量杯里，从压缩机的旋塞口直接倒入即可，这种方法适合于更换蒸发器、冷凝器和储液干燥器时采用。

（2）真空吸入法。

① 首先将系统抽真空到 100kPa。

② 准备一带刻度的量杯并装入稍多于所添加量的冷冻机油。

③ 关闭高压手动阀及辅助阀门，将高压软管一端从歧管压力表组上卸下，并插入量杯中，如图 1-3-7 所示。

④ 打开辅助阀门，油从量杯内被吸入系统。

⑤ 当油面到达规定刻度时，立即关闭辅助阀门。

⑥ 将软管与歧管压力表组连接，打开高压手动阀，启动真空泵，先对高压软管抽真空，然后打开辅助阀门对系统抽真空。

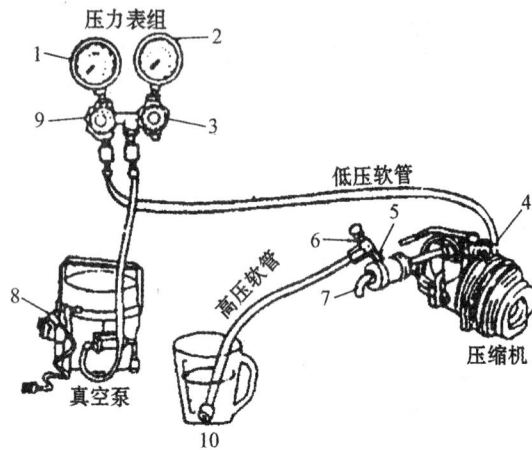

图 1-3-7　冷冻机油加注方法

1—低压表；2—高压表；3—高压手阀；4—低压检修阀；5—高压检修阀；6—辅助阀门；
7—高压管路；8—真空泵；9—低压手阀；10—冷冻机油

3）冷冻机油添加量

（1）系统新加油量。新装汽车空调系统中，只有压缩机内装有冷冻润滑油，油量一般为280～350g。不同型号的压缩机的充油量也不同，具体可查看供应商手册。表1-3-6列出几种常见压缩机充油量，仅供参考。

表 1-3-6　几种常见压缩机的冷冻机油量

汽车制造厂家	压缩机型号	冷冻机油充注量/mL
丰田	6D152A 6E171	350 280
马自达 ES200		60
三菱	6F308HB 2Z306S	2 000 350
日产	DKP-12D	190
日野	6C-500 6C-300	1 700～1 900 1 500
中国北方—Neoplan	FK4	2 600
帕萨特 PASSAT B5	Zexel DCW-17D 6 缸 Nippondenso 7SB-16C	251.4

（2）补充油量。维修当中，如果更换了系统部件或管路，由于这些部件中残存有冷冻机油，因此，在更换的同时应当向系统内补充冷冻油，其补充量可参考表1-3-7。

表 1-3-7　冷冻机油补充量

被更换零部件	冷冻机油补充量/mL	被更换零部件	冷冻机油补充量/mL
冷凝器	40～50	储液干燥器	10～20
蒸发器	40～50	制冷循环管道	10～20

如果更换压缩机,新压缩机内原有油量应减去上述部件残存油量上限之和。

6. 维修操作注意事项

(1) 作业环境:检修空调时注意清洁和防潮,一定要防止污物、灰尘和水分进入制冷系统,要把机组周围和接头附近清洁干净,避免在雨天维修作业。

(2) 制冷剂的使用:保存和搬运制冷剂时,应按其要求存放,不要用火烤钢瓶,也不能把它放置在太阳能直接照射到的地方。制冷剂应存放在低于 40℃ 以下的阴凉地方。制冷剂不能接触人体,否则会引起冻伤。操作时不可靠近面部,而且必须带上护目镜和手套。万一制冷剂接触到眼睛和皮肤时,应立即用大量清水清洗,并给皮肤表面涂上凡士林。如果面积大时,应立即送往医院。

制冷剂 R12 本身无毒,但在燃烧之后就会产生有毒气体。维修时不能在有火焰的密闭室内使用制冷剂。

(3) 制冷系统管路操作:拆卸制冷系统管路时,应立即将系统管口或接头封住,以免潮气或灰尘进入。清洁管路时应用高压氮气冲洗。管接头的密封圈是一次性的,每次检修时都应该更换。拧紧或松开管接头时,应使用两个扳手。

汽车空调制冷管路的连接一定要牢固可靠,应具有良好的密封性能。但又不能拧得过紧而损伤螺纹,因此要根据不同的材质、不同的管径按照拧紧力矩的要求操作。

1.3.3　汽车空调系统部件的检修

汽车空调系统部件的检修在空调的日常作业中占有很重要的比例,其中主要包括压缩机及其他总成的检修。

1. 压缩机的检修

1) 压缩机的常见故障

汽车空调系统的大多数运动件都在压缩机上,因此压缩机的检修量最大。一般压缩机常见的故障有卡住、泄漏、压缩机不制冷和噪声过大四种。

2) 压缩机的检修

压缩机发生故障时,虽然大多数都能修复。但由于压缩机零配件不多,而且装配精度要求高,需要专用装配工具和夹具。所以许多汽车修理厂以检测判断故障为主,只对压缩机轴封泄漏和异响进行维修。

压缩机就车诊断:起动发动机,保持 1250～1500r/min,把歧管压力表接入制冷系统中,打开空调 A/C 开关,风扇开到最大位置,触摸压缩机的进气口和排气口,正常情况应是进气口凉、排气口烫,两者之间的温差较大。如果两者温差小,再看歧管压力表,表上显示高低压相差不大,则说明压缩机的工作不良,应拆下修理;如果压缩机较热,再看歧管压力表,表上显示低压侧压力太高,高压侧压力太低,则说明压缩机内部密封不良,应更换压缩机;如果制冷系统的高、低压都过低,则说明系统内部的制冷剂过少,应进行检漏;如果是压缩机出现泄漏,则应更换或修理。压缩机正常运转,发出轻脆均匀的阀片跳动声,如果出现异响,应判断异响的来源,进行修理。

2. 其他总成零部件的检修

1) 冷凝器的检修

常见故障是外面脏污、导管内部出现脏堵以及泄漏等。用前面所讲述的检漏方法检查冷凝器的泄漏情况。如果是冷凝器进、出口处出现泄漏,可能是密封圈老化出现泄漏,需要紧固或换密封圈;如果是冷凝器本身泄漏,则应拆下进行修理。检查冷凝器的外观,看冷凝器外表面有无污垢、残渣翅片是否倒伏,如果有则会造成冷凝器散热不良。

用歧管压力表检查冷凝器内部有否脏堵,如果发现压缩机高压过高,不能正常制冷,冷凝器导管外部有结霜或下部不烫的现象,则说明导管内脏堵或因外部压瘪而堵塞。

2) 蒸发器的检修

常见故障也是脏污、脏堵、泄漏等。

(1) 检查蒸发器外表是否有积污、异物。用高压水或压缩空气清洗表面积污、异物。

(2) 检查蒸发器是否泄漏。如果发现泄漏,需找出漏点进行焊补。

(3) 看蒸发器本身是否损坏。观察排水管是否有水流出,检查里面是否清洁、畅通。

(4) 安装时,注意入口和出口切勿接错,温控元件或感温包要牢固地装在合适的位置,膨胀阀的感温包敷好保温材料。如果是更换新的蒸发器,必须加一定量的冷冻机油。

3) 膨胀阀的检修

(1) 膨胀阀开度过大,制冷剂系统中高、低压均高。可调整调节螺栓,减小开度。

(2) 膨胀阀开度过小,高压侧压力高,低压侧压力低。可调整调节螺栓,增大开度。

(3) 膨胀阀入口滤网阻塞。可拆出清洗,烘干装回。

(4) 膨胀阀的阀口处黏卡、脏堵。可拆下用制冷剂冲洗,后加机油润滑,也可换新。

(5) 膨胀阀冰堵。先排空制冷系统,然后抽真空,重新加注制冷剂。

(6) 感温包、毛细管破裂、失效。更换新的膨胀阀。

(7) 感温包位置不当,固装不牢。应重新安装固定。注意膨胀阀应垂直安装。

4) 储液干燥器的检修

储液干燥器常见的故障是泄漏、脏堵和失效。

(1) 用检漏仪检查储液干燥器的接头处与易熔塞有无泄漏。如果两端的接头泄漏,则应紧固其接头或更换密封圈,无需拆下储液干燥器。

(2) 检查储液干燥器的外表是否脏污、观察孔上是否清洁。

(3) 用手感觉储液干燥器进出口的温度。如果进出口温差很大,甚至出口处出现结霜的现象,说明罐中的干燥剂散开、堵塞管路,应更换储液干燥器。

(4) 检查膨胀阀,如果出现冰堵,说明制冷系统中有水,储液干燥剂失效,应更换。

(5) 安装时应该垂直安装。

(6) 储液干燥器在空调安装过程中,应该最后一个接入制冷系统中,并且马上抽真空,防止空气进入干燥器。

案例分析

案例:空调长时间运行后,制冷效果不良。

车型:别克凯越。

症状:新车空调长时间运行后,空调制冷效果不好。

诊断:根据经验,新车空调长时间运行后制冷效果不良,一般是由管路中有结冰的现象造成的。经询问车主,在前一段时间车辆发生过碰撞,当时由于条件限制在当地的小维修厂更换了冷凝器,因此怀疑是制冷剂质量问题造成的阻塞,需更换制冷剂。

修复:更换了制冷剂并添加了制冷剂润滑剂后,故障排除。

分析:新车空调系统一般不会出现故障,如果出现故障要详细地询问故障现象并了解可能造成此故障的原因,一般车辆发生故障一定要到大型的维修厂或 4S 店去维修,如果迫于条件不得不到小厂维修,事后也要到正规维修厂复查。

测试习题

一、填空题

1. 汽车空调故障诊断方法很多,有_____、_____、_____和_____等等。

2. 汽车空调制冷系统维修操作技能主要包括:两检四维护,即_____、_____、_____、_____、_____和_____。

3. 空调系统制冷剂的排空包括_____和_____两种方法。

4. 压缩机冷冻机油油量的检查方法一般有两种,包括_____、_____和_____。

5. 添加冷冻机油的方法有_____和_____两种。

二、判断题

1. 检查压缩机驱动皮带时,要求松紧适宜。可用两个手指压皮带中间部位,能压下 7~10mm 为宜。 ( )

2. 高、低压侧的压力都偏低,从玻璃观察窗内看到有连续的气泡出现,高压管温热、低压管路微冷。说明管路中有水分( )

3. 保存和搬运制冷剂时,应按其要求存放,不要用火烤钢瓶,也不能把它放置在太阳能直接照射到的地方。 ( )

4. 制冷剂 R12 有毒,因此,维修时不能在密闭室内使用制冷剂。 ( )

5. 制冷剂回收场地应通风良好,不要使排出的制冷剂靠近明火,以免产生有毒气体。 ( )

三、问答题

1. 引起制冷效果差的原因有几个方面?

2. 汽车空调制冷系统的检漏方法常用的有哪些?

3. 简述常用排空法的步骤。

4. 储液干燥器的检修包括哪些内容?

学习单元 1.4 汽车自动空调系统的诊断与修复

学习目标

掌握汽车自动空调系统故障诊断程序和故障诊断方法,能够对自动空调系统故障制定故障诊断程序,熟练使用诊断设备进行诊断并排除自动空调系统故障。

1.4.1 汽车自动空调控制系统的组成及工作原理

汽车空调控制系统按控制功能的不同可分为手动控制空调和自动控制空调。手动控制空调按照人工设定的温度、鼓风机转速和工作模式运行,不能依据车内外温度的变化对鼓风机转速、压缩机的通与断、各个风门位置做出任何修正动作。手动控制空调的手动调节麻烦,驾驶员的负担大,汽车舒适性差。自动控制空调能根据驾驶员所设定的温度不断检测车内外温度、太阳辐射等车内外环境的变化,自动调节鼓风机转速、进气模式、工作模式和压缩机的运行等,保持车内温度和湿度在设定范围内,获得最佳的舒适性。自动控制空调按控制精度的不同,可以分为半自动控制空调和全自动控制空调两种;按执行元件的不同,可以分为电控气动空调和微机控制空调。半自动控制空调无自我诊断功能,没有提供故障码存储器,传感器数量少,控制精度差;全自动微机控制空调具有自我诊断功能,监控系统的随机存储器(RAM)存储诊断码,传感器数量多,控制精度高,控制范围更广。

1. 电控气动的自动空调系统

1)电控气动半自动空调系统

电控气动半自动空调系统的工作原理如图 1-4-1 所示。其控制系统主要由真空控制系统和放大器控制系统两部分组成。基本工作过程是:

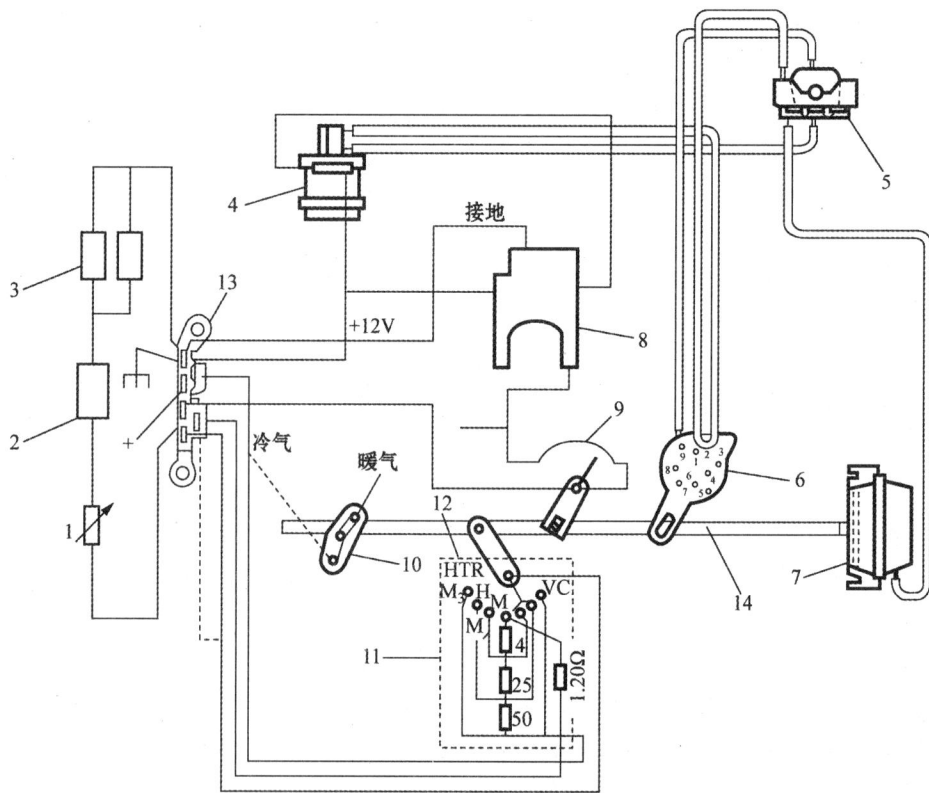

图 1-4-1　电控气动半自动空调系统的工作原理

1—温度选择电阻;2—车内温度传感器;3—车外温度传感器;4—真空换能器;5—真空保持器;
6—真空选择器;7—主控真空伺服驱动器;8—放大器;9—反馈电位计;10—温度门控制曲柄;
11—鼓风机调速板;12—加热器;13—功能选择键;14—控制杆

当人工设定功能选择键和温度后,放大器 8 根据设定温度、车外温度、车内温度等信号计算输出一个控制信号,送到真空换能器 4,真空换能器将此信号转换为真空度信号,并送到真空伺服驱动器 7 上。真空伺服驱动器根据真空度信号大小使控制杆 14 伸长或缩短,带动与其相连接的温度门、风机转速开关和反馈电位计到一对应位置,控制温度门位置和鼓风机转速,从而输送一定温度和一定流速的空气。

　　2）电控气动全自动空调系统

　　电控气动全自动空调系统的工作原理如图 1-4-2 所示。该系统用电桥 1、比较计算器 2 和电磁阀取代了电控气动半自动空调系统的放大器和真空换能器。电桥由车外温度传感器 7、车内温度传感器 5、阳光辐射传感器 6 和调温键电阻 4 等组成,它和计算比较器 OP_1、OP_2 组成一个控制系统,分别控制升温真空电磁阀 8 和降温真空电磁阀 9,将电信号转变成真空信号,调节真空伺服驱动器 13,带动控制杆对温度门开度、鼓风机转速和热水阀开闭进行综合控制,达到控制温度恒定的目的。

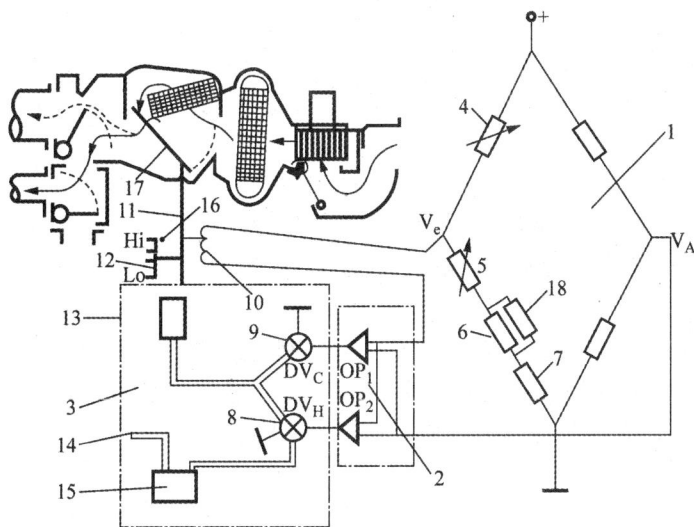

图 1-4-2　电控气动全自动空调系统的工作原理

1—电桥;2—比较计算器;3—真空控制器;4—调温键电阻;5—车内温度传感器;6—阳光辐射传感器;
7—车外温度传感器;8—升温真空电磁阀;9—降温真空电磁阀;10—反馈电位器;11—控制杆;12—鼓风机调速开关;
13—真空伺服驱动器;14—接发动机进气歧管;15—真空罐;16—热水阀开关;17—温度门;18—风道温度传感器

　　当车内温度高于设定温度时,传感器总电阻小于调温键电阻,降温真空电磁阀 DV_C 通电工作,使管路与大气相通;升温真空电磁阀 DV_H 截止,切断管路与真空罐的通路,从而使真空伺服驱动器的真空度减小,膜片在大气压作用下,使控制杆向上移动,控制温度门使经过加热器的空气通道减小,同时使风机转速上升,空调混合气温度下降。车内温度与设定温度相差越大,温度门在控制杆的作用下使经过加热器的空气通道开度越小、风机转速越大,加快车内降温。

　　随着车内温度的下降,车内温度传感器电阻增大,传感器总电阻与调温键电阻差值减小,当车内温度等于设定温度时,DV_C 断电,关闭大气通道,温度门开度不变,鼓风机保持中、低速运行,使车内温度恒定。

　　当车内温度继续下降,车内温度低于设定温度时,传感器总电阻大于调温键电阻,降温真空电磁阀 DV_C 断电,关闭大气通路;升温真空电磁阀 DV_H 通电,打开真空管路。从而使真空伺服驱动器的真空度增大,膜片带动控制杆向下移动,控制温度门使经过加热器的空气通道开大,空调混合气温度上升。直至车内温度等于设定温度时,温度门开度不变。

　　由于车外温度、太阳辐射和其他因素的变化使车内温度变化时,两个真空电磁阀不断工作,使真空伺服驱动器不断地调节温度门的位置,保证车内温度在设定温度范围内。

　　2. 微机控制的自动空调系统

　　1) 微机控制自动空调系统的功能

　　微机控制的自动空调系统能按照乘员的需要自动调节送风温度、送风速度和送风方向等,送出温度和湿度最适宜的空气,不仅提高了汽车的舒适性,还极大地简化了乘员的操作。微机控制的空调系统主要用在高级轿车上,一般具有如下几种功能:

　　(1) 空调控制:可进行温度、风量、运转方式等的自动控制,满足车内乘员对空调舒适性的要求。

　　(2) 节能控制:即通过控制压缩机运转工况实现节能的控制。

　　(3) 故障储存:空调系统发生故障时,ECU 将故障部位用代码的形式存储起来,在需要修理时能指示故障的部位。

　　(4) 故障、安全报警:包括制冷剂不足报警、制冷剂压力高压和低压报警、离合器打滑报警、各种控制器件的故障报警等。

　　(5) 显示:包括显示设定温度、控制方式、运转方式等。

　　2) 微机控制自动空调系统的组成

　　如图 1-4-3 所示微机控制自动空调系统由控制面板、配气系统和电子控制系统三部分组成。其中电子控制系统主要由传感器、ECU 和执行器三部分组成,ECU 接受和计算各种传感器输入的信号,根据环境的变化输出控制信号,控制各执行器的动作。传感器信号主要有三种:一是驾驶员控制面板设定的温度信号和功能选择信号;二是车内温度传感器、车外环境温度传感器、阳光辐射传感器等各种传感器输入的信号;三是各风门的位置反馈信号。执行器信号有三种:一是控制风门位置的各种风门驱动信号,二是控制鼓风机转速的鼓风机转速信号,三是控制压缩机开停的压缩机信号。现代微机控制空调系统的执行器已不再使用真空电磁阀

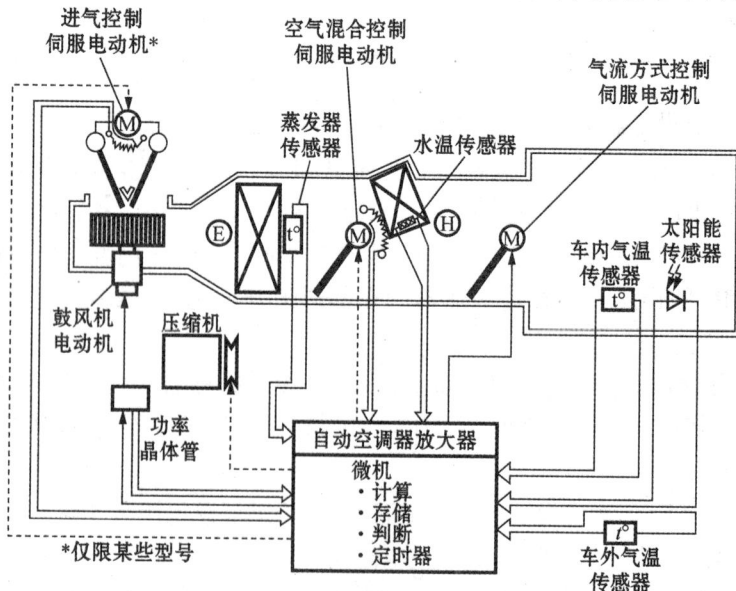

图 1-4-3　微机控制空调系统

和真空电动机操纵各个风门,而是采用伺服电动机控制风门的位置。伺服电动机比真空阀和真空电动机的工作可靠性高、控制机构简单。

如图 1-4-4 所示,控制面板由温度控制开关和各功能选择键组成,当按下 AUTO(自动设置)开关,微机控制空调系统根据设定温度自动选择运行方式,满足所需要的温度。当然,根据汽车使用中的复杂情况,可用手动控制键取代自动设定。

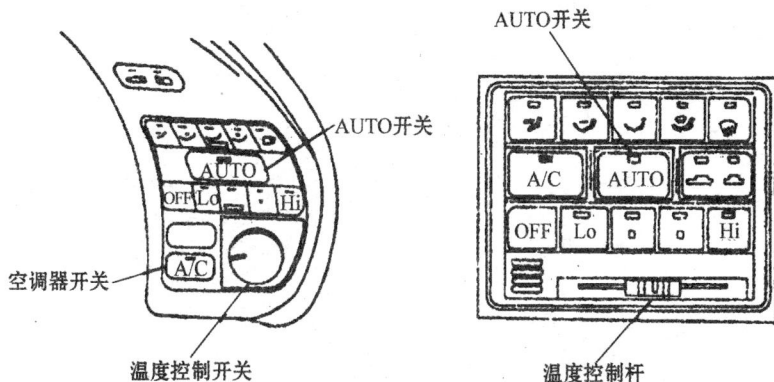

图 1-4-4　微机控制空调系统的控制面板

3) 微机控制自动空调系统的工作原理

微机控制空调系统的控制功能主要包括送风温度控制、鼓风机转速控制、工作模式控制、进气模式控制、压缩机控制和自诊断功能等项目。

(1) 温度控制:目的是为了使车内空气温度达到车内人员设定温度的要求,并保持稳定。如图 1-4-5 所示,微机控制的自动空调系统的温度控制系统的基本组成,包括车内温度传感

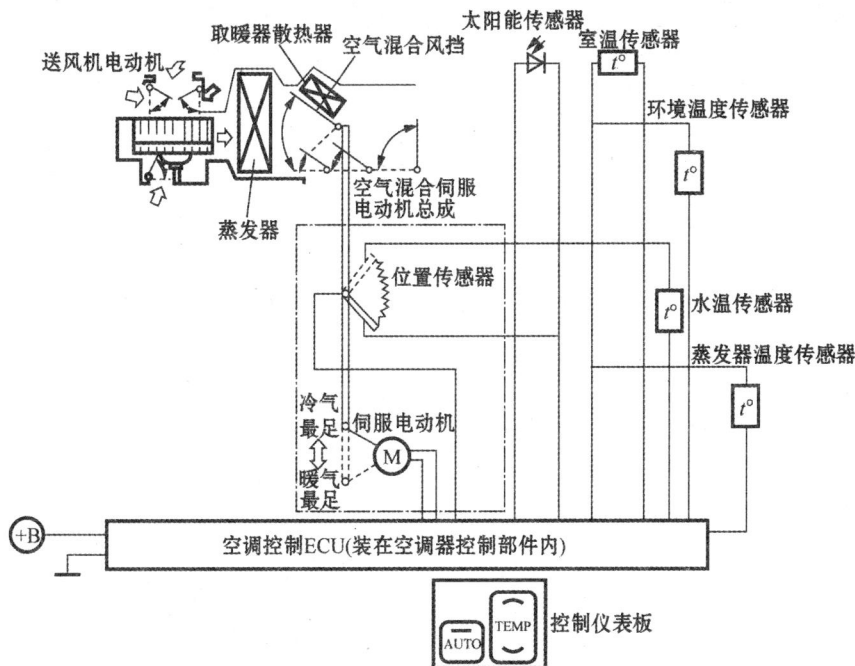

图 1-4-5　微机控制空调的温度控制系统

器、车外温度传感器、太阳能传感器、蒸发器温度传感器、水温传感器、设定温度电阻器、ECU 和空气混合伺服电动机。

ECU 根据设定温度和车内温度传感器、车外温度传感器和太阳能传感器等的信号，自动调节混合门的位置。一般来说，车内温度越高、车外温度越高、阳光越强，混合门就越接近"全冷"位置。ECU 根据车内温度和车外温度控制空气混合门的位置如图 1-4-6 所示，若车内温度为 35℃，混合门处于最冷位置；若车内温度为 25℃，混合门处于 50% 的位置。

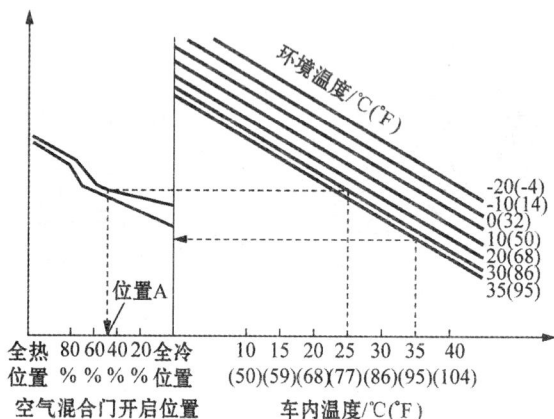

图 1-4-6　温度控制的控制规律

温度控制系统的工作过程是：ECU 根据传感器（即车内温度传感器、车外温度传感器、太阳能传感器和设定温度）信号按下列公式计算出鼓风机的空气温度 T_{AO} 值：

$$T_{AO}=A \cdot T_{SET}-B \cdot T_R-C \cdot T_{AN}-D \cdot T_S+E$$

式中：T_{SET} 为设定温度，T_R 为车内温度，T_{AN} 为车外温度，T_S 为太阳辐射强度，A、B、C、D、E 为常数。

特殊的当温度控制开关或控制杆置于 MAX COOL（最大冷风）或 MAX WARM（最大暖风）位置时，ECU 采用某一固定值，不按上述公式计算。

ECU 再将计算所得的 T_{AO} 值与蒸发器温度信号 T_E 进行比较，通过空气混合风门伺服电动机控制空气混合风门位置。空气混合风门伺服电动机的控制电路如图 1-4-7 所示。

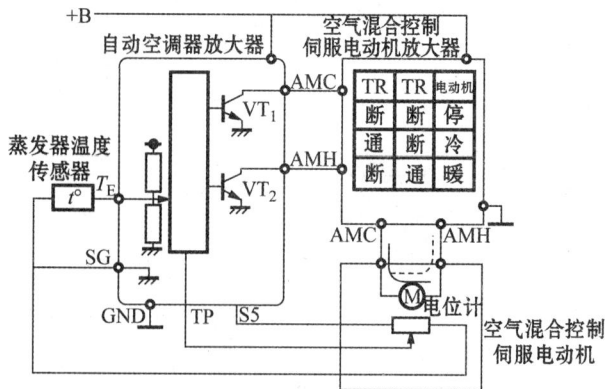

图 1-4-7　空气混合门伺服电动机的控制电路

① 当 T_{AO} 和 T_E 近似相等时，ECU 控制断开 VT_1 和 VT_2。伺服电动机断电停止，空气混合风门保持在当时的位置。

② 当 T_{AO} 小于 T_E 时，ECU 控制接通 VT_1，断开 VT_2。伺服电动机转至 COOL 侧，带动空气混合风门移至 COOL 侧，降低鼓风机空气温度。同时空气混合风门伺服电动机内的电位计检测空气混合风门的实际移动速度和位置，当空气混合风门实际位置达到 ECU 计算出的理论位置时，ECU 关断 VT_1，伺服电动机停转。

③ 当 T_{AO} 大于 T_E 时，ECU 控制断开 VT_1，接通 VT_2。伺服电动机转至 WARM 侧，带动空气混合风门移至 WARM 侧，提高鼓风机空气温度。同时空气混合风门伺服电动机内的电位计检测空气混合风门的实际移动速度和位置，当空气混合风门实际位置达到 ECU 计算出的理论位置时，ECU 关断 VT_2，伺服电动机停转。

（2）鼓风机转速控制：鼓风机转速控制的目的是为了调节降温或升温速度，稳定车内温度。如图 1-4-8 所示，鼓风机转速控制系统主要由水温传感器、蒸发器传感器、鼓风机电阻器、功率晶体管、ECU、鼓风机电动机和控制面板等组成。其中功率晶体管的作用是根据 ECU 的 BLW 端子输出的鼓风机驱动信号，改变流至鼓风机电动机的电流，从而改变风机的转速。

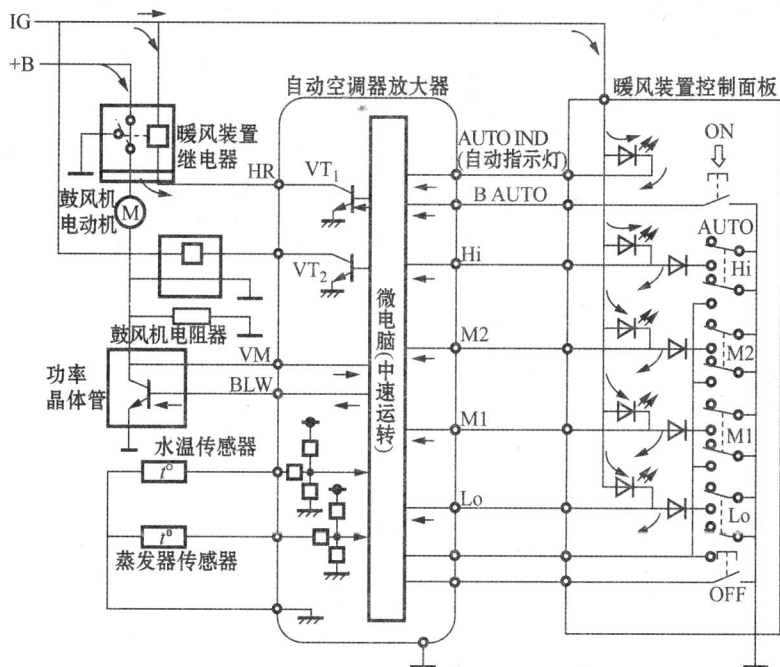

图 1-4-8　鼓风机转速控制系统的控制电路

（3）工作模式控制：目的是调节送风方向，提高舒适性。工作模式控制系统主要由传感器、ECU、工作模式控制伺服电动机和控制面板等组成。在手动模式中，工作模式风门有吹脸、双层、吹脚、吹脚/除雾、除雾等五种位置。在自动模式中，工作模式风门一般有吹脸、吹脚、双层三种位置，ECU 根据传感器信号按照"头冷脚热"的原则自动调节模式风门的位置。ECU 根据 T_{AO} 值控制工作模式，其控制规律如图 1-4-9 所示、控制电路如图 1-4-10 所示。

当 T_{AO} 已从低变至高时，原来气流方式控制伺服电动机内的移动触点位于 FACE 位置。ECU 接通 VT_1，使驱动电路输入信号端 B 端通过 VT_1 搭铁为 0，A 端断路为 1。此时驱动电路

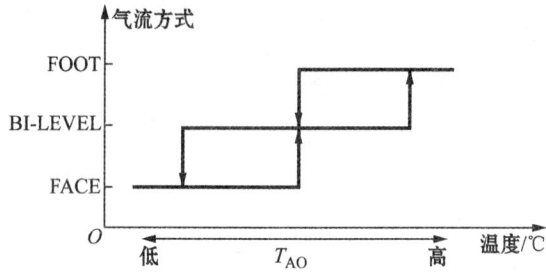

图 1-4-9　工作模式控制规律

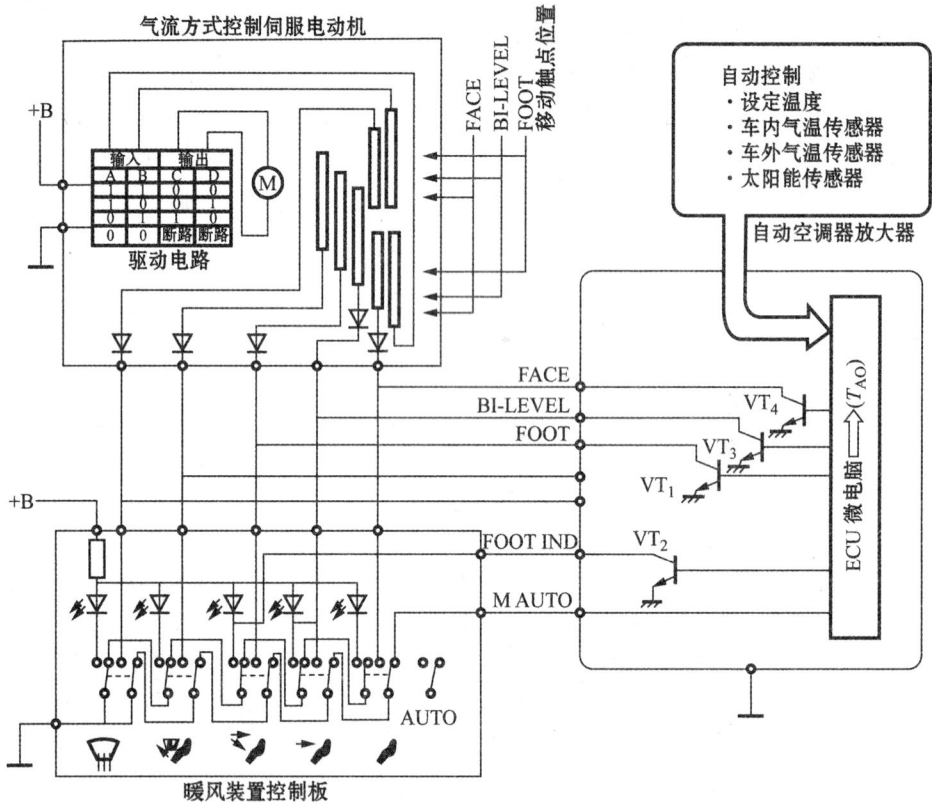

图 1-4-10　工作模式控制电路

输出端 D 端为 1,C 端为 1,电流由 D 端输出,C 端流回,电动机旋转,内部触点由 FACE 位移到 FOOT 位,电机停转,出气方式由 FACE 方式转为 FOOT 方式。同时 ECU 接通 VT$_2$,使控制面板上的 FOOT 指示灯点亮。

当 T_{AO} 已从高变至中时,原来气流方式控制伺服电机内的移动触点位于 FOOT 位置。ECU 接通 VT$_3$,使驱动电路输入信号端 A 端通过 VT$_3$ 搭铁为 0,B 端断路为 1。此时驱动电路输出端 C 端为 1,D 端为 0,电流由 C 端输出,D 端流回,电动机旋转,内部触点由 FOOT 位移到 BI-LEVEL 位,电动机停转,出气方式由 FOOT 方式转为 BI-LEVEL 方式。同时 ECU 控制控制面板上的 BI-LEVEL 指示灯点亮。

当 T_{AO} 已从中变至低时,原来气流方式控制伺服电动机内的移动触点位于 BI-LEVEL 位置。ECU 接通 VT$_4$,使驱动电路输入信号端 A 端通过 VT$_4$搭铁为 0,B 端断路为 1。此时驱动电路输出端 C 端为 1,D 端为 0,电流由 C 端输出,D 端流回,电动机旋转,内部触点由 BI-LEVEL 位移到 FACE 位,电动机停转,出气方式由 BI-LEVEL 方式转为 FACE 方式。同时 ECU 控制控制面板上的 FACE 指示灯点亮。

(4) 进气模式控制:其目的是调节进入新鲜空气量,使车内空气温度和质量达到最佳。在手动模式中,进气门只有内循环和外循环两种位置。在自动模式中,进气门一般有内循环、20%新鲜空气和外循环三种位置,ECU 根据传感器信号自动调节进气门的位置。其控制规律如图 1-4-11 所示,若车内温度为 35℃,进气门处于内循环位置,可以快速降温;若车内温度为 30℃,进气门处于 20%新鲜空气位置,引进部分新鲜空气以改善空气质量;若车内温度为 25℃,进气门处于外循环位置。

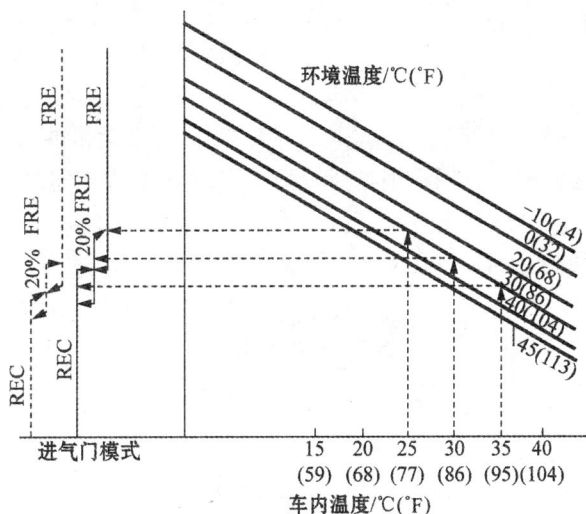

图 1-4-11 进气模式控制的控制规律

进气模式控制的控制电路如图 1-4-12 所示。当 ECU 根据 T_{AO} 值接通 FRS 晶体管时,触点 B 搭铁,电流方向为:蓄电池→点火开关→端子①→电动机→触点 B→端子③→FRS 晶体管→搭铁,电动机旋转,带动风门由 RECIRC(车内循环)位移至 FRESH(车外新鲜空气)位。

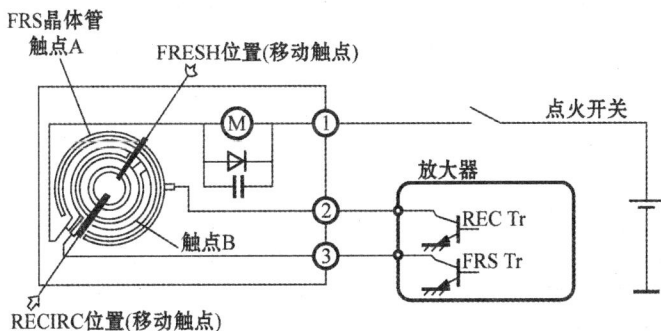

图 1-4-12 进气模式控制电路

该控制系统还有一种新鲜空气强制进气控制功能,当手动按下 REC 开关时,将进气方式强制转变为 FRESH 方式,以清除挡风玻璃上的雾气。除此之外,进气模式控制还可改变新鲜

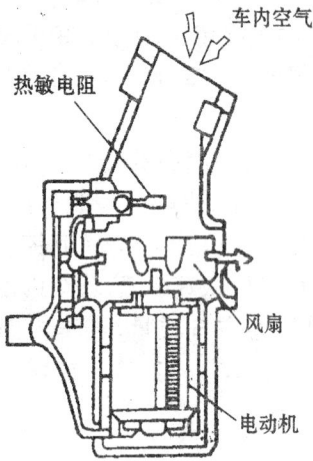

图 1-4-13　电机型车内温度传感器

空气与循环空气的混合比例。

3. 汽车空调自动控制系统的输入元件

1）车内温度传感器

（1）车内温度传感器的结构和工作原理：车内温度传感器一般安装在仪表板后面，其结构如图 1-4-13 所示，其作用是检测车内空气温度，ECU 根据此信号控制出风口空气温度、鼓风机转速、气流方式、进气模式等。空调制冷时，车内温度越高，混合门就越朝"冷"的方向移动，出风口的温度就越低；鼓风机的转速就越高，以快速降温；进气门处于内循环位置，以加快降温。

电动机型车内温度传感器的强制通风装置是由电动机带动一个小风扇，风扇旋转产生吸力，使车内空气流过传感器。电动机一般由空调微机来控制，在空调系统工作或点火开关打开时，电动机就运转。

吸气器型车内温度传感器是用一根抽风管连接车内温度传感器与空调管道，连接处空调管道上有一喉管，鼓风机工作时，空气快速流过喉管，产生负压，将车内空气吸入，流过车内温度传感器，其工作原理如图 1-4-14 所示。

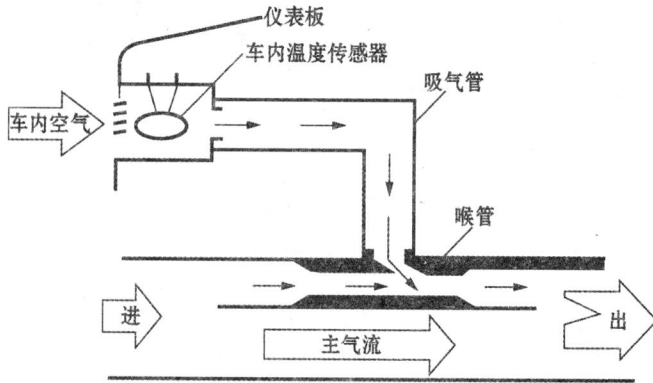

图 1-4-14　吸气器型车内温度传感器的工作原理

（2）车内温度传感器的检测：其控制电路如图 1-4-15 所示，一般可以使用万用表或利用自诊断系统进行检测。

空调 ECU 具有自诊系统，用故障诊断仪和通过空调控制面板读取车内温度传感器测量的温度值，与实际的车内温度进行比较，如果测量温度值与实际温度值不同，则说明车内温度传感器或控制电路有故障。详情请查阅各车型的维修手册。

当车内温度传感器有故障时，ECU 自诊系统能够存储相应的故障码，用故障诊断仪读取故障码可以快速判断故障部位。有些车型在车内温度传感器有故障时，空调 ECU 会采用默认值代替，以使空调继续工作。不同车型的默认值不同，如上海别克的默认值为 53℃。

（3）车内温度传感器强制通风装置的检测：使鼓风机高速运转，如图 1-4-16 所示，将一小片纸（5cm×5cm）靠近车内温度传感器，若纸片被吸住，说明车内温度传感器强制通风装置良好；若没有被吸住，说明强制通风装置有故障，对于吸气器型车内温度传感器，应检测抽风管道

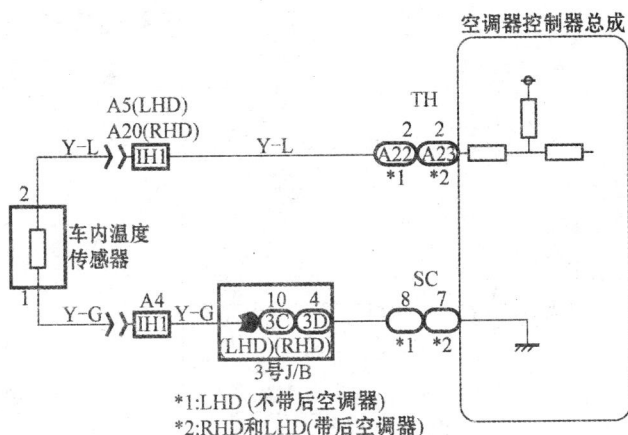

图 1-4-15　车内温度传感器的控制电路

密封是否良好;对于电机型车内温度传感器,应检测电动机及其控制线路。

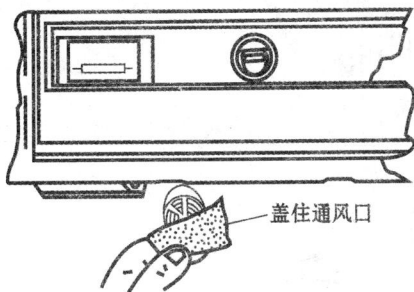

图 1-4-16　车内温度传感器强制通风装置的检测

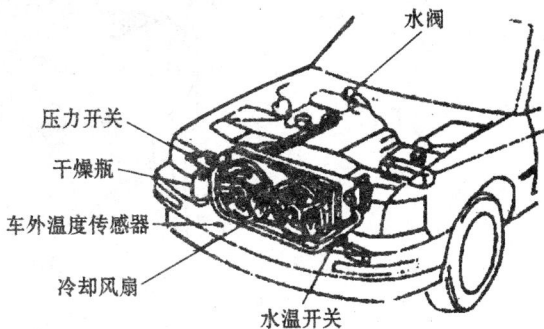

图 1-4-17　车外温度传感器的安装位置

2) 车外温度传感器

车外温度传感器一般安装在前保险杠内或水箱之前,如图 1-4-17 所示。其作用是检测车外环境温度,ECU 根据此信号控制出风口空气温度、鼓风机转速、气流方式、进气模式等。空调制冷时,车外温度越高,混合门就越朝"冷"的方向移动,出风口温度降低,鼓风机的转速就越高,以加快降温;进气门就处于内循环位置,加快降温。

由于车外温度传感器极易受到环境(水箱温度、前面车辆的尾排气等)影响,为此,可用两种方法消除环境影响,一种是将车外温度传感器包在一个注塑料树脂壳内,避免环境温度突然变化的影响,使其能准确地检测到车外的平均气温。另一种是在空调 ECU 内部设置防假输入电路,不同车型的防假输入电路是不同的。

车外温度传感器的控制电路如图 1-4-18 所示,检测方法与车内温度传感器的检测方法相同。

3) 蒸发器温度传感器

如图 1-4-19 所示,蒸发器温度传感器安装在蒸发器的表面,其作用是检测蒸发器表面的温度,修正混合门位置,调节车内温度;控制压缩机,防止蒸发器表面结冰。有些车型有两个蒸发器温度传感器,一个用来修正混合门位置,一个用来防止蒸发器表面结冰。

蒸发器温度传感器控制电路如图 1-4-20 所示,检测方法与车内温度传感器的检测方法相同。

笔记

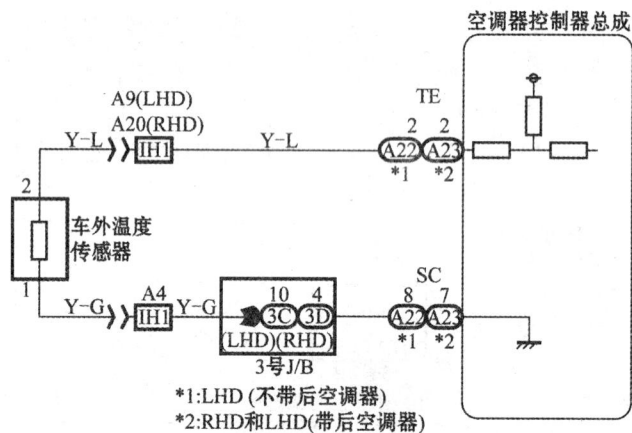

图 1-4-18　车外温度传感器的控制电路

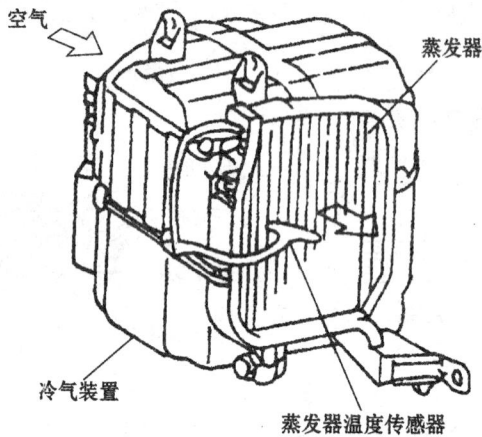

图 1-4-19　蒸发器温度传感器的安装位置

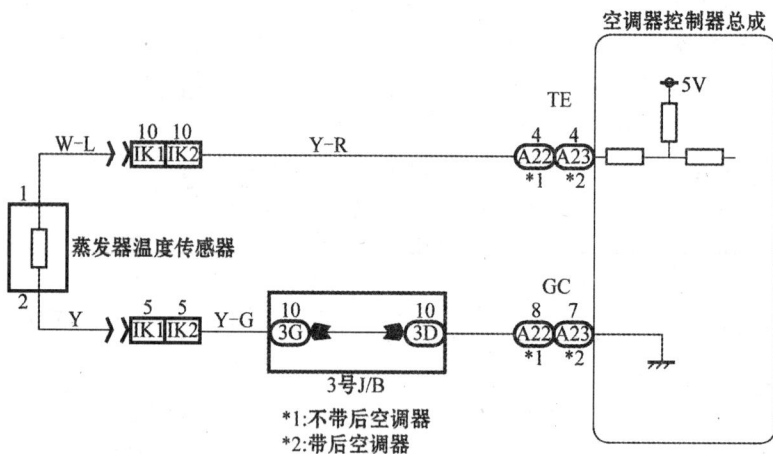

图 1-4-20　蒸发器温度传感器的控制电路

4）空调压缩机转速传感器

空调压缩机转速传感器安装在压缩机壳体上,如图 1-4-21 所示。其作用是检测压缩机的转速,送到空调微机或空调控制器,再与发动机转速进行比较,判断压缩机皮带是否打滑或断裂。当压缩机皮带打滑或断裂时,空调微机或空调控制器控制压缩机停转,防止损坏压缩机。

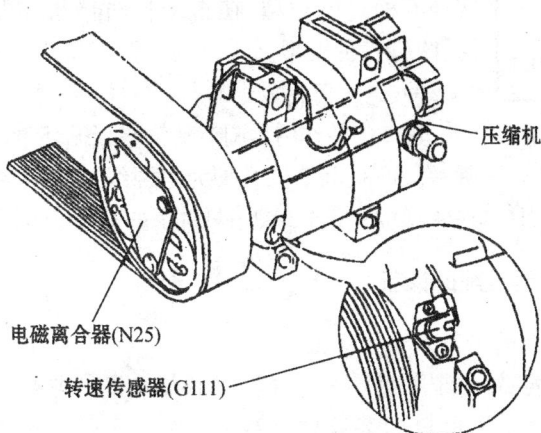

图 1-4-21　空调压缩机转速传感器

空调压缩机转速传感器一般为磁电式,其电阻一般为 $100\sim1\,000\Omega$,压缩机运转时,其输出交流信号电压,一般不低于 5V。

除以上几种传感器外,还有一些输入信号包括发动机冷却液温度、发动机转速、车速以及空调系统压力等,是先送到发动机控制模块(PCM),再由 PCM 模块经数据线传送到空调微机。

4. 汽车空调自动控制系统的执行元件

1）混合门伺服电动机

混合门安装在进气风道中,如图 1-4-22 所示为上海别克汽车的风道平面图。混合门的开度决定了进入车内的冷气和热气的比例,从而决定送风温度,调节车内空气温度。混合门的位置相差一点,车内空气温度就相差很多。

混合门按驱动方式不同可分三种:直流电动机驱动型、步进电机驱动型、内含微芯片的伺

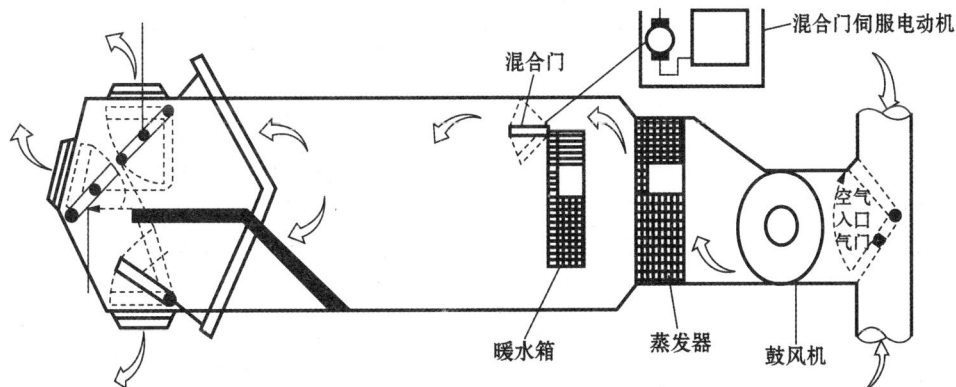

图 1-4-22　上海别克汽车的风道平面图

笔记

服电机驱动型。

2）模式门伺服电动机

模式门的作用是调节出风口出风方式。模式门有吹脸、双层、吹脚三种。可以组织吹脸、双层、吹脚、吹脚/除雾、除雾五种出风类型。在手动档时可控制实现五种出风类型，在自动档时微机控制模式门实现吹脸、双层、吹脚三种类型。

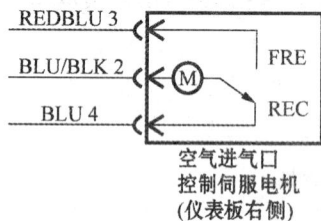

图 1-4-23　进气门的控制电路

3）进气门伺服电动机

进气门的作用是调节新鲜空气循环量，其控制电路如图 1-4-23 所示。伺服电动机 2 脚为电源线，当 4 脚搭铁时，进气门应运行到新鲜位置，当 3 脚搭铁时，进气门应运行到内循环位置。

1.4.2　汽车自动空调控制系统的诊断

1. 自动空调故障诊断的特点和基本方法

自动空调系统电器线路较传统车型复杂了许多，给检修和维护带来了一定的困难，但它具有自我诊断和失效保护功能，工作时 ECU 不断监测系统工作情况有无潜在的故障，并把系统状况与程序参量相比较，如果超出了这些极限，ECU 就探测到某一项故障，于是就设置一故障码指出系统的故障部位。所以在维修自动空调系统时应先用自我诊断功能来获取汽车空调系统故障的第一手资料，如读取故障码、做元器件动作测试等，根据获取的信息进行检查和维修。只要对上述工作原理有详细的了解，按照正确的方法和程序进行检修，是可以收到事半功倍的效果的。

汽车自动空调控制系统检修的基本方法是：

1）就车提取故障码

大多数自动空调系统都能把存储器中的故障码在电子仪表板上显示出来。对不同的车型，提取故障码所用的方法不尽相同，维修时必须参阅维修手册中正确的操作规程。根据系统设计，一般计算机可以把代码存储很长一段时间，但当点火开关关闭时，会丢失一些故障码。对于点火开关关闭时不能保持故障码的系统，则需要驾驶汽车让其故障重现。一旦计算机探测到故障，必须在再次关闭点火开关之前提取故障码。

需要注意的是，故障码未必指明故障部件在哪里，只指出系统不正常的电路范围。例如：当显示出的代码表示空调系统制冷剂高压侧温度传感器有问题时，这并不意味着该传感器已经损坏了，可能是与其相关的导线、连接点、传感器有问题，查找故障时一定要以维修手册的诊断操作规程为准。

2）使用故障诊断仪

现代轿车都应用了许多计算机模块，它们通过一个多路系统 C2D 与 ECU 共享信息，使用故障诊断仪将其连接到诊断接口，就可以读出大部分故障码，按照检修程序手册，便能迅速地找到故障点。例如对通用的 OBDⅡ 诊断系统，它们都配备了较丰富的车型适配器与程序存储卡，以 OBDⅡ 为例，进入 ECU 诊断程序的步骤如下：

（1）利用部件结构图找出诊断插接器。

（2）将正确的程序存储卡插入 OBDⅡ 诊断仪。

（3）点火开关转到 RUN 档。当完成发动程序后，显示屏将出现一个多层选择菜单。

（4）下拉菜单进入 ECU 诊断程序，读出故障代码。

（5）按照检修程序、手册，查找故障部位并排除。

3）使用普通仪表检修

由于 ECU 系统软件是预先写入且固化好的，很少会出现问题，所以，故障出现几率大的是在传感器信号输入和输出控制部分，在不具备专业检测设备或无法读出故障码的条件下，只要掌握了 ECU 工作原理和检修规律，使用普通仪表（如万用表）也可以排除故障，其基本方法如下：

（1）首先要判断 ECU 系统主模块的工况，一般情况下，状态指示灯能正常点亮，系统控制部件有一部分能工作，计算机就不会有大的故障存在。此时检查熔断器和相应的接线端子，有无磨损、短路、断路。

（2）检查对执行器的控制情况（如对风机电动机、压缩机电磁离合器的控制），这个信号通常是开关数字信号，当指令不同时，输入到执行器的电压决定了输出的工作状态，这个数值可以用万用表测量。这是与普通轿车控制信号明显的不同之处。

（3）当输入正常时，可进一步测量继电器、电动机的状态，判断其好坏，进行检修与更换。如果输入正常而没有输出，则很可能是 ECU 输出单元损坏。应急处理方法：可以临时接入机械开关手动控制。

4）自动空调系统检修的注意事项

由于自动空调系统实际上是一个计算机控制的电子电路，所以不能按照传统方法检修，以免造成人为故障或器件的损坏，应遵守下列注意事项：

（1）禁止采用"试火"的方法让任何被控制电路搭铁或对其施加电压，且切勿使用试灯。

（2）只能用高阻抗的万用表（如数字万用表）检测电路，特别是对各种传感器的检测应尤为小心。

（3）更改接线，分开任何到传感器或执行器件的电气连接之前，应首先关掉点火开关。

（4）接触 ECU 芯片时，应将手指摸在良好的搭铁处，更换元件时，应戴好防静电金属护腕，防止静电损坏电路元件。

（5）拆下蓄电池时，应该遵守维修手册的程序，防止停电时间过长，使 ECU 内部数据的丢失。

1.4.3 雅阁汽车自动空调系统的诊断

自动空调故障诊断有自诊断和仪器诊断，其中自诊断包括故障码的读取、清除以及根据故障码进行故障分析。下面主要以自诊断为主分析广州本田雅阁轿车自动空调诊断的方法。

广州本田雅阁轿车自动空调控制电路如图 1-4-24 所示。电子控制器有 8 芯和 20 芯两个插头，其外形如图 1-4-25 所示，其端子编号、导线颜色、功能如表 1-4-1 和表 1-4-2 所示。

表 1-4-1 电子控制器的端子编号、导线颜色、功能（8 芯）

端子号	导线颜色	功　能		端子号	导线颜色	功　能	
1	黑/黄	IG2（电源）	输入	5	橙/黑	功率晶体管基极	输出
2	白/黄	+B（电源）	输入	6	蓝/红	鼓风机反馈	输入
3	红/白	冷却液温度传感器	输出	7	棕/黄	后车窗除雾继电器	输入
4	黄/橙	鼓风机高速电机继电器	输入	8	黑	搭铁线	输入

笔记

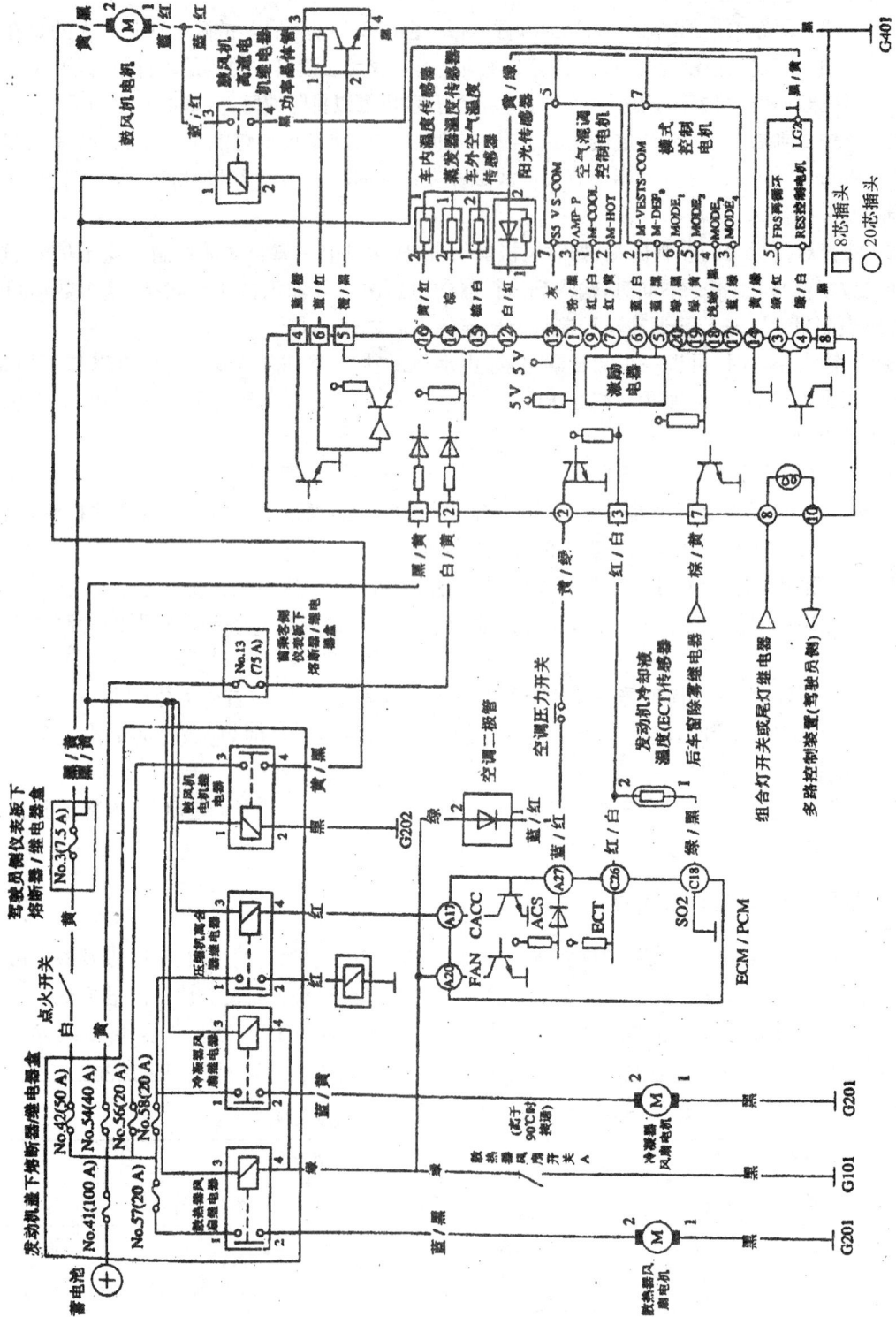

图 1-4-24 广州本田雅阁轿车自动空调系统的控制电路

表 1-4-2 电子控制器的端子编号、导线颜色、功能(20 芯)

端子号	导线颜色	功 能		端子号	导线颜色	功 能	
1	粉/黑	空调混调电位	输出	11	黄/绿	传感器搭铁线	输入
2	黄/绿	空调压力开关	输入	12	白/红	阳光传感器	输出
3	绿/红	新鲜空气	输入	13	灰	空气混调电位+5V	输出
4	绿/白	空气循环	输入	14	棕	蒸发器温度传感器	输出
5	蓝/黑	模式 DEF	输出	15	棕/白	车外空气温度传感器	输出
6	蓝/白	模式 VENT	输出	16	黄/红	车内温度传感器	输出
7	红/黄	热风混调	输出	17	蓝/绿	模式 4	输出
8	红/黑	组合灯开关或尾灯继电器	输入	18	浅绿/黑	模式 3	输出
9	红/白	冷风混调	输出	19	绿/黄	模式 2	输出
10	红	多路控制装置(驾驶员侧)	输出	20	绿/黑	模式 1	输出

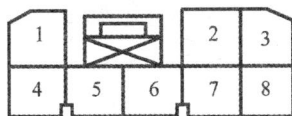

(a)

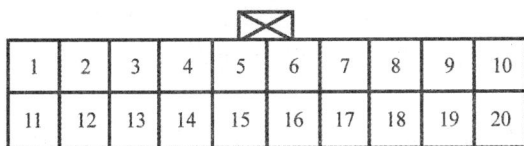

(b)

图 1-4-25 广州本田雅阁轿车空调控制器插头
(a) 8 芯插头 (b) 20 芯插头

1. 故障码的读取

本田雅阁轿车自动空调控制系统具有自诊断功能,可以读取故障码,判断故障部位。读取故障码的方法是:

接通点火开关 ON(Ⅱ),并将温度控制按钮先旋到 MAX COOL(最冷)位置,然后再旋到 MAX HOT(最热)位置;1min 后,同时按下 AUTO 按钮和 OFF 按钮;在按下两按键时,如果系统检测到故障,温度显示器将以不同的显示段(A~N)指示相应的故障部件;如无故障,温度显示器将间隔 1s 重复显示"88"(全部字段)。若出现多个故障,相应的指示灯都会点亮;若指示灯 A、C、E、G、I 和 L 同时点亮,则传感器公共搭铁可能存在断路故障。故障码如表 1-4-3 所示。

表 1-4-3 本田雅阁轿车自动空调系统故障码表

显示段(指示灯)	故障部件	可能的原因
A	车内温度传感器	电路断路、传感器故障
B	车内温度传感器	电路短路、传感器故障

(续表)

显示段(指示灯)	故障部件	可能的原因
C	车外空气温度传感器	电路断路、传感器故障
D	车外空气温度传感器	电路短路、传感器故障
E	阳光传感器	电路断路、传感器故障
F	阳光传感器	电路短路、传感器故障
G	蒸发器温度传感器	电路断路、传感器故障
H	蒸发器温度传感器	电路短路、传感器故障
I	空气混调控制电动机	电路断路
J	空气混调控制电动机	电路短路
K	空气混调控制电动机	通道堵塞、电动机故障
L	模式控制电动机	电路断路或短路
M	模式控制电动机	通道堵塞、电动机故障
N	鼓风机电动机	电路断路或短路、电动机故障

2. 故障码的清除

关闭点火开关即可清除故障码。在完成维修工作后,为确认故障已排除且不存在新的故障码,应按上述方法再次启动自诊断系统功能,并重新读取故障码。

3. 故障码分析

读取故障码后,就可根据故障码进行故障诊断。故障诊断前应先做好以下检查:

检查发动机冷却液位,使发动机预热至正常工作温度;重新检测之前,检修所有已出现的故障;检查发动机盖下熔断器/继电器盒内 56 号(40A)、57 号(20A)、58 号(20A)熔断器是否熔断。

1) 自诊断指示灯 A、B、C、D、E、F、G、H 点亮

自诊断指示灯 A、B、C、D、E、F、G、H 点亮,分别表示车内温度传感器、车外温度传感器、阳光传感器、蒸发器温度传感器及其控制电路有故障,检查方法如图 1-4-26 所示。

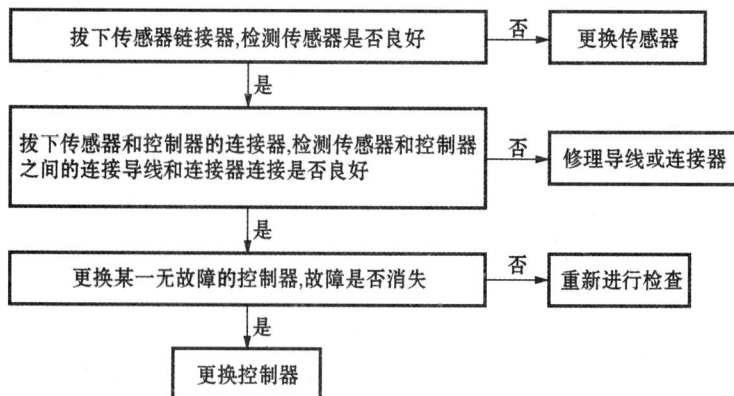

图 1-4-26　自诊断指示灯 A、B、C、D、E、F、G、H 点亮的故障诊断

2）自诊断指示灯 I、J、L、M 点亮

自诊断指示灯 I、J、L、M 点亮时,分别表示混合门电动机、模式门电动机及其控制电路有故障。检查方法如图 1-4-27 所示。

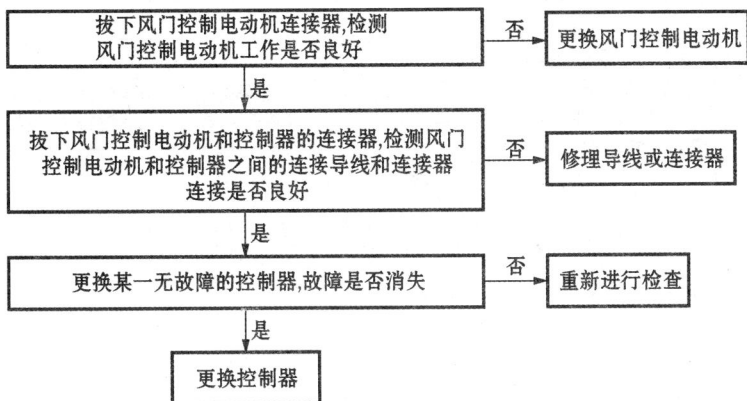

图 1-4-27　自诊断指示灯 I、J、L、M 点亮的故障诊断

3）自诊断指示灯 N 点亮

自诊断指示灯 N 点亮时,表示鼓风机及其控制电路有故障。

现象 1:鼓风机电动机只能在高速档运转,而在其他档不能运转。检查方法如图 1-4-28 所示。

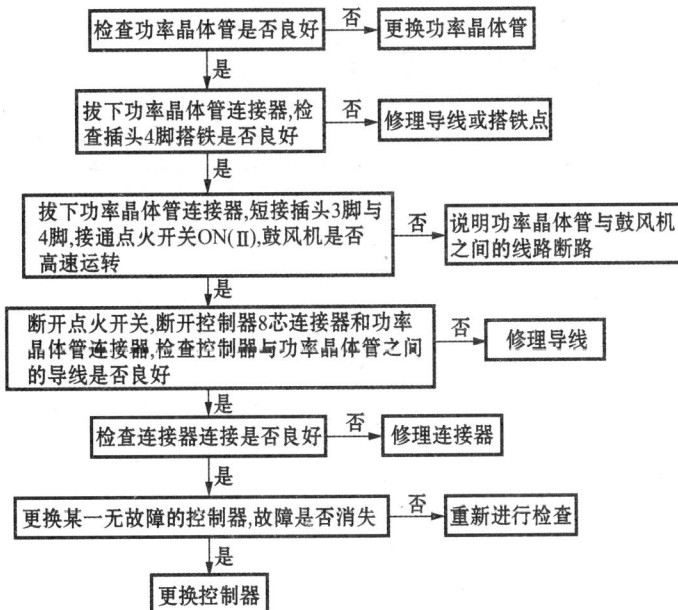

图 1-4-28　自诊断指示灯 N 点亮(鼓风机电动机只能在高速档运转,而在其他档不能运转)的故障诊断

现象 2:鼓风机电动机完全不运转。故障检查方法如图 1-4-29 所示。

笔记

检查发动机盖下熔断器/继电器盒中56号(40A)熔断器和驾驶员侧仪表板下熔断器/继电器盒中3号(7.5A)熔断器是否良好 —否→ 排除故障,更换熔断器

是↓

用导线跨接鼓风机电动机1脚与搭铁,接通点火开关ON(Ⅱ),鼓风机是否运转 —否→ 断开点火开关和跨接线,检查鼓风机高速电动机继电器及其控制电器

否↓

拔下鼓风机连接器,接通点火开关ON(Ⅱ),检查2脚与搭铁之间的电压是否为电源电压 —是→ 更换鼓风机

否↓

断开点火开关,拆下鼓风机电动机继电器,检测其是否良好 —否→ 更换鼓风机电动机继电器

是↓

拔下鼓风机电动机继电器,接通点火开关ON(Ⅱ),测量鼓风机电动机继电器插座1脚与搭铁之间的电压,是否为电源电压 —否→ 驾驶员侧仪表板下熔断器/继电器盒中3号熔断器与鼓风机电动机继电器之间的线路断路,修理导线

是↓

接通点火开关ON(Ⅱ),测量鼓风机电动机继电器插座3脚与搭铁之间的电压,是否为电源电压 —否→ 更换发动机盖下熔断器/继电器盒

是↓

断开点火开关,检查鼓风机电动机继电器插座2脚搭铁是否良好 —否→ 修理导线或搭铁点

是↓

断开点火开关,检查鼓风机电动机继电器插座4脚与鼓风机电动机2脚之间的导线连接是否良好 —否→ 修理导线

是↓

检查连接器连接是否良好 —否→ 修理连接器

是↓

更换某一无故障的控制器,故障是否消失 —否→ 重新进行检查

是↓

更换控制器

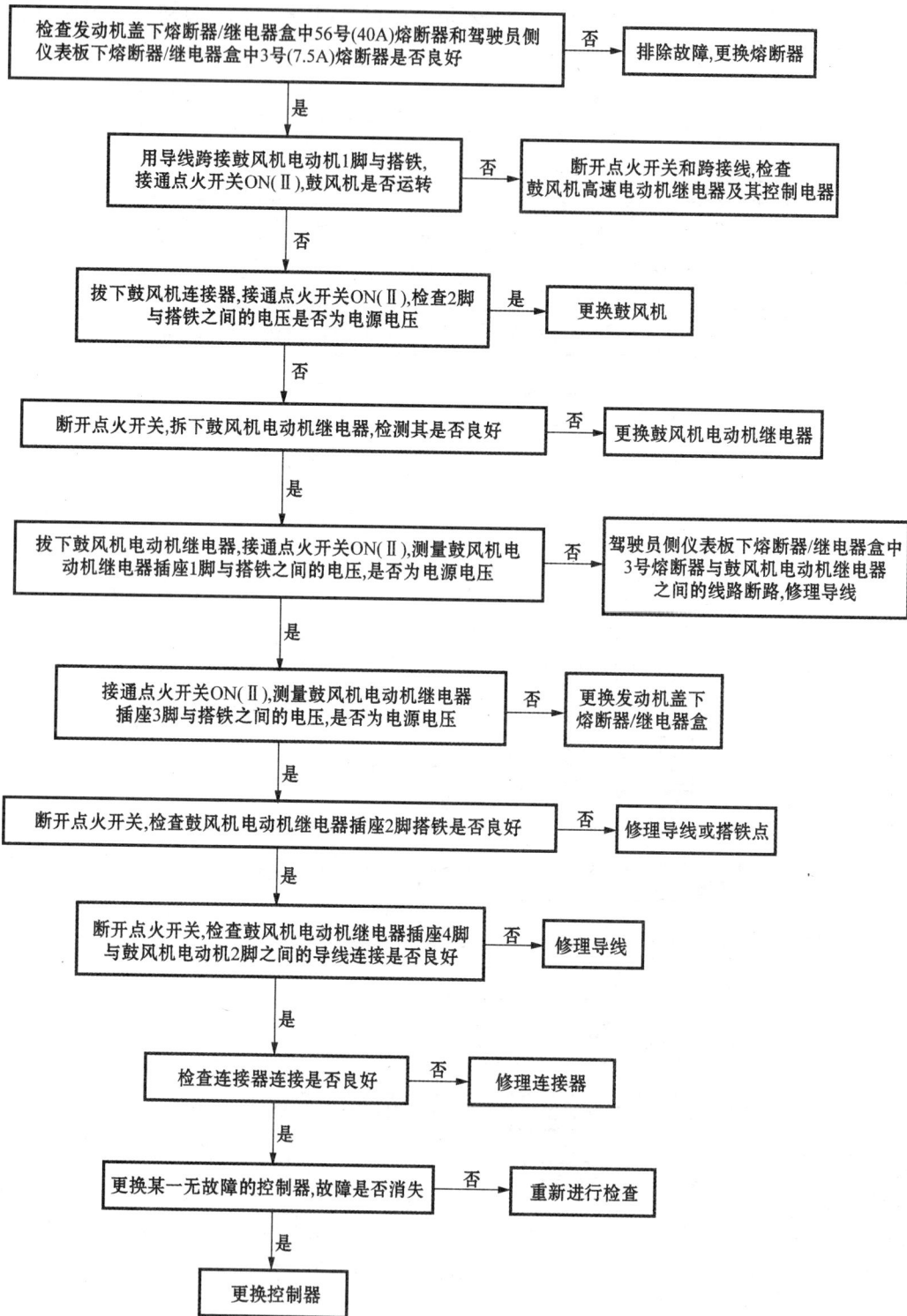

图1-4-29 自诊断指示灯N点亮(鼓风机电动机完全不运转)的故障诊断

案例分析

案例：空调风量小，且有异响。

车型：奔驰 S500。

症状：空调运行时，风量小并且伴有异响。

诊断：根据经验，空调异响的部位在鼓风机附近，打开后发现鼓风机支架松动，更换后异响消失，但是风量仍然小，经询问得知该车主买的为二手车，并且不知道上次空调系统的保养是什么时间，故而怀疑空调滤芯堵塞，拆下空调滤芯发现已经严重堵塞。

修复：更换了鼓风机，更换空调滤芯后，故障排除。

分析：车辆的定时维护与及时维修一样重要，定时维护可以把故障消灭在萌芽状态，及时而有效的维护有时甚至能够代替维修，车主要学习一些车辆日常维修与养护的基本常识以便更好地保护车辆。

测试习题

一、填空题

1. 电控气动半自动空调系统的控制系统主要由＿＿＿＿和＿＿＿＿两部分组成。

2. 微机控制自动空调系统由＿＿＿＿、＿＿＿＿和＿＿＿＿三部分组成。

3. 控制面板由＿＿＿＿和＿＿＿＿组成。

4. 微机控制空调系统的控制功能主要包括＿＿＿＿、＿＿＿＿、＿＿＿＿、＿＿＿＿、＿＿＿＿和＿＿＿＿等项目。

5. 汽车空调自动控制系统的执行元件包括＿＿＿＿、＿＿＿＿和＿＿＿＿。

二、判断题

1. 可以采用"试火"的方法检查自动空调系统的电路。　　　　　　　　　　　（　　）

2. 对于雅阁轿车，关闭点火开关就可以清楚故障码。　　　　　　　　　　　（　　）

3. 一般来说，车内温度越高、车外温度越高、阳光越强，自动空调混合门就越接近"全冷"位置。　　　　　　　　　　　　　　　　　　　　　　　　　　　　　　（　　）

4. 工作模式控制系统主要由传感器、ECU、工作模式控制伺服电动机和控制面板等组成。在自动模式中，一般有吹脸、双层、吹脚、吹脚/除雾、除雾五种位置。　　　　（　　）

5. 对于雅阁轿车，其自诊断指示灯 N 点亮时，表示鼓风机及其控制电路有故障。（　　）

三、问答题

1. 简述电控气动全自动空调系统的工作原理。

2. 简述微机控制自动空调系统的功能。

3. 简述微机控制自动空调系统传感器与执行器的几种型号。

4. 简述自动空调故障诊断的基本方法。

▶ 学习情境 2

汽车车身附件系统的诊断与修复

学习单元 2.1 汽车电动座椅的诊断与修复

学习目标

理解汽车电动座椅的组成、结构和工作原理，能够分析电动座椅的控制电路，对电动座椅常见的故障能够进行诊断和修复。

电动座椅又称自动座椅，它可以通过控制电动机的正反方向旋转来调节座椅的空间位置，改变驾驶员或其他乘员的坐姿，使其乘坐更为舒适，并减少驾驶员及乘员长时间坐车的疲劳。电动座椅前后方向的调节量一般为 100～160mm，上下方向的调节量一般为 30～50mm，全程调节约需 8～10s。

2.1.1 汽车电动座椅的认识

1. 汽车电动座椅的组成

电动座椅一般由控制开关、双向电动机、传动和执行机构等组成。电动座椅的构造如图 2-1-1 所示。

1）控制开关

电动座椅控制开关接受驾驶员或乘员输入的指令，控制执行机构完成座椅的调整。电动座椅控制开关包括前倾开关、后倾开关和四向开关（即上下和前后开关）等。电动座椅控制开关有的安装在汽车车门上，有的安装在座椅旁边，使驾驶员或乘员操纵方便。

2）双向电动机

电动座椅的电动机大多数采用永磁式双向直流电动机，通过开关来操纵电机按所需方向旋转。为防止电动机过载，电动机内一般都装有断路器。由于座椅的类型不同，一般一个座椅可装 2 个、3 个、4 个或 6 个电动机。如图 2-1-2 所示为装有 4 个电动机的电动座椅调节示意图。

3）传动和执行机构

传动和执行机构的作用是把电动机的旋转运动转变成座椅的上下、前后移动或靠背的倾斜摆动。它们主要由联轴器、软轴、减速器、螺纹千斤顶或齿轮传动机构组成。蜗轮蜗杆机构一般是其核心部件，因为它具有较大的传动比且自锁性能良好，故应用最为广泛。

（1）高度调整机构：由蜗杆轴、蜗轮、芯轴等组成，如图 2-1-3 所示。调整时蜗杆轴在电动机的驱动下，带动蜗轮转动，从而保证芯轴旋进或旋出，实现座椅的上升和下降。

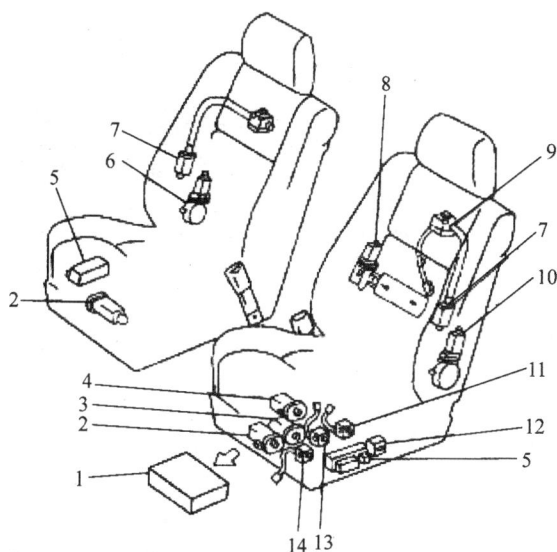

图 2-1-1　电动座椅的构造

1—电动座椅的 ECU；2—滑动电动机；3—前垂直电动机；4—后垂直电动机；5—电动座椅开关；6—倾斜电动机；
7—头枕电动机；8—腰垫电动机；9—位置传感器(头枕)；10—倾斜电动机和位置传感器；11—位置传感器(后垂直)；
12—腰垫开关；13—位置传感器(前垂直)；14—位置传感器(滑动)

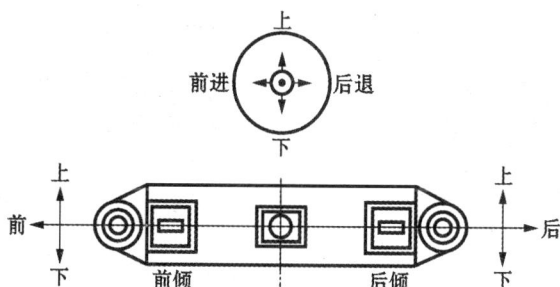

图 2-1-2　电动座椅的控制开关

（2）纵向调整机构：由蜗轮、蜗杆、齿条和导轨等组成，如图 2-1-4 所示。齿条装在导轨上，调整时，电动机转矩经蜗杆传至两侧的蜗轮上，经导轨上的齿条，带动座椅前后移动。

（3）座椅靠背倾斜调节机构：主要由铰链销钉、链轮、内齿轮(30 个齿)、外齿轮(29 个齿)和电动机等组成，如图 2-1-5 所示。其工作情况如图 2-1-6 所示。

（4）腰部支撑调节机构：主要由电动机、螺母和扭力弹簧压板等组成，如图 2-1-7 所示。其工作情况如图 2-1-8 所示。

（5）头枕高度调节机构：主要由电动机、外壳、螺杆及固定在座椅靠背框架上的轴等组成，如图 2-1-9 所示。

2. 电动座椅的电路原理

1）基本工作原理

如图 2-1-10 所示是最常见的电动座椅电路图。它有三个电动机，分别是前端高度调节电动机、后端高度调节电动机和前后移动调节电动机。

笔记

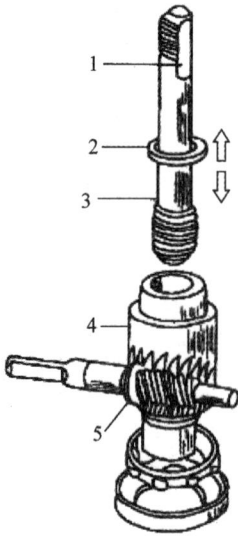

图 2-1-3　高度调整机构

1—铣平面；2—止推垫片；3—芯轴；
4—蜗轮；5—挠性驱动蜗杆轴

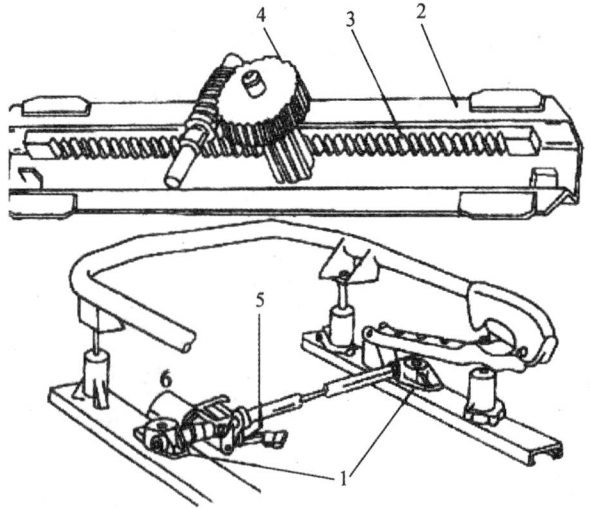

图 2-1-4　纵向调整机构

1—支撑及导向元件；2—导轨；3—齿条；4—蜗轮；
5—反馈信号电位计；6—调整电动机

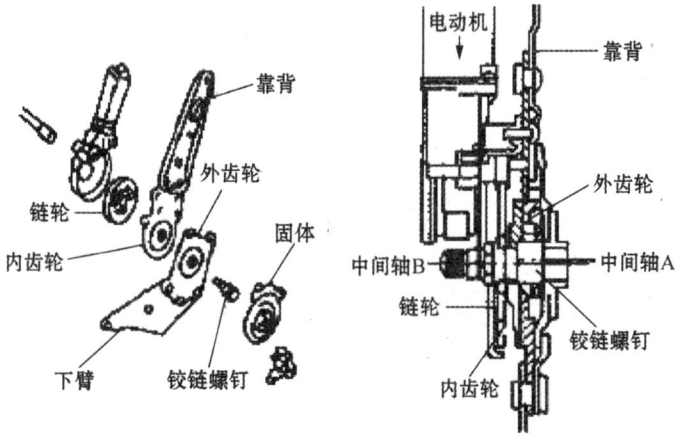

图 2-1-5　座椅靠背调节机构

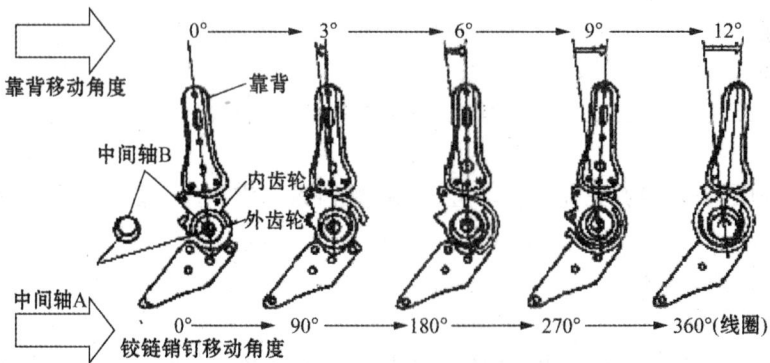

图 2-1-6　座椅靠背倾斜调节

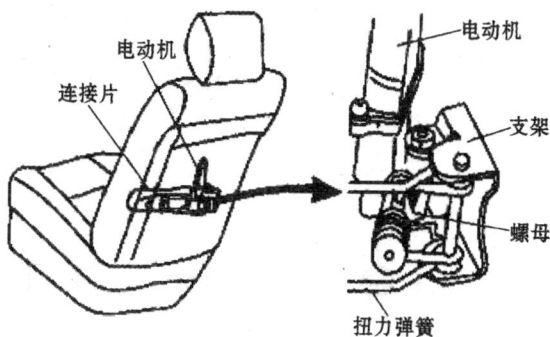

图 2-1-7 腰部支撑调节机构

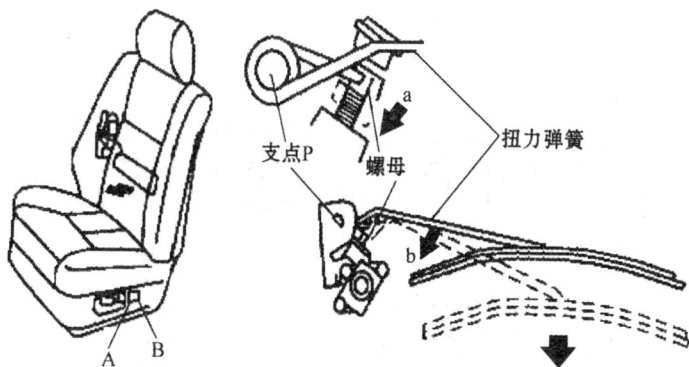

图 2-1-8 腰部支撑调节机构的工作情况

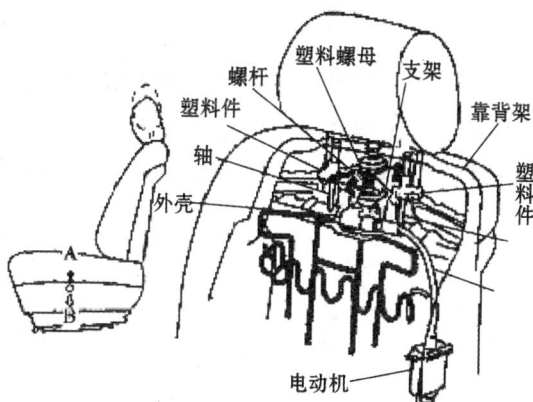

图 2-1-9 头枕高度调节机构

座椅控制开关通过控制电动机的搭铁及电源的连接,使三个电动机按所需的方向旋转。当需要座椅整体上升或下降时,控制开关置于上或下的位置,前与后高度调节电动机同时转动;当需要座椅前倾或后倾时,只需前或后的一个电动机转动;当需要座椅整体前移或后退时,前后移动电动机转动。

如图 2-1-11 所示是图 2-1-10 中控制开关使座椅后端上升的开关位置及电流方向。座椅前端升降、整体升降及整体前后移动的电路分析方法与此相同。

随着计算机技术的发展及其在汽车上的广泛应用,目前有很多高档轿车的电动座椅系统设有存储器,具有存储功能。通过每个座椅的位置传感器来感受座椅的调整位置,座椅的位置固定

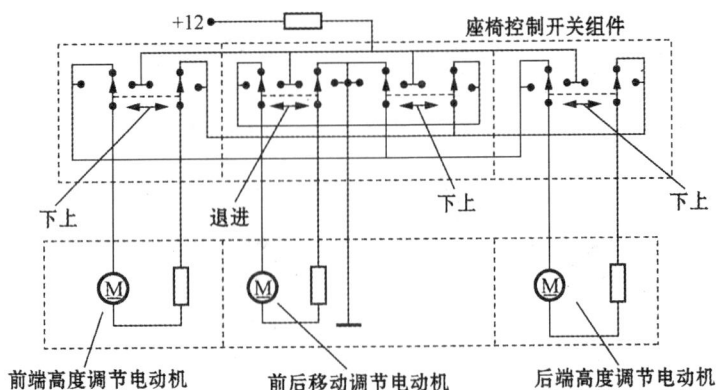

图 2-1-10　电动座椅的电路原理图

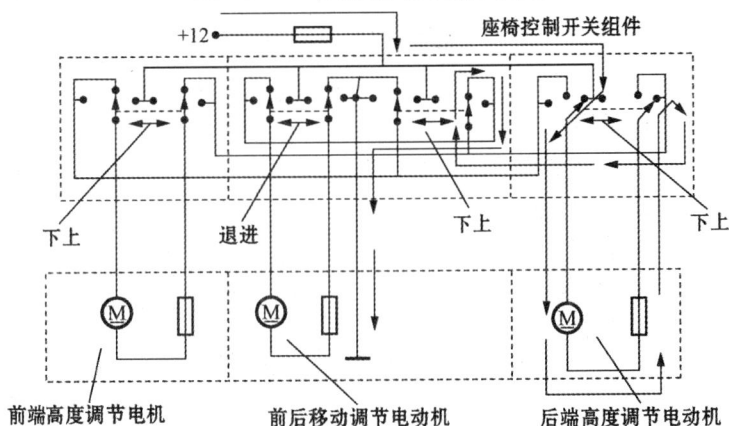

图 2-1-11　电动座椅后端上升时的电流流向图

后,驾驶员按下存储器相应的按钮,存储器就将位置存储器的信息存储起来,作为以后调整的依据。需要时,只需按下相应的存储器按钮就能按存储好的各个座椅的位置要求自动调整座椅的位置。如图 2-1-12 所示为具有四个调整电动机和单独存储器的电动座椅系统示意图。

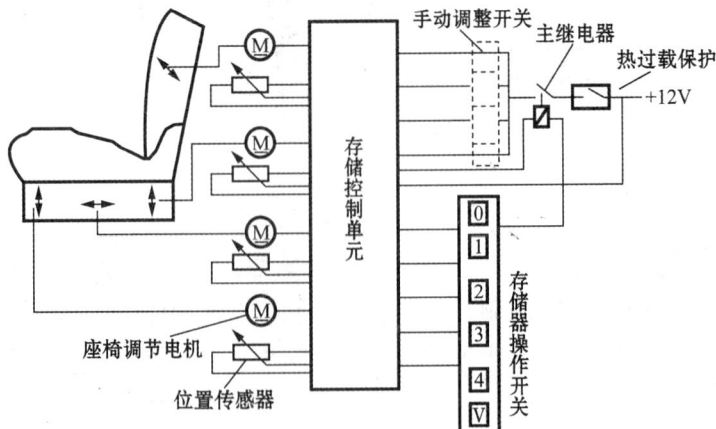

图 2-1-12　具有存储功能的电动座椅系统示意图

2)典型车型电动座椅的控制电路

如图 2-1-13 所示,是别克君威轿车驾驶员侧电动座椅的电路图。它有 4 个电动机,分别是

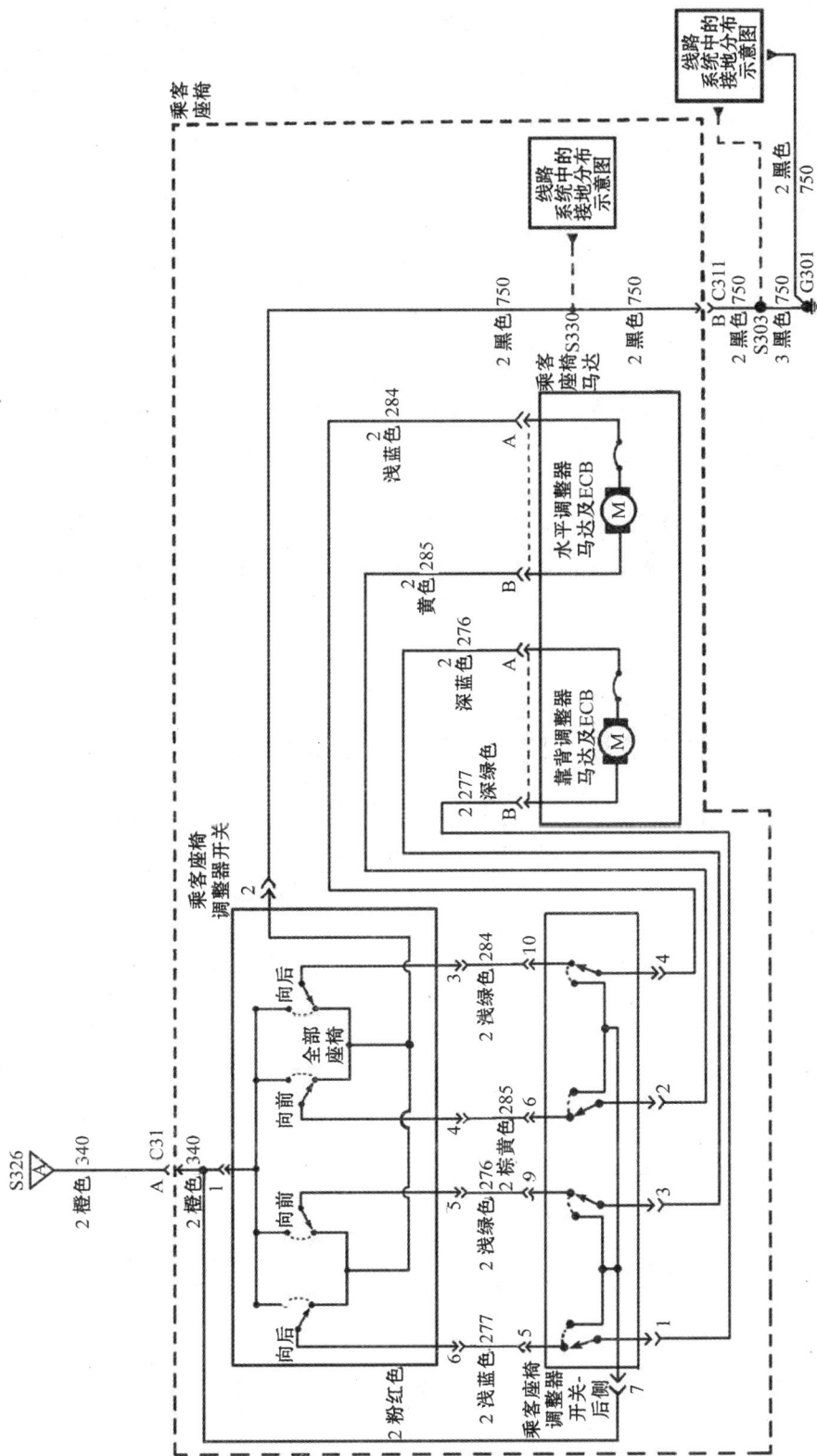

图 2-1-13　别克君威轿车驾驶员侧电动座椅电路图

前端高度调节电动机、后端高度调节电动机、前后移动调节电动机和靠背倾斜调节电动机。

座椅控制开关通过控制电动机的搭铁和与电源的连接,使 4 个电动机按所需的方向旋转。当需要座椅前倾或后倾时,前或后高度调节电动机转动;当需要座椅整体前移或后退时,前后移动电动机转动;当需要座椅靠背倾斜变化时,靠背倾斜调节电动机转动。

2.1.2　汽车电动座椅的诊断与修复

1. 汽车电动座椅故障的诊断

常见故障:座椅完全不能动作或某个方向不能动作。座椅完全不能动作的主要原因有熔断器熔断、线路断路、座椅开关有故障等;某个方向不能动作的主要原因有该方向对应的电动机损坏、开关损坏、对应的线路断路等。

诊断步骤:如果是座椅完全不能动作,可以首先检查熔断器是否熔断;若熔断器良好,则应检查所在线路及其插接件是否正常,最后检查开关。对于有存储功能的电动座椅系统还应检查其控制单元(ECU)的电源电路及其搭铁线是否正常。如果是某个方向不能动作,可以先检查所在有关线路是否正常,再检查开关和电动机。

2. 广州本田雅阁轿车电动座椅故障的诊断与修复

下面以广州本田雅阁轿车的电动座椅为例,介绍其开关、电动机及线路的检查方法。图 2-1-14 所示是该车电动座椅的电路图。

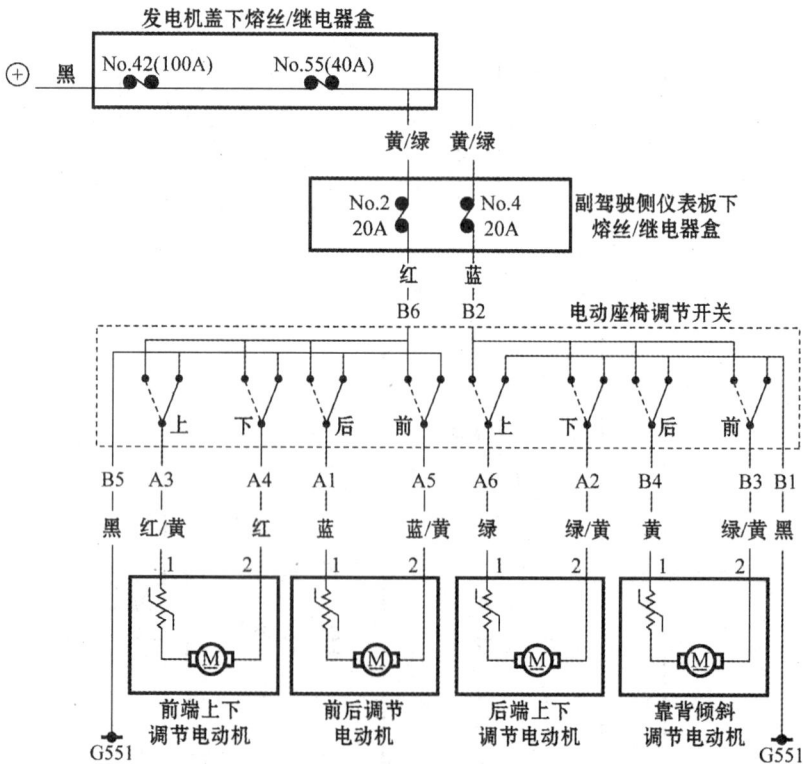

图 2-1-14　广州本田雅阁轿车电动座椅电路

1）检测电动座椅调节开关

（1）拔出调节开关钮，然后从驾驶席座椅处拆下调节开关罩。

（2）拆开调节开关的两个 6 芯插头，如图 2-1-15 所示。再拆下该开关的两个固定螺钉，然后从开关罩上拆下调节开关。

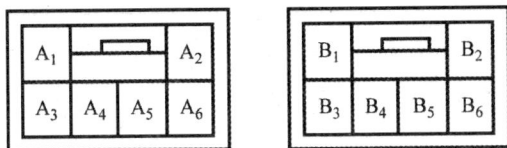

图 2-1-15　调节开关两端的两个 6 芯插头

（3）当调节开关处于各调节位置时，按表 2-1-1 所示检查两个 6 芯插头各端子之间的导通情况。例如，要检查前端上下调节开关是否正常时，可以先把开关掷于"向上"位置。由前面的图 2-1-14 可知，此时开关上的 A_3 端子和 B_6 端子接通，A_4 端子和 B_5 端子接通。从表 2-1-1 上可以看到，前端上下调节开关的"向上"一行中 A_3 与 B_6 相连，A_4 与 B_5 相连。此时把万用表调至电阻挡，将两个表笔分别与 A_3 端子、B_6 端子接触，如果阻值为零，则迅速把表笔移开，说明此处正常。同样再检查 A_4 和 B_5 端子，其阻值也应为零才说明其正常。之后，将此开关掷于"向下"位置。如果 A_4 和 B_6 端子之间、A_3 和 B_5 端子之间的阻值均为零，则说明此开关正常。用同样的方法再检查其他开关，当开关处在相应的位置时，表 2-1-1 中各个连线的端子间的阻值都应为零，才说明整个调整开关正常，否则应进行修理或更换。

表 2-1-1　检测调节开关对应表

端子 开关位置	A_1	A_2	A_3	A_4	A_5	A_6	B_1	B_2	B_3	B_4	B_5	B_6
前端上下 调整开关			●————————————————————————————●									
				●——————————————————————————●								
				●——————————————————————————————●								
			●————————————————————————●									
后端上下 调整开关						●——●						
		●————————————————————————————————●										
						●——————●						
		●——————————————————————————————————●										
前、后调整开关	●———●											
	●——●											
						●————————————●						
靠背倾斜 调整开关								●——————●				
							●————————●					
							●——————●				

2）检测电动座椅，调节电动机

（1）拆下驾驶席座椅轨道端盖，再拆下座椅的 4 个固定螺栓。

（2）拆开座椅线束插头和线束夹，然后拆下驾驶席座椅。

（3）拆开调节开关的两个 6 芯插头，如图 2-1-15 所示。

表 2-1-2　检测调节电机对应表

电动机工作情况	电　源	（＋）	（－）
前端上下调节电动机	向上	A_3	A_4
	向下	A_4	A_3
后端上下调节电动机	向上	A_2	A_6
	向下	A_6	A_2
前、后调节电动机	向前	A_5	A_1
	向后	A_1	A_5
靠背倾斜调节电动机	向前	B_3	B_4
	向后	B_4	B_3

（4）将两个 6 芯插头的某两端分别接蓄电池的正、负极,对照表 2-1-2 检查各调节电动机的工作情况。注意:当电动机停止运转时,应立即断开端子与蓄电池的连接。例如,要检查座椅的前端上下调节电动机。由图 2-1-14 可知,"向上"开关闭合后,电流从开关的 A_3 端子向下经电机的 1 号端子流入电动机,再经电动机的 2 号端子向上经开关的 A_4 端子流出回到电源负极(搭铁),此时电动机转动使座椅前端上升;当"向下"开关闭合时,电流的流向改变,电动机转动时座椅的前端下降。

（5）如果某个调节电动机不运转或运转不平稳,则应检查 6 芯插头与该调节电动机的 2 芯插头之间的线束是否有断路故障。如果线束正常,则应更换调节电动机。

3）检测线路

（1）电压检测法:例如检测前端上下调节电动机线路,可将该电动机上的 2 芯插头拔下,用万用表的电压档测量 1、2 端子间的电压。当该电动机的开关未操作时,电压值应为零;当将开关掷于"向上"位置时,1、2 端子间的电压应为＋12V,即 1 端子为正,2 端子为零;当将开关掷于"向下"位置时,1、2 端子间的电压应为 12V,即 2 端子为正,1 端子为零。其他电机线路的检测方法与此相同。

（2）电阻检测法:例如检测前端上下调节电动机线路,可将该电动机上的 2 芯插头拔下,用万用表的电阻档测量相关处的电阻值。当该电动机的开关未操作时,1、2 端子间的电阻值应为零;当将开关掷于"向上"位置时,1 端子与电源正极间的电阻值应为零,2 端子与搭铁线(电源负极)间的电阻值也应为零,1、2 端子间的电阻值为无穷大;当将开关掷于"向下"位置时,2 端子与电源正极间的电阻值应为零,1 端子与搭铁线(电源负极)间的电阻值也应为零,1、2 端子间的电阻值为无穷大。其他电机线路的检测方法也与此相同。

案例分析

案例:带有记忆功能的电动座椅不能进行设定。

车型:2007 款帕萨特领驭,V6 发动机。

症状:车主报修故障是带有记忆功能的电动座椅不能进行设定,并陈述此前因此故障曾更换过电动座椅控制单元,正常使用一天后又不能设定了。我们进行操作,发现不仅失去记忆功能,对 8 个自由度分别进行操作时,各电动机运转 4s 后停止,松开按键再操作又可运转 4s。

诊断:用 VAS5051B 进入驾驶员电动座椅地址码,查询记忆故障码有 8 个:

(1) 4 个调节电动机均有故障,即 00997 驾驶员座椅纵向调节电动机、00998 驾驶员靠背调节电动机、00999 驾驶座椅前部高度调节电动机、0100 驾驶员座椅后部高度调节电动机。

(2) 4 个电动机的位置传感器均有故障,即 01009 驾驶员座椅纵向位置传感器对地短路、01010 驾驶员靠背传感器对地短路、00994 驾驶员座椅前部高度传感器对地短路、00995 驾驶员座椅后部高度传感器对地短路。

以上 8 个故障码均不能清除,说明是控制单元本身或外部电路存在硬性故障。将此控制单元安装到正常领驭车上,这 8 个故障码仍然不能清除,说明是控制单元硬件或软件存在故障。由控制单元维修人员将一台新控制单元电路板上的 CPU 集成块焊开取下,用编程器拷贝程序。将本车控制单元电路板上的 CPU 集成块焊开取下,用编程器安装从正常控制单元拷贝下的程序。将本车控制单元的 CPU 集成块装回,将此控制单元安装到无故障的同型车上,仍然是 8 个故障码,说明是控制单元硬件故障。

目前汽车控制单元在短路保护措施上有两种:一种是控制单元在输入、输出接口电路设有对地(正极)短路保护措施,当传感器线路、执行器线路对地或对正极短路后,控制单元记忆故障码,控制单元硬件不会损坏,当故障排除后可以清除掉故障码。另一种是控制单元在输入、输出接口电路未设有对地(正极)短路保护措施,当传感器线路、执行器线路对地或对正极短路后,控制单元记忆故障码,此时控制单元硬件已经损坏,当故障排除后也不能清除故障码。

该座椅控制单元属于第二种,那么分析一定存在传感或执行器对地短路有故障。拔开控制单元插头测量,与 8 个故障码有关的 4 个位置传感器和 4 个电动机导线对地绝缘良好。分别测量 4 个电动机的电流均与无故障车相近。分别测量 4 个位置传感器两条线之间的电压为 5V(使用损坏控制单元),而测量正常车应是 12V,说明该车控制单元硬件已经损坏。

由于坚信是传感器或执行器导线对地短路,于是将座椅从车上拆下,对于前部高度、后部高度、纵向电动机和传感器的线束可直接观看,没发现有电线绝缘皮破损。需把靠背皮套拆开才能观看内部的线束,在剥开皮座套后仔细观看,看到靠背调节电动机 V45 的插头 T4bc 第 4 针 0.35mm² 红黑线,外皮被一根钢条磨破,如图 2-1-16 所示。钢条有时与红/黑线短路,而钢条的接地如图 2-1-17 所示,钢条有时与另两根钢条接触,而另两根钢条是接地的,我们在测量

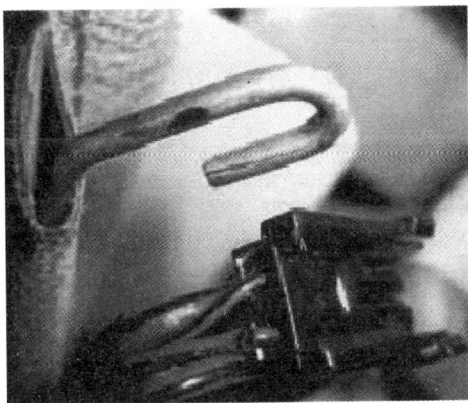

图 2-1-16　T4bc 第 4 针 0.35mm² 红/黑线绝缘被钢条磨破

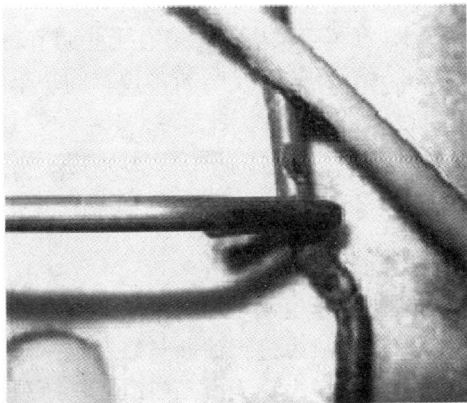

图 2-1-17　钢条与另两根钢条接触

笔记

V45 的 4 条导线时不在对地短路状态。阅读靠背位置传感器 V45 电路图,供给 4 针的应是 12V 电压,由于此处曾经对地短路,使得控制单元的输入接口电路损坏,此后涉及前部高度、后部高度、纵向 3 个位置传感器,对其供给的电压也是 5V,这样记忆了 4 个传感器故障码。另外 4 个电动机在运转时,4 个传感器不能反馈位置所在,又记忆了 4 个电动机的故障码。

修复:将靠背位置传感器电线的破损之处缠好绝缘胶布,更换新的控制单元,经反复试验,8 个自由度不再出现运行 4s 后停止的现象,座椅记忆功能恢复正常。

分析:对于控制单元中有清除不掉的故障码,在不知道此控制单元是否具有短路保护措施的情况下,更换控制单元一定要慎重,应按照故障码的指引找到故障点,排除以后再更换控制单元,这样可以避免更换上的新控制单元又损坏。

测试习题

一、填空题

1. 汽车电动座椅一般由_____、_____和_____组成。

2. 电动座椅前后方向的调节量一般为_____,座位前部与后部的调节量约为_____,全程移动所需的时间约为_____。

3. 别克君威轿车驾驶员侧电动座椅有 4 个电动机,它们分别是_____、_____、_____和_____。

4. 电动座椅的传动和执行机构的作用是把电动机的旋转运动转变成座椅的_____、_____移动或靠背的_____。

5. 电动座椅常见故障是座椅_____或_____。

二、判断题

1. 电动座椅的电动机大多数采用永磁式单向直流电动机。　　　　　　　　(　)

2. 电动座椅传动和执行机构中,蜗轮蜗杆机构一般是其核心部件。　　　(　)

3. 在电动座椅中,一般一个电动机可完成座椅的一个方向的调整。　　　(　)

4. 电动座椅完全不能动作的主要原因有熔断器熔断、线路断路、座椅开关有故障等。

　　　　　　　　　　　　　　　　　　　　　　　　　　　　　(　)

5. 高档轿车的电动座椅系统常常具有记忆功能。　　　　　　　　　　(　)

三、问答题

1. 汽车电动座椅一般有哪些调节功能?

2. 结合图 2-1-7 分析本田雅阁轿车电动座椅前、后位置移动调整的工作过程。

学习单元 2.2　汽车电动车窗的诊断与修复

学习目标

理解汽车电动车窗的组成、结构和工作原理,能够分析汽车电动车窗的控制电路,并能对电动车窗的故障进行诊断与修复。

电动车窗也称为电动门窗或自动车窗,它可以使驾驶员更加集中精力驾车,方便驾驶员及乘客的操作,许多轿车选装了这种装置。驾驶员操作时,可以操纵 4 个车窗中的任意一个上升或下降,乘员只能操纵所在位置的车窗上升或下降。

2.2.1　汽车电动车窗的认识

1. 汽车电动车窗的组成

电动车窗主要由车窗升降器、电动机、继电器和开关等组成。车窗升降器主要有钢丝滚筒式升降器、齿扇式升降器及齿条式升降器等,如图 2-2-1、图 2-2-2 和图 2-2-3 所示。

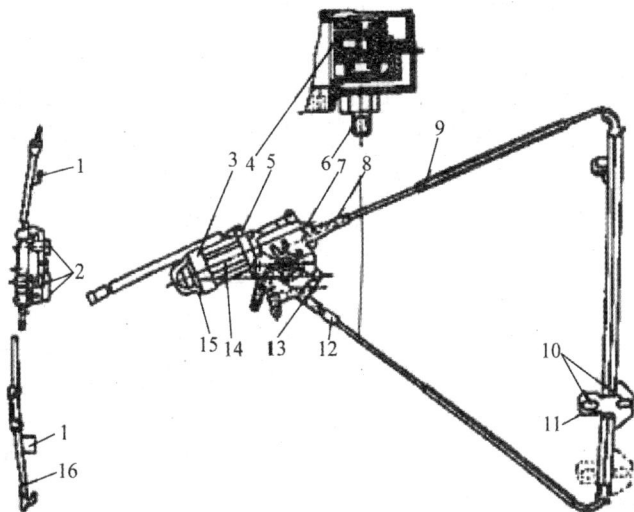

图 2-2-1　钢丝滚筒式电动车窗升降器

1—支架安装位置;2—电动机安装位置;3—固定架;4—联轴缓冲器;5—电动机;6—卷丝筒;7—盖板;
8—调整弹簧;9—绳索结构;10—玻璃安装位置;11—滑动支架;12—弹簧套筒;
13—安装缓冲器;14—铭牌位置;15—均压孔;16—支架结构

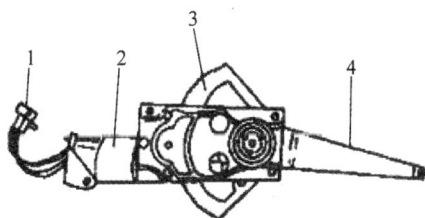

图 2-2-2　齿扇式电动车窗升降器

1—电缆接头;2—电动机;3　齿扇;4—推力杆

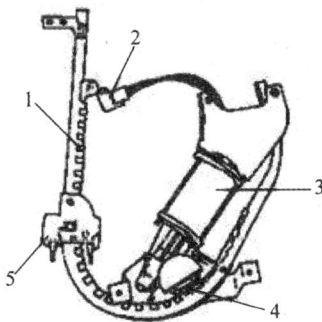

图 2-2-3　齿条式电动车窗升降器

1—齿条;2—电缆接头;3—电动机;4—小齿轮;5—定位架

钢丝滚筒式电动车窗升降器的减速器上装有一个滚筒,滚筒上绕有钢丝,玻璃安装卡座固定在钢丝上并可在滑动支架上做上下移动。当电动机转动时,钢丝便带着卡座沿滑动支架上下移动,使车窗玻璃上升或下降。齿扇式电动车窗升降器的齿扇上装有螺旋弹簧,当车窗上升时,弹簧伸展,放出能量,以减轻电动机负荷;当车窗下降时,弹簧被压缩,吸收能量,从而使车窗无论是上升还是下降,电动机的负荷基本相同。齿条式电动车窗升降器使用了一个小齿轮和一根柔性齿条,车窗玻璃就固定在齿条的一端,电动机带动小齿轮转动,小齿轮带动齿条移动,最终使车窗玻璃上升或下降。

2. 电动车窗的工作原理

不同车型所采用的电动车窗的电动机及其控制电路各不相同。电动机可分成直接搭铁式和控制搭铁式两种。直接搭铁式电动机的一端直接搭铁,电动机内部有两组磁场线圈。通过接通不同的线圈,使电动机的转向不同,实现车窗的上升和下降动作,其控制电路如图 2-2-4 所示。图 2-2-5 表示的是驾驶员主控开关控制右前车窗上升时的电流方向;图 2-2-6 表示的是独立操作开关控制右前车窗下降时的电流方向。控制搭铁式电动车窗的电动机结构简单,开关和控制线路复杂一些,在实际当中应用较广泛,其基本控制电路如图 2-2-7 所示。图 2-2-8 表示的是驾驶员主控开关控制左后车窗上升时的电流方向;图 2-2-9 表示的是独立操作开关控制左后车窗下降时的电流方向。从上述两种类型的车窗电路及实际电路看,电动车窗控制电路中一般都设有驾驶员集中控制的主控开关和每个车窗的独立操作开关。独立操作开关可由乘员独立操作,但驾驶员可对其他车窗进行"覆盖"式操作。

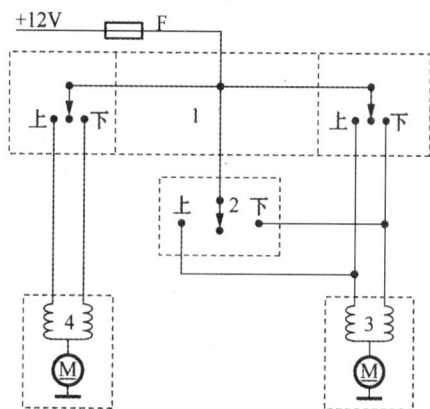

图 2-2-4　电动机搭铁的电动车窗控制电路
1—驾驶员主控开关组件;2—右前车窗开关;
3—右前车窗电动机;4—左前车窗电动机

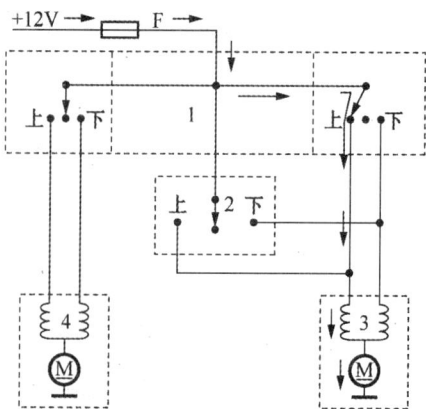

图 2-2-5　驾驶员主控开关控制右前
车窗上升时电流方向

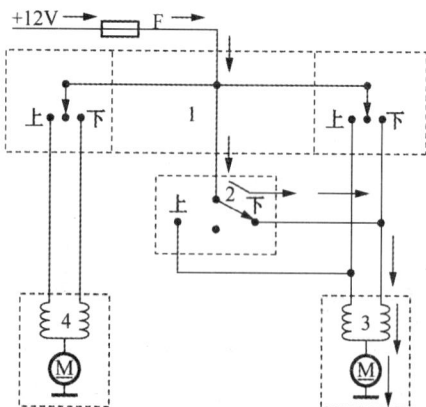

图 2-2-6　独立操作开关控制右前
车窗下降时电流方向

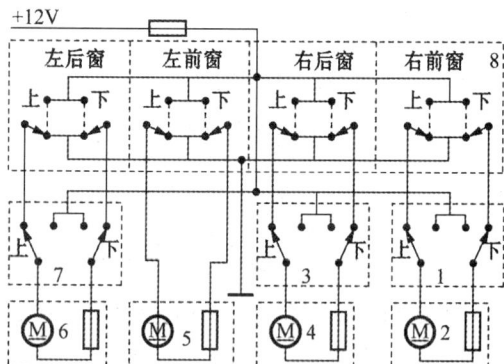

图 2-2-7　电动机不搭铁的电动车窗控制电路
1—右前窗开关;2—右前窗电动机;3—右后窗开关;
4—右后窗电动机;5—左前窗电动机;6—左后窗电动机;
7—右前窗开关;8—驾驶员主控开关组件

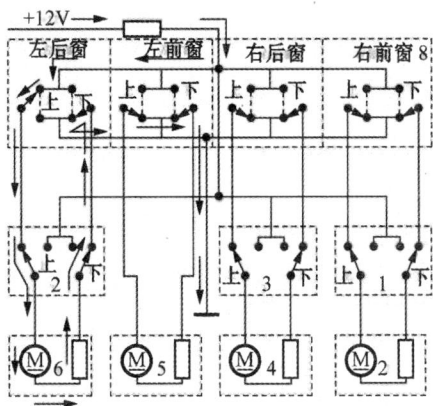

图 2-2-8　驾驶员主控开关控制左后
车窗上升时的电流方向

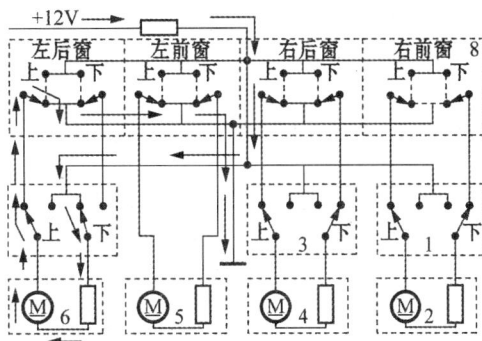

图 2-2-9　独立操作开关控制左后
车窗下降时的电流方向

2.2.2　汽车电动车窗的诊断与修复

1. 汽车电动车窗故障的诊断

汽车电动车窗常见的故障及故障原因和诊断思路分析如表 2-2-1 所示。

表 2-2-1　电动车窗常见故障分析表

常见故障	故障原因	诊断思路
某个车窗只能向一个方向移动	分开关故障或分开关至主开关可能出现断路	检查分开关导通情况及分开关至主开关控制导线导通情况
某个车窗两个方向都不能移动	传动机构被卡住 车窗电动机损坏 分开关至电动机断路	检查传动机构是否被卡住 测试电动机工作情况,包括断路、短路及搭铁情况检查 查看分开关至电动机导通情况
所有车窗均不能升降或偶尔不能升降	熔断丝被烧断 搭铁不实	检查熔断丝 检查、清洁、紧固搭铁
两个后车窗分开关不起作用	总开关出现故障	检查总开关的导通情况

2. 北京现代索纳塔轿车电动车窗的诊断与修复

1) 北京现代索纳塔轿车电动车窗的电路图

如图 2-2-10 和图 2-2-11 所示。

2) 索纳塔汽车电动车窗的检修

(1) 电动车窗总开关的检修:

① 从驾驶员侧装饰板上拆下电动车窗主控开关(索纳塔轿车的电动车窗主控开关和中控门锁主控开关是一体的)。主控开关连接器的总开关端子如图 2-2-12 所示。

② 用万用表的欧姆档按照表 2-2-2 的方法,检查总开关在车窗处于上升、下降和关闭状态时各个端子的导通情况。若测得结果和表不相符,说明车窗主开关损坏,要进行更换。

笔记

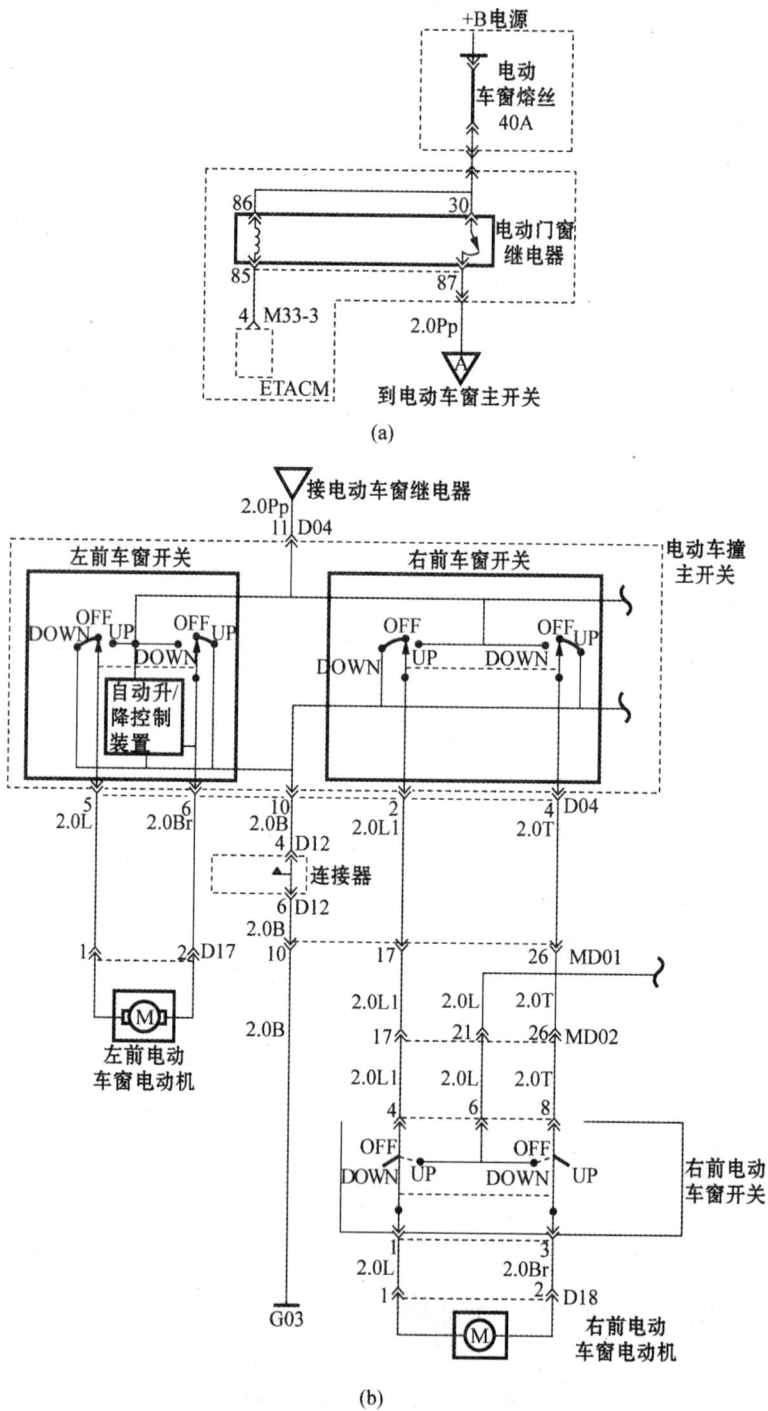

图 2-2-10　北京现代索纳塔轿车电动车窗电路图(a)、(b)

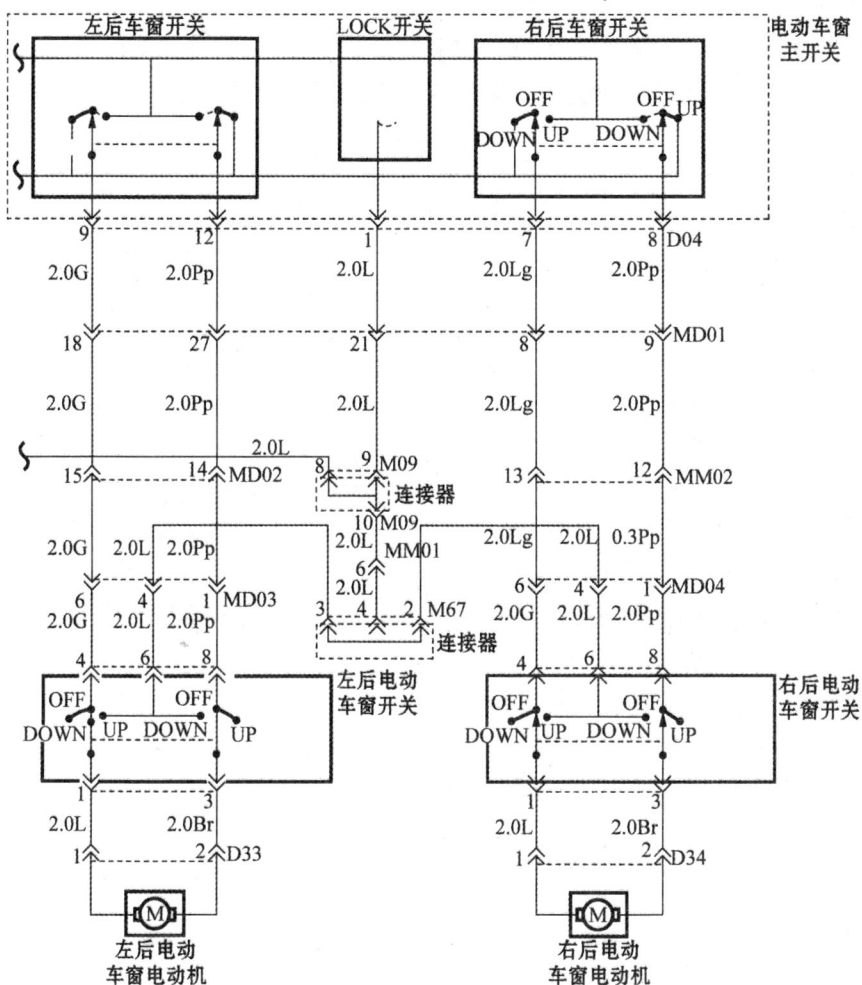

图 2-2-11　北京现代索纳塔轿车电动车窗电路图(c)

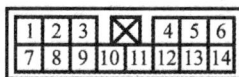

图 2-2-12　电动车窗总开关端子

表 2-2-2　电动车窗主开关的检查

端子 位置	左前				右前				左后				右后			
	5	6	10	11	2	4	10	11	9	10	11	12	7	8	10	11
向上	●	●	●	●	●	●	●	●	●	●	●	●	●	●	●	●
关闭	●	●	●	●	●	●	●	●	●	●	●	●	●	●	●	●
向下	●	●	●	●	●	●	●	●	●	●	●	●	●	●	●	●

笔记

（2）电动车窗闭锁开关的检修：如表 2-2-3 所示（见电路图 2-2-11 中的"LOCK"和"UN-LOCK"开关），当开关位于 LOCK 位置时，端子 1 和 11 之间断路；当开关位于 UNLOCK 位置时，端子 1 和 11 之间导通。否则说明开关损坏，应该进行更换。

表 2-2-3　电动车窗闭锁开关的检查

位置＼端子	1	11
正常	●————————————●	
锁住		

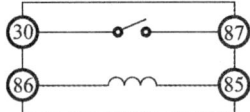

图 2-2-13　车窗继电器的检查

（3）电动车窗继电器的检修：索纳塔轿车电动车窗电路图如图 2-2-11 所示，车窗继电器的端子检查如图 2-2-13 所示。

① 静态检查：将万用表置于 R ×l 档，测量端子 85 和端子 86 之间是否导通，若不导通，说明线圈烧坏，应进行更换。测量端子 30 和端子 87 是否断路，若导通，说明开关触点烧蚀或常闭，应进行更换。

② 工作状况检查：用蓄电池的正负极分别接端子 85 和 86，然后用万用表测量端子 30 和 87 是否导通，若不导通应更换。

（4）电动车窗分开关及车窗电动机的检查：

① 电动车窗分开关工作情况的检查：用万用表的欧姆档按照表 2-2-4 检查分开关在车窗处于上升、下降和关闭状态时各个端子的导通情况。

表 2-2-4　电动车窗分开关的检查

位置＼端子	1	3	4	6	8
向上	●———————————————————●				●
关闭	●	●———————————————————●			●
向下	●——————————————————————————————●			●	

② 车窗电动机的检测：车窗电动机检查的基本思路：把蓄电池的正、负级分别接在车窗电动机的两个端子上并互换一次，电动机能够正转、反转，且转速平稳为正常。否则，说明电动机有故障，应进行更换。

注意：在进行车窗电动机的测试时，若电动机停止转动，要立刻断开端子引线，否则会烧坏电动机。

案例分析

案例 1：部分电动车窗不能升降。

车型：2003 款广州本田雅阁轿车

症状：一辆 2003 款广州本田雅阁轿车，行驶不到 30 000km。客户反映，除了驾驶室的电动窗能正常升降外，其余各个车窗均无法升降。经过检查，的确如客户所言，除了驾驶员侧的电动窗能正常动作外，其余 3 个车门的电动窗无论是操作主控开关，还是分别操作各个车门上的开关，电动窗均无动作。但是在操作时明显能听到相应车门开关内有继电器动作的声音。

诊断：由于是 3 个车窗同时出现故障，大致排除了电动窗电动机的故障，因为 3 个电动机同时损坏可能性不大。分析认为电路部分有故障的可能性比较大,而且极有可能是 3 个电动窗的公共部分的线路存在故障。所以查看电路图,依照电路图的控制原理来分析故障。

依照电路图,找到位于发动机盖下的保险盒。分别检查了 15 号和 23 号保险丝,保险丝都完好。打开驾驶室左下方的保险盒盖,打开点火开关,检查了 7、21、27 号保险丝,没有烧断,并且有 12V 的电压;24、25、26 号保险丝虽然也没有被烧断,但是无论点火开关处于 ON 还是 OFF 位置都没有电源电压,通过电路图可以得知:24、25、26 号保险丝正是左后门、右后门和右前门电动窗继电器的供电电源。由于各车门继电器没有主电源,3 个车窗不工作也就不奇怪了。难道是总继电器坏了?拆下总继电器进行检查,发现总继电器没有故障。先前已经检查了发动机盖下的 23 号保险丝正常,显然是总继电器的控制部分出现了问题。正常情况下,打开点火开关后,车门多路控制装置(和电动窗主控开关一起)通过 3 号端子为总继电器提供一个接地信号,总继电器开始工作,总继电器再为其他 3 个车窗继电器提供电源。

用一根导线直接把 3 号端子连接搭铁,电动车窗都恢复了正常。检查了电动窗主控开关的电源(20 号端子)及搭铁(1 号端子),正常。由此可以断定电动窗主控开关损坏。把主控开关解体进行检查,沿着 3 号端子往里检查,3 号端子是由一个三极管进行控制,发现电路板有一处断路,而断路的线路正是控制该三极管的。

修复:把主控开关电路板断路部分重新进行焊接,装配后试车,故障已排除。

分析:可能是主控开关电路板内部出现短路,从而导致电路板内部烧毁。

案例 2:两前门电动车窗不能升降。

车型:2002 款上海大众波罗轿车

症状:此车在停放了 5 个月后重新启用,把蓄电池充足电后装车,发现除了两前门电动窗不管用外,其他均正常。

诊断:考虑到该车是在放了 5 个月之后重新启用的,车主又说停放前电动窗是好的,于是怀疑是不是有老鼠咬破了线路。目视检查了车身线路看到明显有老鼠活动的痕迹,但是并没有发现线路有破损的地方。再检查所有的保险和车身搭铁线也均为正常。

把诊断仪与诊断接口对接,打开点火开关,进入中央模块系统(IMS),显示屏显示出中央模块控制电脑型号。按退出键,然后选择"读取故障码"显示屏显示:01332 —前排乘员车门控制单元 J387 供电电压太小;01331 —驾驶员侧车门控制单元 J386 供电电压太小。

按退出键,选择"清除故障码",屏幕显示"故障码被清除",重新读取故障码,屏幕显示"系统正常"。

退出"中央模块系统",操作两前门玻璃升降开关,还是不管用。于是把驾驶员侧车门的里衬拆下,按诊断仪显示的故障内容查找原因。用万用表测量 J386 的供电电压为蓄电池电压,搭铁也正常,门内线路排列整齐,难道是控制单元 J386 和 J387 同时坏了,根据维修经验一般不会这样,肯定还有其他原因。把手头的工作先停下,查阅波罗车维修资料中关于中央模块系统(即舒适系统)的维修内容。原来上海大众波罗在更换蓄电池或因某种原因断电后,玻璃升降器将会失效,必须重新编程才能恢复其功能。

修复:具体的解决办法是:

(1) 用诊断仪进入"中央模块系统"。

(2) 选择"控制单元编码",将原编码 01024 改为 00259。

（3）操作玻璃升降器开关,电动窗恢复正常。

（4）将编码重新改为 01024。

（5）退出中央模块系统。

分析：现代的高级轿车装备了多种多样的高新技术设备,使用这些设备变得越来越简单,而维修这些高新技术设备变得越来越复杂了。单纯依靠以前的维修方法和一支试灯或万用表已经行不通了,必须借助现代化的诊断设备和完备的维修资料,用最简单的方法去解决看似复杂的问题,这样既可少走弯路又提高了工作效率。

测试习题

一、填空题

1. 汽车电动车窗系统主要由_____、_____、_____和_____等组成。

2. 常见的电动车窗升降器主要有_____、_____和_____等几种。

3. 电动车窗电动机可分成_____和_____两种。

4. 电动车窗一般装有两套开关,它们是_____和_____。

5. 电动玻璃升降器按其结构可分为_____、_____和_____等几种。

二、判断题

1. 驾驶员操作时,可以操纵 4 个车窗中的任意一个上升或下降,乘员也能操纵 4 个车窗中的任意一个上升或下降。　　　　　　　　　　　　　　　　　　　（　　）

2. 电动车窗中的电动机一般为永磁单向直流电动机。　　　　　　　　　　　（　　）

3. 检查电动车窗左后电动机时,用蓄电池的正负极分别接电动机连接器端子后,电动机转动,互换正负极和端子的连接后,电动机反转,说明电动机状况良好。　　　（　　）

4. 驾驶员侧主控开关上的联控开关关闭时,副驾驶侧和后排其他车窗的分控开关还可以继续使用。　　　　　　　　　　　　　　　　　　　　　　　　　　（　　）

5. 高级汽车电动车窗具有防夹保护功能。　　　　　　　　　　　　　　　（　　）

三、问答题

1. 简述汽车电动车窗的功用。

2. 以北京现代索纳塔为例,简述汽车电动车窗的工作原理。

学习单元 2.3　汽车电动顶窗的诊断与修复

学习目标

理解汽车电动顶窗的结构、组成和工作原理,能够对照电路图分析电动顶窗的工作过程,并能对电动顶窗的故障进行诊断与修复。

汽车顶窗用来使车内驾驶员或乘员采光、通风、遮阳等。按顶窗开闭能量来源可分为手动顶窗和电动顶窗。一般大型客车和大型货车多采用手动顶窗,手动顶窗靠人力将顶窗打开或关闭,电动顶窗靠电动机的动力来将顶窗打开或关闭。大客车的顶窗有向上平升、斜开和关闭三个工作状态,大货车的顶窗只能有斜开和关闭两个工作状态。小轿车多采用电动顶窗。

2.3.1　汽车电动顶窗的认识

1. 电动顶窗的组成

汽车上的电动顶窗主要由开关、电子控制系统和执行机构等组成。如图 2-3-1 所示。

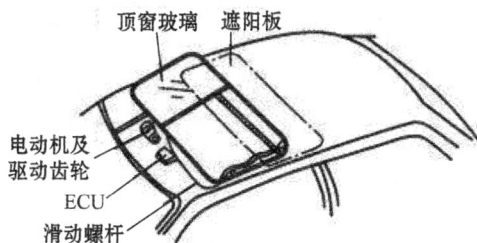

图 2-3-1　电动顶窗结构

1）开关

电动顶窗的开关可分为开关组和限位开关。

（1）开关组（如图 2-3-2 所示）：其作用是用来使电动顶窗执行机构的电动机实现正反转，使顶窗实现不同状态的工作。开关组包括滑动开关和斜升开关。滑动开关有滑动打开、滑动关闭和断开（中间位置）三个位置；斜升开关也是有斜升、斜降和断开（中间位置）三个位置。

（2）限位开关（如图 2-3-3 所示）：由限位开关1、限位开关2 和凸轮组成。限位开关1 用来检测顶窗的停止位置，即在完全关闭前 200mm 处的位置和顶窗斜降全关闭位置；限位开关 2 用来检测顶窗完全关闭的位置。

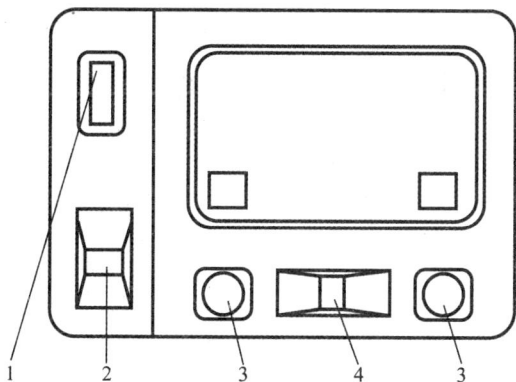

图 2-3-2　电动顶窗开关组
1—斜升开关；2—滑动开关；3—阅读灯开关；4—顶灯开关

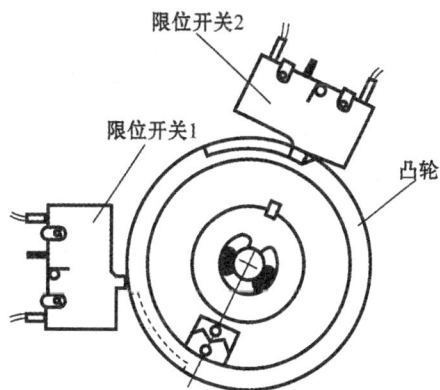

图 2-3-3　限位开关

限位开关主要用来检测顶窗所处的位置，犹如一个行程开关。限位开关是靠凸轮转动来实现断开和闭合的，凸轮安装在驱动机构的动力输出端。当电动机将动力输出时，通过驱动齿轮和滑动螺杆减速以后带动凸轮转动，于是凸轮周围的凸起部位顶动开关使其开闭，以实现对顶窗的自动控制。

2）电子控制系统 ECU

如图 2-3-4 所示，电子控制系统 ECU 是一个数字控制电路，并设有定时器、蜂鸣器和继电器等。其作用是接受开关输入的信息，通过数字电路进行逻辑运算，确定继电器的动作，以控

笔记

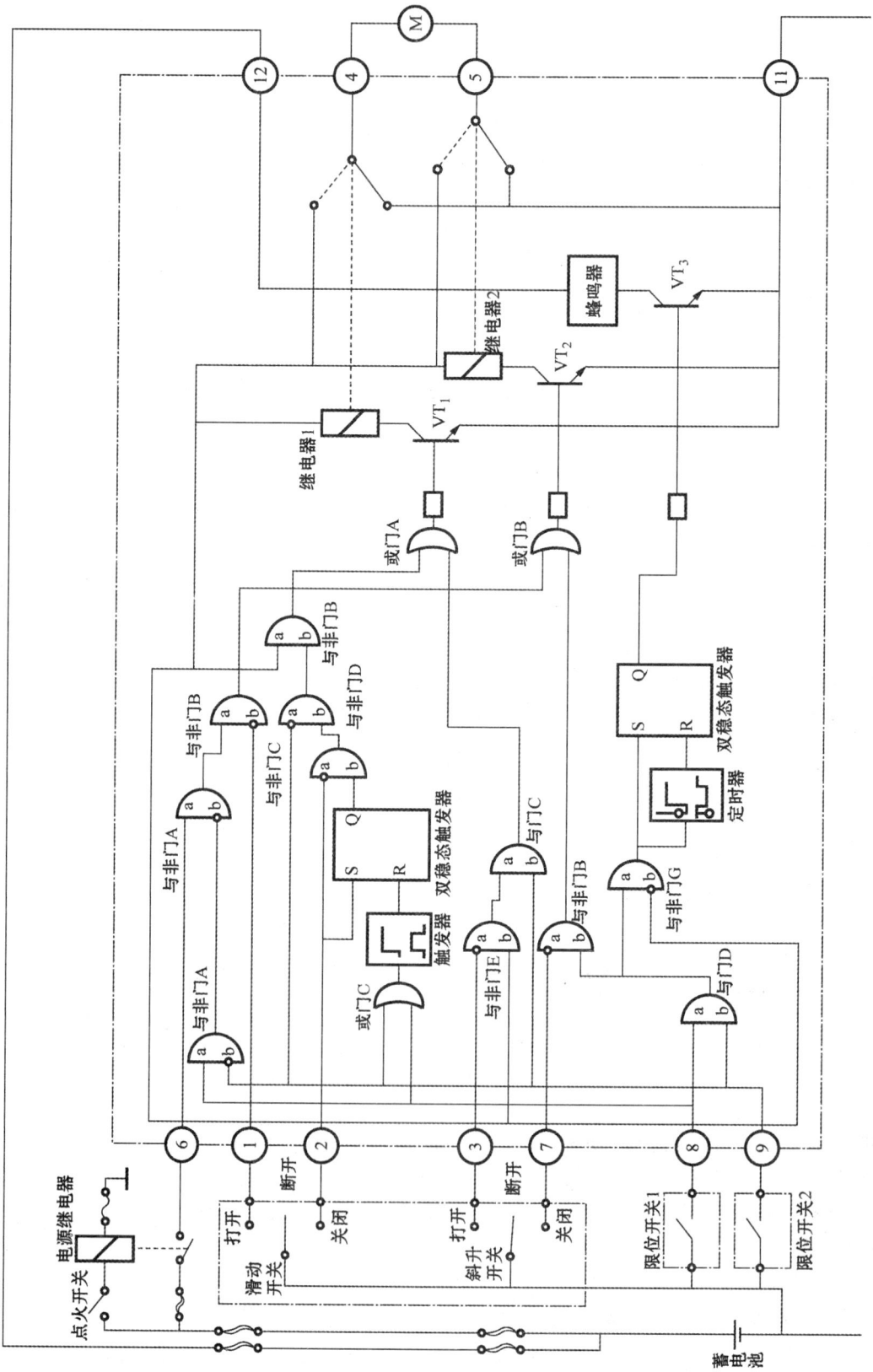

图 2-3-4　电动顶窗电子控制原理图

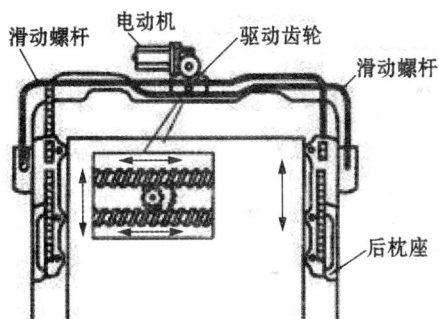

图 2-3-5　电动顶窗的执行机构

制顶窗开闭。

3）执行机构

执行机构用来执行驾驶员的指令,使顶窗进行开闭,如图 2-3-5 所示。它主要由电动机、齿轮驱动机构、滑动螺杆和顶窗机构等组成。

（1）电动机:通过传动装置向顶窗的开闭提供动力。此电动机能双向转动,即通过改变电流的方向以改变电动机的旋转方向,实现顶窗的开闭。

（2）齿轮驱动机构（如图 2-3-6 所示）:主要由蜗轮蜗杆传动机构、中间齿轮传动机构（主动中间齿轮、过渡中间齿轮）和驱动齿轮等组成。齿轮传动机构接受电动机的动力,改变旋转方向,并减速增矩将动力传给滑动螺杆,使顶窗实现开闭,同时又将动力传给凸轮,使凸轮顶动限位开关进行开闭。主动中间齿轮与蜗轮装在同一轴上,并与蜗轮同步转动。过渡中间齿轮与驱动齿轮装在同一输出轴上,被主动中间齿轮驱动. 使驱动齿轮带动滑动螺杆传动。

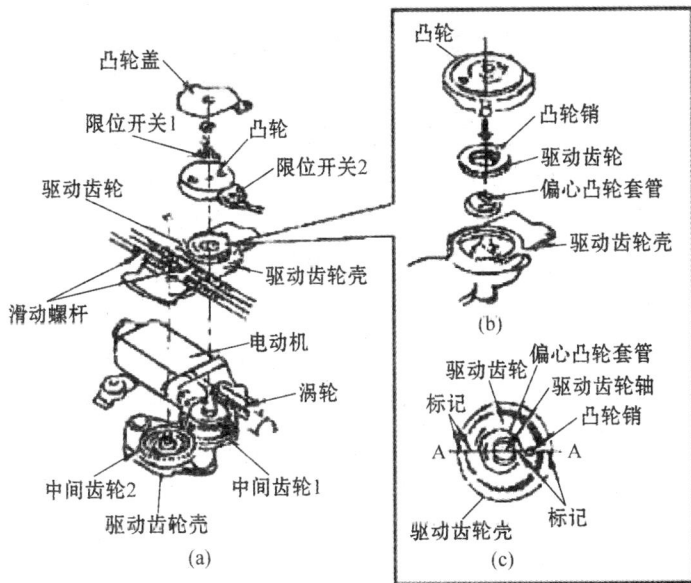

图 2-3-6　齿轮驱动机构

（3）滑动螺杆:其作用是将驱动齿轮传来的动力传给顶窗机构的后枕座,使顶窗机构进行开闭。

（4）顶窗机构:如图 2-3-7 所示,顶窗机构接纳滑动螺杆传来的动力,通过后枕座 5、连杆 6 使导向销 3 在托架 8 固定的几何形状槽内沿导向槽 4 的轨迹滑动,实现顶窗玻璃 1 理想的开闭动作。

2. 电动顶窗的工作过程

电动顶窗有 9 种工作状态,即滑动打开、滑动关闭、全关闭前 200mm 处停止、从停止到全关闭、全关闭时的停止、顶窗斜升、斜升提醒、顶窗斜降、斜降至全关闭位置时停止。电动顶窗的控制工作原理如图 2-3-4 所示。

笔记

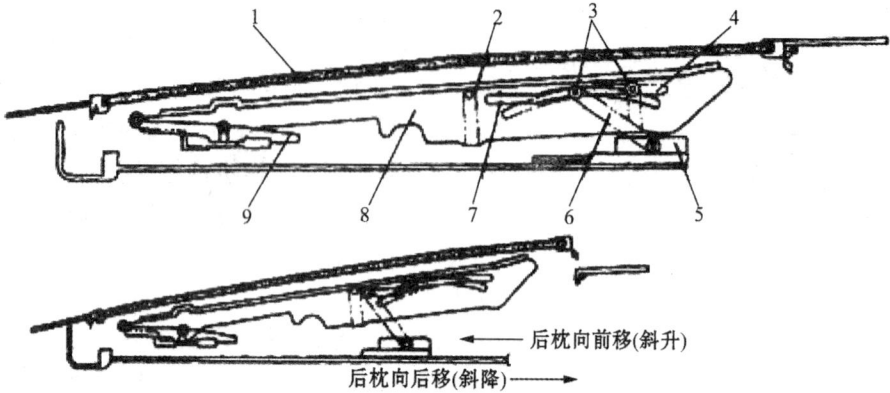

后枕向前移(斜升)→

后枕向后移(斜降)→

图 2-3-7　电动顶窗机构图

1—顶窗玻璃；2—导向块；3—导向销；4—导向槽；5—后枕座；6—连杆；7—导向槽；8—托架；9—前枕座

1）滑动打开

在此应该提及的是：此时的限位开关 1 和 2 均处于闭合状态；即只要顶窗处于全开与全闭之间，限位开关就保持闭合状态。

滑动开关推至打开位置，由于限位开关 1 和限位开关 2 均处于闭合状态，接通了搭铁电路，向与门 A 输入端 a、b 提供 0 信号，其输出端也为 0 信号。

与非门 A 的输入端 a 由电源继电器提供的为 1 信号，b 端是由与门 A 提供的为 0 信号，根据先非后与 b 端由 0 变为 1，其输出为 1。

与非门 B 的输入端 a 获得与非门 A 输送来的 1 信号，此时，当驾驶员将滑动开关推向打开位置时，接通了搭铁电路，则向 b 端提供了 0 信号，通过先非后与使 0 信号转变为 1 信号，其输出端为 1。

或门 B 获得 1 信号，三极管 VT_2 有电流通过，则三极管 VT_2 导通。

三极管 VT_2 导通后，其电流由蓄电池的正极—易熔线—接点 6—继电器 2 线圈—三极管 VT_2—接点 11—搭铁—蓄电池的负极，继电器 2 线圈构成闭合电路产生吸力将触点吸合，接通了电动机的电路，其电流由蓄电池的正极—接点 6—继电器 2 闭合触点—接点 5—电动机—接点 4—继电器 1 断开触点—接点 11—搭铁—蓄电池的负极，构成了闭合回路。电动机通电产生转矩，并通过驱动机构、滑动螺杆使顶窗机构动作，则顶窗滑动打开。

2）滑动关闭

驾驶员将滑动开关推至关闭位置时，接通了搭铁电路，向双稳态触发器的 S 端和与非门 D 端均提供了 0 信号。此时，由于限位开关 1 和限位开关 2 仍处于闭合状态，则向或门 C 的输入端 a、b 提供了 0 信号，其输出也为 0。此信号输送到触发器输入端，其输出也为 0 信号。

双稳态触发器输入 S 端和 R 端获得滑动开关和触发器送来均为 0 信号，Q 端输出为 1 信号。

与非门 D 输入端 a 获得滑动开关送来的 0 信号，b 端得到双稳态触发器送来 1 信号，通过 a 端的先与后非（由 0 变 1），其输出也为 1。

与门 B 获得与非门 D 送来的 1 信号，其输出也为 1，使得三极管 VT_1 基极有电流通过，三极管导通。

三极管 VT_1 导通后，接通了继电器 1 线圈的电路，其电流由蓄电池的正极—易熔线—接点

6—继电器 1 线圈—三极管 VT_1—接点 11—搭铁—蓄电池的负极。继电器 1 线圈构成闭合电路产生吸力将触点吸合,接通了电动机的电路,其电流由蓄电池的正极—接点 6—继电器 1 闭合触点—接点 4—电动机—接点 5—继电器 2 断开触点—接点 11—搭铁—蓄电池负极,构成了闭合回路。电动机通电产生转矩,将转矩传给驱动机构、滑动螺杆使顶窗机构动作,由于此时通过电动机的电流与打开时电流方向相反,故电动机反转顶窗滑动关闭。

3) 全关闭前在 200mm 处位置停止

当顶窗滑动到全关闭前 200mm 处时,凸轮将限位外关 1 断开使搭铁电路中断,该电路输出信号由原来的 0 变为 1,并将 1 信号输送到触发器,触发器输出为 1 信号,然后又回到 0。

由于滑动开关一直处于关闭位置,其 0 信号送至双稳态触发器的 S 端,其 Q 端输出为 0;与非门 D 的输入端 a、b 端获得信号均为 0,通过先非后与,a 端将 0 信号变为 1 信号,其输出为 0 信号。

由于非门 C 的输入端 a、b 获得的均为 0 信号,通过先非后与则输出的为 0 信号。

与门 B 的 a 端获得电源送来的 1 信号,b 端获得与非门 G 送来的 0 信号,其输出也为 0 信号。或门 A 得到 0 信号,其输出也为 0。此时三极管 VT_1 基极无电流通过而截止,继电器 1 线圈触点断开,电动机的电路被截断而停止转动,则顶窗关闭停止在全关闭前的 200mm 处。

4) 从停止到全关闭

如图 2-3-8 所示,由于顶窗在关闭过程中,是自动停止在全闭前 200mm 处的,如果需要全关闭,需将滑动开关推至断开位置切断搭铁电路。其目的是由原来的电路中断重新接通,否则从停止到全关闭的工作过程无法执行。具体执行过程如下:

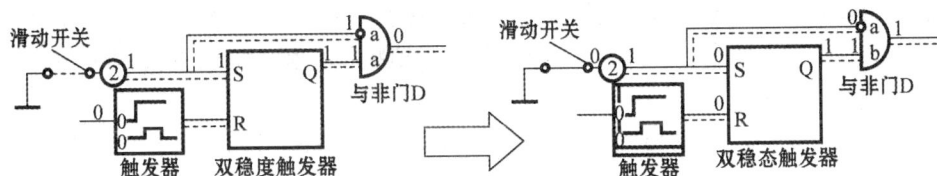

图 2-3-8　电动顶窗从停止到全部关闭状态图

将滑动开关推至断开位置切断搭铁电路,其断开和关闭的两位置输出信号均由原来的 0 变成 1。

滑动开关的关闭端将 1 信号分别输送到双稳态触发器 S 端与非门 D 的 a 端。触发器输出的 0 信号至双稳态触发器 R 端,则 Q 端向与非门 D 的 b 端输送 1 信号。

将滑动开关再次推到关闭位置,接通搭铁电路,由原来的 1 信号变成 0 信号。

与非门 D 的 a 端获得滑动开关输送来的 0 信号,b 端获得双稳态触发器 Q 端输送来的 1 信号,经过 a 端的先非后与,使原来输入的 0 信号变为 1 信号,故其输出为 1 信号。

与非门 C 的 a 端接受到限位开关 2 送来的 0 信号,b 端获得与非门 C 输送的 1 信号,通过先非后与使 a 端的 0 信号变为 1 信号,其输出为 1 信号。

与门 B 的输入端 a 获得电源送来的 1 信号,输入端 b 获得与非门 C 输送的 1 信号,则其输出也为 1 信号。

或门 A 得到 1 信号后,使三极管 VT_1 导通,继电器 1 的线圈通电产生吸力而将触点吸合,接通了电动机的电路。电动机转动使顶窗继续关闭,直至全关闭状态停止。

5）全关闭位置时的停止

如果顶窗滑动到全关闭后,滑动开关仍处于关闭位置,此时,限位开关2被凸轮断开使搭铁电路中断,其输出的信号由原来的0变为1。

或门C接收到限位开关2输送来的1信号,其输出信号也为1。触发器获得或门输送来的1信号,其输出也为1信号,然后又变为0。

由于滑动开关保持在关闭位置,双稳态触发器S端获得0信号,R端获得为1信号,则Q端输出为0信号。如同前述3中的与非门D、与非门C、与门B和或门A输出均为0。此时三极管VT_1基极无电流通过而截止,继电器1线圈断电释放了触点,电动机的电路被截断而停止转动,则顶窗停止在关闭状态。

6）顶窗斜升

将倾斜开关推至斜升位置,接通了搭铁电路,向输入端a输送0信号。

与非门E输入端a获得开关输送来的0信号,经先非后与由0变为1信号,b获得电源输送来的1信号,于是输出也为1信号。

由于限位开关2处于断开,故向与门C输入端b提供了1信号,与非门E也向与门C输入端a输送了1信号,与门C的输入端输入的均为1信号,其输出也为1信号。

或门A获得1信号,则三极管VT_1基极有电流通过而导通。

三极管VT_1导通后,接通了继电器线圈的电路,其电流由蓄电池的正极—易熔线—接点6—继电器1线圈—三极管VT_1—接点11—搭铁—蓄电池的负极,继电器线圈构成闭合电路产生吸力将触点吸合,接通了电动机的电路,其电流由蓄电池的正极—接点6—继电器1闭合触点—接点4—电动机—接点5—继电器2断开触点—接点11—搭铁—蓄电池的负极,构成了闭合回路。电动机通电产生转矩,将转矩传给驱动机构、滑动螺杆使顶窗机构进行斜升运动。

7）斜升提醒

为了汽车的安全,顶窗在斜升期间驾驶员如果要下车,顶窗控制系统会发出音响信号(其波形信号如图2-3-9所示),以提醒驾驶员注意现在顶窗处于的状态。其工作过程如下:

图2-3-9　斜升提醒信号波形

当驾驶员下车时,关断点火开关后,电源继电器触点断开,由原来的1信号变为0信号。

由于限位开关1和限位开关2均处于断开位置,即将搭铁电路切断,其信号由0变为1,从而与门D的a、b两端分别获得限位开关1和限位开关2输送来的1信号,其输出也为1信号。与非门G的S端获得与门D输送来的1信号,b获得电源输送来的0信号,经先非后与使0信号变为1信号,其输出为1信号。此信号既输送给双稳态触发器的S端,又输送至定时器的输入端,于是,定时器输出的信号1又送给双稳态触发器R端,使其Q输出为1,使基极有电流通过,VT_3导通。

三极管VT_3导通后接通了蜂鸣器的电路,其电流由蓄电池的正极—易熔线—接点12—蜂鸣器—三极管VT_3—接点11—搭铁—蓄电池的负极,构成了闭合电路。蜂鸣器便在定时器不断翻转的作用下发出脉冲信号,使蜂鸣器断续发出蜂鸣声,以提醒驾驶员注意现在顶窗正处于斜升状态,其提醒时间为 8s。

8)顶窗斜降

当将倾斜开关置于斜降位置时,接通了搭铁电路,它能向与非门 F 提供 0 信号。与非门 F 输入端 a 获得倾斜开关输送来的 0 信号,b 获得与门 D 输送来的 1 信号,a 端经先非后与将原来的 0 信号变为 1 信号,其向外输出为 1 信号。

与门 B 获得 1 信号后,将三极管 VT_2 导通,于是接通了继电器 2 线圈的电路,其电流由蓄电池的正极—易熔线—接点 6—继电器 2 线圈—三极管 VT_2—接点 11—搭铁—蓄电池的负极。继电器 2 线圈构成闭合电路产生吸力将触点吸合、接通了电动机的电路,其电流由蓄电池的正极—接点 6—继电器 2 闭合触点—接点 5—电动机—接点 4—继电器 2 断开触点—接点 11—搭铁—蓄电池的负极。构成了闭合回路。电动机通电产生转短,驱动顶窗斜降。

9)斜降至全关闭位置时停止

当顶窗斜降至全关闭位置时,限位开关 1 在凸轮的驱动作用下,由断开状态变为闭合状态,接通了搭铁电路,其输出信号由原来的 1 变为 0。

与门 D 的 a 端获得限位开关输送来的 0 信号,b 端获得 1 信号,根据逻辑运算,其输出为 0 信号。0 信号输入或门 B,则或门 B 又输出 0 信号。于是三极管 VT_2 无基极电流通过,三极管 VT_2 截止。三极管 VT_2 截止之后,继电器 2 线圈的电流被切断,其触点断开并搭铁,从而切断了电动机的电路,电动机停止转动,顶窗斜降至全关闭位置停止。

2.3.2　汽车电动顶窗的诊断与修复

1.汽车电动顶窗常见故障及故障原因

表 2-3-1 是汽车电动顶窗常见故障及故障原因检查先后次序表,正确使用表 2-3-1,您能很容易找出故障原因,表格内的数字表示故障原因的先后次序。按所示次序检查部件,必要时更换部件。

表 2-3-1　故障原因先后次序表

元件名称 故障	仪表(GAUGE)保险丝	车顶(DOME)保险丝	CB电源	电动窗继电器	滑移式车顶窗开关	滑移式车顶窗继电器开关	滑移式车顶窗电动机	滑移式车顶窗电动机总成内有石块或杂质(电动	限位开关	配线
滑移式车顶窗系统不工作	1	1	2	3	4	5				6
滑移式车顶窗工作异常					3	1			2	4
滑移式车顶窗中途停止工作						1	3	4	2	
蜂鸣声不响		1			2					3
蜂鸣声响异常					1					

2.丰田 LS400 轿车电动顶窗系统的组成

下面以丰田 LS400 轿车电动顶窗系统为例,说明汽车电动顶窗的诊断与修复。

1) 丰田 LS400 轿车电动顶窗系统的组成

丰田 LS400 轿车电动顶窗系统主要由继电器、电动机、限位开关和车顶开关等组成,各部件在车上的位置如图 2-3-10 所示。

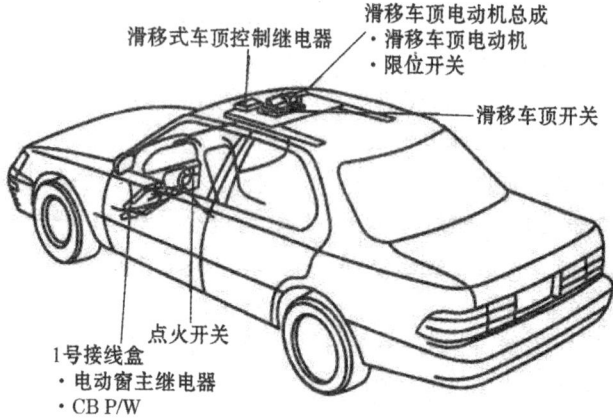

图 2-3-10　丰田 LS400 轿车电动顶窗系统各部件在车上的位置

2) 丰田 LS400 轿车顶窗系统的工作原理

丰田 LS400 轿车电动顶窗系统电路如图 2-3-11 所示。插接器如图 2-3-12 所示,限位开关的结构如图 2-3-13 所示,控制过程如表 2-3-2 所示。

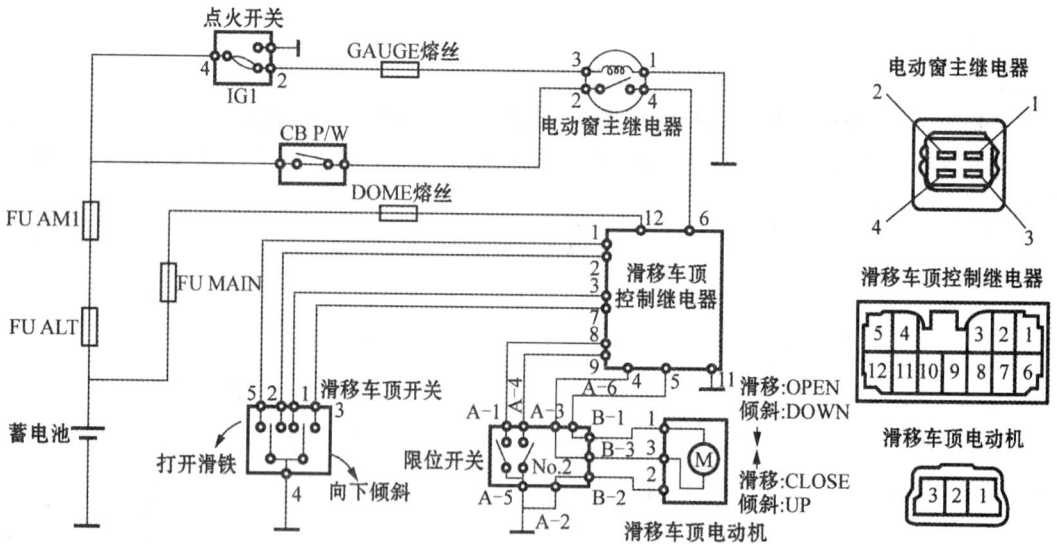

图 2-3-11　LS400 轿车滑移式车顶窗系统电路

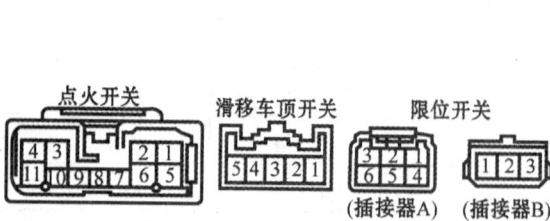

图 2-3-12　LS400 轿车滑移式车顶窗系统插接器

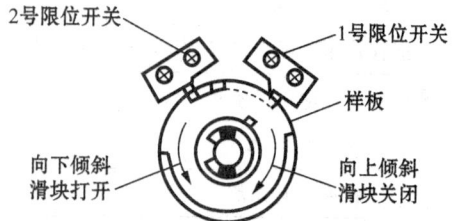

图 2-3-13　LS400 限位开关的结构

表 2-3-2　限位开关的控制过程表

车顶位置		全开	暂时停止	全关		向下	向上
作用		←滑动阶段	— — — — — —	— — — — — —		→空程 ←→	倾斜阶段
1 号限位开关	ON	— — —→				— — — —	
	OFF		— — —	— — —			— —
2 号限位开关	ON		— —	— —			
	OFF					— — —	— —
滑移式车顶窗控制开关	开	○	○	○	○	○	×
	关	○	○	○	○	×	×
	向上	×	×	×	×	○	○
	向下	×	×	×	×	×	○

注：○：工作；×：不工作

（1）按下控制开关的"OPEN"位置，车顶窗控制继电器 1 端子接地，继电器闭合。电流经车顶窗控制继电器端子 6→车顶窗控制继电器端子 5→电动机端子 1→电动机端子 3→车顶窗控制继电器端子 4→车顶窗控制继电器端子 11→车身地线。电动机开始运转，车顶窗打开。

（2）按下控制开关的"CLOSE"位置，车顶窗控制继电器 2 端子接地，继电器闭合。电流经车顶窗控制继电器端子 6→车顶窗控制继电器端子 4→电动机端子 3→电动机端子 1→车顶窗控制继电器端子 5→车顶窗控制继电器端子 11→车身地线。电动机开始运转，车顶窗关闭。

（3）当滑移式车顶窗达到 200mm 左右（不到全关位置）时，限位开关由开转为关，车顶窗控制继电器端子 8 与地断路，车顶窗停在这个位置。

（4）按下控制开关的"UP"位置，车顶窗控制继电器 3 端子接地，继电器闭合。电流经车顶窗控制继电器端子 6→车顶窗控制继电器端子 4→电动机端子 3→电动机端子 1→车顶窗控制继电器端子 5→车顶窗控制继电器端子 11→车身地线。电动机开始运转，使车顶窗上倾。

（5）按下控制开关的"DOWN"位置，车顶窗控制继电器 7 端子接地，继电器闭合。电流经车顶窗控制继电器端子 6→车顶窗控制继电器端子 5→电动机端子 1、电动机端子 3→车顶窗控制继电器端子 4→车顶窗控制继电器端子 11→车身地线。电动机开始运转，使车顶窗下倾。

（6）当滑移式车顶窗当处于某一向上倾斜位置（两只极限开关关）时，如将点火开关转到 ACC 或 OPP 位置，就会发出蜂鸣声提醒驾驶员，滑动车顶窗仍在向上倾斜位置。

3）丰田 LS400 轿车电动顶窗系统的诊断与修复

（1）电动顶窗开关的检修：电动顶窗开关的结构及端子图如图 2-3-14 所示，检查开关导通状况，如表 2-3-3 所示。如导通状况不符规定，应更换开关。

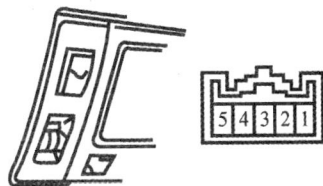

图 2-3-14　LS400 轿车电动顶窗开关

表 2-3-3　顶窗开关导通情况表

开关位置	端子	1	2	3	4	5
滑块	开				○—	—○
	断					
	关		○—	——	—○	
倾斜	向下				○—	—○
	断					
	向上	○—	——	——	—○	

（2）电动顶窗电动机的检修：

① 拆下有 3 个端子的连接器，检查连接器夹紧侧。

② 将蓄电池的正极（＋）导线接至端子 1，负极（－）导线接至端子 3，检查电动机应顺时针方向旋转。

③ 将蓄电池的正极（＋）导线接至端于 3，负极（－）导线接至端子 1，检查电动机应逆时针方向旋转。如转向不符规定应更换电动机。

④ 接上连接器。

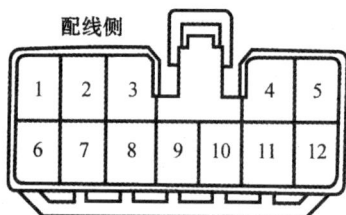

配线侧

图 2-3-15　顶窗继电器的端子图

（3）顶窗继电器的检修：脱开继电器的连接器，检查配线侧的连接器，端子图如图 2-3-15 所示。按表 2-3-4 所示，检查继电器的导通情况，如状况不符合规定，应更换继电器。

表 2-3-4　顶窗继电器导通情况检查表

检查项目	万用表连接	条 件		规定值
导通	1-地	滑移式车顶窗控制开关位置（滑动）	OFF 或 CLOSE	不导通
			OPEN	导通
	2-地	滑移式车顶窗控制开关位置（滑动）	OFF 或 OPEN	不导通
			CLOSE	导通
	3-地	滑移式车顶窗控制开关位置（倾斜）	OFF 或 DOWN	不导通
			UP	导通
	4-地	常态		不导通
	4-5	常态		导通
	5-地	常态		不导通
	7-地	滑移式车顶窗控制开关位置（倾斜）	OFF 或 UP	不导通
			DOWN	导通
	8-地	1 号限位开关位置	OFF（滑移式车顶窗向上倾斜或打开约 200mm）	不导通
			ON（除上述情形外）	导通
	9-地	2 号限位开关位置	OFF（滑移式车顶窗关闭或倾斜向上）	不导通
			ON（滑移式车顶窗打开）	导通
	11-地	常态		导通
电压	6-地	点火开关位置	LOCK 或 ACC	无电压
			ON	蓄电池电压
	12-地	常态		蓄电池电压

（4）顶窗限位开关的检修。

① 检查限位开关电路：限位开关端子如图 2-3-16 所示。限位开关端子导通情况如表 2-3-5 所示。如不符规定应更换开关。

图 2-3-16　限位开关端子图

表 2-3-5　顶窗限位开关端子导通情况表

开关位置	端子	A-1	A-4	A-5
1 号限位开关	OFF(开关引脚放开)			
	ON(开关引脚按入)	○		○
2 号限位开关	OFF(开关引脚放开)			
	ON(开关引脚按入)		○	○

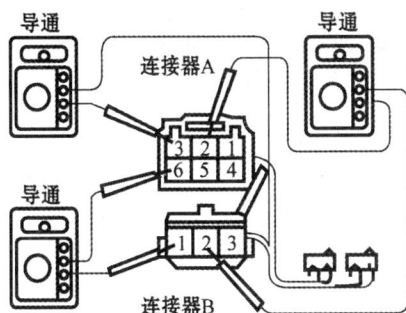

图 2-3-17　顶窗电动机配线电路检查图

② 检查电动机配线电路：电动机配线电路如图 2-3-17 所示。按下列顺序依次检查连接器 A 和连接器 B 各端子的导通情况：

a. 检查端子 A-2 与 B-2 应导通。

b. 检查端子 A-3 与 B-3 应导通。

c. 检查端子 A-6 与 B-1 应导通。

如导通状况不符合规定应更换开关。

案例分析

案例：电动顶窗不能关闭和倾斜通风。

车型：2002 款上海通用别克 GS 轿车。

症状：一辆 2002 年上海通用汽车公司生产的别克 GS 轿车，侧面发生严重撞车事故，经过整形修复后，在安装电动顶窗总成时发现，顶窗玻璃处于全开（OPEN）位置时，朝着顶窗玻璃关闭方向按下顶窗开关，顶窗电动机静止不动，顶窗玻璃不能通过操作顶窗开关移动到全闭（CLOSE）和倾斜通风（VENT）位置。

诊断：首先对电动顶窗的机械和电器部件进行外观检查，即顶窗电动机的轨道、拉杆、滑块、支架等机械传动系统部件是否存在阻塞、松旷、变形、断裂、磨损、卡滞等故障隐患；顶窗电动机电器系统部件线路的走向、固定情况以及是否存在裸线、断线；插接件中插头与插座是否连接正确、到位，插针是否存在弯曲、退缩、松旷、接触不良等现象，经过这些外观检查，没有发现任何异常现象。

接下来检查电动顶窗和电动车窗共用的 30A 断路器控制电路的工作情况。先打开点火开关，操作 4 个电动车窗开关，4 个车窗玻璃都控制自如。朝着顶窗玻璃关闭方向按下顶窗开关，顶窗电动机仍然不动作。在操作顶窗开关时，用手细心感觉仪表台右侧保险盒内 30A 断路器的温度变化情况，以初步判断电动顶窗的电器系统是否存在电流过载或对地短路的故障，结果发现其温度没有异常变化，说明该断路器及其控制电路工作正常。

该车电动顶窗控制模块不但具有过载电压或电流通过时自动切断输出电压信号的保护功

能,而且还具有断开电源电路时内部功能自动恢复(RESUME)、回位(RESET)的功能。结合该控制模块的电路特点,在关闭点火开关时,断开其30A断路器或模块左侧的12V电源输入插头,等待一会儿之后,再把它们插回原位。再次操作顶窗开关,顶窗玻璃仍然不能朝着关闭方向移动。

对电动顶窗系统电路进行"动态"测试:先断开顶窗电动机上的两线插头,在电动机另一侧的插头上并联1个12V、36Ω的小灯泡,之后打开点火开关,朝着顶窗玻璃关闭方向按下顶窗开关,小灯泡没有点亮。在操作顶窗开关的同时,又用数字万用表测量这个插头上的2根接线,它们与车身金属部分之间的电压都是0V,电阻都是0Ω,可见顶窗电动机插头上没有电源输入。

从蓄电池正、负极分别跨接2根导线,并且在正极跨接线与蓄电池正极之间串联1个50A的电流表,之后把这2根电源线的正、负极分别跨接到顶窗电动机侧已经断开插头的深蓝色和深蓝色/红色线上,观察电流表指针的摆动情况,并查看顶窗电动机的动作情况。这时50A电流表指针摆动的最大范围在30A以内,同时顶窗电动机顺利起动,顶窗玻璃很顺畅地朝着关闭方向移动。由此可见,上述故障确实发生在顶窗电动机的电源电路上。

对照电动顶窗的电路图,检查顶窗控制模块上输入、输出的电源电压信号。在打开点火开关时,顶窗控制模块左侧插座上的黄色和黑色线之间应有12V电源输入。右侧插座上的棕色和橙色线,是由顶窗控制模块输出5V电压到顶窗开关的参考电源信号线。在没有按下顶窗开关时,这2根信号线上对地都应有5V电压存在。在朝着打开或关闭顶窗玻璃方向按下顶窗开关时,棕色和橙色线上的5V参考电压信号会随着顶窗开关的操作而相应地变化为0V。

经检查,上述2组电源线上都有正确的电压信号。右侧插座上的白色、红色、黑色线,也是由顶窗控制模块输出5V参考电压到顶窗位置编码开关的参考电源信号线。当顶窗位置编码开关及其系统电路正常工作时,这3组参考电源信号组成的3位二进制编码逻辑信号,被顶窗控制模块用来识别当前顶窗玻璃的准确位置。如果这个开关的系统电路出现信号失真故障,顶窗控制模块的安全保护功能将会发生作用,它将不再输出电流去控制顶窗电动机的动作。

检测这个开关上的电压信号时,如果没有条件与同型号车型进行对比测试,或用同型号正厂配件进行替换时,可以试着分解这个开关。在拆卸、分解的过程中,逐步寻找可能引起上述故障或存在故障隐患的关键部位。

在拆下并分解顶窗位置编码开关的过程中,在轨道、支架、外壳、齿轮上用双箭头标记好它们各自的相对位置是很有必要的,这样做可以有效避免重新安装开关时反复调试各开关部件的"初始位置"而带来的操作失误。在拆下开关之前,应做好顶窗轨道与顶窗支架的对应标记;在拆卸开关时,应做好开关视窗内传动齿轮与开关外壳的对应标记;在分解开关时,应做好各传动齿轮之间的相对位置标记。此外,在分解开关的过程中,应认真查看各传动齿轮是否存在残缺、断裂;齿轮与齿轮之间是否存在松旷、磨损、打滑;齿轮上的对应开关触点是否存在烧蚀、变形、接触不良等异常情况。

经检查发现,该车的顶窗位置编码开关内部的4个滑动触点中,有2个触点已严重烧蚀。

修复:更换顶窗位置编码开关,故障排除。

分析:是在撞车事故的惯性冲击力作用下,顶窗位置编码开关内部齿轮组上的开关触点相对位置发生偏移、错位,从而导致开关触点变形、烧蚀。更换顶窗位置编码开关后,反复操作顶窗开关,电动顶窗顺利实现全闭、倾斜通风、全开功能,遂装复电动顶窗总成。

在日常使用中,注意对顶窗轨道及时进行清洁、润滑,也是保证电动顶窗系统正常工作的有效途径。

笔记

测试习题

一、填空题

1. 大客车的顶窗有_____、_____和_____三个工作状态。

2. 汽车电动顶窗系统主要由_____、_____和_____等组成。

3. 常见的电动顶窗的执行机构主要由_____、_____、_____和_____等组成。

4. 电动顶窗的开关可分为_____和_____。

5. 丰田 LS400 轿车电动顶窗系统主要由_____、_____、_____和_____等组成。

二、判断题

1. 滑动螺杆的作用是将驱动齿轮传来的动力传给顶窗机构的后枕座,使顶窗机构进行开闭。　　　　　　　　　　　　　　　　　　　　　　　　　　　（　　　）

2. 滑动开关主要用来检测顶窗所处的位置。　　　　　　　　　　　　（　　　）

3. 斜升开关有斜升、斜降和断开(中间位置)三个位置。　　　　　　　（　　　）

4. 电动顶窗使用的电动机只能单向转动。　　　　　　　　　　　　　（　　　）

5. 开关组的作用是用来使电动顶窗执行机构的电动机实现正反转,使顶窗实现不同状态的工作。　　　　　　　　　　　　　　　　　　　　　　　　　　　（　　　）

三、问答题

1. 简述汽车电动顶窗的功用。

2. 结合图 2-3-4,简述汽车电动顶窗的工作过程。

学习单元 2.4　汽车电动后视镜的诊断与修复

学习目标

理解汽车电动后视镜的结构、组成和工作原理,能够正确分析电动后视镜的电路图,并能对电动后视镜的故障进行诊断与修复。

为了便于驾驶员调整后视镜的角度,很多轿车安装了电动后视镜,驾驶员在行车时便可方便地对左右后视镜的角度进行随时调节,操作起来十分方便。

2.4.1　汽车电动后视镜的认识

1. 汽车电动后视镜的组成

电动后视镜主要由调整开关、双电动机、传动和执行机构、外壳及连接件等组成,后视镜的结构和调整开关的示意图,如图 2-4-1 所示。反射镜的背后装有两套电动机和驱动器,可操纵反射镜上下及左右转动。通常上下方向的转动用一个电动机控制,左右方向的转动用另一个电动机控制。通过改变电动机的电流方向,就可完成对后视镜的上、下和左、右方向的调整。

为了使车能够获得最大的驻车间隙,通过尽可能狭小的路段,有的电动后视镜还带有伸缩功能,由伸缩开关控制伸缩电动机工作,使两个后视镜整体回转伸出或缩回。

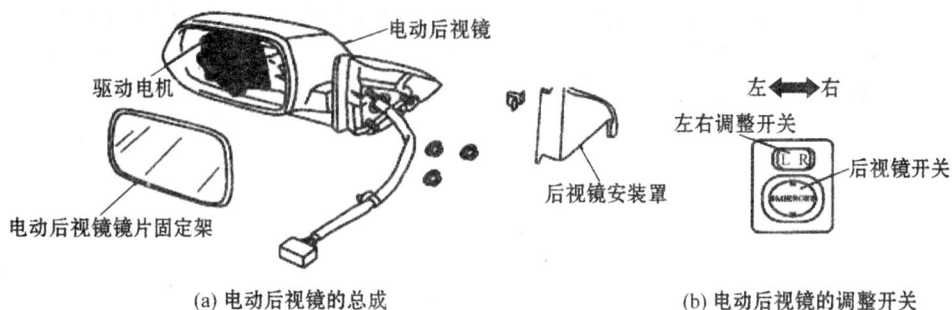

(a) 电动后视镜的总成　　　　　　(b) 电动后视镜的调整开关

图 2-4-1　电动后视镜的结构和调整开关示意图

2. 汽车电动后视镜的工作原理

下面以桑塔纳 2000 型轿车为例,介绍电动后视镜的基本工作原理,其电路如图 2-4-2 所示。点画线框内为其控制开关,V33-1 和 V33-2 是右侧后视镜的执行器(两个直流电动机,均可进行正反方向转动),V34-1 和 V34-2 是左侧后视镜的执行器(同右侧)。

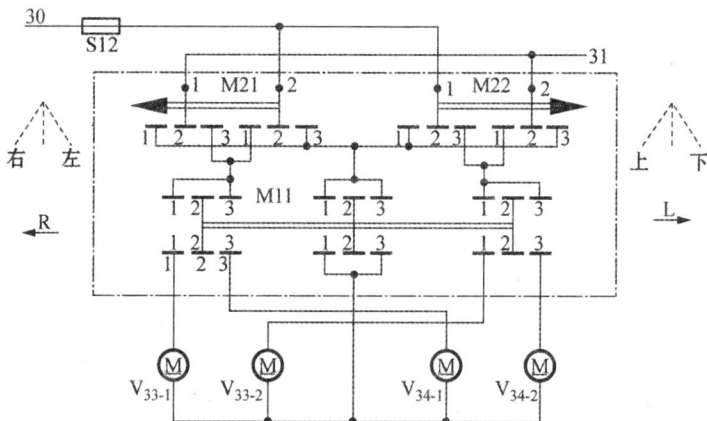

图 2-4-2　桑塔纳 2000 型轿车电动后视镜的控制电路图

当点火开关处于"ON"位置时,将后视镜控制开关球形钮旋转,可选择调整左侧后视镜还是右侧后视镜。在控制开关面板上印有 L 和 R,L 表示左侧,R 表示右侧,中间是停止位置。选择好需调整的后视镜后,只需上、下、左、右摇动开关的球形钮,就可调整后视镜的角度。调整完毕后,可将开关转回中间位置,以防误碰。如图 2-4-3 所示是调整左侧后视镜使之左转的电流方向示意图。

2.4.2　汽车电动后视镜的诊断与修复

1. 汽车电动后视镜的故障诊断

(1) 常见故障:电动后视镜不工作或部分功能不正常。

(2) 主要原因:保险丝熔断,线路断路或插接件松脱;开关或电动机有故障等。

(3) 诊断与排除:如果两个后视镜都不工作,往往是保险丝熔断、线路断路或插接件松脱等,也可能是开关有故障,可先查保险丝,然后检查开关上的插接件是否松脱;相关各线有无断路或接触不良等;最后检查开关。如果是部分功能不正常,很可能是个别电动机及控制开关对

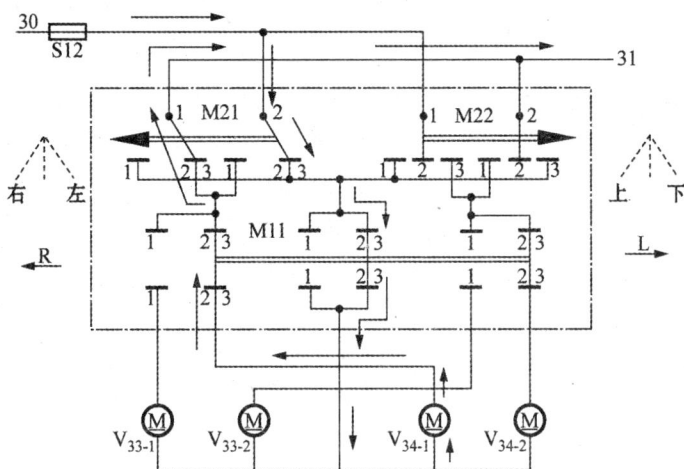

图 2-4-3　调整左侧后视镜使之左转的电流方向示意图

应部分有故障或相应线路断路、接触不良等,先查线路,后查开关及电动机。

2. 奥迪 A4 型轿车电动后视镜故障的诊断与修复

以奥迪 A4 型轿车电动后视镜系统为例,介绍电动后视镜系统的检查及故障诊断。奥迪 A4 型轿车电动后视镜系统电路图如图 2-4-4 所示。

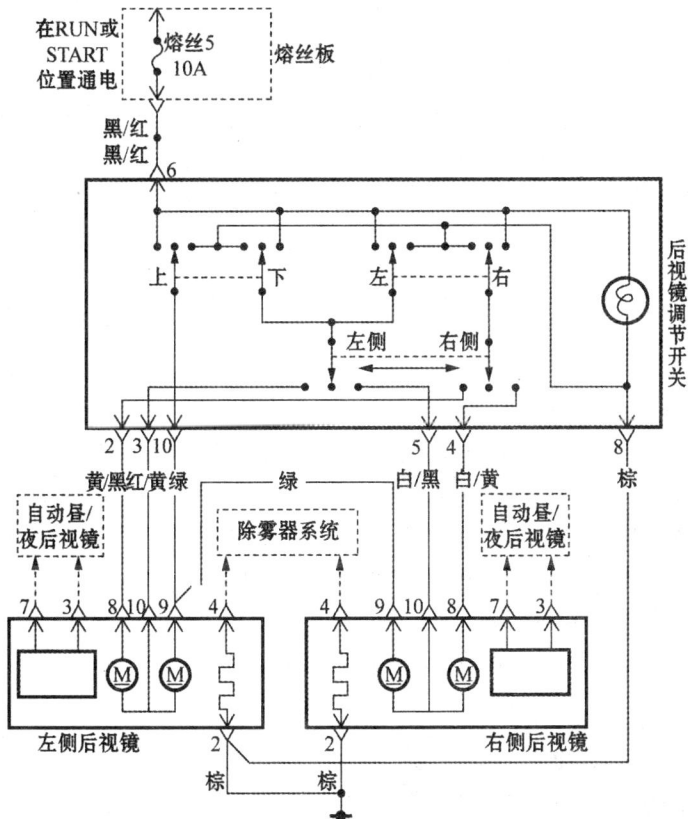

图 2-4-4　奥迪 A4 型轿车电动后视镜系统电路

笔记

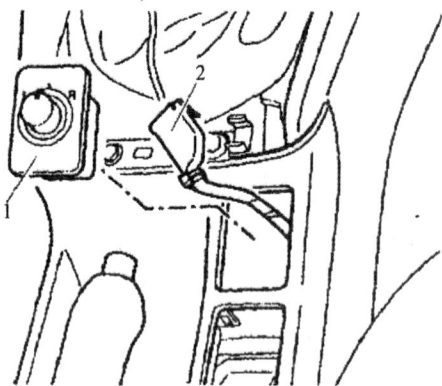

图 2-4-5　拆卸后视镜调节开关

1—后视镜调节开关；2—供电插头

1）检查后视镜开关（奥迪 A4 型轿车）

首先从左前车门的内拉手下面拆下装饰盖以及 3 个螺钉，从车门面板后顶端拆下其上的螺钉，掀起车门面板以拆卸固定件。拆下内手柄并从车门面板松开拉索，从车门面板上断开剩余电器接头，从汽车上拆下车门面板。松开拉手的固定件，从车门面板上拆下拉手。然后用一个小的一字型螺丝刀压下位于电动后视镜开关的锁止片，从拉手上拆下开关。后视镜调节开关的位置和拆卸见图 2-4-5 所示。最后用万用表对照表 2-4-1 检查开关。

表 2-4-1　奥迪 A4 轿车电动后视镜开关检查表

开关位置	端子	2	3	4	5	6	8	10
左	上	●————				————●	●	
	下	●———	●————			————●	●	
	左		●————			————●		
	右		●——				●————	————●
右	上			●————	●———	————●	●	
	下			●———	●————	————●		
	左				●————		●———	————●
	右				●———		●————	————●

2）检查执行器（后视镜电动机）

拔下开关上的插头，找到与左侧电动机相连的 2、3、10 三个端子。让蓄电池的正极和端子 3 相连，负极分别和端子 2 和 10 相连，观察后视镜转动情况。如果哪个方向不动，可能是电动机损坏也可能是电动机处在该方向上的极限位置。将蓄电池的正负极对调，再分别接到三个端子上，观察后视镜转动情况。右侧后视镜的检查方法和左侧相似。

3）两个后视镜都不工作的故障诊断

如果两个后视镜都不工作，其诊断流程见图 2-4-6。

案例分析

案例：汽车左、右外后视镜均不能调整。

车型：别克世纪轿车。

症状：一辆别克世纪 1998 款轿车，在维修后出现左、右外后视镜位置均不能调整的现象。

诊断：别克世纪轿车电动后视镜主要由控制开关，左、右后视镜及其上、下、左、右驱动电动

笔记

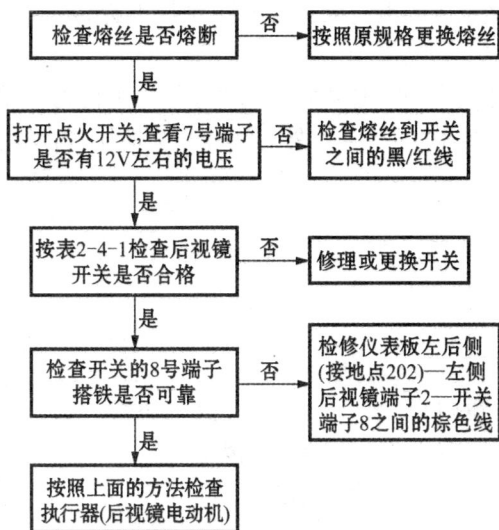

图 2-4-6　两个后视镜都不工作的诊断流程图

机,相关配线等组成,其控制电路如图 2-4-7 所示。出现左、右外后视镜位置均不能调整故障的常见原因为:外后视镜熔丝熔断;外后视镜开关与外后视镜总成之间的线路有短路或断路故障;外后视镜开关有故障;左、右外后视镜的 4 个电动机均不工作。

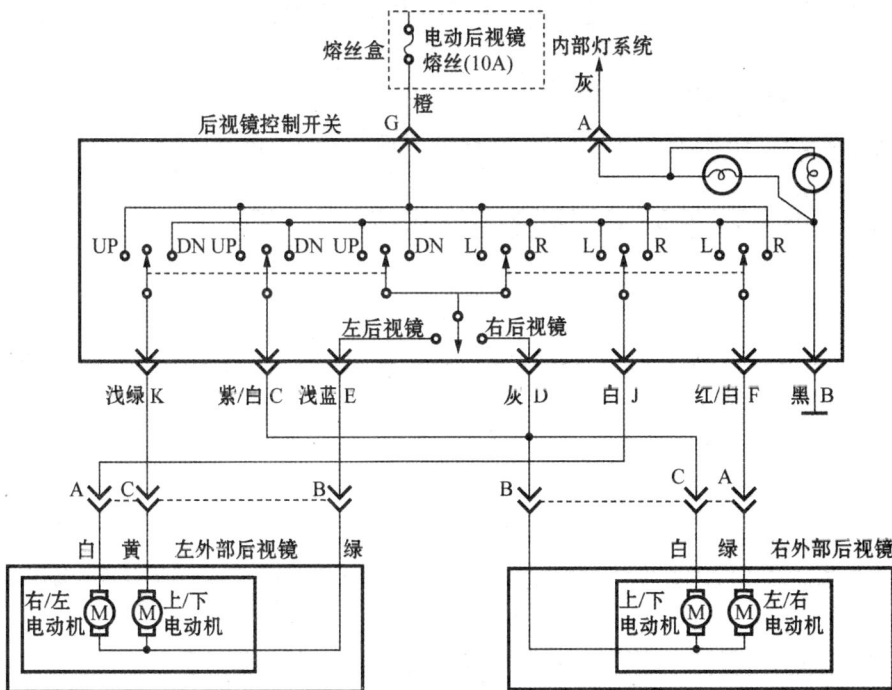

图 2-4-7　电动后视镜控制电路

　　首先检查蓄电池电压、外后视镜熔丝、外后视镜电路的搭铁线和线束连接器,均为正常。接着进行线路检查,发现连接在端子 G 与 B 上的试灯在接通点火开关后亮,但不论将选择开关左转还是右转,端子 E 和 D 上均无电压输出,由此判断外后视镜开关有故障。将蓄电池电

笔记

压直接加到左、右外后视镜总成的电动机上,4 个电动机都运转正常。这证明了故障确实在外后视镜开关上。

修复:更换外后视镜开关后,左、右外后视镜位置即可进行调整,故障排除。

分析:外后视镜开关质量不过关,导致外后视镜开关损坏,出现左、右外后视镜均不能调整的故障。

测试习题

一、填空题

1. 汽车电动后视镜主要由_____、_____、_____、_____及_____等组成。

2. 按安装位置分类,后视镜可分为_____、_____和_____三种。

3. 一个普通电动后视镜内有_____个电动机。

4. 一般安装在汽车驾驶室内前上方的后视镜是_____。

5. 电动后视镜常见的故障是_____和_____。

二、判断题

1. 电动后视镜上下方向的运动需要两个电动机来完成。　　　　　　　　　(　)

2. 有的电动后视镜带有加热和折叠功能。　　　　　　　　　　　　　　(　)

3. 部分高级电动后视镜带有记忆功能。　　　　　　　　　　　　　　　(　)

4. 电动后视镜使用的电动机一般是单向直流电动机。　　　　　　　　　(　)

5. 一般的电动后视镜开关由选择开关和调整开关两部分组成。　　　　　(　)

三、问答题

1. 简述汽车电动后视镜的功用。

2. 结合图 2-4-1,简述桑塔纳 2000 型轿车电动后视镜的工作原理。

学习单元 2.5　汽车中央门锁系统的诊断与修复

学习目标

掌握汽车中央门锁系统的结构、组成和工作原理,能够正确分析汽车中控门锁的工作电路,并能对中央门锁系统常见的故障进行诊断与修复。

中央控制电动门锁的功能有以下几个方面:

(1) 中央控制:驾驶员可通过门锁开关同时打开各个车门,也可单独打开某个车门,当驾驶员车门锁住时,其他三个车门也同时锁住。

(2) 速度控制:当行车速度达到一定时,各个车门能自行锁定,防止乘员误操作车内门把手而导致车门打开。

(3) 单独控制:驾驶员车门以外的三个车门设置有单独的弹簧锁开关,可以独立地控制一个车门的打开和锁住。

2.5.1　汽车中央门锁系统的认识

1. 中控门锁的组成

中控门锁系统一般包括门锁控制开关、钥匙操纵开关、门锁总成、行李箱开启器及门锁控制器等。图 2-5-1 所示为典型的中央门锁控制系统及其部件的安装位置。

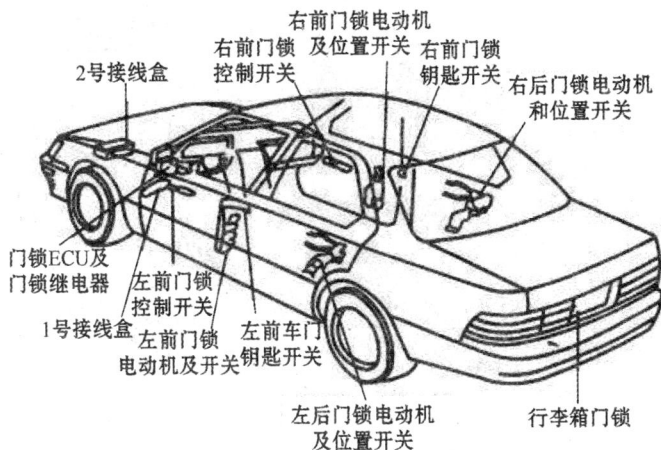

图 2-5-1　中控门锁系统各部件安装位置

1）门锁控制开关

门锁控制开关一般安装在驾驶员侧前门内的扶手上，通过门锁控制开关可以同时锁上和打开所有的车门。图 2-5-2 所示为丰田轿车门锁控制开关的位置图。

图 2-5-2　门锁控制开关的位置图

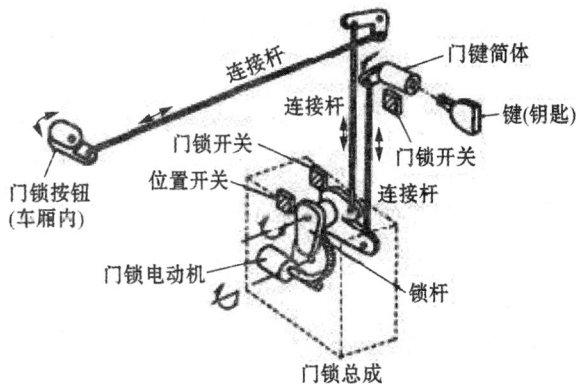

图 2-5-3　门锁机构示意图

2）钥匙操纵开关

钥匙操纵开关装在每个前门的钥匙门上，当从外面用钥匙开门或关门时，钥匙操纵开关便发出开门或锁门的信号给门锁控制 ECU 或门锁控制继电器（门锁继电器介绍见相关链接）。

3）门锁总成

门锁总成主要由门锁传动机构、门锁位置开关、外壳等组成，结构示意图如图 2-5-3 所示。

门锁传动机构主要由门锁电动机、蜗轮蜗杆组成，如图 2-5-4 所示。门锁电动机是门锁的执行器，当门锁电动机转动时，蜗杆带动蜗轮转动，蜗轮推动锁杆，车门被锁上或打开，然后蜗轮在复位弹簧的作用下返回原位置，防止操纵门锁时电动机工作。

门锁位置开关位于门锁总成内，用来检测车门的锁紧状态。它由一个触点片和一个开关底座组成。当锁杆推向锁门位置时，位置开关断开，推向开门位置时接通。当车门关闭时，此开关断开；当车门打开时，此开关接通。

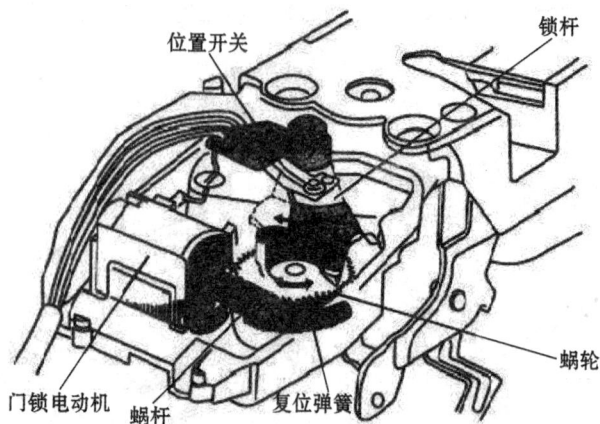

图 2-5-4　门锁传动机构

4）行李箱门开启器开关

该开关一般位于仪表板下面或驾驶员座椅左侧车厢底板上,拉动此开关便能打开行李箱门,如图 2-5-5 所示。行李箱的钥匙门靠近其开启器,推压钥匙门,断开行李箱内主开关,此时再拉开启器开关也不能打开行李箱门。将钥匙插进钥匙门内顺时针旋转打开钥匙门,主开关接通,这样便可用行李箱门开启器打开行李箱。

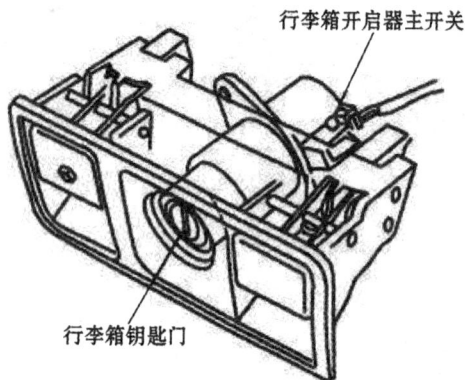

图 2-5-5　行李箱开启器开关

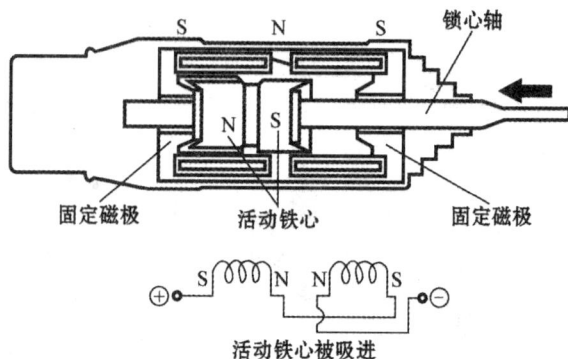

图 2-5-6　行李箱开启器

5）行李箱开启器

行李箱门开启器装在行李箱门上,一般用电磁线圈代替电动机,由扼铁、插棒式铁芯、电磁线圈和支架组成,如图 2-5-6 所示。当电磁线圈通电时,插棒式铁芯将轴拉入并打开行李箱门。线路断路器用以防止电磁线圈因电流过大而过热。

2. 中央门锁系统的工作原理

门锁控制器的形式比较多,常见的有继电器式、集成电路(IC)-继电器式和微机(ECU)控制式等。

1）继电器控制的中控门锁控制系统

图 2-5-7 所示为使用门锁继电器的中控门锁控制电路。

当用钥匙转动锁芯,门锁开关中的开启触点闭合时,这样电流便经过蓄电池的正极、熔断丝、开锁继电器线圈后经门锁开关搭铁,开锁继电器开关闭合,电流经过门锁电动机或门锁电

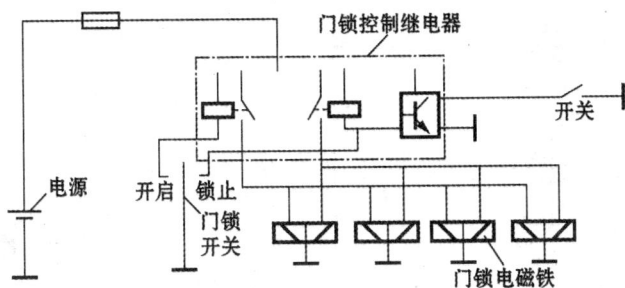

图 2-5-7　门锁继电器控制的中控门锁电路

磁线圈搭铁,四个车门同时打开。当用钥匙转动锁芯,门锁开关中的锁止触点闭合时,锁止继电器通电使其开关闭合,四个车门同时锁住。开关受车速的控制,可以实现自动闭锁。

2)集成电路(IC)-继电器控制的中控门锁系统

图 2-5-8 为集成电路(IC)-继电器控制的中控门锁系统电路。门锁控制器由一块集成电路(IC)和两个继电器组成,IC 电路可以根据各种开关发出的信号来控制两个继电器的工作。此电路中的 D 和 P 代表驾驶员侧和副驾驶员侧。

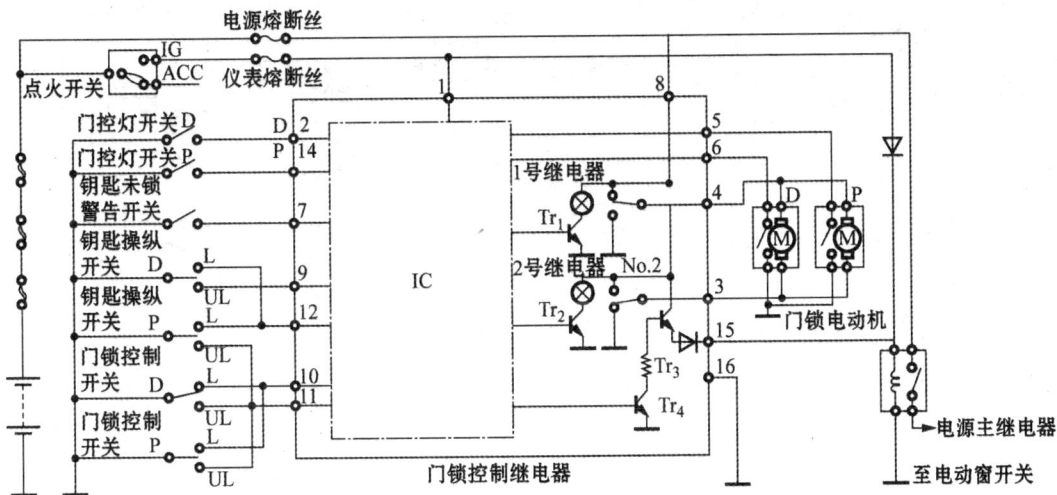

图 2-5-8　集成电路(IC)-继电器控制的中控门锁控制电路

3)用门锁控制开关锁门和开锁

(1)锁门:将门锁控制开关推向锁门(LOCK)一侧时,门锁继电器的端子 10 通过门锁控制开关搭铁,将 Tr_1 导通。当 Tr_1 导通时,电流流至 1 号继电器线圈,1 号继电器开关闭合,电流流至门锁电动机,所有车门均被锁住,如图 2-5-8 所示。

(2)开锁:将门锁控制开关推向开锁(UNLOCK)一侧时,门锁继电器的端子 11 通过门锁控制开关搭铁,将 Tr_2 导通。当 Tr_2 导通时,电流流至 2 号继电器线圈,2 号继电器开关闭合,如图 2-5-9 所示,电流反向通过门锁电动机,所有车门打开。

4)微机(ECU)控制的中控门锁系统

图 2-5-10 是使用了防盗和中控门锁 ECU 的控制电路,下面分析其工作过程和基本工作原理。

笔记

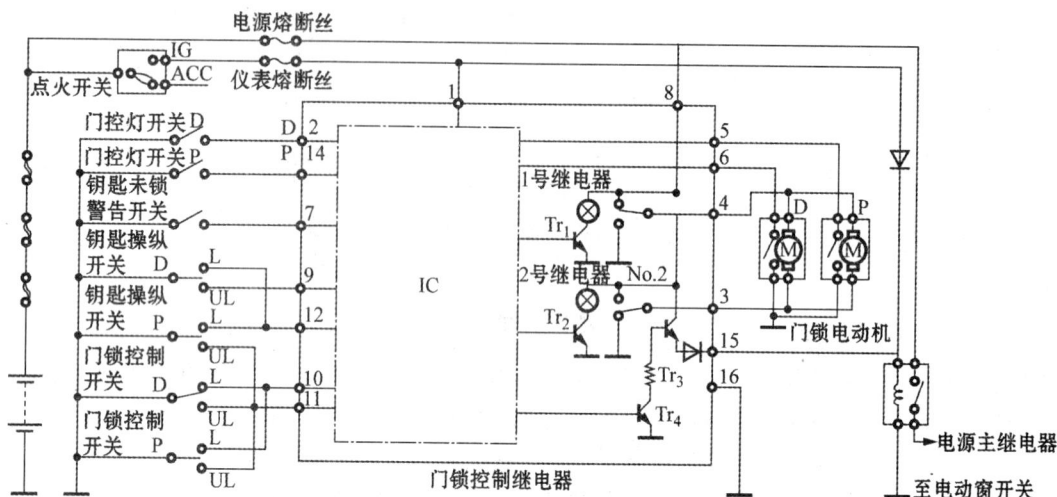

图 2-5-9　集成电路(IC)-继电器控制的中控门锁开锁过程

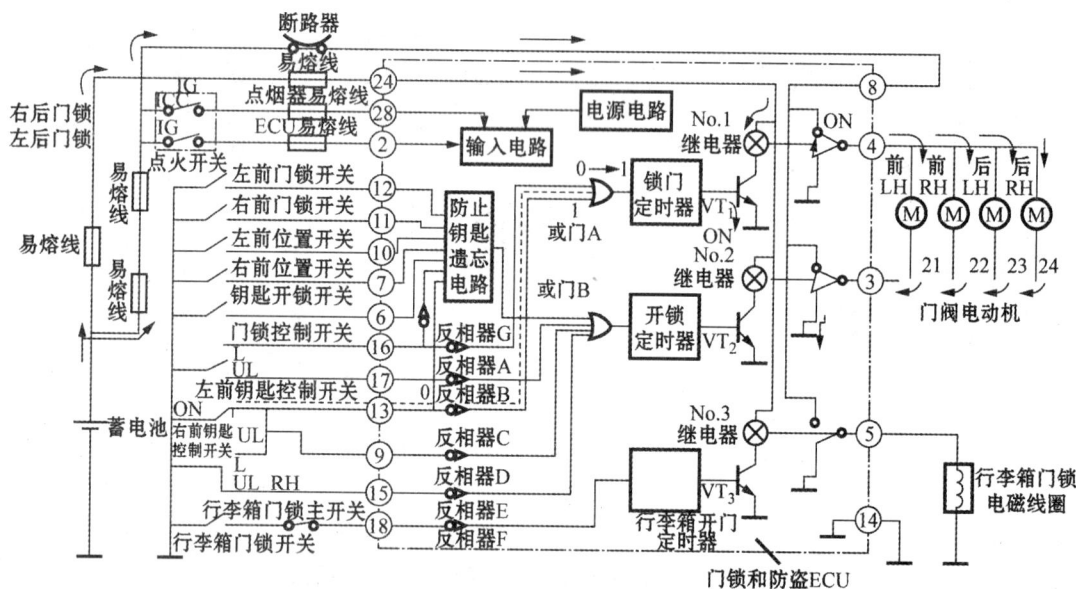

图 2-5-10　汽车中控门锁系统电路

(1) 用钥匙锁门可开锁。

① 锁门:当把钥匙插入驾驶员侧或副驾驶员侧门锁的锁芯内并向锁门方向转动时,钥匙控制开关将锁门侧(L)接通,这样 ECU 端子 13 和搭铁端接通,相当于开关向 ECU 输入锁门信号。此信号经过反相器 C、或门 A、锁门定时器,使晶体管 VT$_1$(起开关作用)导通,从而使继电器 No.1 通电。电流通过继电器线圈的电路为:蓄电池→易熔线→断路器→ECU 的 24 号端子→继电器 No.1 的电磁线圈→晶体管 VT$_1$→搭铁。

继电器 No.1 号通电使其触点闭合,接通了门锁电动机电路。电路为:蓄电池→易熔线→断路器→ECU 的 8 号端子→继电器 No.1 接通的触点→ECU 的 4 号端子→门锁电动机→搭铁 ECU 的 3 号端子→继电器 No.2 搭铁触点→搭铁→蓄电池负极。门锁电动机转动,将四个门锁全部锁上。

② 开锁：当将钥匙插入驾驶员侧或乘员侧门锁锁芯内并向开锁方向转动时，钥匙控制开关向开门(UNLOCK)侧接通，防盗和门锁 ECU 20 的 9 号端子与搭铁之间接通，即开关向 ECU 输入一个开锁请求信号。此信号经过反相器 D、或门 B、开锁定时器，使晶体管 VT_2 搭铁。

继电器 No.2 通电使其触点闭合，接通了门锁电动机电路。电路为：蓄电池→易熔线→断路器→ECU 的 8 号端子→继电器 No.2 接通的触点→ECU 的 3 号端子→门锁电动机→ECU 的 4 号端子→继电器 No.1 搭铁触点→搭铁→蓄电池负极。门锁电动机反向转动全部开锁。

(2) 用门锁控制开关锁门和开锁。

① 锁门：把驾驶员侧或副驾驶员侧门锁控制开关推向锁门(LOCK)位置时，防盗和门锁 ECU 20 的 16 号端子与搭铁之间接通，即开关向 ECU 输入一个锁门请求信号。此信号经过反相器 A、或门 A、锁门定时器，使晶体管 VT_1(起开关作用)导通，从而使继电器 No.1 通电。电流通过继电器线圈的电路为：蓄电池→易熔线→熔断器→ECU 的 24 号端子→继电器 No.1 电磁线圈→晶体管 VT_1→搭铁。

继电器 No.1 通电使其触点闭合，接通了门锁电动机电路。电路为：蓄电池→易熔线→断路器→ECU 的 8 号端子→继电器 No.2 搭铁触点→搭铁→蓄电池负极。门锁电动机转动，将四个门锁全部锁上。

② 开锁：当把驾驶员侧或副驾驶员侧门锁控制开关推向开锁(UNLOCK)位置时，防盗和门锁 ECU 20 的 17 号端子与搭铁之间接通，即开关向 ECU 输入一个开锁请求信号。此信号经过反相器 B、或门 B、开锁定时器，使晶体管 VT_2(起开关作用)导通，从而使继电器 No.2 通电，电流通过继电器线圈的电路为：蓄电池→易熔线→熔断器→ECU 的 24 号端子、继电器 No.2→晶体管 VT_2→搭铁。

蓄电池 No.2 通电使其触点闭合，接通了门锁电动机电路。电路为：蓄电池→易熔线→断路器→ECU 的 8 号端子→继电器 No.2 接通的触点→ECU 的 3 号端子→门锁电动机→ECU 的 4 号端子→继电器 No.1 搭铁触点→搭铁→蓄电池负极。门锁电动机反向转动，将四个门锁全部开锁。

(3) 行李箱门锁的控制：当主开关和行李箱门锁开关接通时，防盗门锁 ECU 20 的 18 号端子与搭铁之间接通，即向 ECU 输入一个行李箱开锁请求信号。此信号经过反相器 F 和行李箱开锁定时器，使晶体管 VT_3(起开关作用)导通，从而使继电器 No.3 电磁线圈通电。电流通过继电器线圈的电路为：蓄电池→易熔线→熔断器→ECU 的 24 号端子→继电器 No.3 的电磁线圈→晶体管 VT_3→搭铁。

继电器 No.3 通电使其触点闭合，接通了行李箱门锁电磁线圈的电路。电路为：蓄电池→易熔线→断路器→ECU 的 8 号端子→继电器 No.3 接通的触点→ECU 的 5 号端子→行李箱门锁电磁线圈→搭铁→蓄电池负极，从而使行李箱门锁打开。

(4) 防止点火钥匙锁入车内：若驾驶员未从点火开关中拔出点火钥匙便打开前车门，准备离开，由于前车门打开而点火钥匙未拔出，门锁开关和钥匙警告开关均保持接通状态，并将信号送给 ECU 的防止钥匙遗忘电路。此时，当按下门锁按钮(或门锁控制开关)锁门时，门立刻被锁上，但位置开关(或门锁控制开关)经 ECU 的 10 号(或 16 号)端子，将一信号送给防止钥匙遗忘电路，再经反相器 D、或门 B、开锁定时器到晶体管 VT_2，Tr_2，继电器 No.2 电磁线圈通电,因而使所有门锁打开。

3. 遥控门锁系统

为了便于操作,现在很多汽车的中控门锁系统均配备了遥控发射器来实现锁门和开门等功能。图 2-5-11 所示为发射器钥匙的外观图。

遥控门锁的基本原理是:通过遥控门锁的发射器发出微弱电波,此电波由汽车天线接收后送至中控门锁系统中的 ECU 进行识别对比,若识别对比后的代码一致,ECU 将把信号送至执行器来完成相应的动作。工作过程如图 2-5-12 所示。

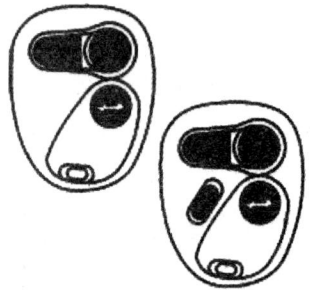

图 2-5-11　遥控发射器的外观图

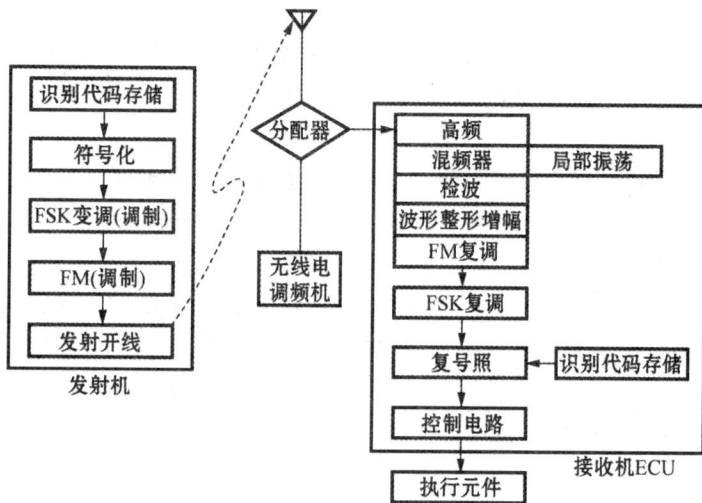

图 2-5-12　遥控门锁工作示意图

2.5.2　中央门锁系统的诊断与修复

各个车型的中控门锁电路区别较大,因此在进行检修时要结合具体的维修手册进行,但检修的方法和检修部位基本相似。下面结合丰田威驰轿车的中控门锁系统,分析中控门锁的检修过程。图 2-5-13 为丰田轿车中控门锁系统的电路图。

1. 门锁控制开关的检查

门锁控制开关示意图如图 2-5-14 所示,拆下主开关,结合表 2-5-1 检查门锁控制开关的导通性。

表 2-5-1　门锁控制开关端子的检查

端子号	开关位置	标准状态
1-5	LOCK	导通
—	OFF	不导通
1-8	UNLOCK	导通

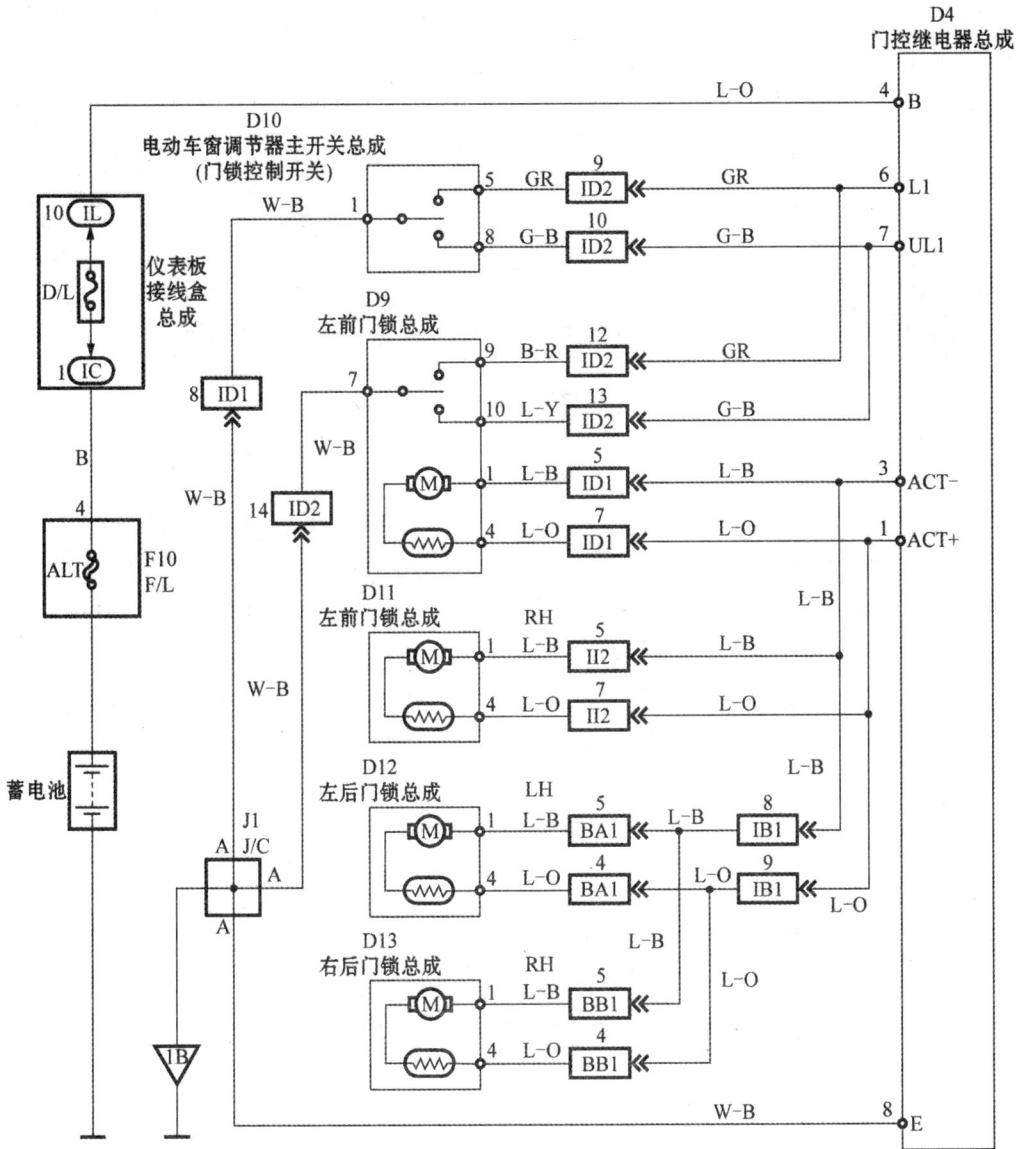

图 2-5-13　威驰轿车的中控门锁电路图

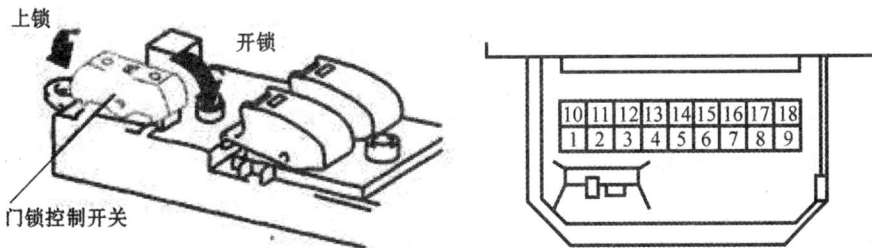

图 2-5-14　门锁控制开关的示意图和端子号

2. 前门门锁总成的检查

如图 2-5-15 所示,用蓄电池的正负极直接连接端子 4 和端子 1,检查左前门锁电动机的工作情况,具体的标准如表 2-5-2 所示。

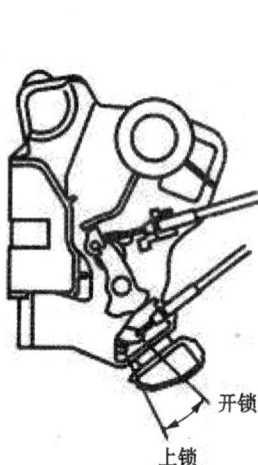

图 2-5-15 左前门锁电动机的检查   图 2-5-16 门锁总成端子和开关的检查

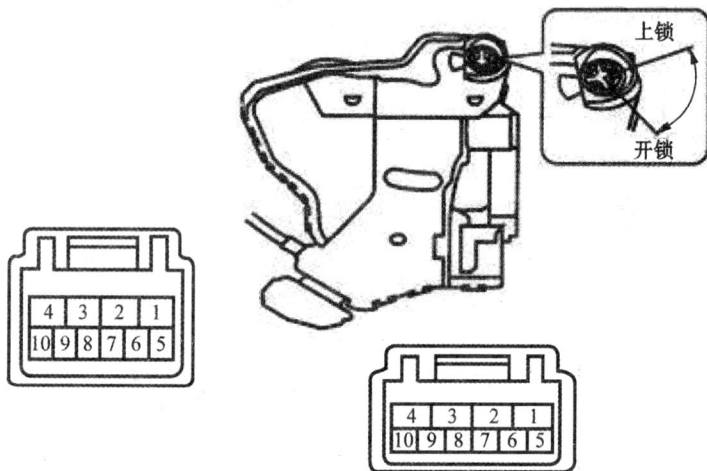

表 2-5-2 左前门锁端子的检查

测量条件	标准状态
蓄电池"＋"——端子 4 蓄电池"－"——端子 1	上锁
蓄电池"＋"——端子 1 蓄电池"－"——端子 4	开锁

检查门锁在开锁和锁门时开关的导通情况,如图 2-5-16 和表 2-5-3 所示。

表 2-5-3 门锁总成端子的检查

端子号	门锁位置	标准状态
7 和 9	上锁	导通
—	OFF	—
7 和 10	开锁	导通
7 和 8	上锁	不导通
	开锁	导通

右前门门锁、左后门门锁和右后门门锁的检查方法与左前门门锁的检查方法类似。

3. 遥控门锁及遥控器的检修

下面以丰田威驰轿车为例说明遥控门锁及遥控器的检修。

1) 遥控门锁的检查

图 2-5-17 为带有遥控的门锁电路图。检查遥控门锁的工作情况时应注意以下问题:

笔记

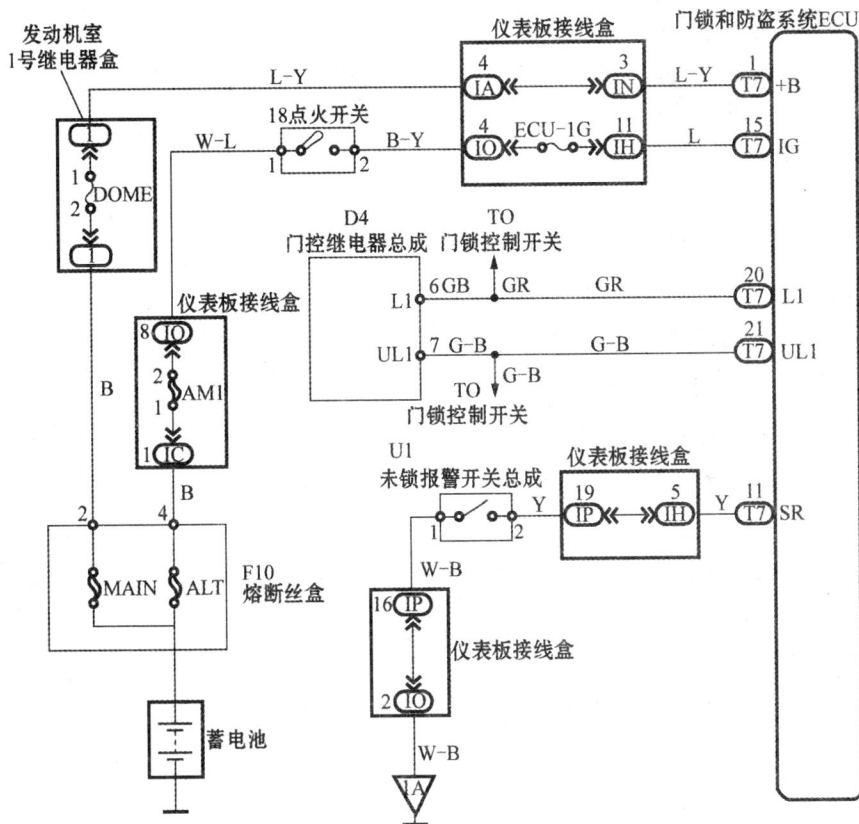

图 2-5-17　带有遥控的中控门锁电路

(1) 电动门锁系统工作正常。

(2) 所有的车门均关闭,若有任意一个门开着,则其他的车门无法锁上。

(3) 点火开关钥匙孔里没有钥匙。

2) 遥控器基本功能的检查

(1) 当钥匙上的任何开关按 3 次时,检查发射器的发光二极管是否亮 3 次。若发光二极管没有闪烁光,说明遥控器缺电,应按照图 2-5-18 进行电池的更换。

(2) 检查能否用遥控器锁上和打开所有的车门。

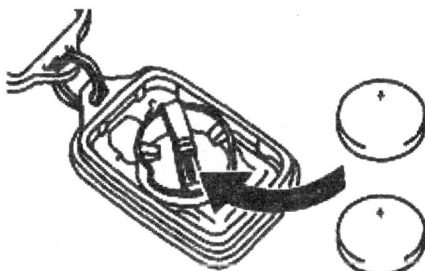

图 2-5-18　遥控器电池的检查和更换

(3) 按下 LOCK 开关时,检查警告灯应该闪烁一次,同时锁上所有的车门。

(4) 按下 UNLOCK 时,检查警告灯应该闪烁两次,同时打开所有的车门。

(5) 按下 PANIC 开关时长不少于 1.5s 时,检查防盗警报器应该鸣叫,警告灯开始闪烁;再次按下 UNLOCK 开关或 PANIC 开关时,声音和闪烁应停止。

3) 未锁报警开关总成的检查

未锁报警开关总成的检查,如图 2-5-19、图 2-5-20 和

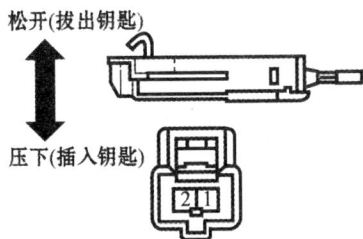

图 2-5-19　检查未锁报警
开关的导通情况

笔记 表 2-5-4、表 2-5-5 所示。

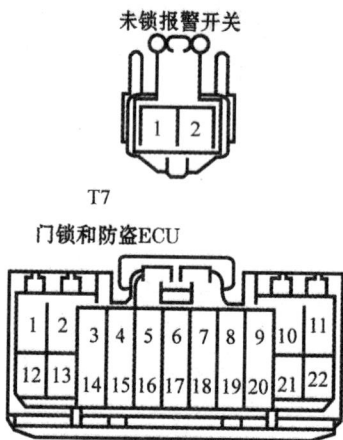

图 2-5-20　检查未锁报警
开关的搭铁情况

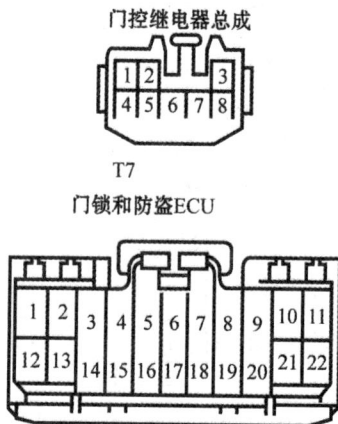

图 2-5-21　门锁控制器总成-门锁
和防盗系统 ECU 连接情况的检查

表 2-5-4　检查开关的导通情况

端子号	开关动作	标准状态
1—2	开关松开（拔出钥匙）	不导通
	开关压下（插入钥匙）	导通

表 2-5-5　检查连接端子之间的导通情况

端子号	标准状态
U(1-2)—T(7-11)	导通
U(1-1)—搭铁	导通

4）门锁控制器总成-门锁和防盗系统 ECU 连接情况的检查

该项检查如图 2-5-21 和表 2-5-6 所示。

表 2-5-6　检查连接端子之间的导通情况

端子号	标准状态
L1、D4-6 T7-20	导通
UL1 D4-7、UL1 T7-21	导通

案例分析

案例:中控门锁不工作。

车型:广州本田雅阁轿车。

症状:1996 年款本田雅阁,4 个门锁失去控制,只能用手动方法开闭各自门锁。

诊断:本田雅阁轿车为电子集中控制门锁系统,在驾驶员侧下方找到中控锁控制装置,为

发动机盖下熔断丝盒

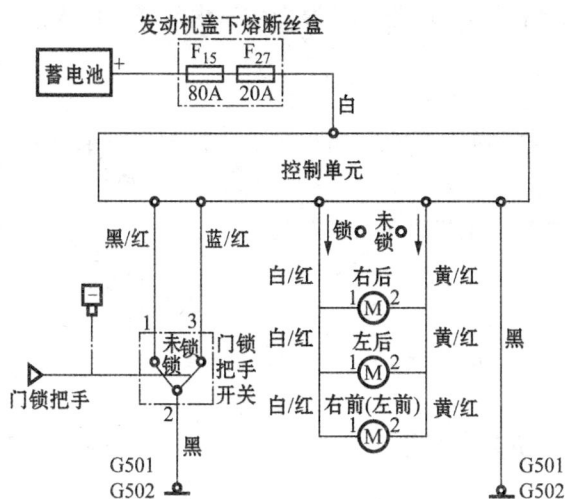

图 2-5-22　本田雅阁电动门锁电路图

6 线插头,如图 2-5-22 所示。一对为火线和搭铁线,一对为负触发信号输入线,一对为负载电动机控制线。它是一个较基本、较简易的电子控制装置。

首先对此控制装置进行基本测试,接通点火开关,测量火线(白色)和搭铁线(黑色)均正常,说明供电回路一切正常。再测一对信号输入线(黑/红,蓝/白),人为手动拉门锁拉杆开关或拉门锁按钮开关,无论开锁和闭锁,各门锁均无反应。用万用表测 2 线电压信号时,均很正常。2 线的控制有效信号为搭铁信号,一根线接搭铁时为开锁控制,另一根线接搭铁时为闭锁控制,此两线随开关的动作均可测到各自的搭铁

信号,然而门锁无反应,再手动各门锁开关时,各门锁均工作正常,由此判定,中控锁装置有故障。为了确认判断的对否,又做了一个中控装置的输入输出试验,用一试灯接入中控装置的输出线端(白/红,黄/红),人为在中控装置的输入端(黑/红,蓝/白)各搭铁一次,试灯不亮,说明有信号输入却无信号输出。通过检测和试验,确认中控装置内部控制失控。

随后取下控制装置打开盒盖,内部是一搭铁电路板,加有 2 个小型继电器,此 2 个继电器正是在输入信号的控制下分别动作,不工作时继电器输出为搭铁,也就是说各门锁电动机此时两端均为搭铁,若有一信号输入时,有一继电器随之工作,将输出线由搭铁转换为火线,即完成了电动机可以工作的条件,不同的信号线输入,即完成了电动机的正反向转动,从而达到开锁或闭锁的目的。

修复: 当重新在输入端分别输入搭铁信号时,2 个继电器分别动作,说明控制电路无问题,问题应在输出部位,经仔细检测后,发现电路印刷线有烧损痕迹,重新焊接修复后,试机,故障已排除。

分析: 可能是由于电路印刷线路板质量有问题,导致电路印刷线有烧损痕迹。

测试习题

一、填空题

1. 中央控制门锁系统的功能主要有_____、_____和_____等几种。

2. 汽车中控门锁主要由_____、_____、_____、_____、_____和_____等组成。

3. 常见门锁控制器主要有_____、_____和_____等几种。

4. 中控门锁控制开关用于控制所有门锁的开关,它一般安装在_____。

5. 门锁位置开关位于_____。

二、判断题

1. 驾驶员可通过门锁开关同时打开各个车门,也可单独打开某个车门,其他乘客也能这样做。　　　　　　　　　　　　　　　　　　　　　　　　　　(　)

2. 当行车速度达到一定时,各个车门能自行锁定,防止乘员误操作车内门把手而导致车门打开。　　　　　　　　　　　　　　　　　　　　　　　　　（　　）

3. 门控开关用来探测车门的开闭情况。　　　　　　　　　　　　　　（　　）

4. 驾驶员车门以外的三个车门设置有单独的弹簧锁开关,可以独立地控制一个车门的打开和锁住。　　　　　　　　　　　　　　　　　　　　　　　　　（　　）

5. 行李箱门开启器装在行李箱门上,一般用电动机打开行李箱门。　　（　　）

三、问答题

1. 简述汽车中控门锁的功用。

2. 以丰田威驰为例,说明中控门锁锁门和开锁的过程。

学习单元 2.6　汽车巡航系统的诊断与修复

学习目标

理解汽车巡航系统的组成、结构和工作原理,能够分析典型车辆巡航系统的控制电路,并能对巡航系统的常见故障进行诊断与修复。

汽车电子巡航控制系统,简称 CCS,即"Cruise Control System",根据其特点一般又称为巡航行驶装置、速度控制系统(Speed Control System)、自动驾驶系统(Auto Drive System)等。它是汽车的新装置之一,它可以使汽车工作在发动机最有利的转速范围内使汽车的行驶速度稳定在自己设定的速度内,从而不仅提高了发动机的使用效率,而且还可以减轻驾驶员的驾驶操作劳动强度,提高行驶的舒适性。

汽车巡航控制系统(CCS)就是可使汽车工作在发动机有利转速范围内,减轻驾驶员的驾驶操纵劳动强度,提高行驶舒适性的汽车自动行驶装置。

在大陆型的国家,驾驶汽车长途行驶的机会较多,而且在高速公路上行驶时变换车速的频率及范围都较少,故能以稳定的车速行驶。但若长途驾驶而右脚不得不踩油门踏板时,久之脚就容易感到疲劳。而汽车巡航控制系统的作用是:按驾驶员所要求的速度闭合开关之后,不用踩油门踏板就可以自动地保持车速,使车辆以固定的速度行驶。如果采用了这种装置,当长时间在公路上行车时,驾驶员就不用再去控制油门踏板,从而减轻了长途驾驶的疲劳,同时减少了不必要的车速变化,使车速稳定,可以节省燃料,减轻疲劳。

2.6.1　汽车巡航控制系统的认识

1. 汽车巡航控制系统的分类

目前车用巡航控制系统大多分为两大类:一是电子巡航控制系统,二是由电控真空控制巡航控制系统。前者主要由指令开关、车速传感器、电子控制器和油门执行器四部分组成;后者一般由控制开关、真空系统和控制电路等组成。

2. 巡航控制系统的功能

1)基本功能

(1)车速设定:当按下车速调置开关后,就能存储该时间的行驶速度,并能保持在这一速度行驶。

（2）消除功能：当踩下制动踏板时，上述功能立即消失。但是，上述调置速度继续存储。

（3）恢复功能：当按恢复开关，则能恢复原来存储的车速。

（4）滑行：继续按下开关进行减速，以离开开关时的速度作巡航行驶。

（5）加速：继续按下开关进行加速，以不操纵开关时的车速进入巡航行驶。

（6）速度微调升高：在巡航速度行驶中，当操纵开关以 ON—OFF（接通—断开）方式变时，使车速稍稍上升。

2）故障保险功能

（1）低速自动消除功能：当车速小于 40km/h 时，存储的车速消失，并不能再恢复此速度。

（2）制动踏板消除的功能：在制动踏板上装有两种开关：一个用于对计算机的信号消除；另一个是直接使执行元件工作停止。

（3）各种消除开关：除了利用制动踏板的消除功能外，还有驻车制动、离合器（M/T）、调速杆（A/T）等操作开关的消除功能。

3. 巡航控制系统的发展方向

1）新控制理论的应用

车辆的行驶状况受到乘员、发动机输出的变化等影响。驾驶者需要更平顺的驾驶感觉和更自然的速度控制，以传统的控制理论为基础，又引入了新的控制理论。目前，模糊控制等新理论已不断得到应用。

2）联动控制、复合控制

目前，巡航控制装置是独立式的，要求在控制中提高感觉敏感度、响应性和更高的精度。为此，需要发动机控制用计算机、变速控制用计算机进行联动控制，使这些计算机形成一体化的复合控制。

3）小型化、智能化

计算机、执行元件更趋小型化、一体化，向智能型发展。

4）追踪行驶控制

现在巡航稳定行驶装置分别利用加速、减速、恢复车速、消除等开关自由控制车速，但是往往在道路交通状况混杂的情况下，不便于当车辆接近时进行减速或车辆拉开距离时加速。为了解决这一问题，向前方车辆发射毫米波（30GHz～300Hz），利用雷达测定与前方车辆之间的距离，隔开一定距离进行追踪行驶。车载雷达不仅可以利用毫米波雷达，还可以利用激光。

4. 汽车巡航控制系统的结构及工作原理

1）电子巡航控制系统

如图 2-6-1 所示为汽车电子巡航控制系统的构造与零部件布置示意图。电子巡航控制系统主要由指令开关、车速传感器、电子控制器和油门执行器四部分组成。各种开关和计算机被配置在驾驶室内；执行元件、真空泵则配置在发动机室内，执行元件的控制线缆与加速踏板相连接。

（1）指令开关：包括主控开关、离合器开关、变速器空档起动开关、制动开关（包括手制动）和电源开关（点火开关）等。

指令开关一般是杆式开关，它装在转向柱上，驾驶员容易接近的地方，通常包含于组合开关内。大多数开关有三个档位："调速/定速"位、"断开"位和"恢复调速"位。在第一个档位时，

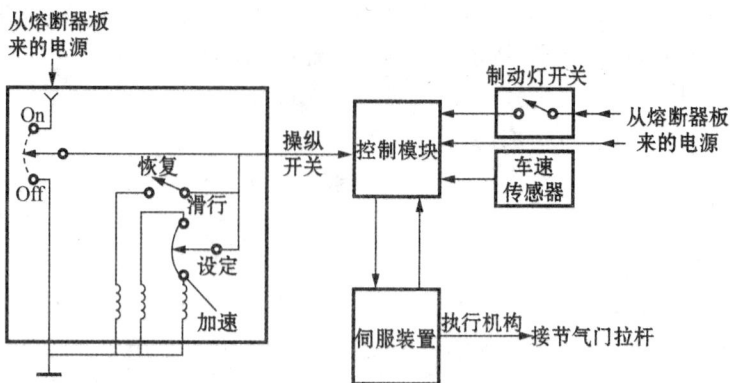

图 2-6-1　电子巡航控制系统的组成

只要按下按钮开关不动,车辆就不断加速,当车速达到要求车速时,松开按钮,电子巡航控制系统就按车速按钮松开时的车速保持恒速行驶。"恢复调速"位置用于制动或换档情况,断开电路后使车辆重新按调定速度行驶。

　　① 主控开关的作用是控制巡航系统的起动、关闭、控制调节巡航工作状态。凌志车(LEXUS)巡航控制主控开关的操作手柄安装在转向盘的下方。操纵手柄朝下扳动是巡航速度的设定开关(SET/COAST),向上推则是巡航速度取消开关(CANCEL),朝转向盘方向扳起是恢复/加速开关(RES/ACC)。

　　② 离合器开关(仅对安装手动变速器车辆)装在驾驶室离合器踏板的上部,靠驾驶员踩踏离合器踏板的机械动作,使其闭合。当汽车在巡航状态下行驶,出现驾驶员干预,如变换变速器档位、制动等情况,驾驶员踩踏离合器踏板,离合器开关由断开变为闭合,通过离合器开关的闭合,使电控单元立即自动关闭巡航工作状态。

　　③ 变速器空档起动开关(仅对安装自动变速器车辆)的作用与离合器开关类似,当自动变速器挂入空档时,使电控单元立即自动关闭巡航工作状态。空档起动开关的安装位置紧靠变速器操纵杆,并与变速器操纵杆联动。当变速器操纵杆置于空档时,空档起动开关由断开变成闭合。

　　④ 制动灯开关的作用是当驾驶员踩踏制动踏板时,在制动(接通)灯亮的同时,将控制节气门动作摇臂的电磁离合器断开,迅速退出巡航控制的工作状态。在制动灯开关中原来常开触点的基础上,增加了与之联动的常闭触点,当驾驶员踩踏制动踏板、制动灯亮的同时,常闭触点断开,控制节气门的电磁离合器断电,节气门不再受巡航系统控制。

　　⑤ 手制动制动开关的作用与离合器开关(变速器空档起动开关)类似。安装位置紧靠手制动操纵杆并与手制动操纵杆联动,当拉手制动时,此开关由断开变为闭合。

　　⑥ 点火开关的作用是通断取自蓄电池和发电机的巡航控制的工作电源。

　　(2) 传感器:电子巡航控制系统的传感器主要有车速传感器、节气门位置传感器和节气门控制摇臂位置传感器等。

　　① 车速传感器:通常与车速里程表驱动装置相连。如果车速表是电子式的,车速表传感器给出的信号可直接用作巡航控制系统的反馈信号,因而不必为巡航控制系统另外设置传感器(比如和 ABS、电控悬架共用)。专用于巡航控制系统的车速传感器一般安装在汽车变速器输出轴上,因为实际车速与变速器输出轴转速成正比。车速传感器有光电式、霍尔感应式、磁

阻式等多种结构形式。最简单且最常用的是磁阻式,其结构如图 2-6-2 所示。

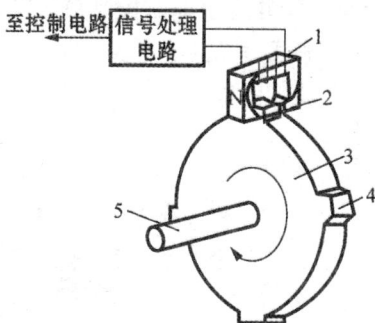

图 2-6-2　磁阻式车速传感器结构
1—传感器;2—磁铁;3—钢盘;
4—凸齿;5—变速器输出轴

带凸齿的钢制圆盘安装在变速器输出袖上并随输出轴一起转动。当凸齿位于磁铁两极之间时,由于钢的导磁性能远高于空气隙,磁回路磁阻突然减小,从而在传感线圈中产生一个高的脉冲电压信号。变速器输出轴每转一周,4 个凸齿各通过传感线圈一次。因此信号处理电路计数一次,因此信号处理电路一分钟内传感线圈中的电压脉冲数并除以 4 就可得到以 r/min 表示的变速器输出轴转速。

设计或选择车速传感器时有一点非常重要,即传感器的频率响应大大高于整个系统的频率响应,以免传感器对系统的频率响应产生很大影响。

② 节气门位置传感器:作用是对电控单元提供一个与节气门位置成比例变化的电信号。节气门位置传感器与发动机电控系统的传感器共用。

③ 节气门控制摇臂位置传感器:这是巡航控制系统专用的传感器。作用是对电控单元提供节气门控制摇臂位置的电信号,目前应用较多的是滑线电位计式。当节气门控制摇臂转动时,电位计随之转动,便输出一个与控制摇臂位置成比例变化的、连续变化的电信号。

(3) 油门执行器:其作用是将电控单元输出的电流或电压信号转变为机械运动,进而控制节气门的开度,最终达到控制车速的目的。汽车电子式巡航系统的油门执行器常用电动方式,电动方式一般采用步进电动机控制。

电动机式的油门执行器的结构如图 2-6-3 所示,工作原理图如图 2-6-4 所示,它是利用电动机的转动并带动控制摇臂摆动,可使节气门的开度变化。电动机式油门执行器主要由电动机、限位开关、电磁离合器和电位计等组成。直流电动机是连续运转的,它的运转速度与电控单元供给它的电压平均值有关;它的运转或停止,由电控单元输出的电压"有"或"无"来决定;它的运转力向,由电控单元输出的电压方向决定。步进电动机的动作,是对其通电一次,电动机轴就转过一定的角度。电磁离合器的作用是,当电磁离合器通电时,电动机的轴与节气门控制摇臂结合在一起,当电磁离合器断电时,电动机轴与节气门控制摇臂分离,使节气门受到电动机和电磁离合器的双重控制,工作更可靠。

① 电动机和限位开关。其电路如图 2-6-5 所示。节气门完全打开或关闭后,如图电动机继续运转就会损坏,为了防止这种情况发生,就在电动机上安装了两个限位开关。在节气门完全打开或关闭的时间内,这些限位开关的触点均闭合。当节气门收到来自巡航控制系统的加速信号后,将节气门完全打开时,1 号限位开关就断开,将电动机关断;当节气门完全关闭时,2 号限位开关就断开,将电动机关断。

② 电磁离合器(如图 2-6-6 所示)。电磁离合器使电动机与节气门拉索接合或分离,无论什么时候,只要巡航系统在工作,来自巡航控制系统的信号就使之接合,电动机就通过拉索转动节气门。在巡航系统工作时,如果驾驶员按任何一个取消开关,巡航控制系统收到这个信号,立即作出反应,将电磁离合器分离,阻止电动机转动节气门,于是节气门回到息速位置,取消巡航系统的工作。

③ 电位计(如图 2-6-7 所示)。当巡航系统设定巡航时,电位计即将节气门开度信号转换

笔记

为电信号,并送至巡航控制系统,巡航控制系统就将这个数据存储在其存储器中,如果以后设定车速和实际车速有差异,巡航控制系统就根据这个数据确定将节气门开度改变多少,使其与设定车速相匹配。

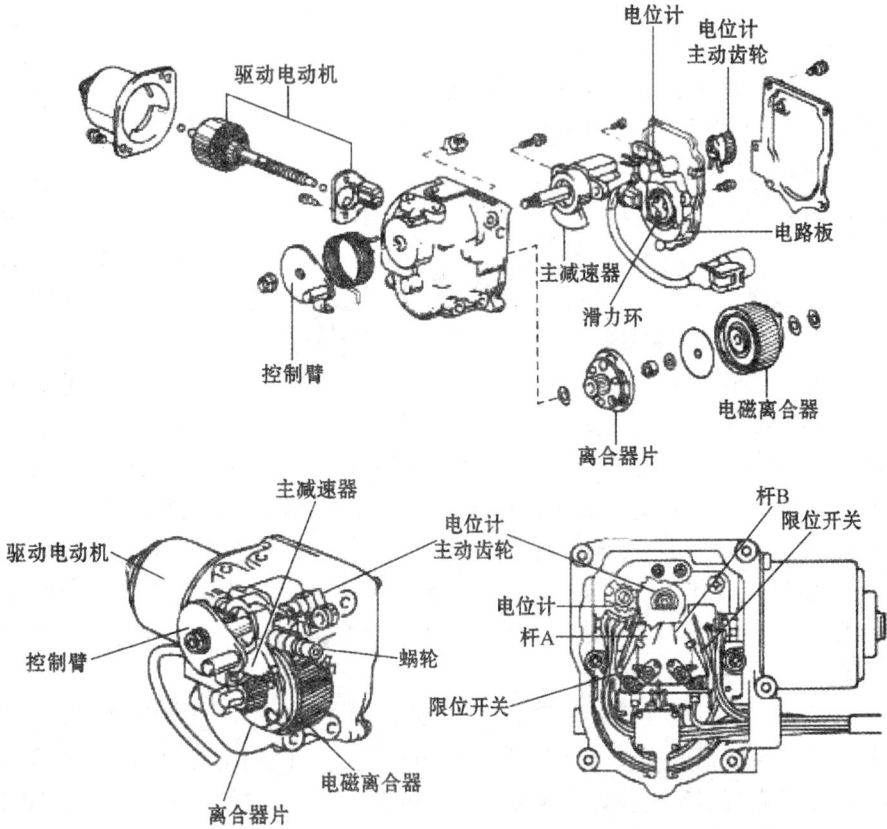

图 2-6-3 电动机式执行机构的结构图

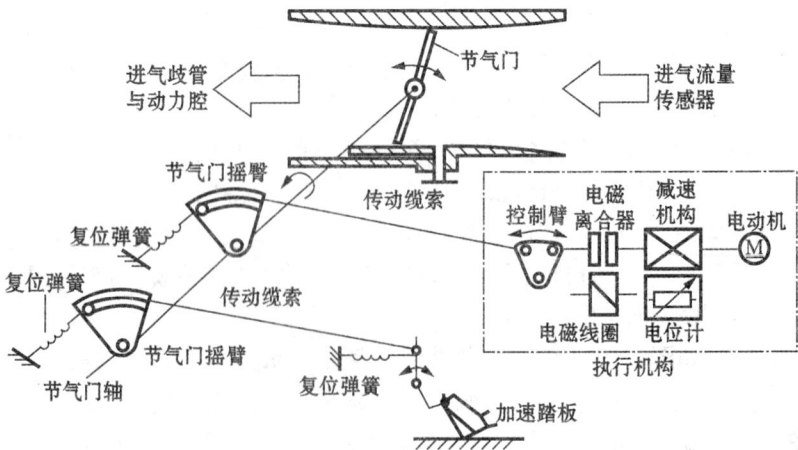

图 2-6-4 电动机式执行机构的原理图

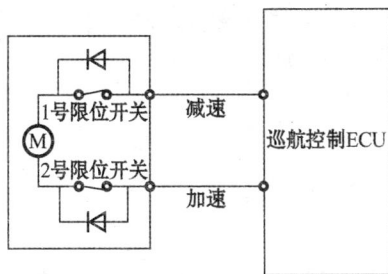

图 2-6-5　电动机和限位开关电路

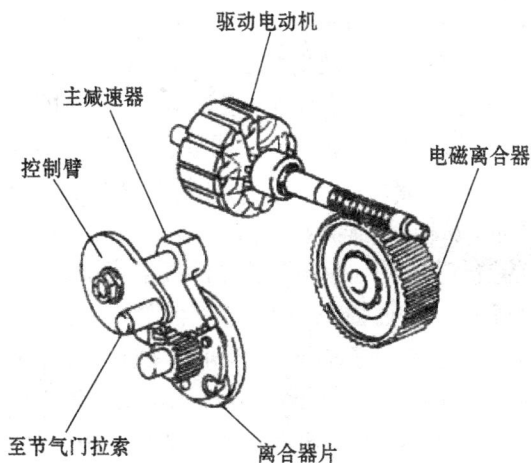

图 2-6-6　电磁离合器的结构

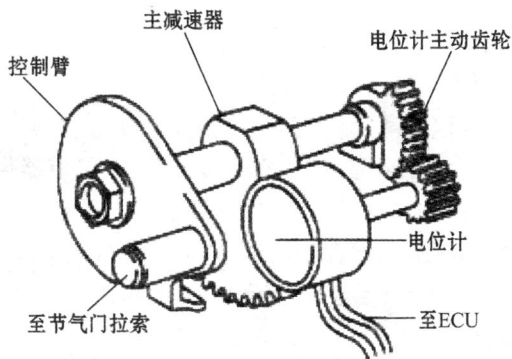

图 2-6-7　电位计的结构

（4）电子控制器,也称巡航电脑,是电子巡航控制系统的另一重要部分。控制器是整个控制系统的中枢。在早期的巡航控制系统中,控制器大多采用模拟电子技术。进入 20 世纪 80 年代后,美国、日本的电子巡航控制系统已全部采用数字技术控制器。例如美国摩托罗拉公司采用的一种微处理控制器的巡航控制系统,其电路方框图如图 2-6-8 所示。

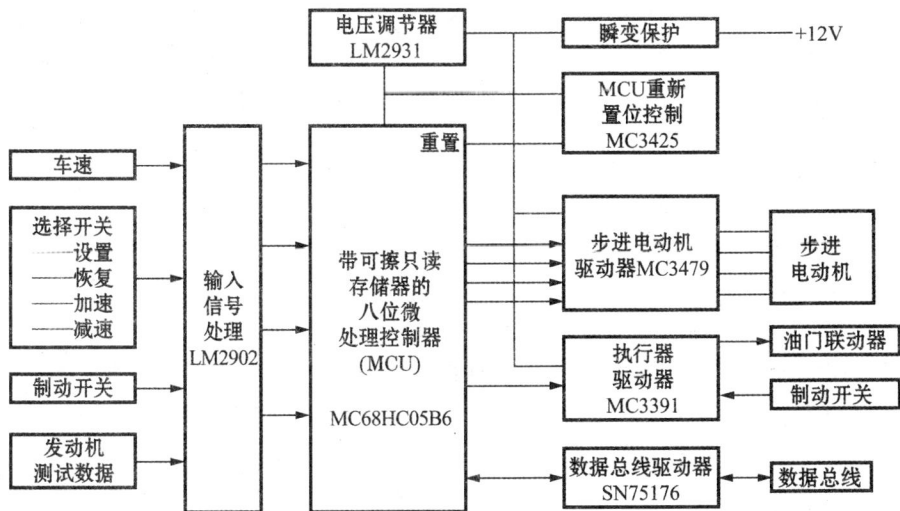

图 2-6-8　采用数字式微处理器的巡航控制系统方框图

在该系统中,所有输入指令以数字信号直接存储和处理。带可擦只读存储器的8位处理控制器(MCU)根据指令车速、实际车速以及其他输入信号,安装给定程序完成所有的数据处理之后,产生一个输出信号,驱动步进电动机改变油门开度。考虑到安全因素,将制动开关与油门执行器直接相连,当踩下制动踏板时,在断开MCU巡航控制程序的同时,将油门执行器的动力源断开,从而确保油门完全关闭。

2)电控真空巡航控制装置

(1)基本组成及原理:电控真空控制巡航控制系统一般由控制开关、真空系统和控制电路等组成。整个系统的控制目标是节气门。一旦巡航控制系统开启,节气门就被"锁定",汽车在一定的速度上行驶。当车速降低时(如车在爬坡时),巡航控制系统控制节气门的开度增大;反之,当车速增高时,节气门开度会相应减小,使汽车始终按设定的速度等速行驶。

电控真空控制式巡航系统如图2-6-9所示,根据设置的车速传感器,将车速信号输入电子控制装置,由电子控制装置发出控制信号控制真空系统。真空系统由真空调节器、节气门驱动伺服器、车速控制开关和制动踏板上的真空解除开关等部分组成。根据控制装置上的输出信号,经电磁滑阀可调节控制进入该系统的新鲜空气量,从而控制伺服器的真空度。其控制框图如图2-6-10所示。当车速低时,真空调节器供给的空气量减少,使伺服器内的真空度增加,通过膜片的移动,使节气门开度增大。反之,当车速高于控制车速时,真空调节器供给的空气量增加,降低伺服器内的真空度,使节气门开度减小。在正常行驶时,在发动机进气管负压和真空调节器供给定量的空气的共同作用下,使伺服器内的真空度保持恒定,控制汽车按预定的速度稳定行驶。在真空系统工作时,如果驾驶员踏下制动踏板,首先使真空解除阀起作用,切断系统电源,电磁阀断电,真空调节器内部与大气相通,负压消失。在踏下制动踏板的同时,真空解除阀也使系统与大气相通。

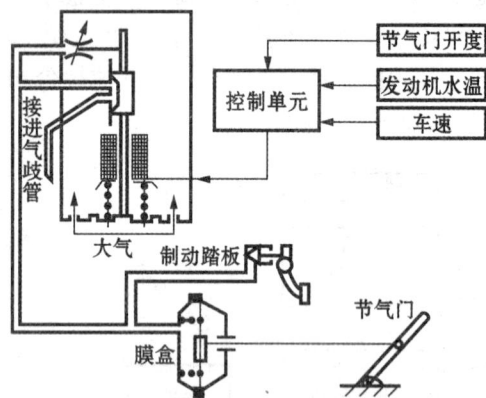

图2-6-9　电控真空控制巡航控制系统　　　图2-6-10　电控真空控制巡航系统的控制框图

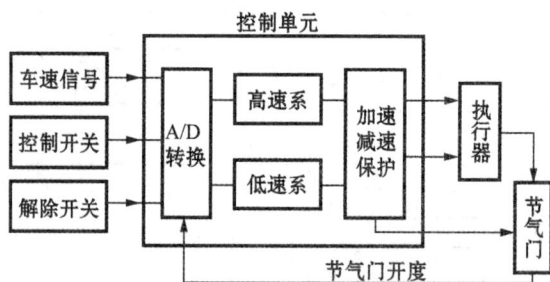

(2)真空系统:是巡航控制系统的执行机构,如图2-6-11所示。

① 当车速增加到40km/h后:随车速增加而转角增大的胶鼓2,顺时针旋转(在胶鼓上的凸舌也顺时针旋转),使下限速度开关闭合,为接通真空阀9上的线圈作准备。

② 将控制开关推至接合位置:当车速大于40km/h时,如果控制开关没有接合,真空阀9的线圈没有通电,电磁阀上的真空阀处于稍下的位置,从发动机进气歧管管路12来的负压,只能达到通气口B。当控制开关接合时,电流通过真空阀9的线圈和下限速度开关11,使真空阀

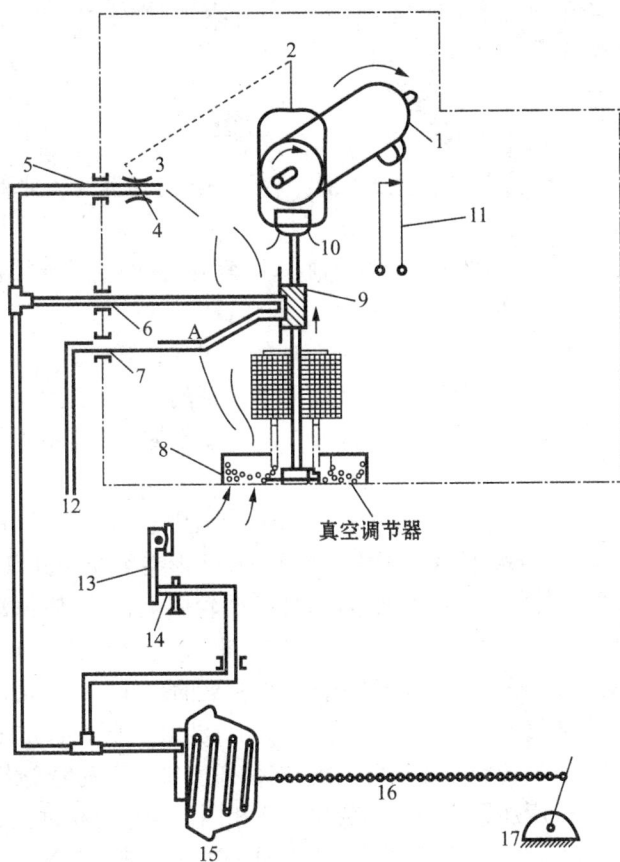

图 2-6-11　真空系统工作图

1—胶鼓离合器;2—胶鼓离合器转角随车速增大而增大;3—进气调节装置;4—经滤清的空气;5—通气口 C;
6—通气口 A;7—通气口 B;8—空气滤清器;9—真空阀;10—柱塞凸轮;11—下限速度开关;
12—接进气歧管;13—制动踏板臂;14—真空解除阀;15—伺服机构;16—球链;17—节气门

上移。这时,真空负压通过管路 12、通气口 B、真空阀 9 上碟状阀和通气口 A 作用于伺服机构 15 和制动踏板上的真空解除阀 14 上。伺服机构 15 将传来的负压变成位移量,通过球链 16 使节气门 17 开启到相应的角度后稳定,从而使进气量恒定,车辆以稳定的速度前进。

③ 车速的稳定控制:车速自动控制系统工作的时候,由于真空阀 9 的线圈通电,真空阀上移同时柱塞凸轮 10 也上移,U 形夹端部回缩,弹簧夹住胶鼓,即胶鼓离合器随车速的变化而转动,带动进气调节装置 3,使通过空气过滤器 8,进入调节装置 3 而达到通气口 C 的空气量发生相应变化。此时,伺服机构 15 中的真空负压要发生变化,从而改变节气门的开度,使车速相对稳定。

④ 巡航系统停止工作:将控制开关推至解除位置时,真空阀 9 的线圈断电,真空阀下移切断通气口 B,柱塞凸轮下移使胶鼓离合器 1 分离。通气口 B 被切断,使伺服机构内的负压消失,失去对节气门的控制作用。胶鼓离合器 1 的分离,使进气装置 3 失去作用。

驾驶员踏下制动踏板制动时,制动踏板臂 13 随之转动,从而开启真空解除阀 14,也使伺服机构的负压消失。在制动的同时,真空阀 9 的线圈也断电,保证巡航控制系统停止工作。

（3）真空调节器：是真空系统的核心部件，它由真空阀、胶鼓离合器、进气调节装置、下限车速开关和磁感应式车速传感器等部分组成。

当驾驶员使系统接合时，真空阀动作而通过负压，胶鼓离合器结合使进气阀调节装置工作，从而控制调整作用于伺服机构的真空负压值，控制节气门位置，保证车辆恒速行驶。

在真空调行器中装有磁感应式车速传感器。它由来自变速器的软轴驱动，并以 1∶1 的传动比接入车速表软轴。

（4）胶鼓离合器和进气调节装置：胶鼓的轴和车速传感器的轴是连接在一起的，胶鼓又和进气调节装置中的滑阀接触，胶鼓上还有一个 U 形弹簧夹。

胶鼓的表面有一个凸舌，能使一对触点在车速较低时保持开启。当车速达到 40km/h 时，胶鼓被从动盘驱动的凸舌转过一定角度，一个有弹簧加载的触点才能和另一个触点接触闭合。这对触点和真空阀线圈串联，故车速在 40km/h 以下时，真空调节器不工作，该触点即下限速度开关。

胶鼓和 U 形弹簧夹组成的胶鼓离合器的离合，起到控制进气调节装置的作用。在真空阀线圈不通电时，柱塞凸轮（上部圆柱体，下部为锥体）使 U 形夹下端张开，U 形夹和胶鼓脱离，即离合器处于分离状态。在真空阀线圈通电后，柱塞凸轮向上移动，使弹簧夹端部回缩，弹簧夹住胶鼓，即离合器处于接合状态。此时，只要车速变化，胶鼓就会随从动盘转动，又因摩擦力的作用而使弹簧夹移动，如同车速表指针摆一样。弹簧夹的顶部与一个滑阀连接，滑阀套在一根气管上，气管上有多个通气口，气管末端用胶塞密封。当真空阀在选定车速通电后，如果车速发生变化，滑阀就随胶鼓的转动而在气管上滑动，使通气口开度发生变化。由于胶鼓转动的方向不同，滑阀使通气口开度加大或缩小的变化也不相同。当车速超过预定车速时，滑阀使进气量增加，更多的空气由电磁阀下端经过过滤器再通过通气口进入气管，使伺服机构的真空度下降，从而使节气门的开度减小，发动机功率下降。反之，车速低于预定车速时，滑阀使进气量减小，伺服机构真空度提高，通过对节气门的调节使发动机功率增加。当真空阀线圈电流中断时，胶鼓离合器处于分离状态，滑阀不再起进气调节的作用，即进气调节装置停止工作。

（5）分离开关和真空解除阀：如图 2-6-12 所示，分离开关和真空解除阀均装于制动踏板支架上。

分离开关实质是一个触点开关，当触点被压进去时（制动踏板放松状态），开关处于断开状态。显然后一状态使得真空阀线圈电路被切断，巡航控制系统停止工作。

真空解除阀是一个单向的空气阀，当踏下制动踏板时，单向空气阀开启，空气通过此阀进入管路，使伺服机构真空负压消失，停止对节气门的控制。相反，伺服机构真空负压控制节气门，使巡航系统正常工作。

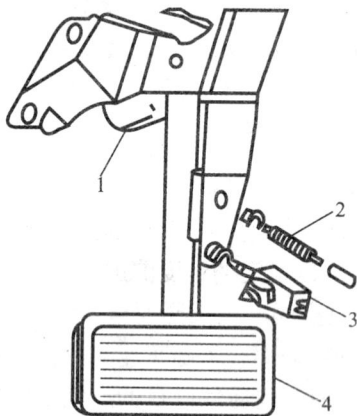

图 2-6-12　分离开关和真空解除阀
1—制动踏板支架；2—真空解除阀；
3—制动分离开关；4—制动踏板

（6）控制电路：电控真空控制巡航控制系统的控制电路如图 2-6-13 所示。

① 当车速低于 40km/h 时，胶鼓的转动还不能使下限速度开关 10 闭合；而车速超过 40km/h 时，胶鼓上的凸舌使下限速度开关闭合，为电流进入真空阀线圈作好了准备。

② 当巡航控制系统没有工作、控制开关处于保持位置时，电流从蓄电池正极流过点火开

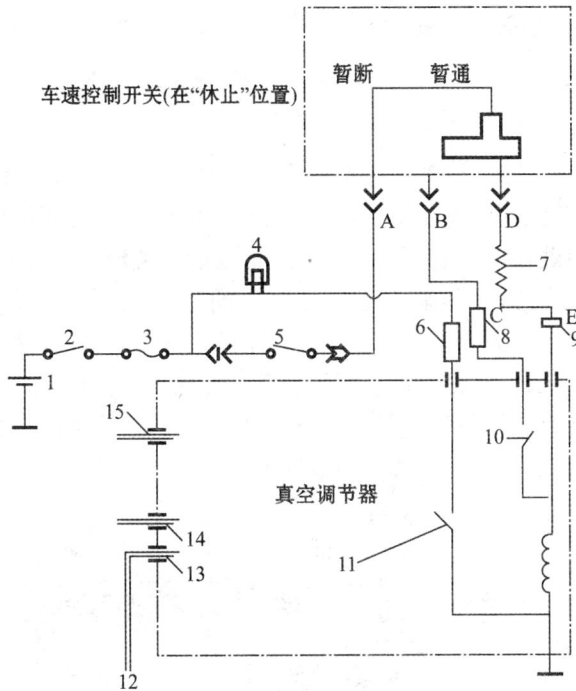

图 2-6-13　电控真空控制巡航控制系统的控制电路

1—蓄电池;2—点火开关;3—熔丝;4—指示灯;5—制动分离开关;6—指示灯接线柱;7—40Ω 电阻;
8—接合接线柱;9—保持接线柱;10—下限速度开关;11—指示灯开关(真空阀线圈没通电状态);
12—接进气歧管;13—通气口 B;14—通气口 A;15—通气口 C

关 2、熔丝 3、制动分离开关 5 和控制开关到达 D 点,然后再经过 40Ω 电阻 7 和保持接线柱 9 到达真空阀线圈。由于电阻的作用,使经过线圈的电流不够大,因此,真空调节器不能工作。

③ 驾驶员将控制开关置于接合位置时,电流由蓄电池正极经点火开关 2、熔丝 3、制动分离开关 5 和控制开关到达 B 点,然后再经过接合接线柱 8 和下限速度开关 10 到达真空阀线圈。此时,真空阀动作。在真空调节器工作的同时,真空阀中的柱塞移动还接通了车速控制指示灯回路的指示灯开关 11,电流通过指示灯 4、指示灯接柱 6 和指示灯开关 11 至接地。指示灯亮,说明巡航控制系统开始工作。

④ 巡航控制系统开始工作,驾驶员松开控制开关,此时,电流又经过 40Ω 电阻 7 进入真空阀线圈。由于柱塞已被吸入,电流的减小并不影响真空阀的正常工作,即较小的电流仍能使柱塞保持在吸入位置。

⑤ 当驾驶员将控制开关置于解除位置时,电流通过点火开关 2、熔丝 3 和削动分离开关 5,只能到达 A 点,而不能到达 B 点和 C 点。此时,真空阀线圈断电,真空调节器停止工作,整个巡航控制系统退出工作状态。

⑥ 当驾驶员踩下制动踏板时,首先制动分离开关 5 断开,真空阀线圈的电路被切断,真空调节器停止工作;其次,真空解除阀的工作使管路中的负压消失,伺服机构对节气门的控制作用解除,整个巡航控制系统停止工作。

2.6.2　汽车巡航系统的诊断与修复

下面以广州本田雅阁轿车为例说明汽车巡航系统的诊断与修复。

1.广州本田雅阁轿车巡航系统的组成

广州本田雅阁（ACCORD）轿车定速巡航系统主要由定速巡航控制模块、定速巡航指示灯、主开关、设置/复位开关、定速巡航控制动作器等组成,该系统部件的布置如图 2-6-14 所示。主开关用于接通定速巡航控制模块电源,设置/复位开关用来设置车速。巡航控制装置接收巡航主开关和控制开关（位于转向盘上）发出的指令信号。当点火开关在"RUN"或"START"位置时,定速巡航主开关通电。当按下主开关"ON"时,电源即给定速巡航控制系统和制动开关供电。控制装置接收来自制动开关、车速传感器和自动变速器档位开关的信号,控制装置依次发送信号给巡航控制动作器来调节节气门位置,以达到设定的速度,并将实际速度与设定速度进行比较,在必要时打开或关闭节气门,维持设定的速度。

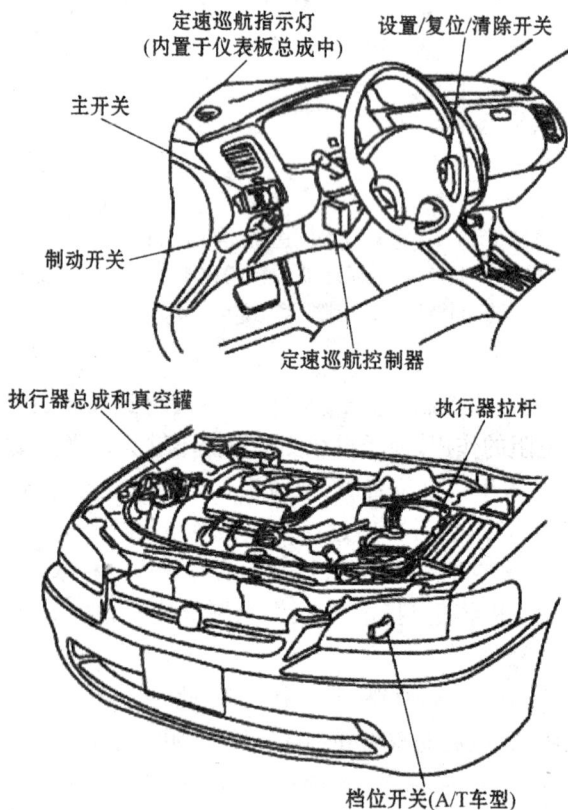

图 2-6-14　本田雅阁轿车定速巡航系统部件布置图

广州本田雅阁轿车定速巡航控制系统的电路图如图 2-6-15 所示。

2.广州本田雅阁轿车定速巡航系统的故障诊断

在进行巡航控制系统的故障诊断时,首先应进行系统功能测试,根据测试后发现的故障症状,分析故障产生原因,并将可能产生故障的部件分别进行检测与排除,具体情况如表 2-6-1 所示。

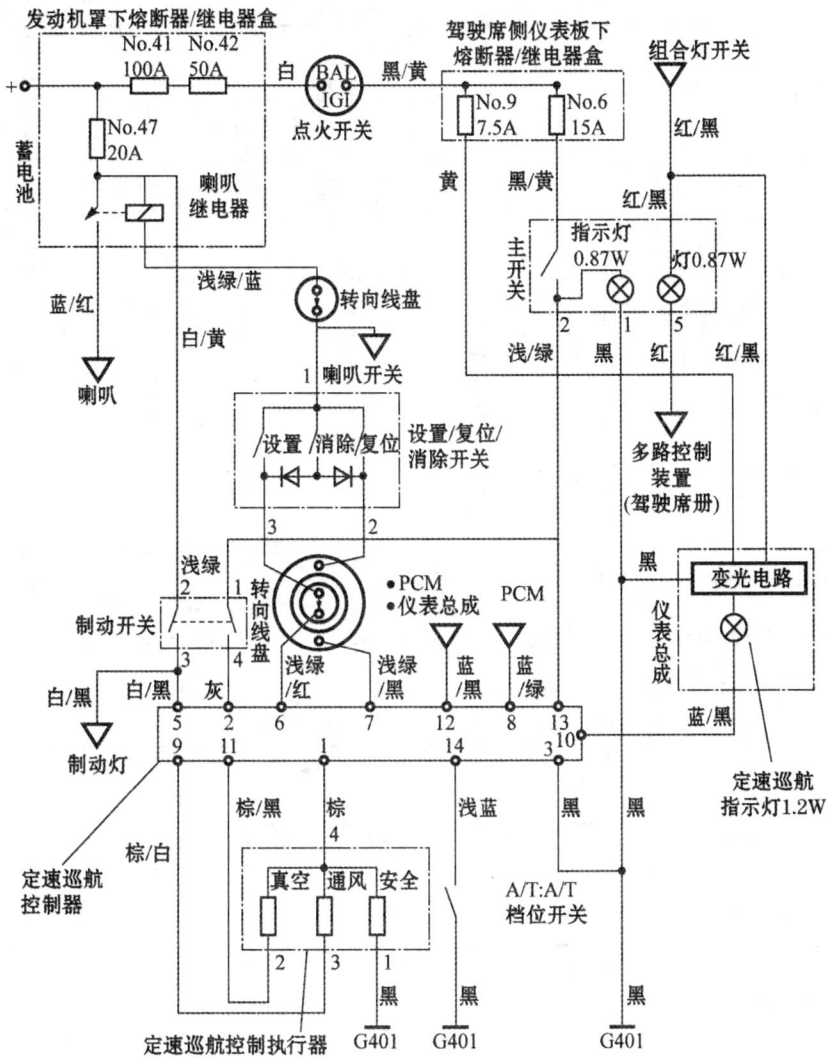

图 2-6-15　本田雅阁轿车巡航系统电路图

表 2-6-1　定速巡航控制器故障诊断顺序表

故障现象	巡航控制开关	设置/复位开关	制动开关和支座	离合器开关和支座	档位开关	车速传感器	仪表变光电路	巡航执行器和拉索翘曲	巡航控制器	搭铁不良
不能设定车速	1	2	3		4				5	G401
能设定车速,但指示灯不亮							1		2	G401
实际车速明显高于或低于设定车速						1		2	3	
设定车速时过量调节或调节不良						1		2	3	

笔记

（续表）

故障现象	巡航控制开关	设置/复位开关	制动开关和支座	离合器开关和支座	档位开关	车速传感器	仪表变光电路	巡航执行器和拉索翘曲	巡航控制器	搭铁不良
设定车速后,即使在好路面也不能维持车速						2		1	3	
按下 SET 或 RESUME 按钮时没有相应的加速或减速		1							2	
踩下离合器踏板时(M/T),不能解除设定车速				1					2	
变速杆至于 N 位时(A/T)时,不能解除设定车速					1				2	
踩下制动踏板时,不能解除设定车速			1						2	
主开关位于 OFF 位时,不能解除设定车速	1								2	
按下 RESUME 按钮(主开关在 ON 位,但设定车速暂时解除)时,不能回复设定车速		1							2	

1) 巡航控制器的检测

行车中,若无法实行定速巡航行驶,则应对控制器输入端按下述方法进行检测:

(1) 拆下驾驶侧仪表板盖板。

(2) 从控制器上拆开图 2-6-16 所示 14 芯插头。

(3) 检查 14 芯插头与其插座是否接触良好,检查插座各端子有无弯折、松动或锈蚀现象,并视情修理或更换。

(4) 使用万用表,对图 2-6-16 所示的 14 个端子按表 2-6-2 所列要求进行检测。若检测结果均正常,则应更换控制器。

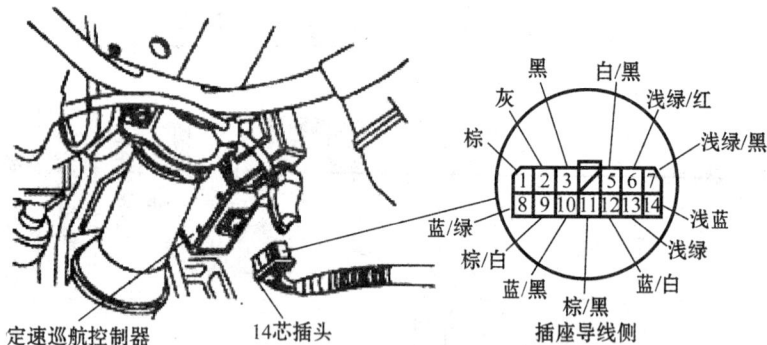

图 2-6-16　巡航控制器的插头端子图

表 2-6-2 巡航控制器端子检测表

端子号	导线颜色	检测条件与检测内容	检测正常结果	异常结果及可能的原因
1	棕	在所有状况下,检查其与车体搭铁之间的电阻	应为 40～60Ω	(1) 启动器电磁阀有故障 (2) 搭铁不良(G401) (3) 端子连接导线断路
2	灰	接通点火开关 ON(Ⅱ)和主开关 ON 并踏下制动踏板,然后放松踏板,检查其与车体搭铁之间的电压	踏下制动踏板时,电压应为 0V;制动踏板抬起时,电压为蓄电池电压	(1) 制动开关有故障 (2) 端子连接导线断路
3	黑	在所有状态下,检查其与车体搭铁之间的导通性	应为导通	(1) 搭铁不良(G401) (2) 端子连接导线断路
5	白/黑	踏下制动踏板,然后放松踏板,检查其与车体搭铁之间的电压	制动踏板踏下时,电压应为蓄电池电压;制动踏板放松时,电压应为 0V	(1) 发动机盖下保险丝/继电器盒中 47 号(20A)保险丝熔断 (2) 制动开关有故障 (3) 端子连接导线断路
6	浅绿/红	按下设置钮,检查其与车体搭铁之间的电压	应为蓄电池电压	(1) 发动机盖下保险丝/继电器盒中 47 号(20A)保险丝熔断 (2) 喇叭继电器有故障
7	浅绿/黑	按下复位钮,检查其与车体搭铁之间的电压		(1) 设置/复位开关有故障 (2) 螺旋导线线盘有故障 (3) 端子连接导线断路
8	蓝/绿	起动发动机,接通主开关 ON,并且在定速巡航控制下,使车辆行驶速度超过 40km/h,检查其与车体搭铁之间的电压	应约为 5V	定速巡航控制单元有故障
9	棕/白	在所有状况下,检查其与车体搭铁之间的电阻	在 80～120Ω 之间	(1) 启动器电磁阀有故障 (2) 搭铁不良(G401)
10	蓝/黑	接通点火开关 ON(Ⅱ)并将其搭铁	仪表板上的定速巡航指示灯点亮	(1) 端子连接导线断路 (2) 灯泡灯丝熔断 (3) 驾驶席侧仪表板下保险丝/继电器中 9 号(7.5A)保险丝熔断
11	棕/黑	在所有状况下,检查其与车体搭铁之间的电阻	在 70～110Ω 之间	(1) 端子连接导线断路 (2) 启动器电磁阀有故障 (3) 搭铁不良(G401)
12	蓝/白	接通点火开关 ON(Ⅱ)和主开关 ON;举升车辆前部,缓慢转动一侧前轮而保持另一侧前轮不动,检查蓝/白(+)与黑(一)端子之间的电压	应≥0～5V 或≤0～5V 并不间断重复出现	端子连接导线断路
13	浅绿	接通点火开关 ON(Ⅱ)和主开关 ON,检查其与车体搭铁之间的电压	应为蓄电池电压	(1) 驾驶席侧仪表板下保险丝/继电器中 6 号(15A)保险丝熔断 (2) 主开关有故障 (3) 端子连接导线断路
14	浅蓝	换档杆处于 2、D3 或 D4 档位,检查其与车体搭铁之间的导通情况	应为导通	(1) A/T 档位位置开关有故障 (2) 搭铁不良(G401) (3) 端子连接导线断路

2）巡航主开关的检测

（1）从仪表板上小心地拆下主开关。巡航系统的主开关如图 2-6-17 所示。

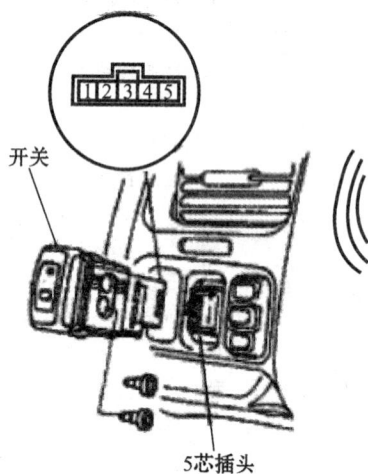

图 2-6-17　巡航系统的主开关

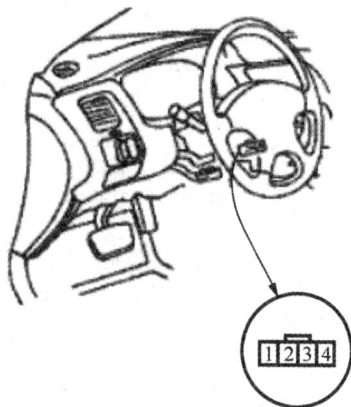

图 2-6-18　设置/复位/清除组合开关

（2）拆开主开关的 5 芯插头,端子号按 1～5 次序排列。

（3）接通或断开主开关,按表 2-6-3 检查主开关各端子之间的导通情况。如果检测结果不符合表 2-6-3 中的要求,则应更换主开关。

表 2-6-3　巡航主开关端子导通情况检测表

开关位置	1		2	3	4		5
接通	●——	——●	●——	——●		●——	——●——	——●
断开	●——	——●	●——	——●		●——	——●——	——●

3）设置/复位/清除组合开关的检测（如图 2-6-18 所示）

（1）先拆下蓄电池负极电缆,再拆下正极电缆并等待 3min 以上。

（2）拆开驾驶员与前乘员安全气囊（SRS）插头。

（3）拆下仪表板下盖与膝垫。

（4）从螺旋导线盘上拆开组合开关线束的 4 芯端子,端子号按 1～4 次序排列。

（5）按照表 2-6-4 所列在开关接通时分别检测组合开关 4 芯插头各端子之间的导通情况。若检测端子之间的导通情况符合表 2-6-4 要求,则说明组合开关及螺旋导线线盘正常。检测表 2-6-4 各端子之间均不通,则应更换螺旋导线盘。若部分不导通,应拆下转向柱盖,拆开组合开关线束和主线束之间的 22 芯插头,然后按图 2-6-19 所示方法检查各端子之间的导通情况。

表 2-6-4　组合开关线束 4 芯插头各端子导通情况检查表

开关位置	1	2	3	4
设置(接通)		●——	——●	
复位(接通)		●——	——	——●
清除(接通)		●——	——	——●

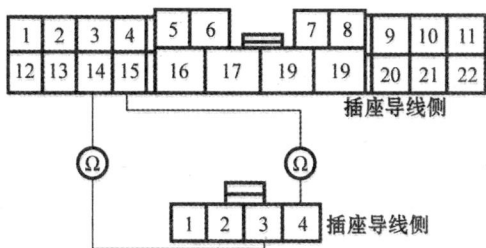

图 2-6-19 22 芯插头的端子图

（6）如果上述组合开关线束插头与主线束插头的 3 号与 14 号端子以及 4 号与 15 号端子之间不导通，则应更换组合开关线束。如果导通，则小心地撬动组合开关盖的缝隙，拆下组合开关盖。

（7）拧出组合开关的固定螺钉，拆下组合开关。

（8）按照表 2-6-5 所列在开关接通的情况下，检查各端子之间的导通情况。若与规定不一致则应更换组合开关。

表 2-6-5 组合开关各端子导通情况检查表

开关位置	1	2	3
设置(接通)	○————————————————○		
复位(接通)	○——————————○		
清除(接通)	○————————————————○		

（9）经检测组合开关如正常，则重新连接螺旋导线线盘和组合开关线束插头，并安装上转向柱盖。

（10）连接驾驶员与前乘员安全气囊插头，并安装转向盘上的检修板。

（11）连接蓄电池正、负极电缆。

（12）检测结束后，应接通点火开关 ON（Ⅱ），检查仪表板上的安全气囊 SRS 指示灯是否点亮约 6s，然后熄灭。如是，则证明 SRS 系统正常。

图 2-6-20 制动开关

4）制动开关的检查（如图 2-6-20 所示）

（1）拆开制动开关上的 4 芯插头，并拆下制动开关。

（2）按表 2-6-6 检查制动开关插头各端子的导通情况。

如经检测不符合表 2-6-6 的要求，则视情更换制动开关或调节制动踏板的高度。

表 2-6-6 制动开关插头各端子导通情况表

开关位置	1	2	3	4
压下		○————————○		
释放	○—————————————————————————————○			

5）巡航执行器的检测

巡航执行器的结构如图 2-6-21 所示，检测方法按以下步骤进行：

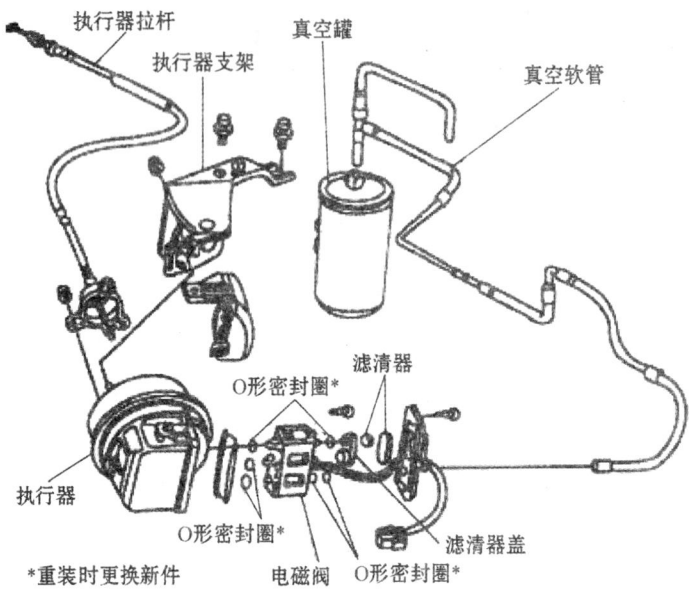

图 2-6-21 定速巡航的执行器

（1）从巡航执行器拉杆上拆下巡航执行器拉索并拆开其4芯插头。

（2）将4号端子接蓄电池的正极，将1,2,3号端子搭铁。

（3）将巡航执行器真空软管与真空泵相连，将巡航执行器抽成真空。此时巡航执行器拉杆应完全被吸入，否则应检查其真空管路是否有渗漏或巡航执行器电磁阀是否有损坏。

（4）用手拉动巡航执行器拉杆，若能拉动，则说明巡航执行器工作不正常。

（5）将4芯插头的3号或1号端子停止搭铁，巡航执行器拉杆应返回原位，否则应检查通风软管（通大气）及其滤清器是否堵塞。若两者均无堵塞现象，则说明巡航执行器电磁阀有故障。

（6）拆下4芯插头的电源线及搭铁线，拆开巡航执行器通风软管，并将真空泵连接到通风软管口抽真空。此时，巡航执行器拉杆应完全被吸入，否则应检查真空阀是否在打开的位置被卡住，如是，则应更换巡航执行器。

6）巡航控制器拉索的调整

（1）巡航执行器拉索调整前，应先检查巡航执行器拉索是否运行自如。

（2）起动发动机，使发动机无负荷运转（换档杆置于N或P位置）至3000r/min，直到发动机暖机为止（冷却风扇运转），然后将发动机降至怠速。

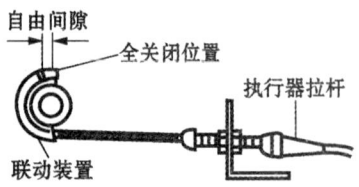

图 2-6-22 测量拉索的自由间隙

（3）慢慢拉动巡航执行器拉索，自到发动机转速开始升高时为止，然后测量联动装置末端的位移量，即拉索的自由间隙，其值应为3.75±0.5mm。如图 2-6-22 所示。

（4）如果被测自由间隙过大或过小，则应拧松锁紧螺母，再调整调锁紧螺母至发动机转速刚刚开始升高为止（即先消除自由间隙），然后拧紧锁紧螺母，如图 2-6-23 所示。

（5）拧松调节螺母，直至其与拉索架相距3.75±0.5mm。

（6）拉紧拉索直至拉索架与调节螺母接触，然后拧紧

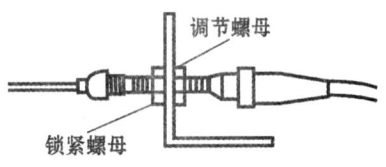

图 2-6-23 拉索的调整图

锁紧螺母。

7) 巡航执行器电磁阀的检测(如图 2-6-24 所示)

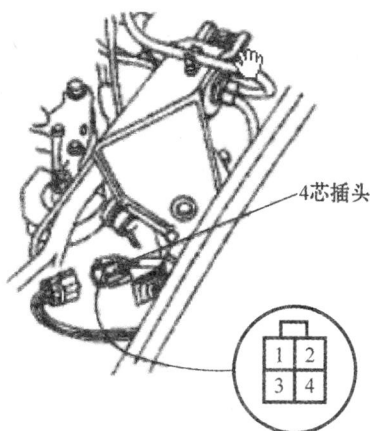

图 2-6-24　巡航执行器的电磁阀

(1) 拆开巡航执行器上的 4 芯插头。

(2) 按表 2-6-7 使用万用表分别测量插头各端子之间的电阻值(在 20℃时),应符合表 2-6-7 中的要求。

表 2-6-7　巡航控制器 4 芯插头各端子之间的电阻值

电磁阀电阻/Ω	1	2	3	4
通风电磁阀40~60			●————	———●
真空电磁阀30~50		●————		———●
安全电磁阀40~60	●————			———●

案例分析

案例:无法设定定速巡航。

车型:2001 款广州本田雅阁。

症状:一部 2001 年出厂的本田雅阁 2.3L 轿车,行驶里程 15 万 km。在行车过程中无法设定定速巡航系统。

诊断:不能进行系统设置的原因有:保险丝熔断;主开关有故障;设置和恢复开关有故障;制动开关有故障;线路有故障;控制单元有故障。

按照由简单到复杂的原则排除故障。先按下喇叭有响声,说明保险丝正常。再踩一下制动踏板,制动灯亮,说明制动开关正常,再按照定速巡航控制系统原理图,对主开关、设置/恢复/清除开关、线路等进行检查,均没发现问题。由此判断控制单元有故障,此时恰好厂内有一台相同的车型,于是将控制单元拆下对换,但是仍未解决问题。

于是重新检查电路,当再次检查制动开关时发现:无论制动踏板位置如何,均有同样两条线始终不接合,于是拆下制动开关仔细检查。无论制动踏板在释放位置还是踏下位置,发现端子 1,4 间均处于断开状态,而本田雅阁制动开关有 4 个端子(如图 2-6-25 所

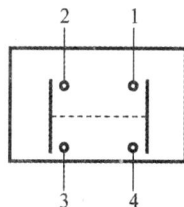

图 2-6-25　制动开关端子图

笔记

示），制动踏板在释放位置时，端子 1,4 间应导通，2,3 间应断开；制动踏板在踏下位置时，端子 1,4 间应断开，2,3 间应导通。如此可断定制动开关损坏了。

修复：更换制动开关，故障已排除。

分析：广州本田雅阁轿车有 4 个端子，其中端子 2,3 除了给定速巡航控制单元提供信号外，还给制动灯提供电压。在最初进行检查时，看到制动灯亮，就以为制动开关没问题，忽视了端子 1,4 间的工作状态，以致走了不少弯路。

测试习题

一、填空题

1. 汽车车用巡航控制系统大多分为两大类，一是_____，二是_____。

2. 汽车巡航系统的基本功能主要有_____、_____、_____、_____、_____和_____。

3. 汽车巡航控制系统一般由_____、_____、_____、_____、_____或_____等组成。

4. 指令开关包括_____、_____、_____、_____、和_____。

5. 油门执行器有_____和_____操作两种方式。

二、判断题

1. 汽车巡航系统具有低速自动消除功能，当车速小于 40km/h 时，存储的车速消失，但可以再恢复速度。　　　　　　　　　　　　　　　　　　　　　　（　　）

2. 主控开关的作用是控制巡航系统的起动、关闭、控制调节巡航工作状态。（　　）

3. 手制动制动开关不具有消除巡航工作的功能。　　　　　　　　　　（　　）

4. 节气门控制摇臂传感器是巡航控制系统专用的传感器。作用是对电控单元提供节气门控制摇臂位置的电信号。　　　　　　　　　　　　　　　　　　（　　）

5. 联动控制、复合控制是巡航系统发展的新方向。　　　　　　　　　（　　）

三、问答题

1. 汽车巡航控制系统的优点主要有哪些？

2. 以 LS400 轿车为例，简述汽车巡航控制系统指令开关的作用。

3. 简述汽车电控真空控制巡航系统中真空系统的工作原理。

⫸ 学习情境 3

汽车安全系统的诊断与修复

随着汽车产业的高速发展,交通安全问题日益凸显,人们对汽车安全性提出了更高的要求,汽车上安装了大量安全装置。汽车上的安全装置按照其功能可以分为两大类,即主动安全装置和被动安全装置。主动安全装置的作用就是采取各种措施来避免事故的产生,主要有制动防抱死系统、驱动防滑系统、电控行驶平稳系统、制动力分配系统、发动机阻力矩控制系统、汽车中央门锁系统、汽车胎压监视系统、灯光照明系统和汽车防碰撞系统等。被动安全装置的作用是当事故发生时减轻对人员的伤害和车辆的损坏,主要有安全气囊、安全带、儿童安全座椅、翻车保护系统、主动头枕、吸能转向柱、吸能车身、安全玻璃和室内软化等。这里主要介绍被动安全装置、汽车防碰撞系统和汽车防盗报警系统。

汽车对被动安全装置的要求是:在汽车碰撞时,对乘员施加约束使之避免与车内的物体发生撞击或被甩出车外;汽车外围构件能够以适当的变形吸收撞击能量,而车内具有足够的安全空间;汽车室内还需设置能够吸收人体惯性产生的冲击能量,减轻对人体的碰撞伤害。

学习单元 3.1 汽车安全气囊系统的认识

学习目标

理解汽车安全气囊系统的作用,认识汽车安全气囊系统的分类和组成,理解汽车安全气囊系统的工作原理,能够指导客户正确使用汽车安全气囊,能够进行正确的描述和识别,向客户介绍汽车安全气囊系统。了解汽车安全气囊系统的发展,能够把握维修工作和学习的方向。

根据德国深入交通事故研究 GIDAS(German In Depth Accident Study)的数据说明,汽车发生碰撞时的碰撞类型及所占比例为:前部碰撞/51.1%、侧面碰撞/32.0%、后部碰撞/14.1%、翻滚/2.8%。高要求的汽车安全系统应能够对汽车各种类型的碰撞进行有效保护。

3.1.1 汽车安全气囊系统的作用

当汽车发生碰撞时,首先是汽车与障碍物之间发生碰撞,称为一次碰撞;随后车内乘员与车内构件间发生碰撞,称为二次碰撞。一次碰撞后汽车速度急剧下降。如果汽车以 50km/h 的速度与一个固定不动的障碍物正面碰撞,至完全停止所需时间大约为 0.1s。在这短暂的一次碰撞时间内,前护杠因碰撞而停止运动,但汽车其他部分仍以 50km/h 的速度前进;随着车辆前部逐渐损坏,汽车开始吸收动能并减速;乘员室减速而乘员仍以 50km/h 的速度向前移动,巨大的惯性致使乘员与车内的方向盘、仪表板、挡风玻璃等构件发生强力碰撞,极可能造成人身伤害。汽车的碰撞和安全保护如图 3-1-1 所示。

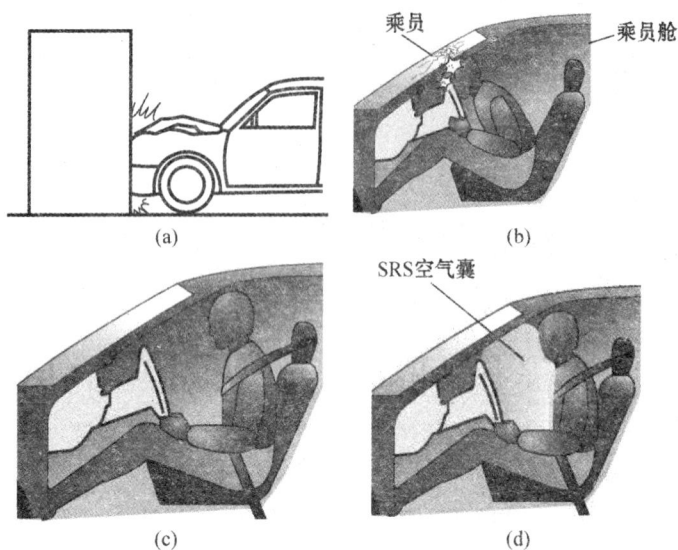

图 3-1-1　汽车的碰撞和安全保护
(a)一次碰撞　(b)二次碰撞　(c)安全带的作用　(d)安全气囊的作用

　　为了避免或减轻二次碰撞后果,需要安装汽车安全带系统和汽车安全气囊系统,在发生一次碰撞后、二次碰撞前,安全带将乘员固定在座椅上,安全气囊迅速膨胀,在乘员与车内构件之间铺垫一个气垫,同时利用气囊排气节流的阻尼作用来吸收人体动能,从而减轻人体的伤害程度。

　　汽车安全气囊系统 SRS(Supplemental Restraint System) 又称空气袋 AirBag,是一种被动安全装置。它与安全带配合使用,可以为乘员提供有效保护。

　　当汽车以 48km/h 速度发生正面碰撞时,试验说明安全带和安全气囊对人体的保护情况是:如无安全气囊,驾驶员未系安全带时,碰撞发生 90ms 时,人体在方向盘接触处受力约90 000N,下肢多处骨折,头部和胸部的损伤程度大大超过容许程度,一般来说,死亡在所难免;如无安全气囊,驾驶员系上安全带时,驾驶员头部受伤较重,胸部由于被安全带约束,承受约10 000N 的力,造成胸骨和肋骨的骨折;如有安全气囊,驾驶员未系安全带时,向前快速运动的人体充分与安全气囊作用,作用在安全气囊上的力约为 10 000N,安全气囊将人体头部和胸部与驾驶室前部构件隔开,减轻了头部和胸部的损伤。

3.1.2　汽车安全气囊系统的分类和组成

1. 分类

汽车安全气囊系统种类繁多,有以下几种分类方式:

按照气囊控制方式不同可以分为机械式气囊和电子式气囊。机械式气囊采用机械方式检测和引爆气囊,目前已经很少使用。电子式气囊采用传感器和电控单元检测和引爆气囊,目前普遍采用。

按照气囊设计方案不同可以分为美式气囊和欧式气囊。美式气囊是按照乘员没有使用座椅安全带的条件设计的,体积较大。欧式气囊是按照乘员使用座椅安全带的条件设计的,体积较小。

按照气囊功能不同可以分为驾驶员正面气囊、前乘员正面气囊、侧面气囊、头部帘式气囊和下肢气囊等,汽车安全气囊的分类如图 3-1-2 所示。

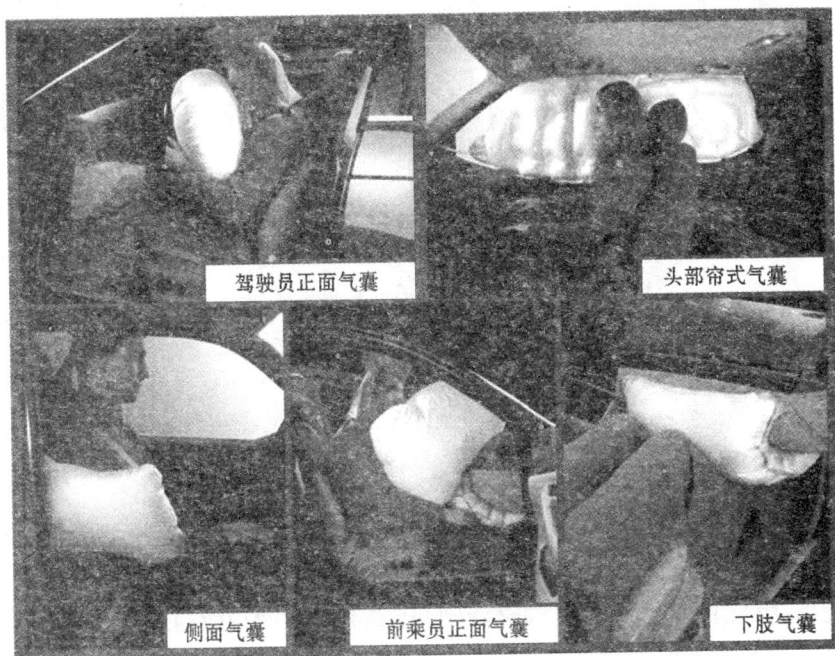

图 3-1-2　汽车安全气囊的分类

2. 组成

汽车安全气囊系统由传感器、电控单元(ECU)、气囊组件、安全气囊警告灯、线束等组成,其组成及安装位置如图 3-1-3 和图 3-1-4 所示。

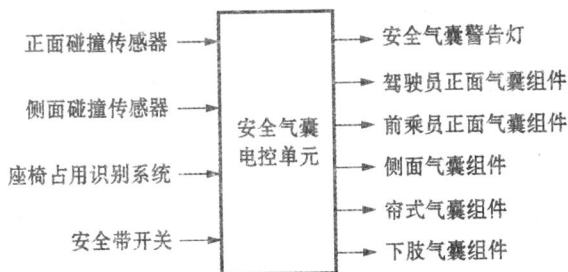

图 3-1-3　安全气囊系统的组成

(1) 传感器:传感器的作用是检测汽车碰撞的类型和强度,并转化为电信号送至电控单元。传感器按功能不同分为碰撞传感器和安全传感器,碰撞传感器又分为正面碰撞传感器和侧面碰撞传感器。正面碰撞传感器安装在汽车前部中央、前部两侧(两侧翼子板内侧、前照灯支架附近或散热器支架左右两侧)或气囊 ECU 内部,其作用是检测汽车正面和后面碰撞强度,其中安装在气囊 ECU 内部的碰撞传感器又称为中央传感器。侧面碰撞传感器安装在驾驶室变速杆前后的装饰板下方、车身左右中柱上,其作用是检测汽车侧面碰撞强度。安全传感器安装在 ECU 内部,其减速度阈值一般比碰撞传感器小,以保证碰撞传感器工作可靠,其作用是防止碰撞传感器意外短路而造成气囊误打开。

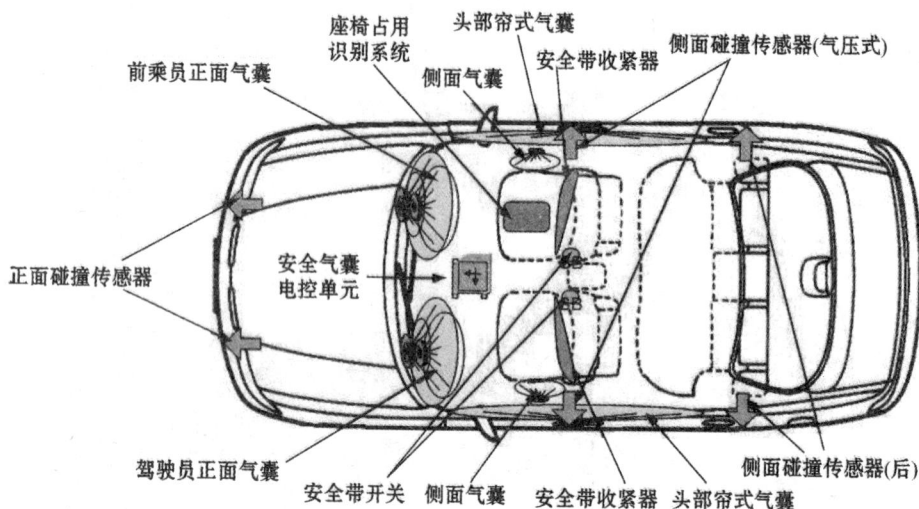

图 3-1-4　安全气囊系统元件的安装位置

（2）SRS 电控单元（ECU）：是汽车安全气囊系统的核心部件，其作用是接收碰撞传感器和安全传感器的信号，经过分析、计算和判断，确定碰撞的类型和强度，如果碰撞强度足够大，ECU 立即发出指令引爆安全气囊。同时，ECU 还具有自诊断功能，它对气囊系统的电路不断进行测试，当检测到故障时存储故障信息并点亮安全气囊警告灯，故障信息可以从串行通信接口输出。SRS 电控单元安装在车内地板的中间位置，通常安装在驾驶室变速杆前、后的装饰板下方，少数安装在座椅下。

（3）气囊组件：包括点火器、气体发生器、气囊袋等，其作用是接收 SRS 电控单元的指令，点火器通电产生热量加热气体发生器内的气体发生物质，短时间内产生大量气体冲入气囊袋，使气囊袋迅速充气展开。驾驶员正面气囊组件安装在方向盘上，在汽车发生正面碰撞时，可保护驾驶员的头部和胸部，美式气囊一般约 60L，欧式气囊一般约 40L。前乘员正面气囊组件安装在前仪表台上，体积较大，在汽车发生正面碰撞时，可保护前乘员的头部和胸部，美式气囊一般为 120~160L，欧式气囊一般为 60~80L。后乘员正面气囊组件安装在前排座椅靠背中，气囊引爆后可在后排乘员与前排座椅之间形成防护气垫，体积一般可达 100L。侧面气囊组件安装在座椅侧面或车门内板中，在汽车发生侧面碰撞时，可保护乘员胸部、腰部、腹部和胳膊，由于受空间限制，其体积较小，车门内板中的气囊约为 35~40L，座椅侧面的气囊约为 12L。帘式气囊组件的气体发生器安装在后或前支柱上，气囊袋安装车门上横梁中或顶板上，制成香肠状，用于保护头部和颈部。下肢气囊组件安装在仪表板下部的前围板上，用于防止驾驶员下肢与踏板、操作杆等发生碰撞，体积较小，约为 13L。

（4）安全气囊警告灯：安装在仪表盘上，常用气囊图形或 SRS、AIRBAG 字样显示。其作用是指示安全气囊系统是否正常。

3.1.3　汽车安全气囊系统的工作原理

1. 安全气囊系统的工作过程

当汽车以 50km/h 的速度与一个固定不动的障碍物正面碰撞时，安全气囊起作用的工作过程可分为四个阶段,如图 3-1-5 所示。

第一阶段:人体尚未移动,气囊开始充气。碰撞后 10ms,碰撞传感器将碰撞信号传给 SRS 电控单元,如果 SRS 电控单元确认达到引爆极限,就控制点火器通电,气囊开始充气。此时驾驶员尚未动作。

第二阶段:人体开始前移,气囊完全打开。碰撞后 20ms,乘员开始移动,但还没有到达气囊。碰撞后 40ms,气囊完全涨开,驾驶员身体前移,人的部分冲击能量被安全带吸收。

第三阶段:人体接触气囊,气囊开始排气。碰撞后 60ms,驾驶员身体开始接触气囊。碰撞后 80ms,驾驶员头部及身体上部已沉向气囊,气囊后部的排气孔排气吸收人体冲击能量。

第四阶段:人体开始后移,气囊完全排气。碰撞后 110ms,乘员因惯性前移达到最大距离,并开始后移回位。气囊排出大部分气体,前方恢复视野。碰撞后 120ms,汽车完全停止移动,危险期结束。

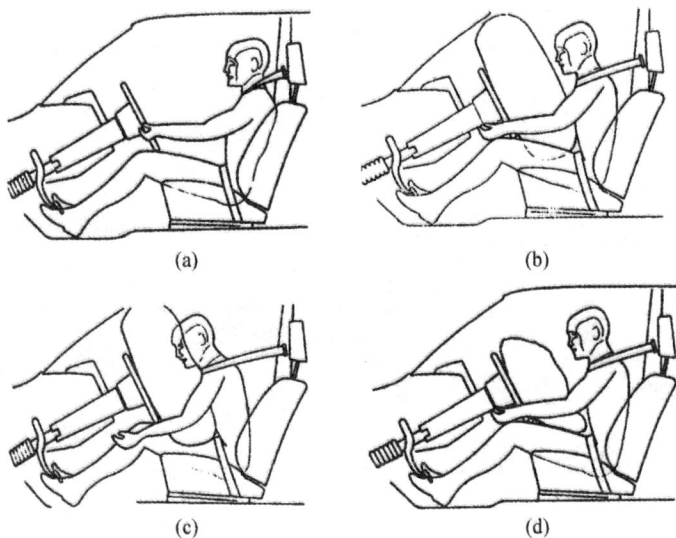

图 3-1-5　安全气囊起作用的工作过程

(a) 碰撞后 10ms　(b) 碰撞后 40ms　(c) 碰撞后 60ms　(d) 碰撞后 110ms

2. 安全气囊系统的控制原理

安全气囊系统的控制原理如图 3-1-6 所示。当汽车发生碰撞时,碰撞传感器和安全传感器立即检测汽车的碰撞类型和强度,并转化为电信号送至 SRS 电控单元;SRS 电控单元接收传感器信号,并进行分析、计算和判断,确定碰撞的类型与强度,当碰撞强度超过设定值时,立

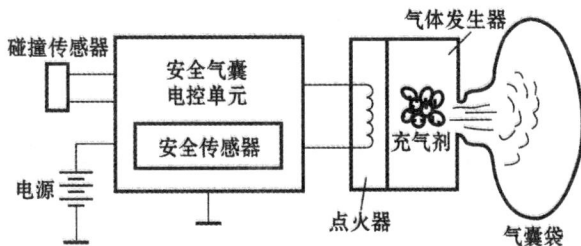

图 3-1-6　安全气囊系统的控制原理

笔记

即向气囊组件发出指令;气囊组件中的点火器接收 SRS 电控单元的指令通电,点燃点火器中的点火剂,产生大量热量,气体发生器中的充气剂受热分解释放出大量氮气冲入气囊;气囊冲出盖板,在乘员身体与车身构件之间形成气垫,并通过气囊后部排气孔的排气吸收人体的冲击能量,起到保护作用。

汽车发生不同类型的碰撞时,各碰撞传感器的状态不同,控制打开的气囊不同。一般安全气囊引爆和不引爆的条件是:如图 3-1-7 所示,驾驶员正面气囊和前乘员正面气囊引爆必须同时满足两个条件:碰撞发生在汽车正前方正负 30°角范围内;碰撞强度足够大,纵向减速度大于设计值(纵向减速度阈值)。

如图 3-1-8 所示,当纵向减速度未达到设定阈值或碰撞方向超过前方正负 30°角区域时,驾驶员气囊和前乘员气囊并不引爆,具体情况有:车辆底部遭受碰撞;汽车发生绕纵向轴线翻转;汽车遭受后面碰撞;汽车遭受低速正面碰撞;车辆发生碰撞引起局部变形,能量被障碍物和车身变形吸收;车辆前舱上部碰撞变形等。

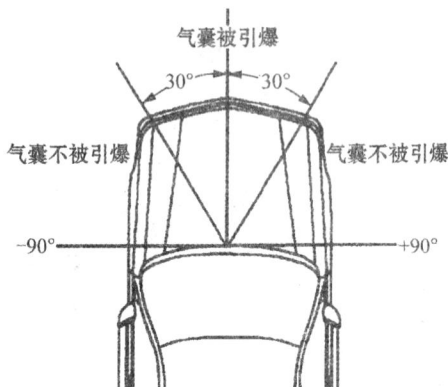

图 3-1-7 正面气囊引爆的条件

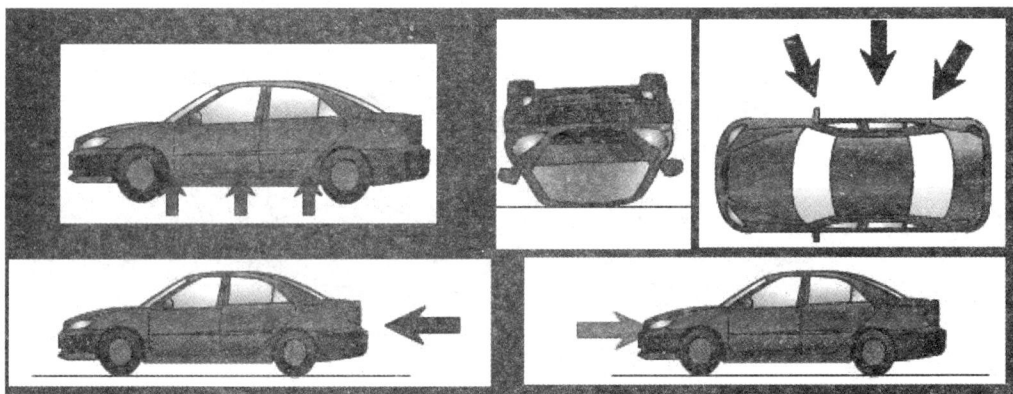

图 3-1-8 正面气囊不引爆的条件

如图 3-1-9 所示,侧面气囊和帘式气囊引爆的条件是:车辆受到侧面或后侧面一定强度的碰撞。

如图 3-1-10 所示,当车辆受到对角线方向碰撞或不是车厢处的侧面碰撞时可能不引爆。

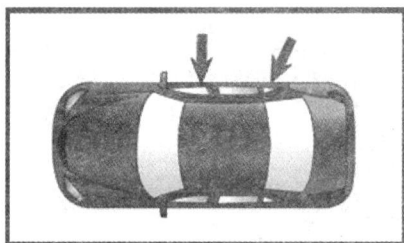

图 3-1-9 侧面气囊引爆条件

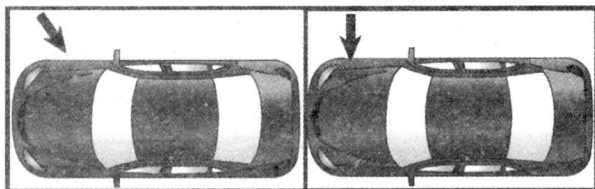

图 3-1-10 侧面气囊不引爆条件

3.1.4　别克林荫大道汽车安全气囊系统的认识

别克林荫大道汽车安全气囊系统的组成如图 3-1-11 所示,该系统电路如图 3-1-12 所示,包

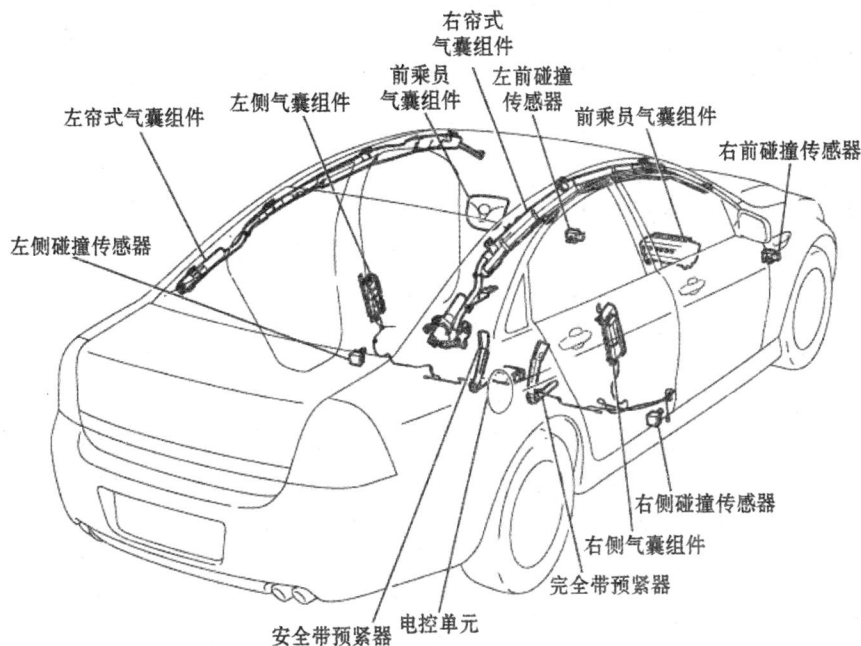

图 3-1-11　别克林荫大道汽车安全气囊系统的组成及安装位置

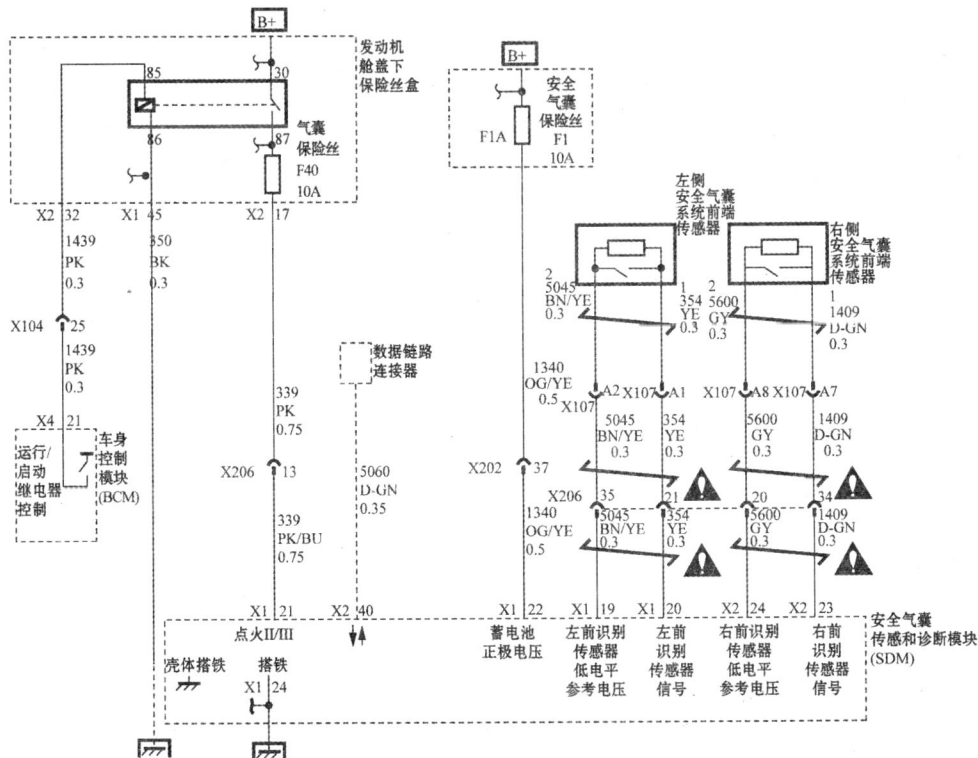

图 3-1-12　别克林荫大道汽车安全气囊系统电路图(1)——SDM 模块电源、搭铁和前端传感器

笔记

括驾驶员气囊组件、前乘员气囊组件、左侧气囊组件、右侧气囊组件、左帘式气囊组件、右帘式气囊组件、驾驶员和前乘员安全带预紧器、左前碰撞传感器、右前碰撞传感器、左侧碰撞传感器、右侧碰撞传感器、电控单元（传感和诊断模块 SDM）以及气囊警告灯等。

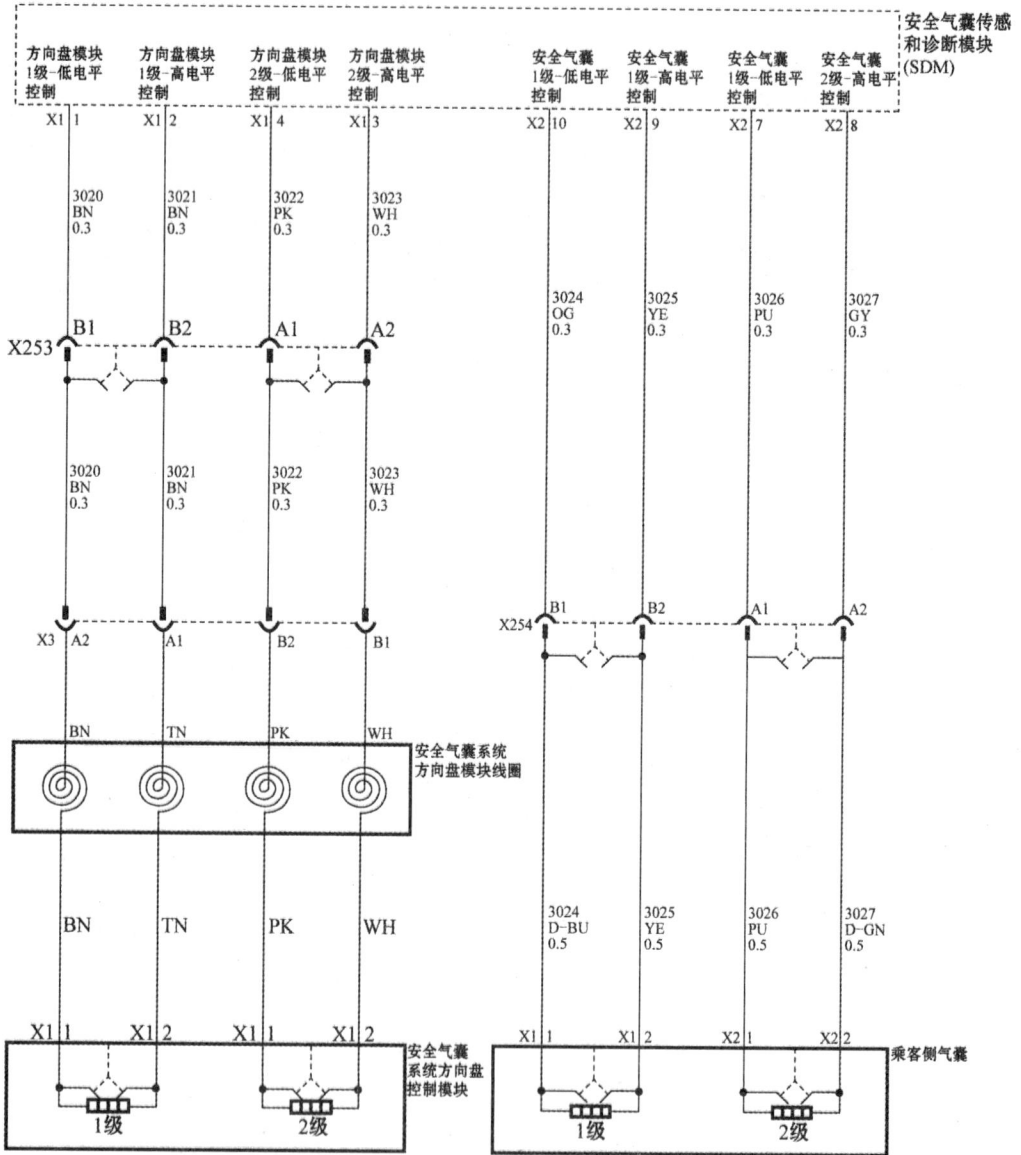

图 3-1-13　别克林荫大道汽车安全气囊系统电路图(2)——驾驶员气囊和前乘员气囊

3.1.5　其他被动安全系统的认识

1. 儿童安全座椅

前乘员气囊对身材矮小乘员起不到保护作用，成人抱着儿童乘车也是非常危险的。当汽车在 40km/h 车速下发生碰撞时，儿童会受到相当于孩子体重 30 倍的惯性力，足以使儿童从成人手中飞脱。根据美国国家公路交通安全局的调查报告显示，正确使用儿童安全座椅可以

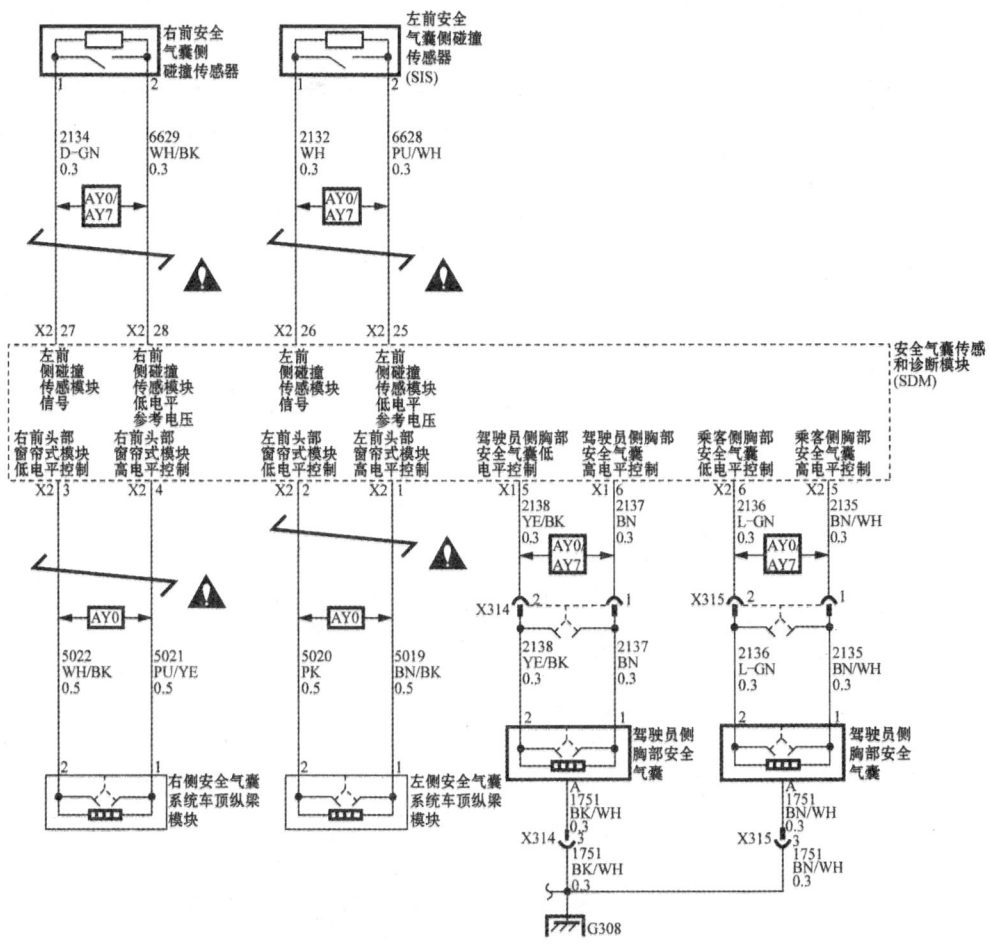

图 3-1-14 别克林荫大道汽车安全气囊系统电路图(3)——侧面碰撞传感器和侧面气囊

减少 71% 死亡率。身高 1.5m 以下或 12 岁以下儿童应坐在后排并根据儿童的年龄、身高和体重使用儿童安全座椅,儿童安全座椅如图 3-1-15 所示。按照 ECE-R44 欧洲标准,儿童安全座椅分为四个级别:0 级,儿童体重为 0~10kg,应采用可调至水平位置的安全躺椅;1 级,儿童体重为 9~18kg,应采用带安全护板或背向安装的儿童座椅;2 级,儿童体重为 15~25kg,应采用可与三点式安全带配合使用的儿童座椅;3 级,儿童体重为 22~36kg,应采用可与三点式安全

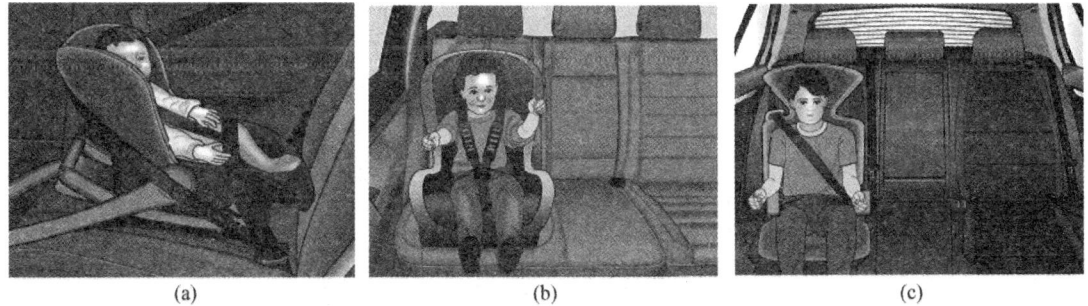

(a) (b) (c)

图 3-1-15 儿童安全座椅

(a) 0 级儿童安全座椅 (b) 1 级儿童安全座椅 (c) 2 级儿童安全座椅

带配合使用的儿童安全座垫。

　　儿童安全座椅是临时装置在乘员座椅上的附加装置。当儿童安全座椅正向安装时,气囊应能够正常引爆;当儿童安全座椅背向安装时,儿童安全座椅后背能够提供安全保护,不需要引爆气囊,应关闭气囊。儿童安全座椅下面安装有"电子信号收发器",SRS 电控单元中安装有"儿童座椅探测器",当儿童安全座椅装在乘员座椅上时,探测器的微型天线会发出探测电波,信号收发器的微型天线会接收信号,并做出反馈,探测器会判明是否已安装儿童安全座椅以及安装方向。当儿童安全座椅背向安装时,SRS 电控单元会控制关闭气囊,同时点亮黄色的"儿童座椅安装信息指示灯"和"免用安全气囊"指示灯。

　　2. 翻车保护系统

　　对于敞式汽车,在发生碰撞,尤其是翻车时,缺少一个像封闭汽车那样的保护和支撑的车顶结构,因此敞式汽车采用了翻车保护系统。宝马 E36/E46/E64 敞篷车采用的翻车保护系统(UERSS)如图 3-1-16 和图 3-1-17 所示,在 E46 敞篷车上翻车保护杆集成在后座椅头枕内,在 E64 上两个后座椅后面的一个托架结构内,安装了两个可移出的翻车保护杆。在翻车时或有翻车危险的情况下,UERSS 会自动移出,并以一定的方式锁止,从而辅助乘员获得足够的生存空间。

图 3-1-16　宝马 E46 敞篷车的翻车保护系统

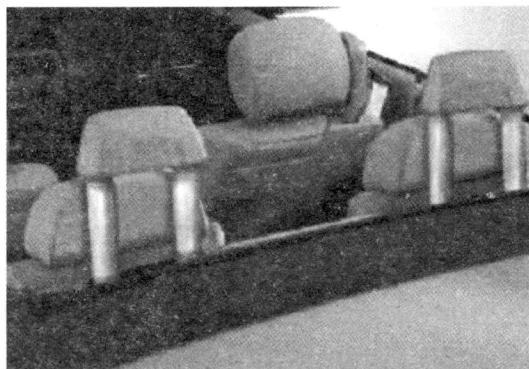

图 3-1-17　宝马 E64 敞篷车的翻车保护系统

　　1)宝马 E36/E46 敞篷车的翻车保护系统

　　宝马 E36/E46 敞篷车翻车保护系统的组成如图 3-1-18 所示,由翻车传感器总成、左右碰撞执行机构和组合仪表上的 UERSS 指示灯组成。

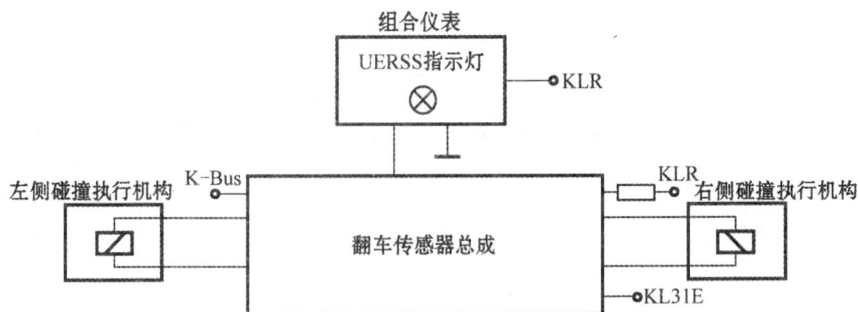

图 3-1-18　宝马 E36/E46 敞篷车翻车保护系统的组成

　　翻车传感器总成直接用螺栓拧在后座长椅后面的翻车保护杆盖板上。翻车传感器总成包括:一个用于识别车辆倾斜度、横向和纵向加速度的水平传感器;一个用于识别车辆与路面是否接触的重力加速度传感器;一个具有自诊断功能的电子分析装置;两个用于提供储备能量的电容器,在车载网络电压失灵时需利用电容器使翻车保护杆触发。

执行机构由一个单动式电磁铁组成,该电磁铁带有一个用于卡止和释放翻车保护杆的锁止装置,如图 3-1-19 所示。电磁铁操纵锁止装置并释放承受弹簧负荷的翻车保护杆,翻车保护杆可在 300ms 内移出。移出时,位于翻车保护杆上的卡爪将齿条以机械方式压回。如果翻车保护杆已移出,卡爪将支撑在齿条上。如果车辆四轮朝上,作用力将通过翻车保护杆上的卡爪传递到齿条上。为了使触发后的翻车保护装置移回初始位置,必须挡住卡爪,将翻车保护杆重新张紧。

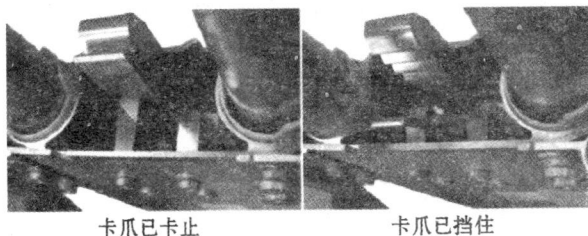

卡爪已卡止   卡爪已挡住

图 3-1-19   翻车保护杆的锁止装置

翻车保护系统的自诊断功能是:翻车传感器在接通电源时必须位于正确的安装位置。如果翻车传感器在自检期间未在正常位置,那么自检时可能会记录为水平传感器故障和重力加速度传感器故障。识别为有故障的传感器将被锁止而无法执行触发功能。如果探测到某一碰撞执行机构内有故障,UERSS 失灵指示灯就会亮起。但是翻车时碰撞执行机构也会被触发。翻车传感器如果电压低于 8.5V 的时间超过 20s,UERSS 失灵指示灯就会亮起;当电压超过 10.5V 的时间约 4s 时,UERSS 失灵指示灯将关闭。

2) 宝马 E64 敞篷车的翻车保护系统

宝马 E64 敞篷车翻车保护系统的组成如图 3-1-20 所示。翻车传感器位于车辆中心卫星

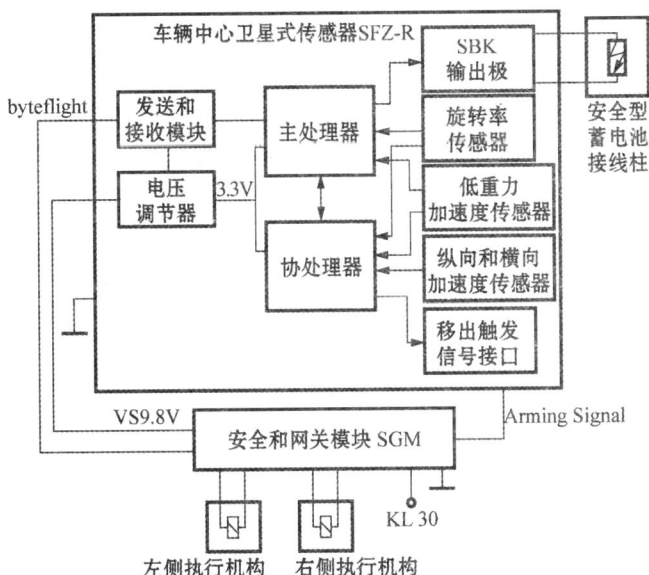

图 3-1-20   宝马 E64 敞篷车翻车保护系统的组成

式传感器 SFZ 内。

如果车辆中心卫星式传感器 SFZ-R 内的翻车传感器识别到即将翻车,相关数据就会通过 byteflight 发送到安全和网关模块 SGM。同时通过移出触发导线将释放 UERSS 的信号传输给 SGM。SGM 通过输出级控制两个执行机构。

触发翻车保护系统的条件是:识别到有翻车危险时自动触发;正面、侧面或尾部碰撞事故严重到一定程度时触发;在功能检查时通过诊断接口触发;在维修时通过手动应急开锁装置触发。

3. 主动头枕

当车辆发生后部碰撞时,主动头枕会向前运动,以便缩小乘员头部和头枕之间的距离。由于肩部和头部之间的相对运动被制止,所以颈椎受伤的危险性也就降低了。Audi A6 2005 型车在前座椅上使用的主动头枕如图 3-1-21 所示。当车辆发生后部碰撞时,乘员压在座椅靠背上,这个压力被靠背的蒙皮饰物传递到靠背中的腰部支承板上。腰部支承板通过一个杠杆机构与"主动头枕"功能单元相连,腰部支承板向后移动时,头枕就会自动向前运动。由于头枕的质量很小,所以发生前部碰撞时,就不必再锁止机械机构了。

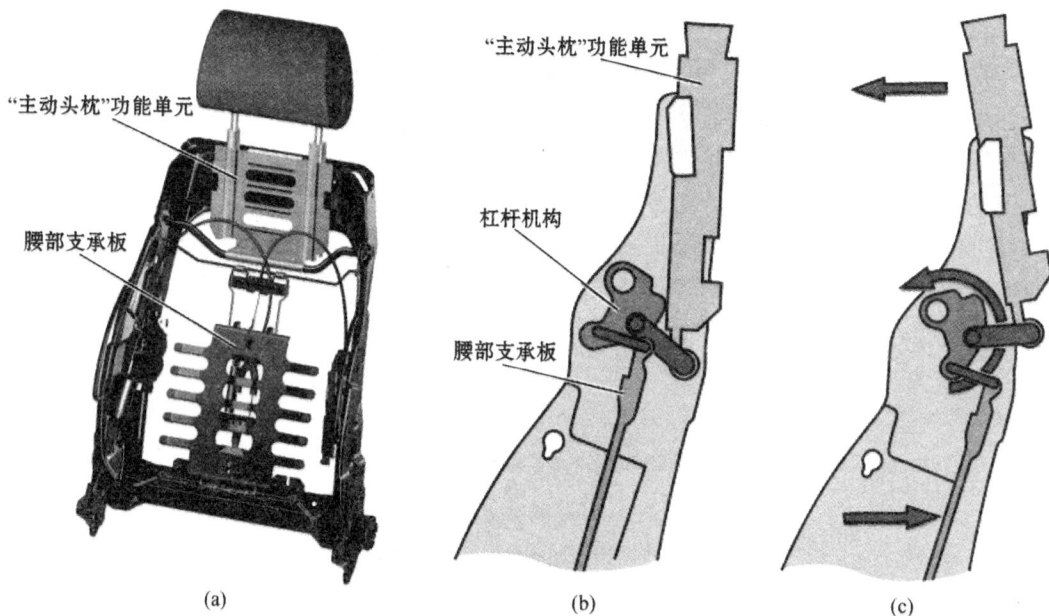

图 3-1-21 主动头枕
(a) 主动头枕座椅的结构 (b) 主动头枕未移动 (c) 主动头枕前移

4. 吸能转向柱

吸能转向柱的结构如图 3-1-22 所示,方向盘和转向柱在发生碰撞驾驶员与方向盘或充气模块接触时,可吸收能量。当驾驶员将冲击力施加到充气模块和方向盘上时,转向柱将向下收缩,吸收部分的碰撞能量,从而有助于降低对驾驶员造成的人身伤害。碰撞之后,必须检查方向盘和转向柱是否损坏。

5. 防撞吸能车身

为了保护乘员,在车身的前部、侧面和后部设计有吸能区,如图 3-1-23 所示。吸收碰撞能量的车身和高强度驾驶室能够在碰撞发生时有效吸收碰撞能量,并将其分散至车身各部位骨架,将驾驶室变形减少到最小限度,以保护座舱空间。

(a)

(b)

网络状转向柱管   波纹管式转向柱管
(c)

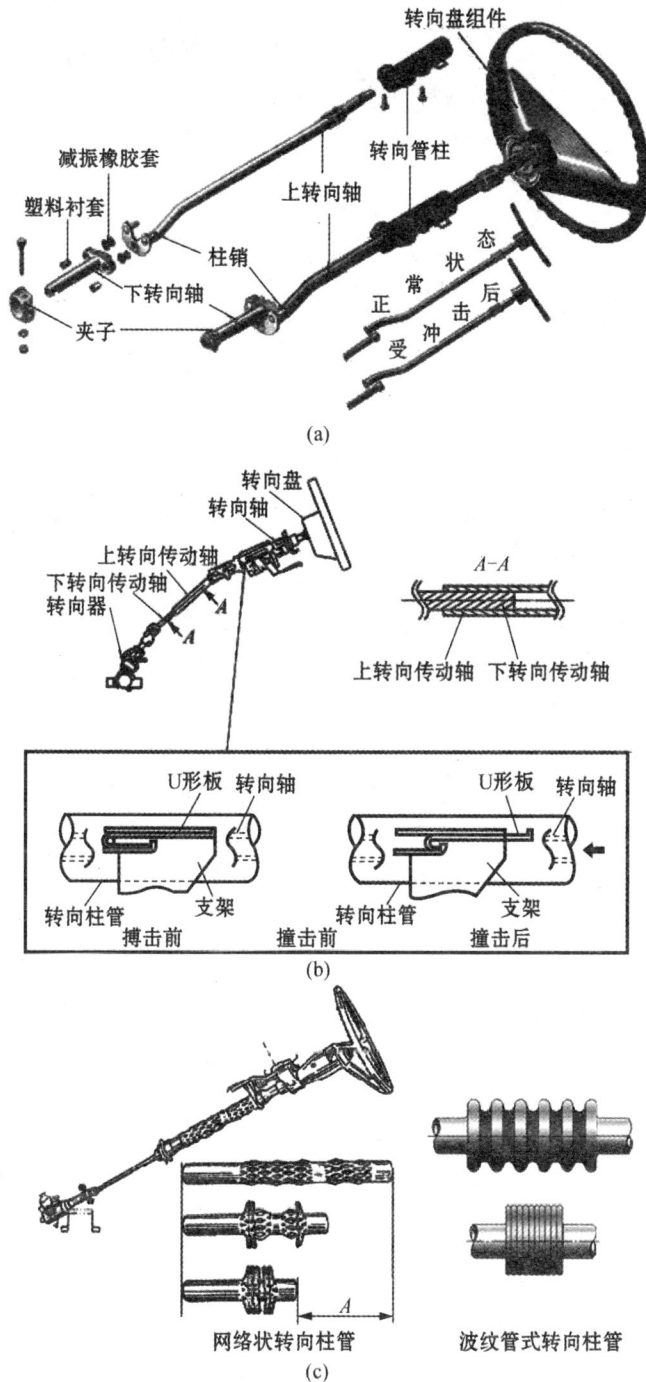

图 3-1-22 吸能转向柱
（a）转向轴错位缓冲 （b）转向轴错位和支架变形缓冲 （c）转向柱管变形吸收冲击能量并缓冲

笔记

图 3-1-23　防撞吸能车身

为了减轻对行人的伤害,在车身上还采用吸收碰撞能量的保险杠、发动机罩、翼子板和前围,同时降低发动机位置,在发动机罩内部采用纵梁式结构和吸能缓冲材质。

案例分析

案例:气囊系统连接器断开导致气囊警告灯闪烁。

车型:现代索纳塔。

症状:新车气囊警告灯闪烁。

诊断:根据经验分析,新车在铺地胶时为了便于铺设,大多会把驾驶员座椅下面的气囊线束连接器拔掉,但在铺设完毕后,可能会忘记把连接器连接复原,从而导致气囊警告灯亮起。经检查驾驶员座椅下面的气囊线束连接器已断开。

修复:重新连接连接器,故障排除。

分析:安全气囊警告灯亮起,必须及时维修,否则安全气囊系统起不到保护作用。安全气囊系统元件工作比较可靠,故障多是由于维修或使用不当造成,多发生在线路上。建议到正规的维修站或者汽车美容站去铺地胶。注意在铺设地胶后,气囊警示灯亮时,检查一下座椅下面的连接器是否连接好,如果仍不能排除问题,就需到维修站进行检修了。

测试习题

一、填空题

1. 汽车发生碰撞时的碰撞类型有_____、_____、_____、_____。

2. 驾驶员正面气囊安装在_____,前乘员正面气囊安装在_____,后乘员正面气囊安装在_____,侧面气囊安装在_____,头部帘式气囊安装在_____,下肢气囊安装在_____。

3. 安全气囊传感器按功能不同分为_____和_____。

4. 安全传感器安装在_____,其作用是_____。

5. SRS 电控单元一般安装在_____。

二、判断题

1. 目前普遍采用机械式气囊。　　　　　　　　　　　　　　　　　　　　　　(　　)

2. 美式气囊是按照乘员没有使用座椅安全带的条件设计的,体积较大。欧式气囊是按照乘员使用座椅安全带的条件设计的,体积较小。　　　　　　　　　　　　　　　(　　)

3. 安全气囊警告灯安装在仪表盘上,都用气囊图形显示。　　　　　　　　　　(　　)

4. 安全传感器减速度阈值一般比碰撞传感器的小。　　　　　　　　　　　　　(　　)

5. 车辆底部遭受碰撞或汽车发生绕纵向轴线翻转时,气囊不打开。　　　(　　)

三、问答题

1. 什么是汽车的一次碰撞和二次碰撞?

2. 简述安全气囊系统的工作过程。

3. 简述安全气囊系统的控制原理。

4. 请分析气囊引爆条件和不引爆条件。

学习单元 3.2　汽车安全气囊系统元件的认识

学习目标

认识汽车安全气囊系统的碰撞传感器、SRS 电控单元、气囊组件、安全气囊警告灯、螺旋电缆、连接器、乘员检测装置、能量储存装置、电压转换器、电源切断继电器的结构和工作原理,能够进行正确的描述和识别,能够解释相关故障,能够指导客户正确使用汽车安全气囊。

汽车安全气囊系统由碰撞传感器、SRS 电控单元、气囊组件、安全气囊警告灯、螺旋电缆、连接器、乘员检测装置、能量储存装置、电压转换器、电源切断继电器等组成。

3.2.1　碰撞传感器

碰撞传感器按其结构不同可以分为多种,常用的有滚球式碰撞传感器、滚柱式碰撞传感器、偏心锤式碰撞传感器、水银开关式碰撞传感器、应变电阻式碰撞传感器、压电效应式碰撞传感器和电容式碰撞传感器等。

1. 滚球式碰撞传感器

滚球式碰撞传感器的结构如图 3-2-1 所示,主要由导缸、滚球、永久磁铁、触点等组成,滚球可在导缸内滚动,两个触点与传感器引线连接。壳体上制有箭头标记,安装时必须按规定方向安装(箭头指向汽车后方)。当传感器处于静止状态时,滚球被吸向磁铁,两个触点不连通,SRS 电控单元不控制引爆气囊;当汽车发生正面碰撞时,滚球的惯性力大于磁铁的磁吸力,滚球立即沿导缸运动,将两个触点连通,SRS 电控单元控制引爆气囊。

注意:碰撞传感器壳体上制有箭头标记,箭头方向与传感器结构有关,多数指向汽车前方,也有的指向汽车后方。

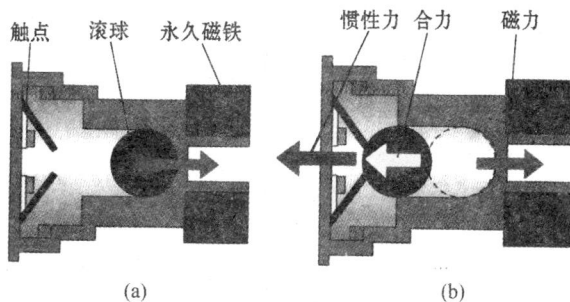

图 3-2-1　滚球式碰撞传感器

(a) 静止状态　(b) 碰撞状态

2. 滚柱式碰撞传感器

滚柱式碰撞传感器的结构如图 3-2-2 所示,主要由止动销、滚轴、片状弹簧、滚动触点、固定触点和底座等组成。片状弹簧一端固定在底座上,另一端绕在滚轴上,与传感器一个引线端子连接。滚动触点固定在滚轴部分的片状弹簧上,固定触点与片状弹簧绝缘固定在底座上,与传感器的另一个引线端子连接。当传感器处于静止状态时,滚轴在片状弹簧弹力的作用下保持在止动销一侧,滚动触点与固定触点不连通,SRS 电控单元不控制引爆气囊;当汽车发生碰撞时,滚轴的惯性力大于片状弹簧的弹簧力,滚轴立即开始滚动,将两个触点连通,SRS 电控单元控制引爆气囊。

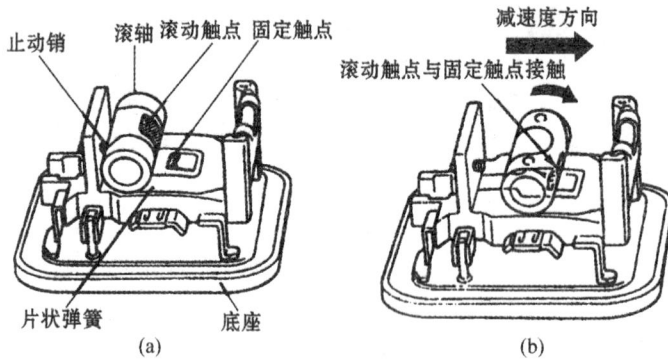

图 3-2-2　滚柱式碰撞传感器
（a）静止状态　（b）碰撞状态

3. 偏心锤式碰撞传感器

偏心锤式碰撞传感器的结构如图 3-2-3 所示,主要由壳体、复位弹簧、偏心锤、固定触点和转动触点等组成。当传感器处于静止状态时,偏心锤在复位弹簧作用下靠在挡块上,转动触点与固定触点不连通,SRS 电控单元不控制引爆气囊;当汽车发生碰撞时,偏心锤带动偏心转子克服弹簧弹力立即产生偏转,当碰撞强度达设定值时,旋转触点和固定触点闭合,SRS 电控单

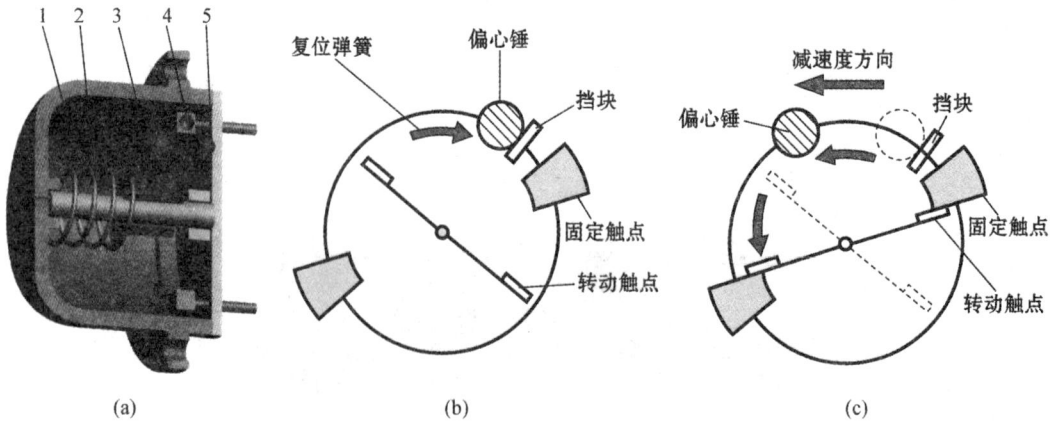

图 3-2-3　偏心锤式碰撞传感器
1-壳体;2-复位弹簧;3-偏心锤;4-固定触点;5-转动触点
（a）结构　（b）静止状态　（c）碰撞状态

元控制引爆气囊。

4. 水银开关式碰撞传感器

水银开关式碰撞传感器用做安全传感器,其结构如图 3-2-4 所示,主要由电极、水银、盖和外壳等组成。当汽车发生碰撞时,水银由于惯性向电极方向运动,立即接通两电极,SRS 电控单元控制引爆气囊。

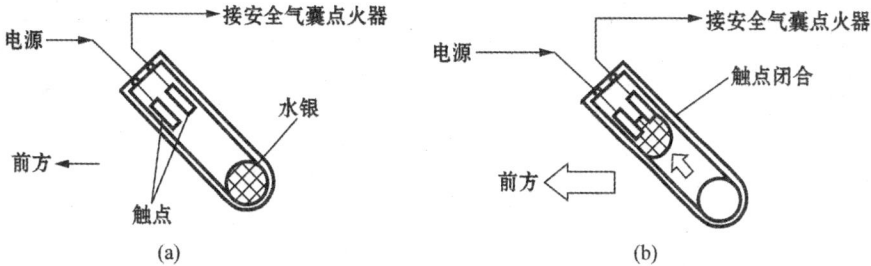

图 3-2-4　水银开关式碰撞传感器
（a）静止状态　（b）碰撞状态

5. 应变电阻式碰撞传感器

应变电阻式碰撞传感器的结构如图 3-2-5 所示,主要由电子电路、应变电阻、振动块、缓冲介质和壳体等组成,电子电路包括温度补偿电路和稳压电路,四个应变电阻 R_1、R_2、R_3、R_4 制在硅膜片上,连成桥式电路。当汽车发生碰撞时,振动块立即振动,缓冲介质随之振动,硅膜片和应变电阻发生变形,应变电阻的电阻值发生变化、传感器输出信号电压发生变化,SRS 电控单元根据此信号电压的强弱判断碰撞强度,如果信号电压达到或超过设定值,SRS 电控单元控制引爆气囊。

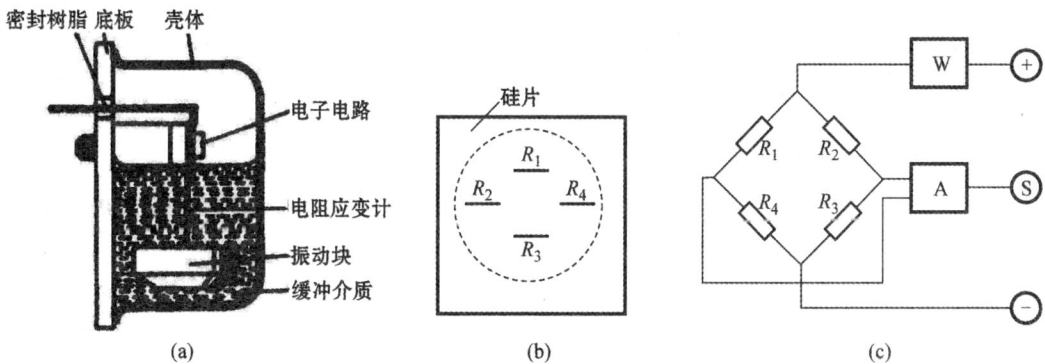

图 3-2-5　应变电阻式碰撞传感器
（a）结构　（b）电阻应变计　（c）原理电路

6. 压电效应式碰撞传感器

压电效应式碰撞传感器利用压电晶体的压电效应制成。当汽车发生碰撞时,传感器内的压电晶体在碰撞产生的压力作用下产生电压,立即引起传感器输出信号电压的变化,SRS 电控单元根据此信号电压的强弱判断碰撞强度。

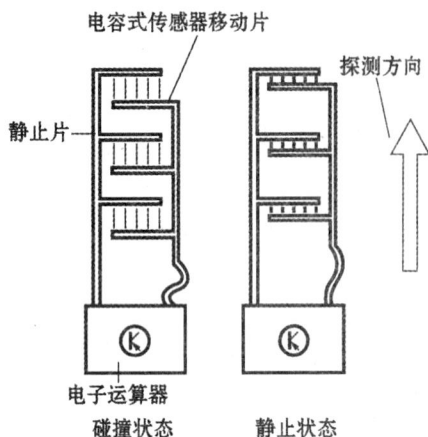

图 3-2-6 电容式碰撞传感器

7. 电容式碰撞传感器

电容式碰撞传感器的结构如图 3-2-6 所示,当汽车发生碰撞时,传感器内电容的移动片立即移动,电容两极板间距发生变化,引起电容的电容值发生变化,使传感器输出信号电压发生变化,SRS 电控单元根据此信号电压的强弱判断碰撞强度。

电容式碰撞传感器的减速度阈值根据安全气囊系统的性能设定,不同车型不尽相同。美国采用的美式气囊体积大、充气时间长,碰撞传感器的减速度阈值较低,以 20km/h 的车速正面碰撞一个不可变形的固体障碍物时,碰撞传感器被激活引爆气囊。日本和欧洲采用的欧式气囊体积小,充气时间短,碰撞传感器的减速度阈值较高,引爆气囊的车速为 30km/h。

3.2.2 SRS 电控单元

SRS 电控单元有一个金属外壳,强度高,可以有效保护电控单元,同时还可以屏蔽外界的电磁波干扰。SRS 电控单元的内部结构如图 3-2-7 所示,主要由微处理器、能量储存装置、安全传感器总成等组成。SRS 电控单元的内部电路图如图 3-2-8 所示,包括微处理器、信号处理电路、驱动电路、备用电源电路、5V 电源电路、稳压电路、升压电路和保护电路等。

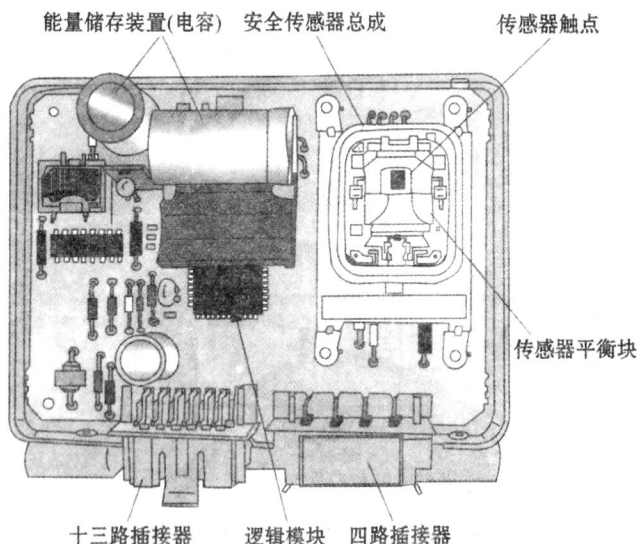

图 3-2-7 SRS 电控单元的内部结构

1. 微处理器

微处理器具有控制功能,能通过分析碰撞传感器和安全传感器信号,来判断碰撞的类型和强度,如果达到碰撞极限,就会立即产生点火指令。微处理器还具有自诊断功能,能检测到气囊系统的故障,并存储故障信息,产生点亮安全气囊警告灯指令,故障信息可以从串行通信接口输出。

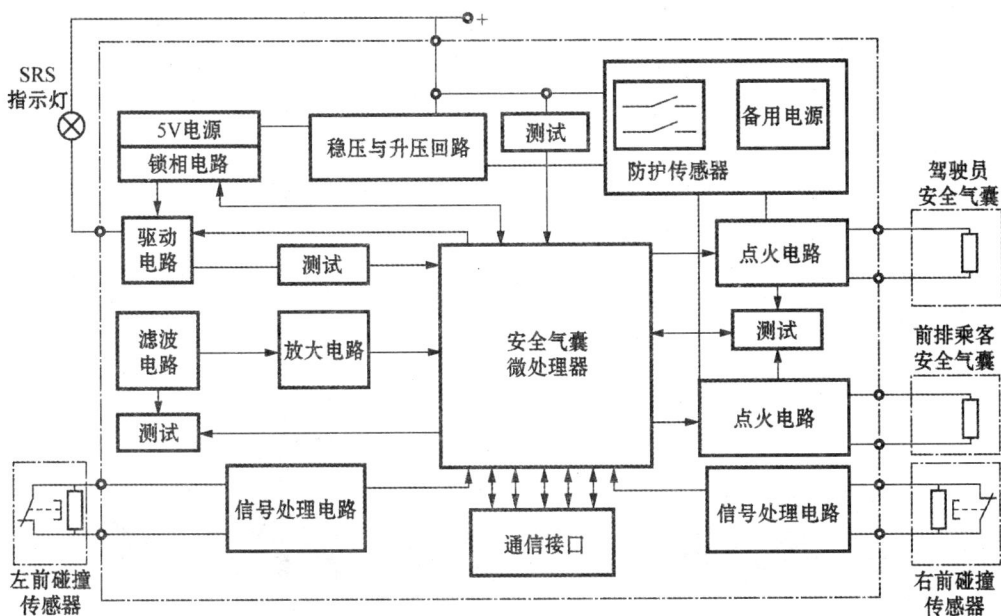

图 3-2-8　SRS 电控单元的内部电路图

2. 信号处理电路

对传感器信号进行整形、放大和滤波,以便微处理器能够接收和识别。

3. 驱动电路

驱动电路起到控制信号的生成和放大的作用,主要功能有点火驱动电路和安全气囊警告灯驱动电路:点火驱动电路将微处理器的点火指令转变为控制信号并放大,驱动点火器电路,引爆气囊;安全气囊警告灯驱动电路将微处理器的点亮安全气囊警告灯指令转变为控制信号并放大,驱动警告灯电路,点亮警告灯。

4. 备用电源电路

点火开关接通 10s 后,如果汽车电源电压高于 ECU 工作电压,备用电源电路储能。当汽车电源断开后一定时间内(一般为 6s),备用电源电路继续供电,保证安全气囊系统正常工作。6s 后备用电源电路供电能力降低,不能保证安全气囊系统正常工作。

5. 5V 电源电路、稳压电路、升压电路和保护电路

5V 电源电路为电控单元内部电路提供 5V 恒定电压。稳压电路保证安全气囊系统在稳定电压下工作。升压电路可以将 12V 电源电压升高至 16V、24V 或 36V 等,以保证气囊可靠引爆。保护电路可以吸收过电压,防止气囊系统元件承受过电压而损坏。

目前在一些高级安全气囊系统,已实现了安全气囊系统的智能化和耦合化,电控单元的功能得到了加强。智能化即采用先进的数字模拟与设计技术,开发智能化的感应系统以及电子控制系统,能够在汽车碰撞的一瞬间根据碰撞条件和乘员状况调节气囊的工作性能。耦合化即安全气囊系统的耦合度大大提高,当汽车发生碰撞时,SRS 电控单元触发汽车上全部安全保护系统,不仅能控制气囊和安全带,而且能切断发动机供油,开启车门锁止装置,并自动发出求救信号,实现全方位的安全防护。

注意:SRS 电控单元壳体上标记有箭头,安装时应将箭头指向车辆正前方,保证安全传感器正常工作。安装时要按规定力矩拧紧,同时保证壳体搭铁。

注意:由于电控单元内部有备用电源电路,为防止意外引爆安全气囊系统,检修气囊系统、更换气囊系统任何部件或在气囊系统线束附近操作时,要先断开点火开关、断开蓄电池负极,等待一定时间后(本田轿车等待 3min、丰田轿车等待 90s、日产轿车等待 10min)再进行,并先将气囊组件的连接器断开。

3.2.3　气囊组件

气囊组件由点火器、气体发生器、气囊袋等组成,驾驶员气囊组件和前乘员气囊组件的结构如图 3-2-9 和图 3-2-10 所示。

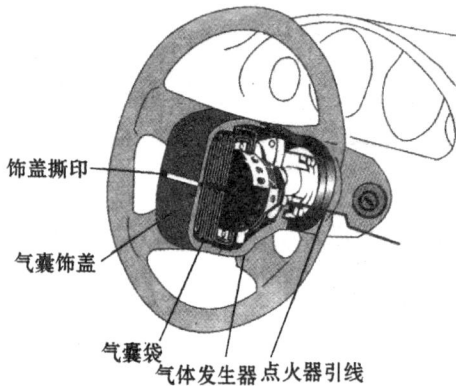

图 3-2-9　驾驶员气囊组件

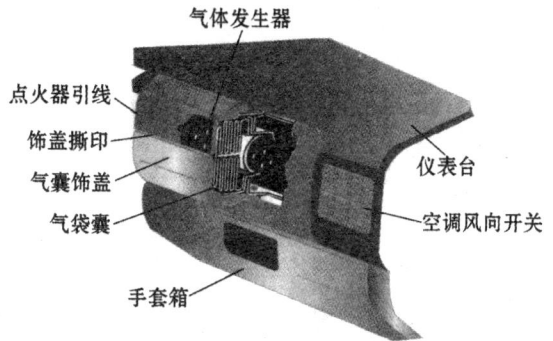

图 3-2-10　前乘员气囊组件

1. 点火器

点火器外包铝箔,安装在气体发生器内部中央位置,其作用是接收 SRS 电控单元的控制指令,通电并引爆气囊。点火器的结构如图 3-2-11 所示,主要由引出导线、电热丝、点火剂等组成,点火剂包括引药和引爆药,引出导线通过连接器与 SRS 电控单元相连。汽车发生碰撞时,如果碰撞传感器和安全传感器被激活,SRS 电控单元发出点火指令,控制点火器电热丝通电,电热丝迅速升温,点燃引药,继而点燃引爆药,引爆药瞬间爆炸产生大量热量,药筒内气体的温度和压力急剧升高,高热火焰冲破药筒,使充气剂受热分解解释放出氮气并充入气囊。

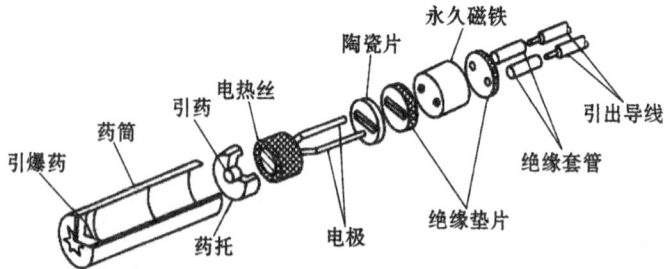

图 3-2-11　点火器

注意:为防止气囊组件误通电,进行电气检查时只能使用高阻抗数字万用表,确认电阻挡的最小量程的输出电流不超过 10mA。不能对气囊组件进行电阻测量。

2. 气体发生器

气体发生器又称为充气器,其作用是受点火器加热而产生大量的气体并充入气囊。由于安装位置的限制,不同位置的气体发生器的外形不同,但其组成和工作原理基本相同。

驾驶员侧气体发生器的结构如图 3-2-12 所示,一般制成圆形,以便于安装。它用专用螺栓与螺母固定在方向盘的气囊支架上。气体发生器的结构如图所示,由上盖、下盖、充气剂(叠氮化钠固体药片)和金属滤网等组成。上盖上制有若干长形或圆形的充气孔,下盖上制有安装孔。金属滤网安放在壳体内表面,用于过滤充气剂和点火剂燃烧后的渣粒。充气剂普遍采用叠氮化钠固体片状合剂,其分子式是 NaN_3,有剧毒,溶于水和液氨,约 $300℃$ 时分解释放出氮气和少量的氢氧化钠和碳酸氢钠白色粉末。

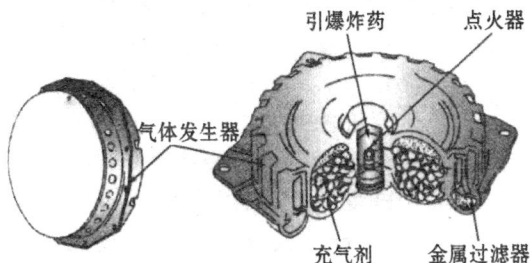

图 3-2-12　驾驶员侧气体发生器　　　图 3-2-13　前乘员侧气体发生器

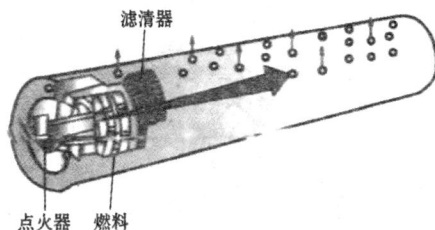

当点火器通电点燃点火剂时,产生大量热量,充气剂叠氮化钠药片受热迅速分解释放出大量氮气,通过金属滤网滤除杂质,充入气囊。

前乘员侧气体发生器为长筒形,其结构如图 3-2-13 所示。

由于叠氮化钠有毒性,目前出现了很多非叠氮化物充气剂,例如采用硝化纤维做燃烧材料的焰火装置和使用氩气做混合充气剂的混合型气体发生器。混合型气体发生器的结构如图 3-2-14 所示,点火器和氩气压缩筒合为一体,当汽车发生碰撞时,ECU 控制点火器通电引爆点火剂,使冲击销击破爆破圆片,低温氩气由爆破圆片、充气孔充入气囊;同时点火器引燃加热燃料仓中的加热燃料,使氩气温度升高,混合气体充入气囊。混合型气体发生器与其他类型气体发生器相比,尺寸相当、质量小,点火后无固体残渣,对环境无污染,回收性好,得到了广泛应用。

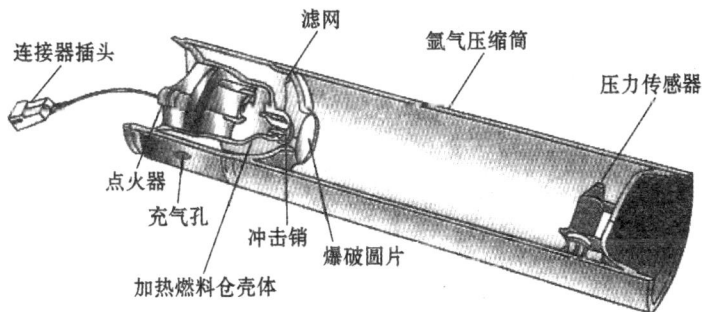

图 3-2-14　混合型气体发生器

注意:氮气无毒,而氢氧化钠和碳酸氢钠是有害的,清洁气囊打开后的车内空间时,应保证通风良好并采取防护措施。充气剂是易爆物品,对废弃车辆要进行气囊的引爆。安全气囊中有易燃、易爆物品,应按规范保管、运输。

3. 气囊袋

安全气囊袋外形如图 3-2-15 所示,气囊袋用轻尼龙布制成,采用缝制和粘接技术,内表面涂有氯丁橡胶或硅酮涂层,折叠放在气体发生器上部与气囊饰盖之间。气囊背面或顶部制有 2～4 个排气孔,气囊受压后,从排气孔排气,吸收乘员碰撞能量。有的气囊采用具有一定透气性的不涂覆织物,控制其缓冲性能。气囊饰盖表面模压有撕裂线,以便气囊充气时沿撕裂线撕裂饰盖,以准确设计的方向冲出,并减小冲出饰盖的阻力。

图 3-2-15 气囊袋

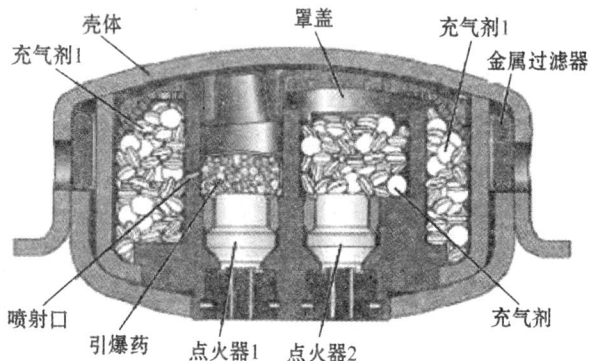

图 3-2-16 驾驶员双级气囊组件

注意:切勿在气囊部位放置或粘贴任何物品,以保证安全气囊系统能起到正常保护作用。

为了实现智能控制,在很多新型安全气囊系统中采用了双级气囊组件和多级气囊组件,可以根据碰撞强度控制气囊展开的时间和程度,对乘员进行更加有效的保护。

双级气囊组件包括两个点火引爆装置,充气模块有两个展开级别,SRS 电控单元可根据碰撞的严重程度来调整气囊的膨胀时刻、膨胀速度和膨胀程度,减轻气囊展开不当时对乘员造成的伤害,使气囊提供合理有效的保护。一般驾驶员气囊和前乘员气囊多采用双级气囊组件,其结构如图 3-2-16 和图 3-2-17 所示,图中前乘员气囊为双级复合式气体发生器。

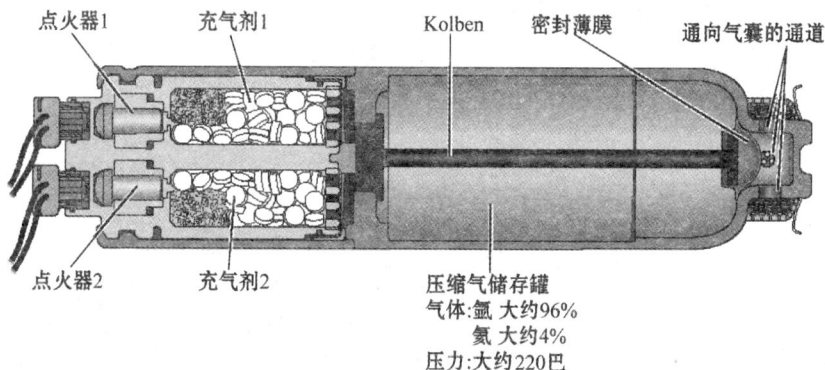

图 3-2-17 前乘员复合式双级气囊组件

气囊展开级别的控制方法有两种:一种是根据汽车碰撞强度,两个点火器点火时间是错开的,两次点火时间间隔一般为 5～50ms,两个点火器都会点火,气囊按高低速度展开,其工作原理如图 3-2-18 所示。当车辆碰撞强度低时,两次点火时间间隔较长,气囊膨胀速度慢,膨胀程度小;当车辆碰撞强度大时,两次点火时间间隔较短,气囊膨胀速度快,膨胀程度大。另一种是根据汽车碰撞强度,控制一个或两个点火器,气囊按高低能量展开。当车辆碰撞强度低时,一个点火器点火,气囊充气少,膨胀程度小;当车辆碰撞强度大时,两个点火器同时点火,气囊充气多,膨胀程度大。

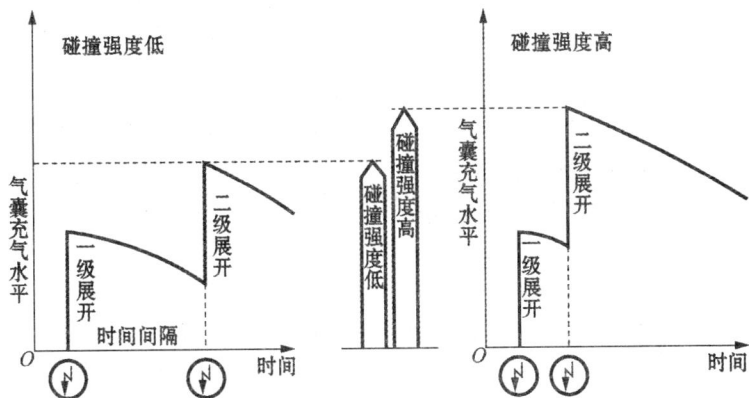

图 3-2-18　双级气囊组件工作原理

多级气囊组件把一个充气装置分为大小两个充气装置,充气模块有多个展开级别。当低强度碰撞(小于 25km/h)时,安全气囊不打开;当中强度碰撞(25～38km/h)时,引爆小充气装置;当高强度碰撞(25～38km/h)时,引爆大充气装置;当超高强度碰撞(38～48km/h)时,同时引爆大小两个充气装置。

3.2.4　连接器

安全气囊系统要具有高的工作可靠性和高的安全性,其连接器要求导电性好、耐久性好、连接可靠,并具有诊断和保护功能。连接器颜色比较醒目,一般为黄色,欧洲产汽车有的采用橘红色或红色连接器。连接器端子采用导电性好和耐久性好的镀金端子。连接器结构上设计了一些具有特殊保险功能的机构,主要有防止安全气囊误爆机构、电路连接诊断机构、连接器双重锁定机构和端子双重锁定机构。丰田花冠轿车安全气囊系统的连接器如图 3-2-19 所示,连接器采用的保险机构如表 3-2-1 所示。

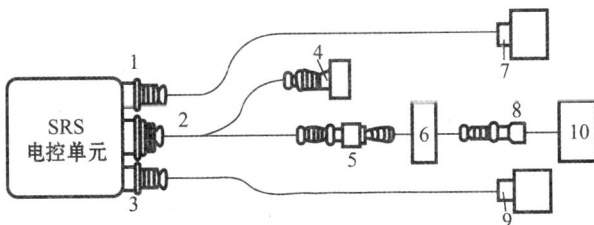

图 3-2-19　丰田花冠轿车安全气囊系统的连接器

1、2、3—电控单元连接器;4—SRS 电源连接器;5—中间线束连接器;6—螺旋线束;
7—右碰撞传感器连接器;8—SRS 气囊组件连接器;9—左碰撞传感器连接器;10—SRS 气囊点火器

表 3-2-1　丰田花冠轿车安全气囊系统的连接器采用的保险机构

连接器保险机构	连接器代号
防止安全气囊误爆机构	2、5、8
电路连接诊断机构	1、3、7、9

（续表）

连接器保险机构	连接器代号
连接器双重锁定机构	5、8
端子双重锁定机构	1、2、3、4、5、7、8、9

1. 防止安全气囊误爆机构

为了防止气囊点火器误通电或静电引爆气囊,SRS电控单元与点火器之间线束中的连接器(2、5、8)采用了防止安全气囊误爆机构,其结构如图3-2-20所示。在连接器中有一个短路片,短路片为一铜质弹簧片,设置在连接器靠近点火器一侧的插头或插座上。当连接器正常连接时,插座的绝缘壳体将短路片向上顶起,短路片与端子脱开,插头端子与插座端子良好接触。当连接器断开时,短路片自动将点火器一侧插头(或插座)两端子短接,使点火器电热丝短路,从而防止安全气囊误爆。

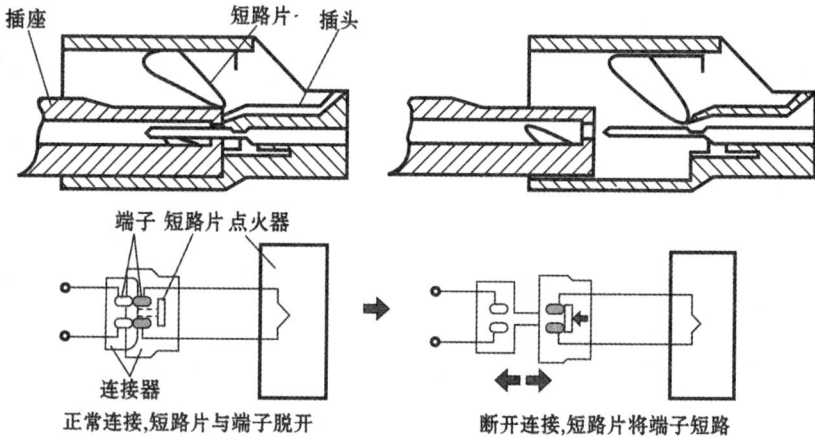

插座　短路片　插头

端子　短路片点火器

连接器

正常连接,短路片与端子脱开　　断开连接,短路片将端子短路

图 3-2-20　防止安全气囊误爆机构

2. 电路连接诊断机构

为了防止因碰撞传感器与ECU连接不良造成气囊无法打开,SRS电控单元与碰撞传感器之间线束中的连接器(1、3、7、9)采用了电路连接诊断机构,其结构如图3-2-21所示。在连接器的插头(或插座)中有一个诊断销,在对应的连接器插座(或插头)上有两个诊断端子,端子上有弹簧片。其中一个端子与传感器一端直接相连,另一端子通过一个电阻与传感器另一端相连。当连接器正常连接时,诊断端子与诊断销接触,传感器与连接器电阻并联,ECU诊断为可靠连接。当连接器不可靠连接时,诊断端子与诊断销断开,连接器引线两端电阻无穷大,ECU诊断为不可靠连接,控制安全气囊警告灯闪亮,并存储故障码。

3. 连接器双重锁定机构

为了防止连接器脱开,进一步保证可靠连接,安全气囊系统的重要连接器(ECU与点火器之间的连接器5、8)采用了连接器双重锁定机构,锁定连接器插头与插座,其结构如图3-2-22所示。连接器插头上设有主锁和两个凸台,连接器插座上设有锁柄能够转动的副锁。当主锁未锁定时,凸台妨碍和阻止副锁锁定;当主锁完全锁定时,副锁可以转动并锁定,主锁和副锁双重锁定后可以可靠防止连接器脱开。

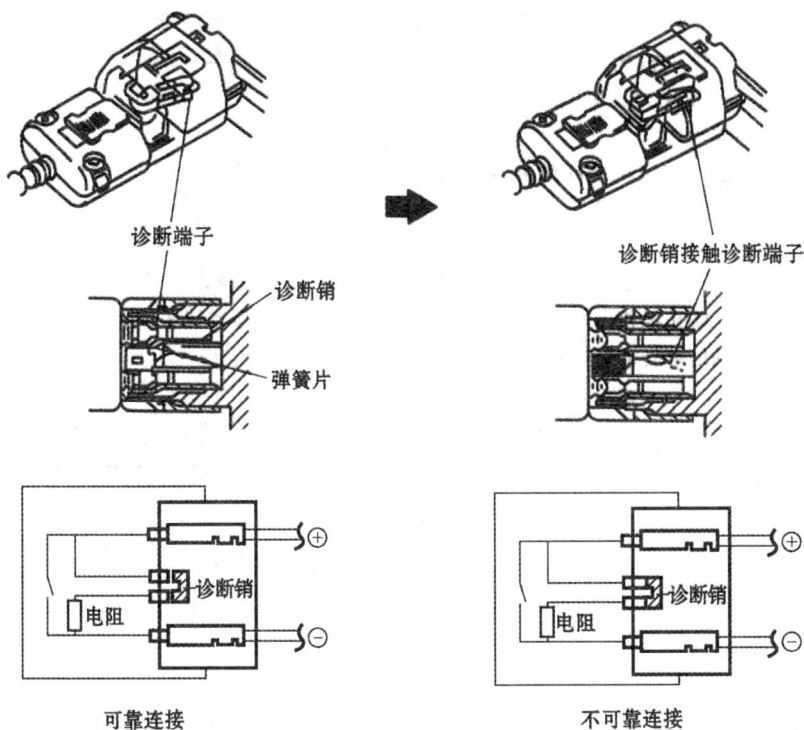

诊断端子

诊断销接触诊断端子

诊断销

弹簧片

可靠连接

诊断销

电阻

不可靠连接

诊断销

电阻

图 3-2-21　电路连接诊断机构

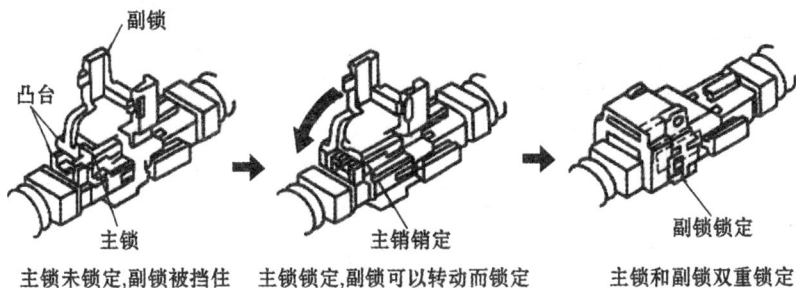

副锁

凸台

主锁

主锁未锁定,副锁被挡住

主锁锁定,副锁可以转动而锁定

副锁锁定

主锁和副锁双重锁定

图 3-2-22　连接器双重锁定机构

4. 端子双重锁定机构

为了防止连接器端子松脱,保证可靠连接,安全气囊系统的所有连接器(1、2、3、4、5、7、8、9)采用了端子双重锁定机构锁定连接器端子,其结构如图 3-2-23 所示,它由连接器壳体上的锁柄与分隔片构成。锁柄为一次锁定机构,防止端子沿引线轴向移动;分隔片为二次锁定机构,防止端子沿引线径向移动。

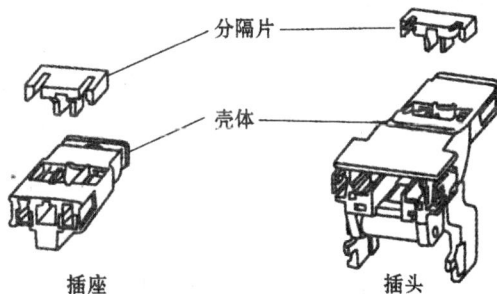

分隔片

壳体

插座

插头

图 3-2-23　端子双重锁定机构

3.2.5　乘员检测装置

现在有一些车在前乘员座椅上安装了乘员检测装置,可以检测座椅上是人还是物,是成人

笔记

还是儿童以及乘员坐姿,并根据检测结果控制关闭或打开前乘员安全气囊(正面和侧面安全气囊)控制,同时点亮或熄灭"前乘员安全气囊关闭警告灯",告知驾驶员和乘员。乘员检测装置类型较多,这里主要介绍说明本田公司轿车采用的乘员坐姿检测系统(OPDS)和奥迪轿车采用的座椅占用检测系统。

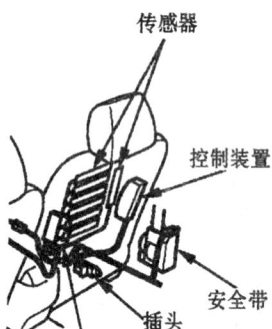

图 3-2-24　乘员坐姿检测系统

1. 乘员坐姿检测系统(OPDS)

本田公司生产的装有侧面安全气囊的汽车上,就配备了乘员坐姿检测系统。如图 3-2-24 所示,该系统包括坐姿传感器和OPDS 电控单元。传感器包括无线电发射电路和接收电路,无线电发射电路产生并发射无线电波,电波遇到人体反射回来,接收电路接收后将其传送到 OPDS 电控单元,OPDS 电控单元根据反射电波的面积及位置就可以判断是人还是物以及乘员的坐姿。如果检测到是物体,或检测到乘员身材较小、身体坐歪,并处于侧面气囊引爆范围内,SRS 电控单元就会关闭侧面气囊控制,同时点亮警告灯;当物体移开,乘员坐直时,SRS 电控单元就会打开侧面气囊控制,同时警告灯在几秒后熄灭。如果没有安装乘员坐姿检测系统,应通过安全气囊关闭开关,关闭或打开安全气囊系统。

2. 座椅占用检测系统

奔驰、宝马、奥迪轿车上安装了座椅占用检测系统。奥迪C6A6 的座椅占用检测系统有美式和非美式两种形式,其中美式座椅占用检测系统的组成如图 3-2-25 所示,该系统由座椅占用识别垫、座椅占用识别压力传感器、安全带使用识别开关、安全带张紧力传感器、座椅占用检测电控单元、"前乘员安全气囊关闭"警告灯和 SRS 电控单元组成。

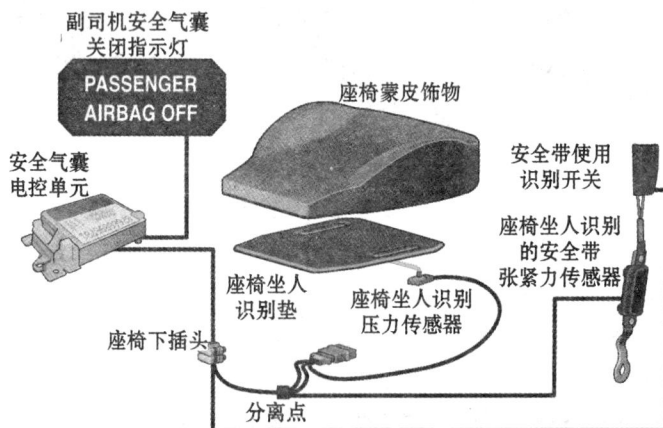

图 3-2-25　座椅占用检测系统

座椅占用识别垫安装在座椅蒙皮饰物下,其内部充满硅树脂凝胶,通过一根软管与座椅占用识别压力传感器相连。当座椅上坐人时,乘员的压力通过座椅蒙皮饰物作用在座椅占用识别垫上,压力传感器产生一个反映座椅负荷大小的模拟电压信号,送至座椅占用检测电控单元,判断座椅负荷大小。

安全带张紧力传感器安装在安全带锁和安全带锁紧固件之间,安全带锁和安全带锁紧固件用螺栓固定在座椅框架上,该传感器采用霍尔传感器。系上安全带后,安全带锁就作用有一个拉力,安全带张紧力传感器就产生一个反映拉力大小的电信号,送至座椅占用检测电控单元,判断安全带拉力大小。

安全带使用识别开关安装在安全带锁内,产生反映安全带是否使用的开关信号,送至 SRS 电控单元,判断安全带是否使用。

如果座椅负荷低于 20kg,安全带拉力很小或无拉力,座椅占用检测电控单元则判断这是儿童座椅,并通知 SRS 电控单元,关闭前乘员安全气囊控制,点亮"前乘员安全气囊关闭"警告灯;如果座椅负荷增大到 25kg 左右,安全带拉力超过设定值,座椅占用检测电控单元判断安全带已拉紧儿童座椅,并通知 SRS 电控单元,关闭前乘员安全气囊控制,点亮"前乘员安全气囊关闭"警告灯;如果座椅负荷大于 25kg,安全带拉力较小,座椅占用检测电控单元则判断这是成人,并通知 SRS 电控单元,打开前乘员安全气囊控制,熄灭"前乘员安全气囊关闭"警告灯。

注意:不可对前排座椅作任何装饰或安装座椅护套,以保证乘员检测装置和安全气囊系统正常工作。

3.2.6 其他装置

1. 安全气囊警告灯

安全气囊警告灯安装在仪表板上,当点火开关置于"ON"或"ACC"时,安全气囊警告灯点亮或闪亮 6s(或闪 6 次)后自动熄灭,表示安全气囊系统功能正常。如果安全气囊警告灯不亮,表示安全气囊警告灯电路有故障;如果安全气囊警告灯一直点亮,在汽车行驶中突然点亮或闪亮,表示安全气囊警告灯电路或安全气囊系统有了故障,应及时维修。

2. 螺旋电缆

驾驶员气囊安装在方向盘上随方向盘转动,而车身导线是固定不动的,这就需要在车身与方向盘电器之间安装螺旋电缆,以实现静止端和活动端的电器连接。螺旋电缆的结构和安装标记如图 3-2-26 所示,主要由螺旋电缆、旋转体、解除凸轮、壳体等组成。旋转体与解除凸轮之间有连接凸缘与凹槽,方向盘转动时两者形成一个整体一起随方向盘转动。螺旋电缆很薄很宽,长约 4.8m,呈螺旋状盘在壳体内,一端固定在壳体上,另一端固定在旋转体上,方向盘转动时不会被拖曳。

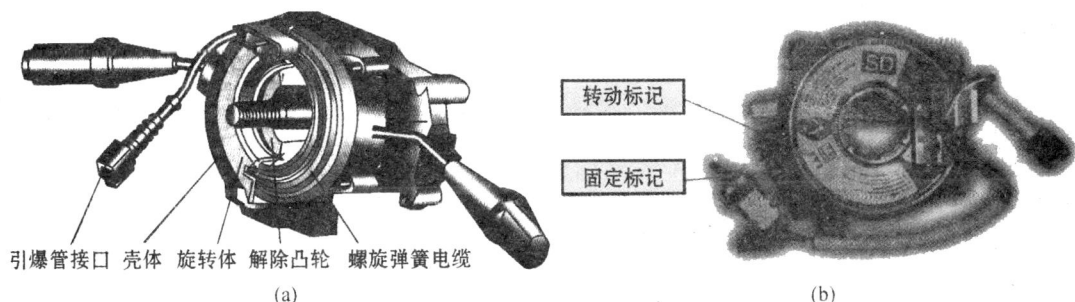

引爆管接口 壳体 旋转体 解除凸轮 螺旋弹簧电缆
(a)

转动标记
固定标记
(b)

图 3-2-26 螺旋电缆
(a) 结构 (b) 安装标记

注意:拆装方向盘螺旋电缆时,需要注意螺旋电缆的安装位置和方向,做好标记,保证准确还原;拆装方向盘时,必须使两前轮处于直线行驶状态,方向盘位于中间位置,否则螺旋电缆可

笔记

能在方向盘打到底时折断。

3. 能量储存装置

有些汽车在 SRS 电控单元外部装有能量储存装置,一般安装在后座椅下面的左侧。能量储存装置中有两个电容器,当点火开关接通时,电压转换器对能量储存装置充电。如果由于碰撞致使正常供电失灵,能量储存装置会向气囊系统供电,保证气囊正常工作。

4. 电压转换器

电压转换器安装在后座椅下面的左侧,当点火开关接通时,如果电池电压低于 4V,电压转换器将升高电压至 12V 左右,给气囊系统供电,保证气囊正常工作。

5. 电源切断继电器

奥迪 A6 2005 型轿车安装了电源切断继电器,其安装位置和电路图如图 3-2-27 所示,电路图说明如表 3-2-2 所示。电源切断继电器安装在蓄电池旁,连接在蓄电池与起动机、发电机之间的电路中,由 SRS 电控单元控制。当 SRS 电控单元检测到碰撞时,激活电源切断继电器,切断蓄电池正极连接电路,避免短路,防止车辆着火。电源切断继电器激活后,从观察窗中可以看到一块白色区域。SRS 电控单元会监控自诊断并存储故障码。电源切断继电器激活后必须更换。

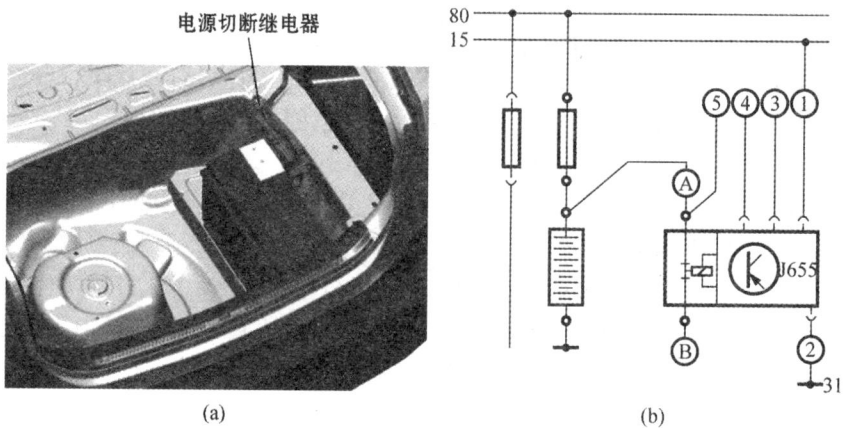

图 3-2-27　电源切断继电器

(a)电源切断继电器的安装位置　(b)电源切断继电器电路图

表 3-2-2　电源切断继电器的电路说明

针脚	接线柱	输入/输出	说　明
A	30	输入(螺栓连接)	蓄电池正极
B	87	输出(螺栓连接)	输出和起动机
1	15	输入(插头连接)	切换正极
2	31	输入(插头连接)	搭铁
3	碰撞信号	输入(插头连接)	来自安全气囊控制单元 J234 的控制信号
4	自诊断	输入和输出(插头连接)	来自安全气囊控制单元 J234 的诊断线
5	30	输出(螺栓连接)	去往电能管理控制单元 J644 的输出

3.2.7　别克林荫大道汽车安全气囊系统元件的认识

别克林荫大道汽车的驾驶员气囊组件和前乘员气囊组件采用双级充气气囊组件,其中有两个点火器,分别构成一级和二级气囊展开回路,控制气囊有两个展开级别。当车辆发生中强度的正面碰撞时,电控单元控制接通一级展开回路引爆气囊,充气量少;当车辆发生高强度的正面碰撞时,电控单元控制接通一级和二级展开回路引爆气囊,充气量多。

电控单元有两条带保险丝的电源线,即正常火线和点火开关控制火线。电控单元通过正常火线将蓄电池电压作为其主电源输入,使用 GMLAN 串行数据通信线路和点火电压逻辑输入,来启用或解除安全气囊系统展开回路。电控单元与内部传感器和外部碰撞传感器通信。当车辆发生碰撞时,电控单元将来自内部传感器和外部传感器的信号与存储器中的数值进行比较,电控单元确定碰撞的类型与严重程度,决定是否展开、哪个气囊组件展开以及展开级别,接通相应的点火器,展开相应的气囊和安全带预紧器。

气囊警告灯位于仪表板组合仪表上,用于向驾驶员通知安全气囊系统故障,检查并确认电控单元与仪表板通信。将点火开关置于"ON",电控单元便有了点火正电压。电控单元请求仪表板组合仪表,使气囊警告灯闪烁 5s,同时,电控单元将对安全气囊系统的所有部件和电路进行测试。如果未检测到故障,电控单元将通过 GMLAN 串行数据电路与仪表板组合仪表通信,指令其熄灭气囊警告灯。电控单元通过一系列的检查,持续监测安全气囊电路。如果检测到故障,电控单元将存储故障码,并通过 GMLAN 串行数据指令仪表板组合仪表点亮气囊警告灯。安全气囊指示灯将保持点亮,直到故障排除。

安全气囊系统根据碰撞的类型和强度控制不同气囊的展开,其控制策略是:当车辆发生低强度的正面、侧面或后部碰撞时,电控单元仅展开安全带预紧器,不引爆气囊;当车辆发生中强度的正面碰撞时,电控单元控制驾驶员气囊和前乘员气囊不完全展开;当车辆发生高强度的正面碰撞时,电控单元控制驾驶员气囊和前乘员气囊完全展开;当车辆发生侧面碰撞时,如果侧面碰撞是在 1ms 内发生且达到引爆条件,电控单元控制两侧的侧面气囊和帘式气囊都将展开,否则仅展开发生碰撞一侧的侧面气囊和帘式气囊。

注意:当气囊和安全带预紧器展开时,电控单元会记录安全气囊系统的状态,并点亮仪表板上的气囊警告灯。一旦三个不同的展开指令发送至所有的安全带预紧器,或电控单元指令气囊展开过一次,电控单元将不可再次使用。

3.2.8　汽车安全气囊系统的使用注意事项

(1) 安全气囊系统是在正确使用安全带的条件下设计的,属于辅助性防撞装置,必须与安全带配合使用,驾驶员和乘员在汽车运行时必须系好安全带。

(2) 前乘员气囊对身材矮小乘员起不到保护作用,身材矮小乘员应坐在后排,儿童应使用儿童座椅。如果将儿童座椅背向安装在前乘员座椅上时,应关闭气囊,如果拆下儿童座椅应恢复气囊功能。

(3) 为保证安全气囊引爆时能起到有效保护作用,前排乘员要保持坐姿端正,与方向盘和仪表板之间保持不低于 25cm 的距离,应按身高将座位和头枕调至正确位置,不可在前排乘员与气囊之间放置人员、宠物或物品。

(4) 为防止气囊部位被沾湿,只能使用干布或稍湿的布清洁气囊部位。

（5）安全气囊警告灯点亮时必须对安全气囊系统进行检修，排除故障。如果带故障运行，会导致发生该打开时不打开、不该打开时打开的问题，从而造成伤害。

（6）注意做好日常检查，主要检查各碰撞传感器的固定是否牢固、搭铁部位是否连接可靠，检查方向盘转动时是否有卡滞现象，以判断螺旋电缆是否完好。

（7）严禁改动或修复安全气囊系统的线束、元件及其周边布置，不要随意更改保险杠和车辆前部结构。

[案例分析]

案例：安全气囊控制单元故障。

车型：广州本田飞度。

症状：安全气囊故障警告灯突然点亮。

诊断：连接故障诊断仪对安全气囊控制系统进行检测，读出右前碰撞传感器相关的故障码。更换传感器后，安全气囊故障警告灯熄灭。但车辆使用两天后安全气囊故障警告灯又重新点亮。连接故障诊断仪读取故障码同前。怀疑是相关的线束存在问题，于是对线束进行了仔细检查，但没有发现任何问题。既然已确认碰撞传感器和线路正常，就怀疑安全气囊控制单元有故障。

修复：更换安全气囊控制单元后故障排除。

分析：安全气囊控制单元故障会导致警告灯点亮。

[测试习题]

一、填空题

1. 传感器按结构不同可以分为多种，常用的有_____、_____、_____、_____、_____、_____、_____等。

2. SRS电控单元壳体上标记有箭头，安装时应将箭头指向_____。

3. SRS电控单元输出的控制指令主要有_____和_____。

4. 奥迪A6 2005型轿车安装了电源切断继电器，其作用是_____。

5. 当点火开关置于"ON"或"ACC"，安全气囊警告灯一直点亮，表示_____有故障，应及时维修。

6. 别克林荫大道汽车安全气囊系统控制策略是：当车辆发生低强度的正面、侧面或后部碰撞时，引爆_____；当车辆发生中强度的正面碰撞时，引爆_____；当车辆发生高强度的正面碰撞时，_____；当车辆发生侧面碰撞时，如果侧面碰撞是在1ms内发生且达到引爆条件，引爆_____，否则仅引爆_____。

二、判断题

1. 气囊引爆后释放出氮气和少量的氢氧化钠和碳酸氢钠白色粉末。　　　　（　　）

2. 混合型气体发生器采用氩气做混合充气剂。　　　　　　　　　　　　（　　）

3. 充气剂是易爆物品，对废弃车辆要进行气囊的引爆。　　　　　　　　（　　）

4. 为防止气囊组件误通电，检查气囊组件时应使用高阻抗数字万用表测量其电阻。（　　）

5. 安全气囊系统连接器颜色比较醒目，规定必须是黄色。　　　　　　　（　　）

三、问答题

　1. 请说明 SRS 电控单元内部备用电源电路的功能。
　2. 请说明双级气囊组件的功能。
　3. 拆装方向盘和方向盘螺旋电缆时应注意些什么？
　4. 安全气囊系统连接器有哪些特殊保险功能的机构？
　5. 乘员检测装置的功能是什么？

学习单元 3.3　汽车安全气囊系统的诊断

学习目标

　　掌握汽车安全气囊系统故障诊断程序和故障诊断方法,能够针对安全气囊系统故障制定故障诊断程序,熟练使用诊断设备,采用自诊断、故障码诊断、数据流分析、定点诊断和故障模拟等诊断方法,最终确定故障部位。

　　汽车安全气囊系统比较复杂,要进行故障诊断,一要全面理解整个系统的组成及工作原理,二要熟练使用诊断设备,三要重视安全气囊系统故障诊断的特殊性,四要掌握科学的诊断程序和方法。

3.3.1　汽车安全气囊系统故障的诊断程序

　　安全气囊系统不同于其他系统,气囊一旦引爆便报废,但它在不引爆情况下并没有故障症状表现,故障诊断只能利用安全气囊系统的自诊断功能,故障警告灯、故障码和数据流是主要的故障信息来源和故障诊断依据。故障诊断工作主要就是根据故障码的指示,检查电气线路的性能,判断故障点是在导线、连接器还是元件。故障诊断的具体程序如图 3-3-1 所示。

　　在诊断安全气囊系统的故障时,应首先使用故障诊断仪或人工方法读取故障码,以便迅速查出并排除故障。当汽车气囊打开后,很多车型的电控单元会存储一个"气囊已引爆"的故障码,该故障码无法清除,必须更换新的气囊控制单元。有的车型在引爆后故障码难以读出,如此设计的目的是要求气囊引爆后必须更换电控单元。

3.3.2　汽车安全气囊系统故障的诊断方法

　　汽车安全气囊系统故障的诊断要充分利用自诊断信息,正确识别 SRS 警告灯,掌握故障码诊断方法,并能够利用数据流进行分析,获得故障信息。对间歇性故障要能够利用故障征兆模拟法。

　1. 直观检查
　　对汽车的故障诊断工作应从诊断系统检查开始,诊断系统检查就是采用直观、简单的方法对车辆的基本功能进行的基本检查。通过基本检查缩小故障区域,进一步确定诊断程序,并可以快速确定显见故障点。在进行故障码诊断或症状诊断之前必须执行这些操作。

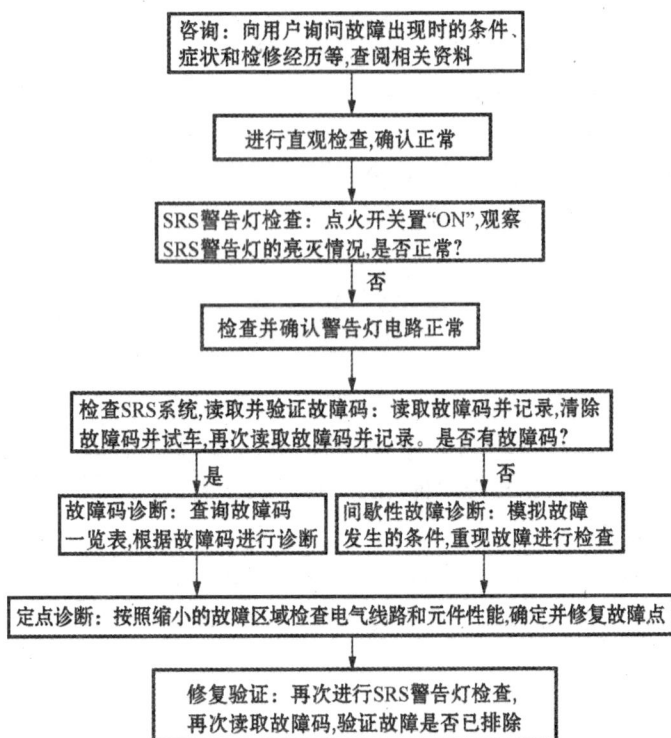

咨询：向用户询问故障出现时的条件、症状和检修经历等,查阅相关资料

进行直观检查,确认正常

SRS警告灯检查：点火开关置"ON",观察SRS警告灯的亮灭情况,是否正常?

↓ 否

检查并确认警告灯电路正常

检查SRS系统,读取并验证故障码：读取故障码并记录,清除故障码并试车,再次读取故障码并记录。是否有故障码?

是 ↓　　　　　　　　　否 ↓

故障码诊断：查询故障码一览表,根据故障码进行诊断　　　间歇性故障诊断：模拟故障发生的条件,重现故障进行检查

定点诊断：按照缩小的故障区域检查电气线路和元件性能,确定并修复故障点

修复验证：再次进行SRS警告灯检查,再次读取故障码,验证故障是否已排除

图 3-3-1　汽车安全气囊系统故障诊断程序

2. 自诊断

安全气囊系统具有自诊断功能,SRS 电控单元内有专门的诊断电路,其自诊断流程如图 3-3-2 所示。

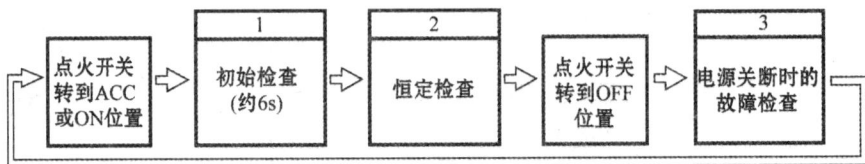

点火开关转到ACC或ON位置 ⇨ 1 初始检查(约6s) ⇨ 2 恒定检查 ⇨ 点火开关转到OFF位置 ⇨ 3 电源关断时的故障检查

图 3-3-2　安全气囊系统的自诊断流程

初始检查：当点火开关置于"ACC"或"ON"时,诊断电路进行初始检查,点亮气囊警告灯 4~6s,同时禁止点火器点火,检查气囊系统是否正常。若无故障,气囊警告灯点亮 4~6s 后熄灭,点火器可以正常点火;若有故障,气囊警告灯继续保持点亮。

恒定检查：初始检查后进入恒定检查,诊断电路对安全气囊系统进行连续不断地检查,若有故障,点亮气囊警告灯。当电源电压下降时,警告灯会亮起,电压正常时,警告灯在大约 10s 后熄灭。

断电检查：当点火开关断开时,诊断电路对备用电容器进行诊断,若有故障,当点火开关再次置于"ACC"或"ON"时,点亮气囊警告灯。

3. 故障码诊断

故障码诊断的方法是：读取故障码,根据故障码所显示的内容,迅速准确地确定故障的性质和区域,缩小故障区域,有针对地检查,直至确定故障点并排除故障。故障码诊断是检修汽

车安全气囊系统最重要的基本方法。

故障码读取方法有仪器读取和人工读取两种。仪器读取就是借助仪器读取故障码,将故障诊断仪接入数据通信连接器,操作故障诊断仪读取故障码,适用于 OBDⅠ和 OBDⅡ系统。人工读取就是不借助故障诊断仪,利用人工方法触发,通过气囊警告灯的闪烁显示故障码,适用于早期 OBDⅠ系统。

在读取故障码之前和排除故障后要清除故障码,故障码的清除有自动清除和人工清除两种模式。自动清除就是对于 OBDⅡ系统,在故障不出现气囊警告灯熄灭后,经过连续若干个暖机循环自诊断系统自动清除故障码。人工清除一般有两种方法:一种是通过清除线清码,有些汽车的气囊电控单元中有两个端子连接故障码清除线,采用一定的程序将清除线短接或断开,即可清除故障码;另一种是通过故障诊断仪清除故障码。现代汽车一般都要求采用故障诊断仪清除故障码。

4. 数据流分析

数据流分析就是利用故障诊断仪读取气囊电控单元中的数据,对比实际数据与预期数据,分析数据之间的关系,确定故障原因和故障区域。对不同车型,其数据流参数的名称、内容和数值大小都不完全相同,具体维修时要参考维修手册。

5. 定点诊断

定点诊断就是按照缩小的故障区域,对汽车安全气囊系统电路图进行分析,采用万用表等仪器设备对相关电气线路和元件进行检查,最终确定故障点。

汽车安全气囊系统电路根据元件和线路功能可以分为五类电路,如图 3-3-3 所示,分别为电源电路、搭铁电路、信号输入电路(连接传感器)、信号输出电路(连接执行器)、串行数据电路(连接其他控制单元或故障诊断座)等。

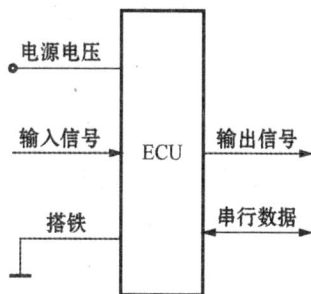

图 3-3-3 汽车安全气囊系统电路分析

1) 电源电路

SRS 电控单元电源电路是指为电控单元提供电源的电路,即电控单元与电源相连的电路,包括常火线和点火开关控制火线,如图 3-3-4 所示。常火线即直接与蓄电池相连的电路,为在点火开关断开状态下仍需工作的电控单元内部电路供电。若断开,电控单元存储的故障码及有关信息可能会丢失。所以不要轻易断开蓄电池,若断开蓄电池,必须首先读取相关信息。点火开关控制火线即由点火开关控制接通电源的电路,若接通,电控单元将产生控制功能。

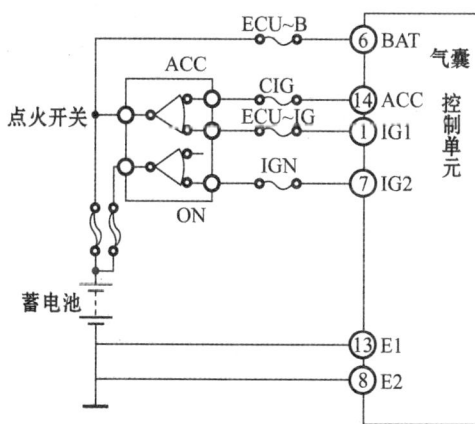

图 3-3-4 SRS 电控单元电源电路和搭铁电路

SRS 电控单元电源电路的检测方法是:断开打开单元连接器,分别测量连接器线束侧端子"BAT"、"ACC"、"IG1"、"IG2"与搭铁间的电压,点火开关置于"OFF"、"ACC"或"ON"时,电压应与下表 3-3-1 中数据相同,否则说明相应线路有故障。

表 3-3-1　SRS 电控单元电源电路的电压

点火开关位置	"BAT"与搭铁间的电压	"ACC"与搭铁间的电压/V	"IG1"、"IG2"与搭铁间的电压/V
OFF	蓄电池电压	0	0
ACC	蓄电池电压	蓄电池电压	0
ON	蓄电池电压	蓄电池电压	蓄电池电压

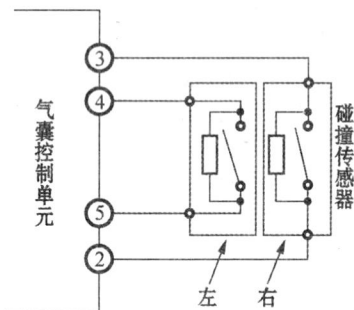

图 3-3-5　信号输入电路

2）搭铁电路

电控单元搭铁电路如图 3-3-4 所示,其检测方法是:点火开关置于"OFF",断开电控单元连接器,分别测量连接器线束侧端子"E1"、"E2"与搭铁间的电阻,应为 0Ω。

3）信号输入电路

信号输入电路如图 3-3-5 所示,主要指碰撞传感器电路。当碰撞传感器电路有故障时,汽车制造厂家不允许直接测量碰撞传感器和电控单元,也没有给出传感器和电控单元的性能参数,应采用替换法检查。采用替换法检测的过程如图 3-3-6 所示。

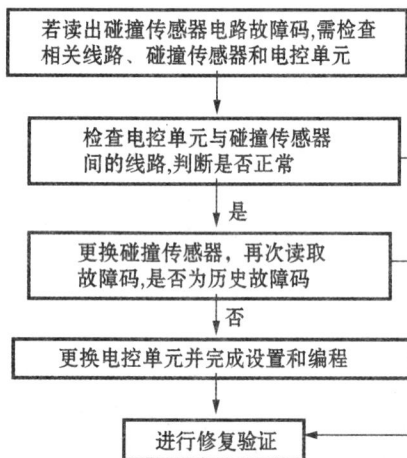

图 3-3-6　碰撞传感器电路诊断的替换法

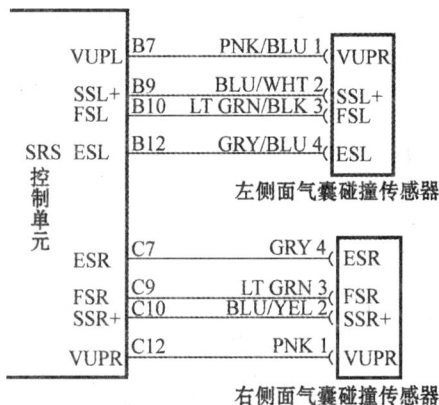

图 3-3-7　4 个端子的碰撞传感器电路

在实际工作中也可以采用测量电压的方法检查碰撞传感器电路,即通过测量和对比与之对称安装的传感器(功能相同),在连接器连接或断开时的各端子电压,判断传感器的性能。碰撞传感器一般有 2～4 个端子。

2 个端子的碰撞传感器电路如图 3-3-5 所示,采用测量电压检测的方法是:点火开关置于"ON",测量端子 2 和 3、4 和 5 间的电压,应为 3V 左右的低电压。若电压较高(大于 8V),说明传感器线路断路;若电压很低(接近 0V),说明传感器线路短路。

4 个端子的碰撞传感器电路如图 3-3-7 所示,可以采用测量电压并对比检测的方法,如图 3-3-8 所示。左侧碰撞传感器端子 B7、B9、B10、B12 与右侧碰撞传感器端子 C7、C9、C10、C12 对应的参数是相同的。

笔记

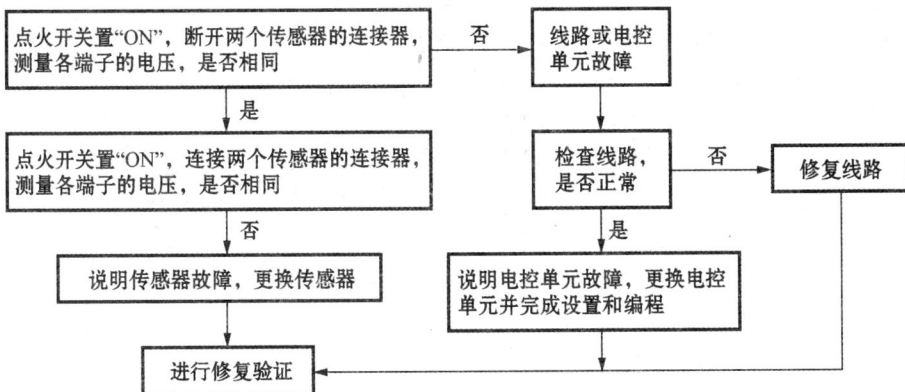

图 3-3-8 碰撞传感器电路诊断的电压对比法

4）信号输出电路

信号输出电路主要指气囊点火器、安全带拉紧器点火器和气囊警告灯电路。

气囊警告灯电路如图 3-3-9 所示，其诊断方法是：点火开关置于"ON"，警告灯应亮。若不亮，检查端子 LA 的电压，若为 0V，说明警告灯或线路有故障；若为电源电压，说明电控单元有故障。

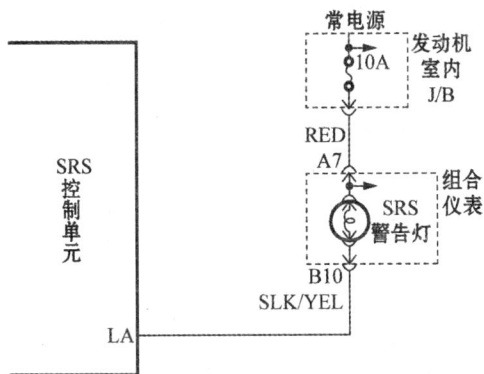

图 3-3-9 气囊警告灯电路

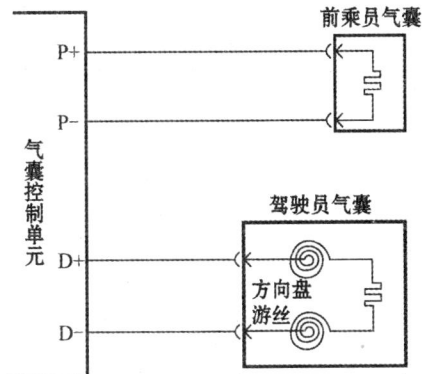

图 3-3-10 点火器电路

点火器电路如图 3-3-10 所示，检查点火器不能用测量电阻的方法，应采用替换法检查。点火器的电阻值一般为 2Ω 左右，若怀疑点火器有故障，断开点火器，用电阻为 2Ω 的电阻模拟器替换点火器连接在电路中，然后按照如图 3-3-11 所示的步骤进行诊断。

点火器电路也可以通过测量电压的方法来判断。点火开关置于"ON"，测量电控单元与点火器连接的端子 D＋和 D－（P＋和 P－）间的电压，应有一个接近 0V 的低电压。若电压较高，说明线路或点火器断路；若电压为 0V，说明线路或点火器短路。

注意：点火器电路的连接器中设有短路片，断开连接器检测线路电阻时，应将短路片断开，如图 3-3-12 所示，把和插头相同厚度的纸板插入端子和短路片之间即可。

5）串行数据电路

串行数据电路与诊断连接器相连，将诊断仪连接诊断连接器，点火开关置于"ON"，串行数据电路在诊断仪与气囊电控单元之间传送信息，信息调制在 44 位二进制数字信号中，信号高电平为 12V（有些车型为 5V），低电平为 0V，平均电压为 5～8V。若诊断仪与气囊电控单元不

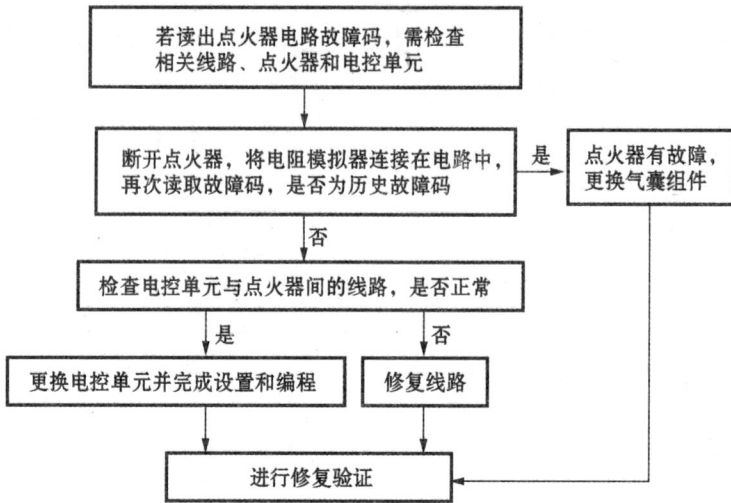

图 3-3-11　点火器电路诊断的模拟替换法

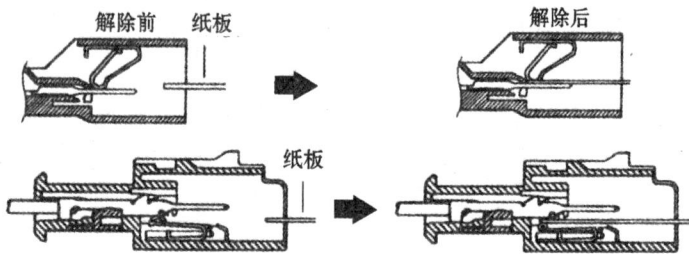

图 3-3-12　断开连接器中的短路片

能通信,应检查串行数据电路是否有故障。

6. 故障模拟

间歇性故障是指故障曾经发生,但现在没有发生,是在特定条件下发生的故障。间歇性故障要在故障重现时进行诊断,这就需要采用故障征兆模拟的方法,在停车状态下,向车辆施加外部作用,模拟车辆出现故障时相同或相似的条件和环境,使故障再现。再现故障的同时将故障部位及原因诊断出来。试验开始之前,必须预先把可能发生故障的电路范围缩小,然后再进行故障征兆模拟。该方法对维修人员的技术素质和理论要求较高,诊断时必须耐心仔细,否则很容易把故障错过。根据故障可能发生的特殊条件,故障征兆模拟法常用的有振动法、加热法、水淋法及电器全通法。

7. 症状诊断

如果上述检查没有确定故障点,则进行症状诊断,根据故障症状参阅诊断程序或自行制定诊断程序进行检查。

3.3.3　别克林荫大道汽车安全气囊系统的诊断

1. 故障码诊断

注意:在使用本诊断程序前,务必执行"诊断系统检查"。在检查中拆下连接器时,首先检查连接器是否损坏或腐蚀,若有损坏应修理或更换受影响的部件或连接器。

1）DTC B0012 或 B0013 的故障诊断

（1）故障诊断信息：DTC B0012 或 B0013 的故障诊断信息如表 3-3-2 所示。

表 3-3-2　DTC B0012 或 B0013 故障诊断信息

故障码	DTC B0012 或 B0013	
运行故障码的条件	点火电压在 9～16V 之间	
故障诊断说明	当车辆遭受到冲击力足够大的正面碰撞时,电控单元将使电流流过安全气囊展开回路,以展开驾驶员气囊。电控单元对气囊电路进行连续诊断测试,以检查电路是否正常。驾驶员气囊组件的连接器内使用 2 个短路片,当连接器断开时,短路片就短接驾驶员气囊组件 1 级回路和 2 级回路的高电平线路与低电平线路,以防止驾驶员气囊组件在维修时意外展开	
设置故障码时的操作	电控单元通过串行数据电路指令气囊警告灯点亮安全气囊系统停用且不允许气囊展开	
清除故障码的条件	设置该故障码的条件不再存在,经过 250 个无故障点火循环后,历史故障码将被自动清除设置该故障码的条件不再存在,使用故障诊断仪清除	
故障码	故障码说明	设置故障码的条件(以下所有条件持续 2s)
B0012 01	驾驶员气囊点火器电路(1 级)电压过高	驾驶员气囊高电平或低电平电路(1 级)对电压短路
B0012 02	驾驶员气囊点火器电路(1 级)电压过低	驾驶员气囊高电平或低电平电路(1 级)对搭铁短路
B0012 08	驾驶员气囊点火器电路(1 级)电压范围或性能	电控单元初始化期间,驾驶员气囊高电平或低电平信号电路(1 级)无效
B0012 0D	驾驶员气囊点火器电路(1 级)电阻过大	驾驶员气囊展开回路(1 级)的电阻大于 4.2Ω
B0012 0E	驾驶员气囊点火器电路(1 级)电阻过小	驾驶员气囊展开回路(1 级)的电阻小于 2.0Ω
B0013 01	驾驶员气囊点火器电路(2 级)电压过高	驾驶员气囊高电平或低电平电路(2 级)对电压短路
B0013 02	驾驶员气囊点火器电路(2 级)电压过低	驾驶员气囊高电平或低电平电路(2 级)对搭铁短路
B0013 08	驾驶员气囊点火器电路(2 级)电压范围或性能	电控单元初始化期间,方向盘模块高电平或低电平信号电路(2 级)无效
B0013 0D	驾驶员气囊点火器电路(2 级)电阻过大	驾驶员气囊展开回路(2 级)的电阻大于 4.2Ω
B0013 0E	驾驶员气囊点火器电路(2 级)电阻过小	驾驶员气囊展开回路(2 级)的电阻小于 2.0Ω

（2）故障诊断方法：DTC B0012 或 B0013 故障诊断方法如图 3-3-13 所示,方向盘螺旋电缆连接器 X253 如图 3-3-14 所示。

2）DTC B0052 或 B0053 的故障诊断

（1）故障诊断信息：DTC B0052 或 B0053 的故障诊断信息如表 3-3-3 所示。

笔记

点火开关置"OFF",断开方向盘螺旋电缆连接器X253,将虚拟负载适配器EL-48522连接于方向盘螺旋电缆连接器。点火开关置"ON",读取故障码,B0012或B0013是否为历史故障码? —是→ 更换方向盘模块

否↓

点火开关置"OFF",拆下虚拟负载 EL-48522 并断开螺旋电缆连接器,断开电控单元连接器。测试电控单元和方向盘螺旋电缆之间的线路是否正常? —否→ 修复线路

是↓

更换电控单元并完成设置和编程

↓

进行修复效果检验

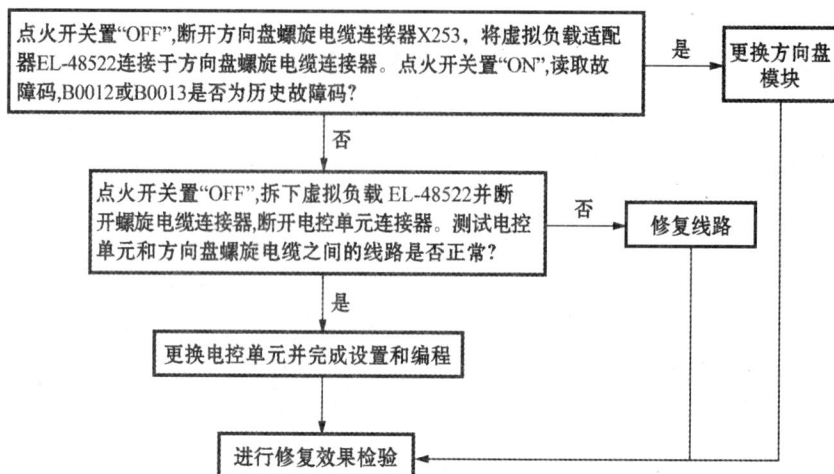

图 3-3-13 DTC B0012 或 B0013 故障诊断方法

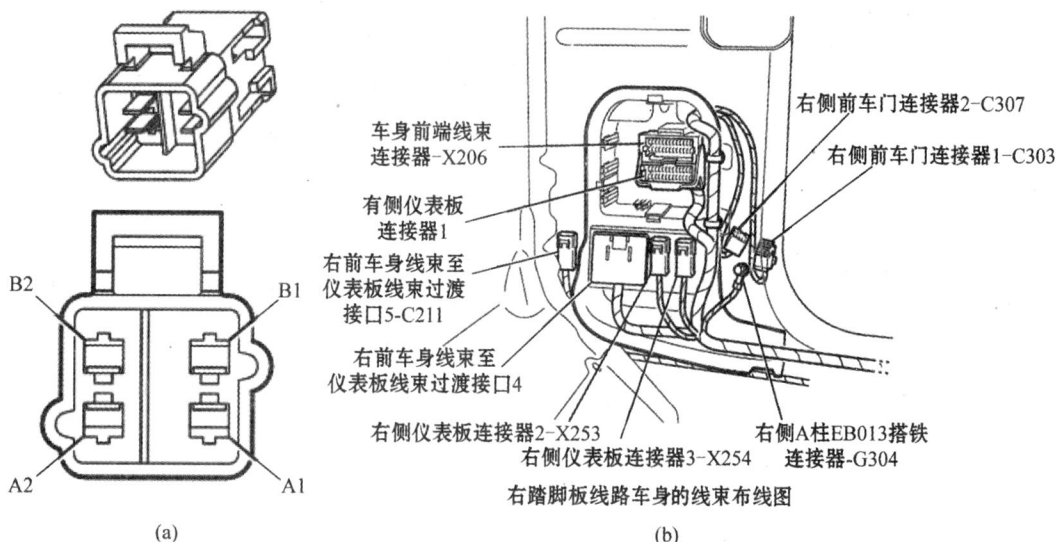

(a)
B2 B1
A2 A1

车身前端线束连接器-X206
有侧仪表板连接器1
右前车身线束至仪表板线束过渡接口5-C211
右前车身线束至仪表板线束过渡接口4
右侧仪表板连接器2-X253
右侧仪表板连接器3-X254
右侧前车门连接器2-C307
右侧前车门连接器1-C303
右侧A柱EB013搭铁连接器-G304
右踏脚板线路车身的线束布线图

(b)

图 3-3-14 方向盘螺旋电缆连接器
(a) X253 端视图 (b) 安装位置

表 3-3-3 DTC B0052 或 B0053 的故障诊断信息

故障码	DTC B0052 或 B0053
运行故障码的条件	点火电压在 9~16V 之间
故障诊断说明	安全气囊系统电控单元包括一个感测装置,该装置能够将车速变化转换为电信号。电控单元将此电信号与存储器中的值进行比较。当产生的信号值大于存储值时,电控单元将进行进一步的信号处理,并将外部碰撞传感器的信号值与存储器中的值进行比较。当两个信号值都大于存储值时,电控单元将使电流流过展开回路,使气囊或预紧器展开。在严重程度还不足以使正面或侧面气囊展开的碰撞事件中,安全带预紧器仍可能展开。电控单元可承受三次预紧器展开事件,或一次正面、侧面、帘式气囊展开事件。在展开次数达到最大后,将设置 DTC B0052。DTC B0052 是一个锁定代码,锁定代码不可清除

(续表)

设置故障码时的操作	电控单元通过串行数据电路指令气囊警告灯点亮 电控单元记录碰撞数据	
清除故障码的条件	在执行了诊断表中指示的诊断后,更换电控单元	
故障码	故障码说明	设置故障码的条件
B0052	电控单元不能重复使用	电控单元检测到一个作用力足够大的正面碰撞,使正面气囊展开 电控单元检测到一个作用力足够大的侧面碰撞,使侧面气囊或帘式气囊展开 电控单元已将安全带预紧器单独展开三次
B0053	指令展开时点火管电路出现故障码	展开回路出现故障时,电控单元指令充气装置展开

(2) 故障诊断方法:DTC B0052 或 B0053 的故障诊断方法如图 3-3-15 所示。

注意:若设置 DTC B0053 的同时还设置了其他故障码(DTC B0052 除外),则在电控单元更换前,应先维修导致其他故障码的故障。

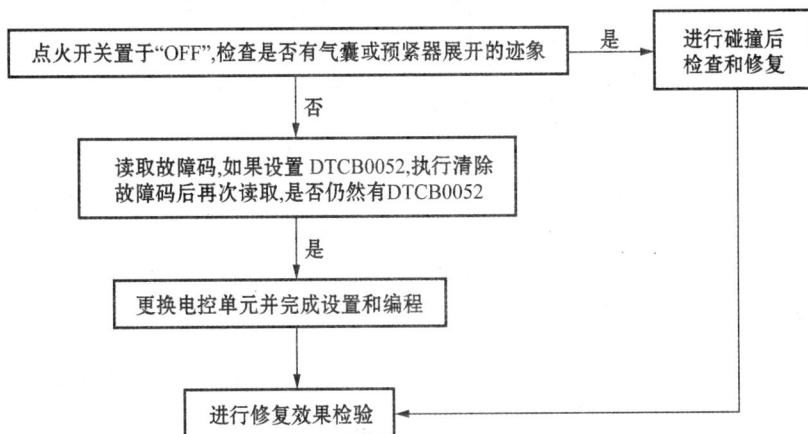

图 3-3-15　DTC B0052 或 B0053 的故障诊断方法

3) DTC B0083 或 B0084 的故障诊断

(1) 故障诊断信息:DTC B0083 或 B0084 的故障诊断信息如表 3-3-4 所示。

表 3-3-4　DTC B0083 或 B0084 的故障诊断信息

故障码	DTC B0083 或 B0084
运行故障码的条件	点火电压在 9~16V 之间
故障诊断说明	安全气囊系统正面碰撞传感器采用了 2 线电路。正面碰撞传感器调节接口电流,将识别号、健康状态和碰撞信号发送到安全气囊系统电控单元。电控单元为正面碰撞传感器提供电源和搭铁。点火开关置于"ON",并且首次检测到来自电控单元的输入电源时,正面碰撞传感器将执行内部诊断并向电控单元发送识别号,以此作为响应。如果响应时间小于 5s,电控单元则认为识别号有效。正面碰撞传感器将状态信息不断地发送到电控单元,再由电控单元确定正面碰撞传感器电路是否有故障。当检测到故障时,电控单元通过断电和重新通电的方式对正面碰撞传感器进行 2 次复位。如果故障仍存在,电控单元将设置一个故障码

(续表)

设置故障码时的操作	电控单元通过串行数据电路指令气囊警告灯点亮 安全气囊系统停用且不允许气囊展开 电控单元记录碰撞数据	
清除故障码的条件	设置该故障码的条件不再存在,经过 250 个无故障点火循环后,历史故障码将被自动清除 设置该故障码的条件不再存在,使用故障诊断仪清除	
故障码 DTC	故障码说明	设置故障码的条件(以下所有条件均持续 2s)
B0083 01	驾驶员侧 EFS(电子式正面碰撞传感器)电路电压过高	驾驶员侧正面碰撞传感器电路对电压短路 电控单元未接收到来自驾驶员侧正面碰撞传感器信息
B0083 02	驾驶员侧 EFS(电子式正面碰撞传感器)电路电压过低	驾驶员侧正面碰撞传感器电路对搭铁短路 驾驶员侧正面碰撞传感器电流过大
B0083 04	驾驶员侧 EFS(电子式正面碰撞传感器)电路开路	驾驶员侧正面碰撞传感器断开连接
B0083 39	更换驾驶员侧 EFS(电子式正面碰撞传感器)	电控单元接收到来自驾驶员侧正面碰撞传感器的异常信息 电控单元未接收到信息
B0083 3A	驾驶员侧 EFS(电子式正面碰撞传感器)安装不正确	电控单元从驾驶员侧正面碰撞传感器接收到识别号信息,但是该识别号信息与电控单元存储器中的识别号信息不匹配 电控单元对驾驶员侧正面碰撞传感器进行了两次复位,仍未检测到正确的识别号信息
B0083 71	驾驶员侧 EFS(电子式正面碰撞传感器)数据无效	电控单元接收到来自驾驶员侧正面碰撞传感器的无效串行数据
B0084 01	乘员侧 EFS(电子式正面碰撞传感器)电路电压过高	乘员侧正面碰撞传感器电路对电压短路 电控单元未接收到来自乘员侧正面碰撞传感器信息
B0084 02	乘员侧 EFS(电子式正面碰撞传感器)电路电压过低	乘员侧正面碰撞传感器电路对搭铁短路 乘员侧正面碰撞传感器电流过大
B0084 04	乘员侧 EFS(电子式正面碰撞传感器)电路开路	乘员侧正面碰撞传感器断开连接
B0084 39	更换乘员侧 EFS(电子式正面碰撞传感器)	电控单元接收到来自乘员侧正面碰撞传感器的异常信息 电控单元未接收到信息
B0084 3A	乘员侧 EFS(电子式正面碰撞传感器)安装不正确	电控单元从乘员侧正面碰撞传感器接收到识别号信息,但是该识别号信息与电控单元存储器中的识别号信息不匹配 电控单元对乘员侧正面碰撞传感器进行了两次复位,仍未检测到正确的识别号信息
B0084 71	乘员侧 EFS(电子式正面碰撞传感器)数据无效	电控单元接收到来自乘员侧正面碰撞传感器的无效串行数据

(2)故障诊断方法:DTC B0083 或 B0084 的故障诊断方法如图 3-3-16 所示。

点火开关置于"ON",断开驾驶员侧或乘员侧正面碰撞传感器连接器,断开电控单元连接器,测试电控单元和传感器之间的线路是否正常 —否→ 修复线路

↓是

重新连接所有元件,点火开关置于"ON",清除故障码后再次读取,是否有故障码 —否→

↓是

更换驾驶员侧或乘员侧正面碰撞传感器,点火开关置于"ON",清除故障码后再次读取,是否有故障 —否→

↓是

更换电控单元并完成设置和编程

↓

进行修复效果检验

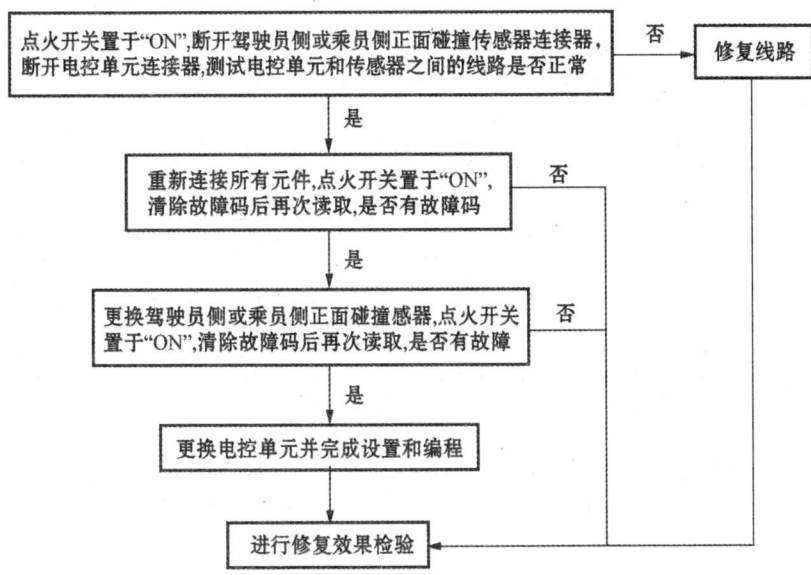

图 3-3-16　DTC B0083 或 B0084 的故障诊断方法

4) DTC B1001 的故障诊断

(1) 故障诊断信息:DTC B1001 的故障诊断信息如表 3-3-5 所示。

表 3-3-5　DTC B1001 的故障诊断信息

故障码	DTC B1001	
运行故障码的条件	点火电压在 9~16V 之间	
故障诊断说明	安全气囊系统电控单元存储了主数据键值(4 位数字)和辅助数据键值(车辆识别号 VIN 的一部分)。点火开关置于"ON",电控单元通过串行数据通信电路将此信息与存储在车身电控单元中的信息进行比较。如果存储在气囊电控单元中的信息与车身电控单元的信息不匹配,将设置 DTCB1001	
设置故障码时的操作	电控单元通过串行数据电路指令气囊警告灯点亮 安全气囊系统停用且不允许气囊展开	
清除故障码的条件	存储在气囊电控单元中的 4 位主数据键值与存储在车身电控单元中的最后 4 位匹配 存储在车身电控单元中的汽车识别号与汽车的识别号匹配	
故障码 DTC	故障码说明	设置故障码的条件
B1001 00	气囊电控单元配置编程失败。即气囊电控单元不正确,或者更换气囊电控单元或车身电控单元后未用新信息对车身电控单元重新编程	存储在气囊电控单元中的 4 位主数据键值与存储在车身电控单元中的最后 4 位不匹配 存储在车身电控单元中的汽车识别号与汽车的识别号不匹配

(2) 故障诊断方法:DTC B1001 的故障诊断方法如图 3-3-17 所示。

2. 数据流分析

别克林荫大道汽车的安全气囊系统数据流可以参考维修手册。数据流分析可以作为诊断程序的补充,使用故障诊断仪读取相关数据流,将故障车辆的参数值与典型数据值作比较,即可发现客户报修故障的根源。一般在以下几种情况下进行数据流分析:根据诊断表的指示读取相关数据流;已出版手册的故障码诊断程序和症状诊断程序不适合客户报修的问题;故障码或症状诊断程序不能解决客户报修的问题。

笔记

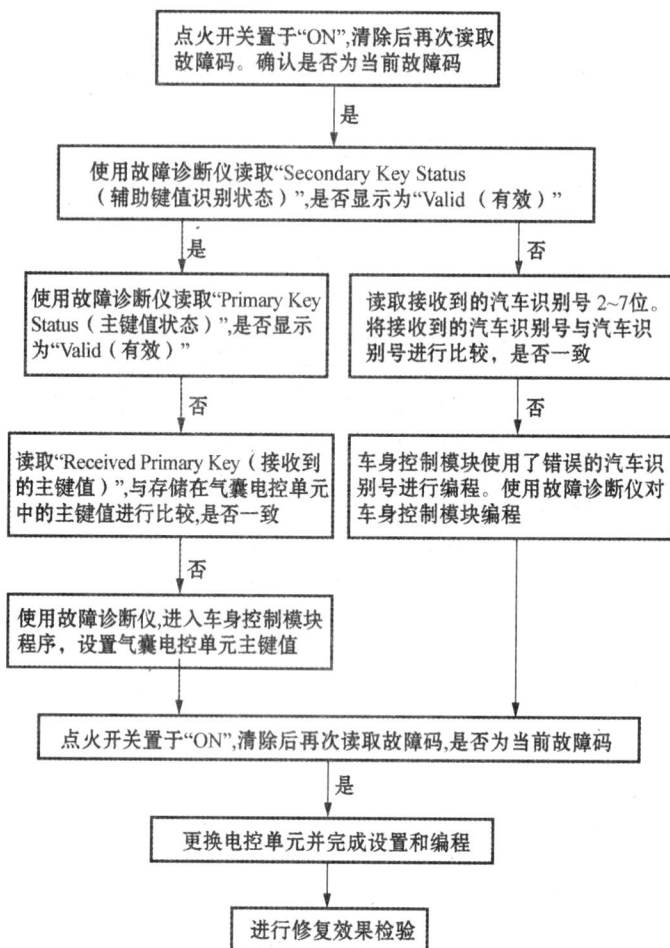

图 3-3-17 DTC B1001 的故障诊断方法

案例分析

案例:变速器控制单元通信信号不可靠,导致安全气囊故障警告灯点亮。

车型:上海帕萨特 B51.8T 自动档轿车。

症状:用户反映该车安全气囊故障警告灯点亮,并称该车已经在别的维修站维修过,但维修后过不了几天故障就会重现,问题始终未得到彻底解决。

诊断:连接故障诊断仪 V. A. G1552 进入安全气囊系统,读取故障码,故障码含义为:控制单元阻塞(偶发性)。记录并清除故障码,试车后再次读取故障码,但无故障码。考虑到该故障出现的时间具有不确定性,且该车在其他维修站维修过,维修人员认为安全气囊系统的故障应该依旧存在。为此,他们对安全气囊系统的相关线路及线路连接器进行了检查,但并没有发现任何问题。根据以往的维修经验,怀疑是安全气囊控制单元损坏,使得系统不能正常工作。由于用户急于用车,维修人员暂时先将安全气囊控制单元进行了更换,并让用户继续观察。

三天后用户返厂,称安全气囊故障警告灯点亮。维修人员连接故障诊断仪进行检查,发现故障码依然是显示控制单元阻塞(偶发性)。看来控制单元本身并没有损坏,故障点应该不在这里。维修人员对安全气囊系统所有电源线和搭铁线进行了测量,并对各线路连接器进行了紧固,并没有发现异常。经与用户协商,我们决定对车辆进行长时间试车以捕捉故障。为了使故障再现,我们清除故障码后试车。经过近 2 小时不间断试车,车辆在行驶过程中突然出现轻微的犯闯现象。随着试车时间的延长,故障越来越频繁。在返回维修站的路上,伴随着一次较明显的犯闯,安全气囊警告灯随即点亮。维修人员对安全气囊系统进行了检测,相同的故障码再次出现。

难道该车安全气囊系统的故障是由自动变速器系统的故障引起的吗? 带着这个疑问,我们对变速器系统进行了全面检查,没有发现任何故障,也没有在数据流中发现任何不正确的参数。此时考虑到该车装有 CAN 总线系统,其中发动机控制单元、自动变速器控制单元、ABS 控制单元及安全气囊位于同一系统中。这些控制单元间是互相通信的,一旦某个控制单元出现问题,那么很有可能对其他系统进行干扰。为此,我们随后对该车的各个控制系统进行了全面的检查,终于在网关系统中发现了 1 个故障码:变速器控制单元没有响应(偶发性)。维修人员对变速器控制单元的线路进行了全面检查,并未发现异常,于是更换变速器控制单元。

修复:更换变速器控制单元后,进行了长时间的试车,气囊警告灯一直未点亮。

分析:气囊警告灯点亮的故障是因变速器控制单元在通信过程中发出的信号不可靠,干扰了气囊控制单元的正常通信,气囊控制单元误认为气囊控制单元出现故障,从而显示气囊控制单元阻塞故障码并使气囊警告灯点亮。

测试习题

一、填空题

1. 安全气囊系统故障码读取方法有＿＿＿＿＿＿＿＿和＿＿＿＿＿＿＿＿两种。

2. 汽车安全气囊系统电路根据元件和线路功能可以分为五类电路,分别为:＿＿＿＿、＿＿＿＿、＿＿＿＿、＿＿＿＿、＿＿＿＿。

3. 安全气囊系统具有自诊断功能,SRS 电控单元内有专门的诊断电路,其自诊断流程是＿＿＿＿、＿＿＿＿、＿＿＿＿。

4. 当碰撞传感器电路有故障时,汽车制造厂家不允许直接测量碰撞传感器和电控单元,也没有给出传感器和电控单元的性能参数,应采用＿＿＿＿＿＿＿＿＿＿＿＿＿＿法或＿＿＿＿＿＿＿＿＿＿＿＿＿＿法检查。

5. 别克林荫大道汽车安全气囊系统读出故障码 DTC B0012,说明故障部位可能在＿＿＿＿＿＿＿＿＿＿＿＿＿＿＿＿＿＿＿＿＿＿。

二、判断题

1. 安全气囊系统排除故障后,故障码不会自动清除,需要使用诊断仪执行清除故障码。（　）

2. 当安全气囊系统电源电压下降时,气囊警告灯会亮起。（　）

3. 对于别克林荫大道汽车,当儿童坐在前乘员席上时,必须关闭前乘员气囊。（　）

4. 别克林荫大道汽车安全气囊系统存储故障码 DTC B0083,说明驾驶员侧正面碰撞传感器有故障,必须更换。（　）

5. 点火器电路的连接器中设有短路片,断开连接器检测线路电阻时,应将短路片断开。（　）

三、问答题

1. 如何诊断安全气囊系统电源电路?

2. 如何诊断安全气囊系统搭铁电路?

3. 如何诊断安全气囊系统信号输入电路？

4. 如何诊断安全气囊系统信号输出电路？

学习单元 3.4 汽车安全气囊系统的修复

学习目标

掌握修复方法,能够正确地进行安全气囊系统的解除与启用、元件的更换、电控单元编程、诊断修理效果检验、安全气囊系统碰撞后的检查和修复和汽车安全气囊的报废处理。

不同车辆的安全气囊系统的修复方法相同,下面以别克林荫大道汽车安全气囊系统为例说明安全气囊系统修复的具体内容和操作步骤。

3.4.1 安全气囊系统的解除与启用

当对安全气囊系统或安全气囊附近部件进行维修时,需要解除安全气囊系统,恢复安全气囊系统时需要重新启用安全气囊系统。解除和启用安全气囊系统的方法有两种:操作蓄电池负极电缆、操作气囊保险丝。安全气囊系统的解除与启用的步骤如表 3-4-1 所示。

表 3-4-1 安全气囊系统的解除与启用

1. 操作蓄电池负极电缆
解除程序 (1) 转动方向盘,使车轮处于正前位置 (2) 点火开关置于"OFF" (3) 将蓄电池负极电缆从蓄电池上断开 (4) 等待 2min 后再进行其他操作
启用程序 (1) 点火开关置于"OFF"。 (2) 将蓄电池负极电缆连接到蓄电池上。 (3) 点火开关置于"ON",确认气囊警告灯闪烁,然后熄灭。否则说明气囊系统有故障,需进行安全气囊系统诊断
2. 操作气囊保险丝

解除程序	
注意:气囊电控单元一般有一个以上的带保险丝的电源输入。为避免意外的安全气囊展开或对安全气囊系统进行不必要的维修,应拆下所有向气囊电控单元供电的保险丝。拆下所有气囊电控单元保险丝并将点火开关置于"ON"时,气囊警告灯将点亮。这属于正常操作,并不表示安全气囊系统有故障 (1) 点火开关置于"OFF" (2) 找到并拆下安全气囊系统 10A 保险丝 (3) 等待 2min 后再进行其他操作	 安全气囊系统 10A保险丝
启用程序 (1) 点火开关置于"OFF" (2) 安装安全气囊系统的 10A 保险丝 (3) 点火开关置于"ON",确认气囊警告灯点亮约 5s 后熄灭。否则说明气囊系统有故障,需进行安全气囊系统诊断	

3.4.2　安全气囊系统电控单元的编程

安全气囊系统电控单元编程就是对车身控制模块编写入传感和诊断模块原始密码。

1. 注意事项

(1) 按照维修程序或维修通信的指导要求,根据需要进行电控单元的编程,否则不得任意对电控单元编程。

(2) 当电控单元重新校准时,不要对汽车进行操作,例如改变汽车控制、打开或关闭车门等。

(3) 在执行维修编程前,务必要确保 Tech 2 和 TIS 终端都装备了最新软件。

(4) 保证仪器线束连接牢靠,包括以下部件和电路:RS-232 通信电缆端口、数据链路连接器(DLC)的连接、电源电路。

(5) 蓄电池电压应在 12~16 V。

(6) 关闭或禁用所有可能对汽车蓄电池加载的系统,例如:弱光感应装置、车内灯、暖风、通风与空调系统、发动机冷却风扇、收音机等。

(7) 点火开关必须位于正确位置,Tech 2 提示在发动机关闭的情况下将点火开关置于"ON"。在编程过程中,不得改变点火开关位置,除非有意识指导这么做。

(8) 编程时不得干扰仪器线束,否则会导致编程过程中断,使编程失败或电控单元损坏。

(9) 如果编程程序被中断或失败,不得将点火开关置于"OFF",应确保所有电控单元和数据链路连接器(DLC)连接牢靠,TIS 终端操作软件是最新的,尝试重新对电控单元编程。如果电控单元不能进行编程,则更换电控单元。

(10) 安装完成并进行一个点火循环后,安全气囊系统电控单元锁定到汽车,与其他汽车间不能交换。

(11) 没有获得 TIS 授权,禁止执行车身控制模块写入传感和诊断模块初始密码程序。

2. 编程步骤

(1) 安装故障诊断仪。

(2) 在发动机关闭的情况下,将点火钥匙置于"ON",选择"Body(车身)"。

(3) 选择"SDM(传感和诊断模块)"。

(4) 选择"Programming(编程)"。

(5) 选择"Program SDM primary key to BCM(对车身控制模块编程写入传感和诊断模块初始密码)",然后按屏幕提示操作。

(6) 获得 TIS 授权,然后重复步骤(1)~(5)。

(7) 完成执行程序后,执行"诊断修理效果检验"。

3. 诊断修理的效果检验

(1) 恢复所有电气连接,根据需要对电控单元进行调整、编程和设置。

(2) 清除故障码。

(3) 点火开关断开并等待 60s。

(4) 按故障码出现的条件或故障症状出现的条件试车,确认故障码或故障症状不再现,否则根据故障码或故障症状执行相应的诊断程序。

3.4.3 安全气囊系统碰撞后的检查和修复

1. 事故中安全气囊展开或未展开的部件检查

汽车经过任何碰撞后,安全气囊展开或未展开时都应进行如表 3-4-2 所示的部件检查。

表 3-4-2 事故中安全气囊展开或未展开时的部件检查

检查部件	检查方法	修复方法
仪表板区域	检查是否有弯曲、扭曲、变形或任何其他形式的损坏	若发现任何损坏,应更换部件 若发现安装点或安装构件有任何损坏,应根据需要修理部件或更换相应的构件
转向柱	检查是否移动量过大,检查剪切夹套是否分离	
安全带	执行安全带操作和功能检查	
仪表板安装点和支架	检查是否有弯曲、扭曲、变形或任何其他形式的损坏	
座椅和座椅安装点	检查是否有弯曲、扭曲、变形或任何其他形式的损坏	
车门和装饰条	检查是否有损坏	
车顶和车顶内衬安装点	检查是否有弯曲、扭曲、变形或任何其他形式的损坏	
正面碰撞传感器	检查是否有损坏	

2. 事故中正面安全气囊展开的部件更换和检查

事故中正面安全气囊展开,事故后务必更换以下部件:安全气囊系统电控单元、正面碰撞传感器、安全带预紧器、驾驶员气囊组件、前乘员气囊组件、转向柱、方向盘、螺旋电缆及其线束、所有事故发生时乘员使用的安全带、所有事故发生时乘员乘坐的座椅。同时检查驾驶员气囊组件、前乘员气囊组件、电控单元和安全带预紧器的安装点或安装构件是否损坏,根据需要修理或更换部件。

3. 事故中侧安全气囊展开的部件更换和检查

事故中侧安全气囊展开,事故后务必更换以下部件:碰撞侧的侧碰撞传感器、碰撞侧的帘式气囊组件、检查转向柱是否移动量过大(剪切夹套是否分离)、安全气囊系统电控单元、碰撞侧的侧碰撞气囊组件(更换座椅总成)、所有发生碰撞时乘员使用的安全带(包括碰撞侧的安全带)、安全带预紧器、车顶纵梁模块展开时的立柱及车顶内衬。检查碰撞侧的侧碰撞传感器、碰撞侧帘式气囊组件、电控单元的安装点或安装构件是否损坏,根据需要修理或更换部件。

3.4.4 汽车安全气囊的报废处理

对安全气囊进行报废处理,或对安装有安全气囊的汽车进行报废处理时,应先将安全气囊展开后再进行。对安全气囊进行的展开有车内展开和车外展开两种情况,车内展开是直接在车上展开,车外展开是拆下后在车外进行。各部位的气囊展开程序相似,下面以驾驶员气囊的展开为例说明其操作程序,如表 3-4-3 所示。

注意:气囊展开时会有大量烟尘,噪声大,应远离人群,操作人员应使用防护手套和防护眼镜,如果沾到皮肤上,立即用大量清水冲洗,事后用中性肥皂和水洗手。气囊展开后,气体发生器温度较高,需放置 30min 冷却后再操作。

表 3-4-3　汽车安全气囊的报废处理

1. 车内展开	
(1) 将车辆停放在平坦地方,断开点火开关,断开蓄电池正负极,拆下蓄电池,等待断电 60s 后再操作 (2) 断开方向盘气囊组件线束与车辆线束间的黄色连接器	
(3) 制作气囊展开用线束,切断车辆线束端的黄色连接器,注意要在连接器端留下至少 16cm 长的导线,将连接器导线端连接 2 根 6m 以上的展开线束,并将两条导线的另一端绞合起来,以使导线短接	
(4) 将展开线束连接到方向盘气囊组件的连接器上,并将展开线束引至车外 (5) 按照同样方法,分别断开其他气囊和安全带预紧器的连接器,连接展开线束,引出车外。同时引出同侧引线	
(6) 关闭车窗和门,装好车罩,以抑制噪声 (7) 依次将展开线束短路的两端断开,连接蓄电池,引爆气囊。每次只触发一个展开回路 (8) 采用与未安装安全气囊系统的车辆相同的方式报废车辆 (9) 如果气囊不展开,应与汽车生产厂联系	

笔记

（续表）

2. 车外展开	
（1）拆下安全气囊组件，按照车内展开的方法连接展开线束 （2）将气囊组件朝上固定在没有轮辋的轮胎内，其上再叠放3或4个轮胎，最上方的轮胎有轮辋，并使用金属绳索将所有轮胎绑在一起 （3）将展开线束连接蓄电池，使其展开	
（4）将展开后的气囊气囊和安全带装于结实的塑料袋密封废弃	 结实的塑料带　安全气囊模块或安全带拉紧机构

案例分析

案例：安全气囊系统电控单元更换后没有编码。

车型：一汽大众宝来 BORA1.8 轿车。

症状：发生交通事故后，驾驶员气囊和前乘员气囊全都爆出，更换驾驶员气囊、前乘员气囊和安全气囊电控单元后，仪表板上的安全气囊警告灯常亮，且无故障代码输出。

诊断：经过询问得知该车更换元件后没有对安全气囊电控单元进行编码。用故障诊断仪 V. A. G1552 通过 1-15-07-00000 为新的气囊电控单元进行编码，编码后，气囊警告灯仍然常亮。将旧气囊电控单元装到车上，用 V. A. G1552 读取电控单元编码为 12622。查询维修资料，该车安全气囊电控单元编码应为 12875。

修复：对安全气囊电控单元进行编码，编码为 12875，故障排除。

分析：更换气囊电控单元后必须对打开单元编码。厂家设计电控单元时，要求它可以用于不同车型、不同配置、不同国家使用的汽车上，电控单元中安装了数套程序，制造厂或修理厂要通过编码选择适合本车使用的一套程序。更换电控单元后不编码则电控单元不工作，编码不正确则电控单元工作不正常。获得电控单元编码有三种方法：一是查询旧控制单元，二是查阅维修手册等资料，三是咨询特约服务站。

测试习题

一、填空题

1. 解除和启用安全气囊系统的方法有两种：操作_____，操作_____。

2. 安全气囊系统电控单元编程时，蓄电池电压应在_____ V。

3. 进行气囊报废处理时，气囊展开会有大量烟尘，噪声大，应远离人群，如果沾到皮肤上，处理方法是_____。

4. 事故中正面安全气囊展开,事故后务必更换以下部件:_____。

5. 事故中侧面安全气囊展开,事故后务必更换以下部件:_____。

二、判断题

1. 解除安全气囊系统时,只需拆下气囊电控单元常火线的保险丝。　　　　（　）

2. 拆下保险丝解除安全气囊系统时,将点火开关置于"ON"时,气囊警告灯将点亮。

（　）

3. 安全气囊系统电控单元编程时不得干扰仪器线束,否则会导致编程过程中断,使编程失败或电控单元损坏。　　　　（　）

4. 安全气囊系统电控单元安装完成并进行一个点火循环后,电控单元锁定到车辆,与其他车辆间不能交换。　　　　（　）

5. 事故中安全气囊未展开,无需更换气囊系统元件。　　　　（　）

三、问答题

1. 请完成安全气囊系统电控单元编程。

2. 请完成汽车安全气囊的报废处理。

学习单元 3.5　汽车安全带系统的诊断与修复

学习目标

认识汽车安全带系统的组成及工作原理,掌握安全带系统的诊断与修复方法,能够正确地进行安全带系统的功能检查、汽车安全带收紧器的故障诊断、安全带系统碰撞后的检查和修复、汽车安全带系统元件的更换以及安全带收紧器的报废处理,能够排除汽车安全带系统的故障。

汽车安全带系统是最重要的安全保护设施之一。安全带出现在 19 世纪后期,最早应用于马车乘员的保护。1964 年以后,美国、日本等国家强制在轿车、轻型客车的驾驶座位装备二点式安全带。由于安全带系统具有安全可靠、价格低廉、安装方便等优点,使用范围逐渐扩大,从客车到货车,从轻型车到中型车,从前排座椅到后排座椅,从外侧座椅到中间座椅。发展至今,安全带的结构也越来越复杂,功能越来越强大,保护作用越来越明显,使用安全带可以使碰撞中事故伤亡率降低 15%～30%。我国 1989 年开始试制安全带,1993 年 7 月开始强制使用安全带,目前规定轿车和旅行车的前排乘员必须使用安全带。

3.5.1　汽车安全带系统的认识

汽车安全带系统主要由安全带、安全带收紧器、安全带限力器等组成,与安全气囊系统协同工作。为了进一步提高安全带的保护作用,在一些高级轿车上使用了将安全带和座椅集成在一起的座椅集成式安全带系统(SGS)。安全气囊与安全带、安全带收紧器、安全带限力器配合使用,可以使乘员得到最大保护。

1. 安全带

当汽车发生碰撞时,安全带将乘员束缚在座椅上,避免或减轻乘员与车辆之间的二次碰撞,从而减轻人体的伤害程度。

笔记

汽车安全带可以分为二点式安全带、三点式安全带和四点式安全带(或称为全背带式安全带),如图 3-5-1 所示。二点式安全带主要用于轿车后排乘员和货车、大客车乘员,有腰带式和肩带式两种,腰带式安全带绕过胯部,可以限制乘员下躯体的前移;肩带式安全带斜跨前胸,可以限制乘员上躯体的前移。三点式安全带主要用于轿车驾驶员和前排乘员,目前应用最为广泛。四点式安全带主要用于赛车,在汽车发生滚翻时,可以将撞击力更均匀地分散掉,同时还可以将乘客牢牢地固定在座椅上,是保护效果最好的安全带。

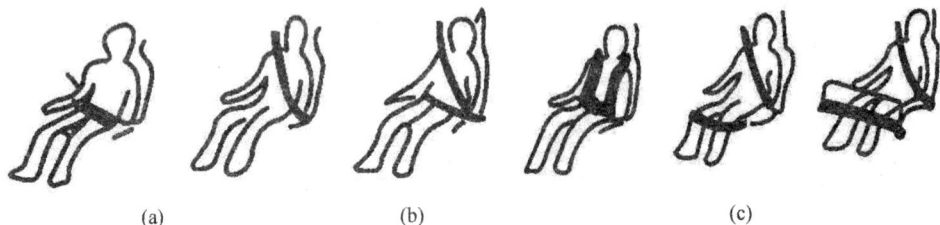

图 3-5-1 汽车安全带的分类
(a)二点式安全带 (b)三点式安全带 (c)四点式安全带

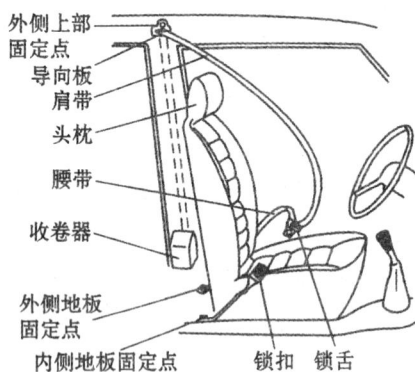

图 3-5-2 汽车安全带的结构

安全带主要由织带、带扣、滑移导向件、卷收器和安装附件等组成,安全带具有肩带和腰带,可以限制乘员下躯体和上躯体的前移。三点式安全带的结构如图 3-5-2 所示。

安全带与车身骨架之间有 3 个固定点:即座椅外侧地板固定点、座椅内侧地板固定点和座椅外侧车身支柱上部固定点。肩带和腰带绕过上方固定点的导向板,伸入车身支柱内腔并卷在支柱下端的卷收器内。

1)织带

织带用于固定乘员,并有一定的延伸适应人体运动的变化。织带采用合成纤维织成,宽度约为 48mm,厚度 1.1~1.2mm,具有足够的强度和良好的耐热、耐磨和阻燃等性能。

2)卷收器

卷收器用于将织带收回并存储,必要时锁紧织带。按其作用不同可以分为无锁式卷收器、自锁式卷收器和紧急锁止式卷收器三种,现在普遍采用紧急锁止式卷收器。

(1)无锁式卷收器:只有在织带全部拉出时才能保持束紧力。

(2)自锁式卷收器:在任意停止拉出位置能够自动锁紧。

(3)紧急锁止式卷收器:正常情况下,织带可以随乘员身体的移动自由伸缩也不松弛,对乘员不起约束作用。当发生碰撞、织带拉出速度达到一定程度时,卷收器通过敏感元件驱动锁止机构锁住卷轴,使织带锁紧,从而将乘员束缚在座椅上。

3)带扣

乘员胯部内侧有一个带扣,带扣用于束缚和解脱安全带。带扣由锁扣和锁舌组成,锁扣与内侧地板固定点相连,锁舌松套在织带上。带扣上有一红色按钮,按下按钮就能解除约束。

4）高度调节器

高度调节器安装在肩部位置，调节安全带以适应不同身高乘员的需要。最新研究表明，坐姿正确时（车顶与乘员头部之间的距离约为一个拳头宽）即可达到最佳安全带高度。宝马BMW 车从 E65 起不再安装安全带高度调节装置。

2. 安全带收紧器

在高强度的碰撞中，安全带会被拉长，乘员可能会碰撞车内物件从而造成伤害。此时安全带收紧器立即起作用，通过快速拉紧，使安全带在乘员前移之前回缩一定的长度，减少前移量。与常规的安全带系统相比，拉紧后安全带上的作用力提前提高，而最大作用力则保持在较低的水平，安全带收紧器可显著降低乘员负荷。安全带收紧器安装在座椅左右两侧或左右车门立柱旁边。

安全带收紧器按控制方式不同可以分为电子式和机械式。机械式（M 型）安全带收紧器有自己单独的收紧传感器，自成系统，还可以通过安全装置锁定收紧传感器。安全带收紧器与安全气囊可能不同时动作，左右收紧器也可能不同时动作。电子式（E 型）安全带收紧器组合在安全气囊系统中，由气囊电控单元控制，与安全气囊协同动作。现在普遍采用电子式安全带收紧器。

安全带收紧器按收紧方式不同可以分为滚珠式、拉索式和转子式。

1）滚珠式收紧器

滚珠式收紧器的结构如图 3-5-3 所示。当汽车发生碰撞时，气囊电控单元接通收紧器的点火器，引爆气体发生器。气体在管道内迅速膨胀压向钢珠链，钢珠往前窜，带动棘爪盘转动。棘爪盘与轴连为一体，安全带绕在轴上，棘爪盘通过轴收紧安全带。管道末端是一截空腔，用于容留钢珠，当所有的钢珠不能在空腔中移动时，棘爪盘停止转动，安全带停止收紧。

2）拉索式收紧器

拉索式收紧器的结构如图 3-5-4 所示。拉索一端

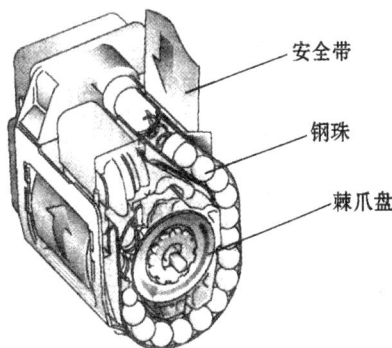

安全带
钢珠
棘爪盘

图 3-5-3　滚珠式收紧器

缠绕在鼓轮上，不与轴外表面接触，另一端固定在活塞上。安全带卷绕在轴上。当汽车发生碰撞时，气囊电控单元接通收紧器的点火器，引爆气体发生器。气体在缸筒内迅速膨胀压向活塞，活塞下移，拉动拉索，使鼓轮夹紧轴，轴转动收紧安全带。

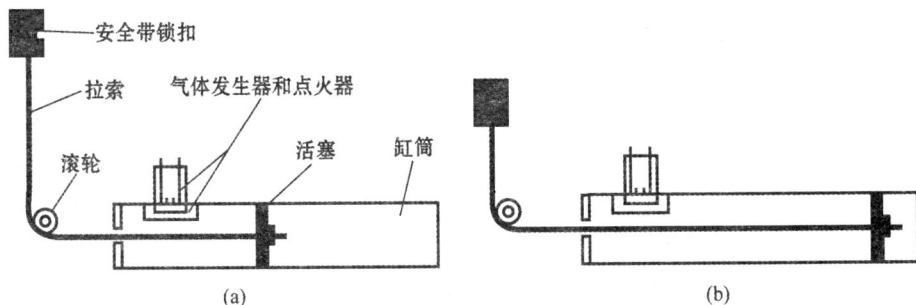

安全带锁扣
拉索
气体发生器和点火器
活塞
缸筒
滚轮

（a）　　　　　　　　　　　（b）

图 3-5-4　拉索式收紧器

（a）未收紧　（b）收紧

3）转子式收紧器

转子式收紧器的结构如图 3-5-5 所示。当汽车发生碰撞时，气囊电控单元接通收紧器的点火器，引爆气体发生器。气体推动离合键啮入离合齿轮，使得转子与离合齿轮一起转动，将安全带收紧，当转子转动到尽头时气体从释放孔排出。收紧器作用后，离合键和齿轮得以分离，安全带可以拉出或收回。

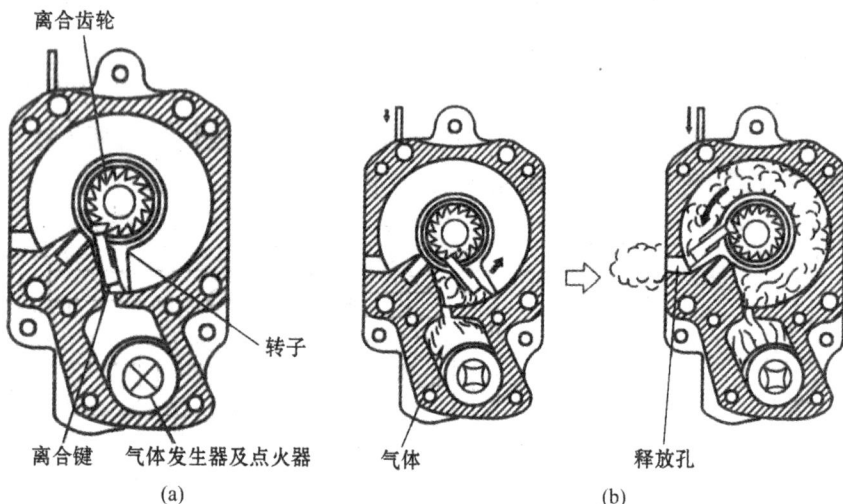

图 3-5-5　转子式收紧器

（a）未收紧　（b）收紧

注意：安全带收紧器只能工作一次，引爆后必须更换安全带总成。安全带收紧器引爆三次后必须更换安全气囊电控单元。有些车辆座椅上无乘员时，安全带收紧器也会工作。

3. 安全带限力器

当安全带收紧器收紧时，安全带施加于乘员身上的拉力会因过大而伤害乘员。当安全带拉力达到预定值时，安全带限力器可限制这一拉力，以此控制施加的拉力，避免拉力过大。安全带限力器按照结构不同可以分为机械式和燃爆式两种。

1）机械式安全带限力器

机械式安全带限力器的结构如图 3-5-6 所示。当汽车发生碰撞时，由于乘员瞬间前移而使安全带张力超过限定值，限力板开始变形，卷筒立即旋转，绕在其上的安全带得以拉出。同

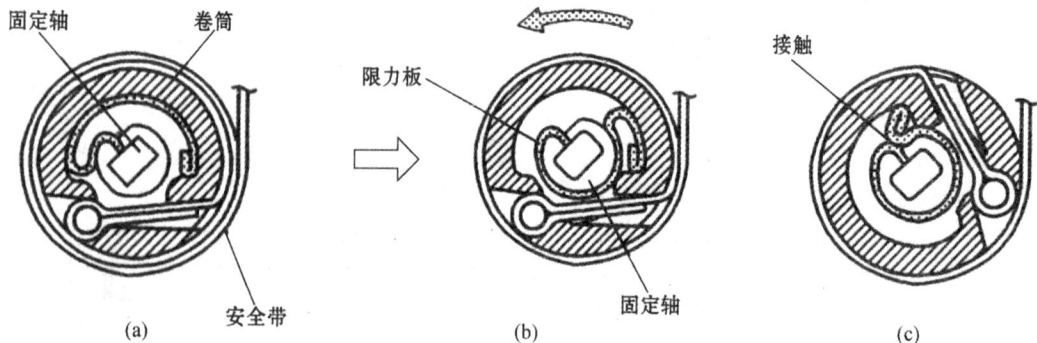

图 3-5-6　安全带限力器

（a）未动作　（b）动作　（c）动作结束

时限力板由于变形增大了安全带拉出的阻力。当卷筒转过 1.25 圈时,限力板两端接触,卷筒停止转动。

2) 燃爆式安全带限力器

燃爆式安全带限力器用于驾驶员和前乘员,其结构和工作原理如图 3-5-7 所示,是一种带有自适应带力限制功能的安全带自动收卷器,借助气体发生器可将高作用力转换为低作用力。与安全气囊以最佳方式配合时,在整个碰撞持续期间可以均匀吸收乘员身体的冲击动能。这样即可使乘员所承受的负荷较低。

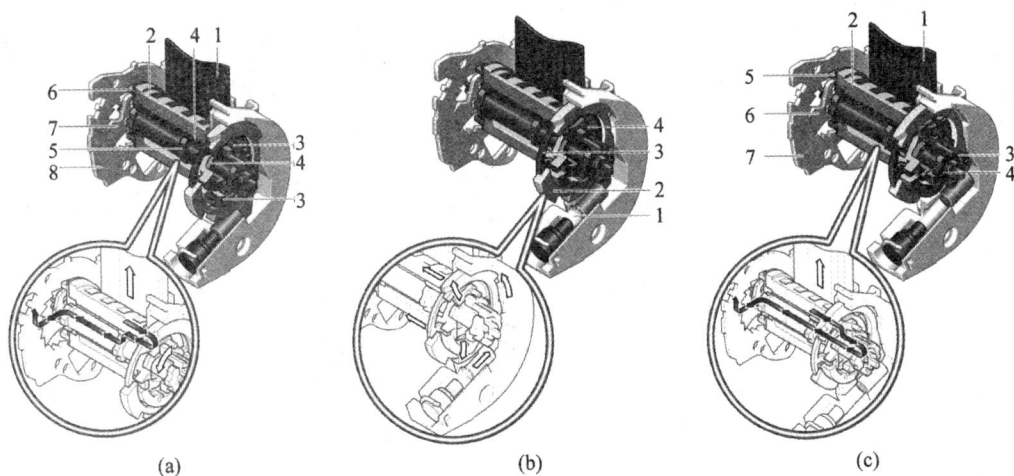

图 3-5-7　燃爆式安全带限力器

(a) 作用力较高时力的走向(第 1 个阶梯轴)　(b) 引爆过程　(c) 作用力较低时力的走向(第 2 个阶梯轴)

自适应带力限制装置以一个双级扭力杆(阶梯式轴)为基础。扭力杆由两个左右凸出端、阶梯轴和中部凸出端组成。安全带力通过带身传递到安全带卷轴上。安全带卷轴与一个套管连接,扭力杆位于该套管内。套管上有一个带卡爪的轴环,这些卡爪将扭转力矩传递到扭力杆上。

在第 1 个阶梯轴内,从带身传递到安全带卷轴的安全带力通过卡爪传递到扭力杆的中部凸出端。如果安全带卷轴相对固定安装的扭力杆扭转,那么其作用力将传递到扭力杆较粗的部分(左侧)。这样即可自动调节较高的作用力。

发生碰撞时将引爆气体发生器并使一个活塞移出,该活塞使控制环转动并借此沿轴向推移轴环。卡爪不再由套管支撑,因此不再将扭转力矩传递到扭力杆的中部凸出端上,而安全带力通过右侧凸出端传递到阶梯轴内,因此带力经过整个扭力杆。由于右侧轴的直径较小,因此扭力杆进一步扭转,从而将作用力降低到较低的水平。

4. 座椅集成式安全带系统(SGS)

座椅集成式安全带系统 SGS 具有以下特征:

(1) 所有安全带元件,包括导向点都转移到座椅内,在不带 B 柱的汽车上,发生碰撞时所有作用力都传递到地板总成内。安全带固定点都连接在座椅框架上,并随座椅调节过程一起移动。头枕和上部安全带导向点依据座椅纵向调节情况自动进行调节。无论座椅位于何处和乘员身材大小,安全带几何尺寸都能自动保证安全带以最佳方式围在乘员身体上。

(2) 通过附加的安全带收紧器限制乘员前移,整个布置方案使安全带自由长度降至最低,没有身体下移作用,因此乘员将尽可能早地与车辆同时减速,进一步降低了头部撞击车内部件的危险。

（3）发生碰撞时通过靠背框架和地板总成有目的的变形来提供较大的行程，以预定方式吸收能量，使得碰撞时作用在乘员身体上的加速力通过较长的变形行程降至最低。

因此 SGS 提供了最安全且最舒适的安全带固定装置，针对尾部和侧面碰撞提供了更好的保护，针对不带 B 柱的汽车提供了理想解决方案。

3.5.2　别克林荫大道汽车安全带系统的诊断与修复

1. 别克林荫大道汽车安全带系统的认识

别克林荫大道汽车安全带系统包括所有座椅的跨肩式惯性卷收型安全带总成、驾驶员和前乘员座椅安全带收紧器、驾驶员安全带开关和安全带警告灯等，驾驶员和前乘员座椅安全带收紧器电路如图 3-5-8 所示，驾驶员安全带开关电路如图 3-5-9 所示。

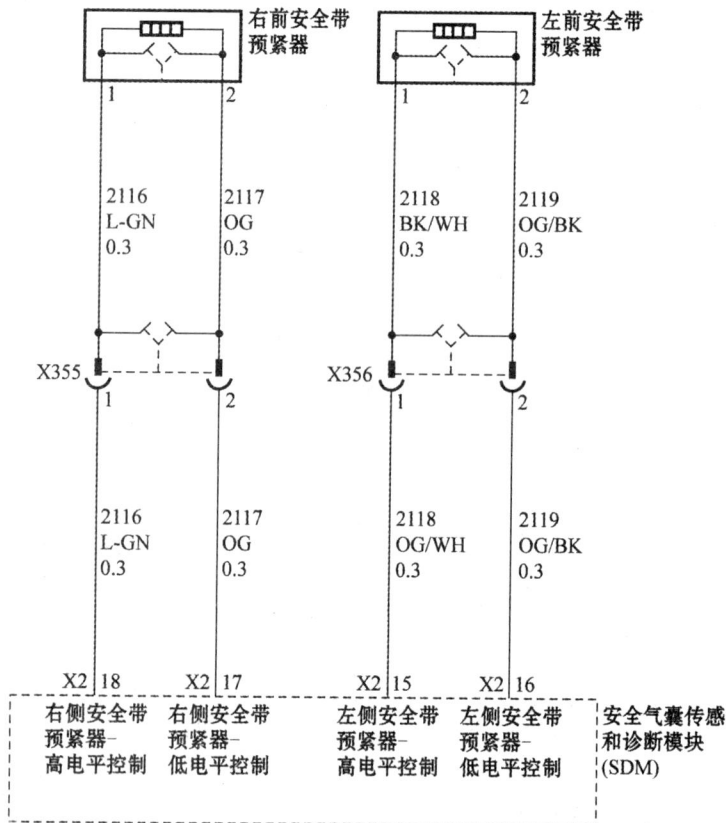

图 3-5-8　驾驶员和前乘员的座椅安全带收紧器电路

驾驶员安全带开关位于驾驶员安全带锁扣内，能检测驾驶员安全带的状态，并送至安全气囊系统传感和诊断模块，控制仪表板组合仪表中的安全带警告灯和声音警报器。如果安全带未系紧，仪表板组合仪表将使安全带警告灯点亮约 20s 或者一直点亮直到安全带系紧为止。如果在灯泡检查后 8s 内未系紧安全带，则仪表板组合仪表将发出 5 声蜂鸣声。

2. 汽车安全带系统的功能检查

（1）点火开关置于"ON"，在系好以及未系好安全带的情况下，检查并确认安全带警告灯

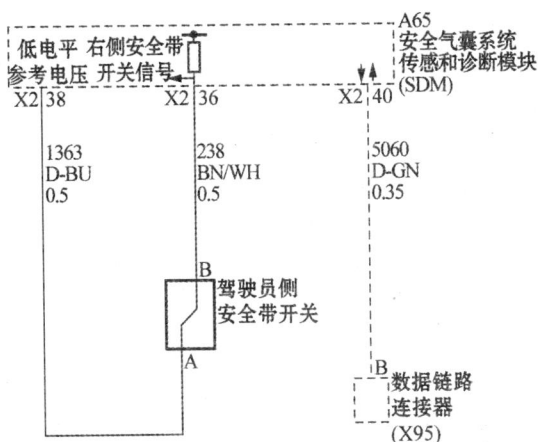

图 3-5-9　驾驶员的安全带开关电路

工作正常。

（2）检查肩带导向器,确保安全带平整地位于导向器槽中,安全带不卡滞。

（3）检查并确认安全带锁扣面向内侧且能接近;扣上锁扣,用力拉动安全带检查并确认安全带锁扣保持锁紧;按下锁扣按钮,检查并确认安全带锁扣能够轻易释放,按钮能够正常复位。

（4）将安全带完全拉出,检查并确认安全带未扭绞或扯裂;使安全带缩回,检查并确认安全带能顺畅并完全缩回到卷收器中。

（5）检查并确认安全带及收紧器的固定连接可靠。

（6）检查紧急锁紧式卷收器的功能:系紧安全带,将车辆缓慢加速到 16km/h,然后踩紧制动器,检查并确认在踩紧制动踏板时安全带是否锁紧;如果安全带没有锁紧,拆下安全带卷收器总成,缓慢倾斜安全带卷收器,如图 3-5-10 所示。检查并确认倾斜度小于或等于 15°时安全带可从卷收器中拉出,倾斜度大于或等于 30°时则不能从卷收器中拉出;如果安全带卷收器的操作未达到如上所述,则应更换卷收器总成。

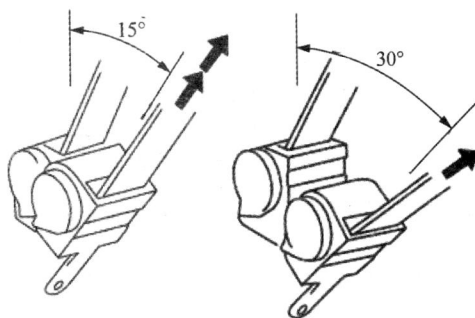

图 3-5-10　紧急锁紧式卷收器的功能检查

3. 汽车安全带收紧器的故障诊断

安全带收紧器点火器电路有故障会形成故障码 DTC B0015,有关故障码诊断和数据流诊断的方法可以参见别克林荫大道汽车安全气囊系统的故障码诊断方法。

4. 安全带系统碰撞后的检查和修复

如果发生了轻微碰撞,且自动保护装置(气囊和安全带收紧器)未展开,保护系统在碰撞中未遭到损坏,则无需更换安全带系统。如果保护系统在碰撞中可能遭到损坏,应进行以下检查和修复:

在碰撞中自动保护装置展开,应更换所有使用过的安全带系统:成人座椅安全带系统、儿童保护装置、婴儿托架、辅助座椅的安全带系统以及儿童保护装置固定接头和上箍带固定装置。

更换任何有扯裂、磨损或损坏部件的安全带系统:成人座椅安全带系统、儿童保护装置以及儿童保护装置固定接头部件。

更换怀疑有故障的安全带系统:成人座椅安全带系统、儿童保护装置、儿童保护装置固定接头部件以及用来固定婴儿托架、儿童保护装置和辅助座椅的任何保护系统。

注意:更换安全带时,务必连同锁扣、导向环和卷收器总成一起更换整个安全带系统。

5. 安全带收紧器的报废处理

安全带收紧器的报废处理与安全气囊系统的报废处理方法相同。

案例分析

案例:安全带线束短路,致使安全带警告灯点亮。

车型:2003 款庞蒂克 Grand Am 车。

症状:安全带扣好后,仪表板上的座椅安全带警告灯有时会持续点亮或闪烁。

诊断:据庞蒂克汽车公司介绍,这种故障很可能是因座椅前后移动时,座椅安全带线束与座椅底部基座附近的金属带摩擦,引起线路短路。顺着导线和线束仔细检查,重点检查距锁扣塑料护套约 25mm 的位置处,发现导线有损坏迹象。

修复:在导线损坏部位用电工胶布进行保护。为避免再次出现相同故障,重新布置线束,避免线束受挤压和摩擦。

分析:由于安全带线束布置不合理,在移动座椅时线束受到了摩擦,造成安全带线束短路,致使安全带警告灯点亮。

测试习题

一、填空题

1. 安全气囊与_____、_____、_____配合使用,可以使乘员得到最大保护。

2. 汽车安全带可以分为_____、_____、_____,其中_____主要用于轿车驾驶员和前排乘员,目前应用最为广泛。

3. 安全带收紧器引爆_____次后必须更换安全气囊电控单元。

4. 安全带限力器的作用是:_____。

5. 别克林荫大道汽车驾驶员安全带开关位于_____,检测驾驶员安全带的状态,并送至安全气囊系统传感和诊断模块、控制仪表板组合仪表中的_____。

二、判断题

1. 腰带式安全带绕过胯部,可以限制乘员下躯体的前移;肩带式安全带斜跨前胸,可以限制乘员上躯体的前移。　　　　　　　　　　　　　　　　　　　　　　（　　）

2. 紧急锁止式卷收器只有在织带全部拉出时才能保持束紧力。　　　　　　（　　）

3. 最新研究表明,坐姿正确时(车顶与乘员头部之间的距离约为一个拳头宽)即可达到最佳安全带高度,无需安装安全带高度调节装置。　　　　　　　　　　　　　（　　）

4. 安全带收紧器只能工作一次,引爆后必须更换安全带总成。　　　　　　（　　）

5. 车辆座椅上无乘员时,安全带收紧器不会工作。　　　　　　　　　　　（　　）

三、问答题

1. 什么是座椅集成式安全带系统?

2. 请说明别克林荫大道汽车安全带系统的功能检查。

3. 请说明别克林荫大道汽车安全带系统碰撞后的检查和修复。

4. 请说明别克林荫大道汽车汽车安全带系统元件的更换步骤。

学习单元 3.6　汽车防碰撞系统的诊断与修复

学习目标

认识汽车防碰撞系统的组成及工作原理,掌握汽车防碰撞系统诊断与修复方法,能够排除汽车防碰撞系统的故障。

汽车防碰撞系统是一种主动安全装置,它辅助驾驶员对车辆行驶环境进行实时监测,在有发生碰撞危险的情况下发出警告信号,以警告驾驶员;并主动干涉驾驶操纵系统,辅助驾驶员进行应急处理,防止汽车发生碰撞。

3.6.1　汽车防碰撞系统的认识

汽车防碰撞系统的组成及工作原理如图 3-6-1 所示,主要包括环境监测装置(物体传感器、路面传感器)、控制装置(汽车防碰撞电控单元)、操纵机构(扬声器、显示屏)等。物体传感器检测车辆前方或后方物体的距离和方位,路面传感器检测路面状况;防碰撞电控单元分析物体距离和方位以及路面状况信号,判断碰撞危险性,如果小于安全距离,输出碰撞警告信号和车辆控制信号;扬声器和显示屏分别发出声音和视频信号,以警告驾驶员,车辆制动系统和转向系统立即进行自动操作,防止发生碰撞。在汽车自动操作时,如果驾驶员的操作制动力大于自动操作的制动力,则驾驶员操作有效。

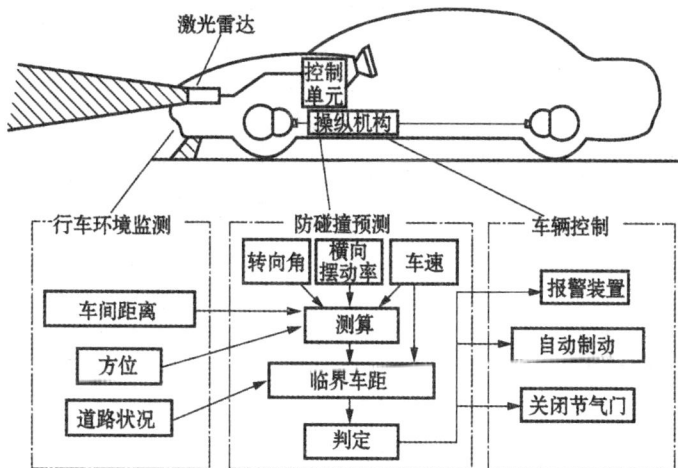

图 3-6-1　汽车防碰撞系统的组成及工作原理

汽车防碰撞系统主要解决汽车行驶的安全距离问题,测定汽车行驶安全距离的主要方法有超声波测距、雷达电磁波测距和雷达激光测距。超声波测距利用超声波回声测距;雷达电磁波测距利用电磁波反射测距;雷达激光测距利用激光反射测距。

1. 汽车超声波防碰撞系统

装有汽车超声波防碰撞系统的汽车前端或后端安装有超声波传感器,其结构如图 3-6-2 所示。该系统主要由一个无线电收发机和一个整理器构成。电控单元向传感器发出指令,控制传感器无线电收发机发射 40kHz 超声波,超声波遇到障碍物后反射回反射波,无线电收发

笔记

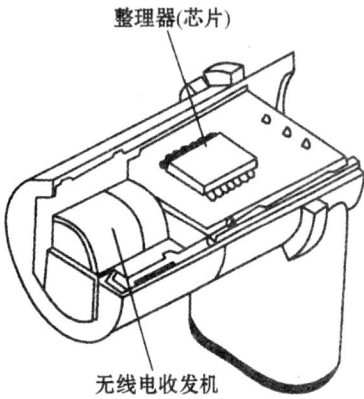

图 3-6-2　超声波传感器的结构

机接收反射波,整理器将反射波信号转化为数字信号,并送至电控单元,电控单元计算出发射超声波和接收到反射波的时间差,即可求出物体到汽车的距离。

2. 汽车雷达防碰撞系统

汽车雷达防碰撞系统的组成及工作原理如图 3-6-3 所示。在汽车前端或后端安装有雷达天线,其作用是发射并接收电磁波信号。当发射机采用微波调频连续波体制时,雷达天线发射调频连续波信号。当发射信号遇到物体时发射回来,天线接收反射波信号并经接收机转化为电信号,送至电控单元,电控单元计算出发射电磁波和接收到反射波的时间差,即可求出物体到汽车的距离。进而还可以计算出物体的方位和运动物体的速度。

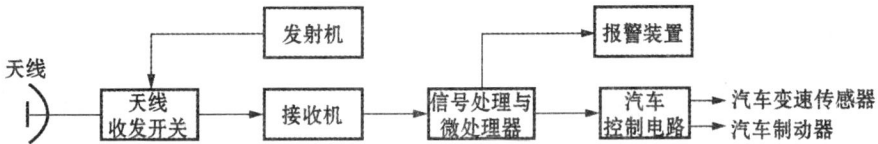

图 3-6-3　汽车雷达防碰撞系统的组成及工作原理

3.6.2　别克林荫大道汽车物体检测系统的诊断与修复

1. 别克林荫大道汽车物体检测系统的认识

别克林荫大道汽车的汽车防碰撞系统又称为物体检测系统(驻车辅助系统)。物体检测系统的配置取决于车型,别克林荫大道汽车装备了双物体检测系统。双物体检测系统能检测和显示车辆前部和后部的物体。其组成及安装位置如图 3-6-4 所示,电路图如图 3-6-5、图 3-6-6、图 3-6-7 所示,主要包括汽车前和汽车后保险杠上的物体检测传感器、一个控制单元和后窗台上的一个扬声器及信息娱乐单元上的一个扬声器。

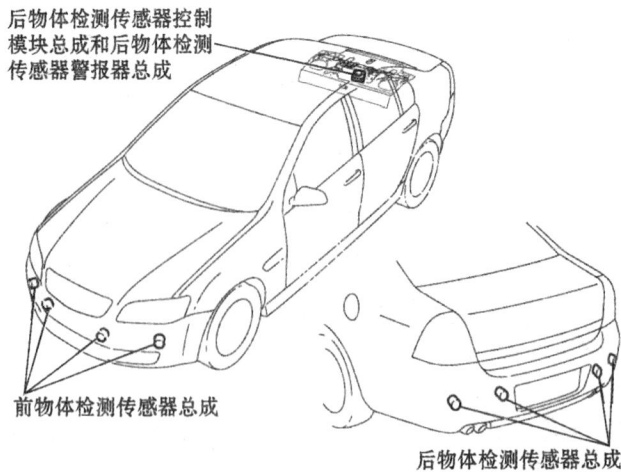

图 3-6-4　别克林荫大道汽车物体检测系统组成及安装位置

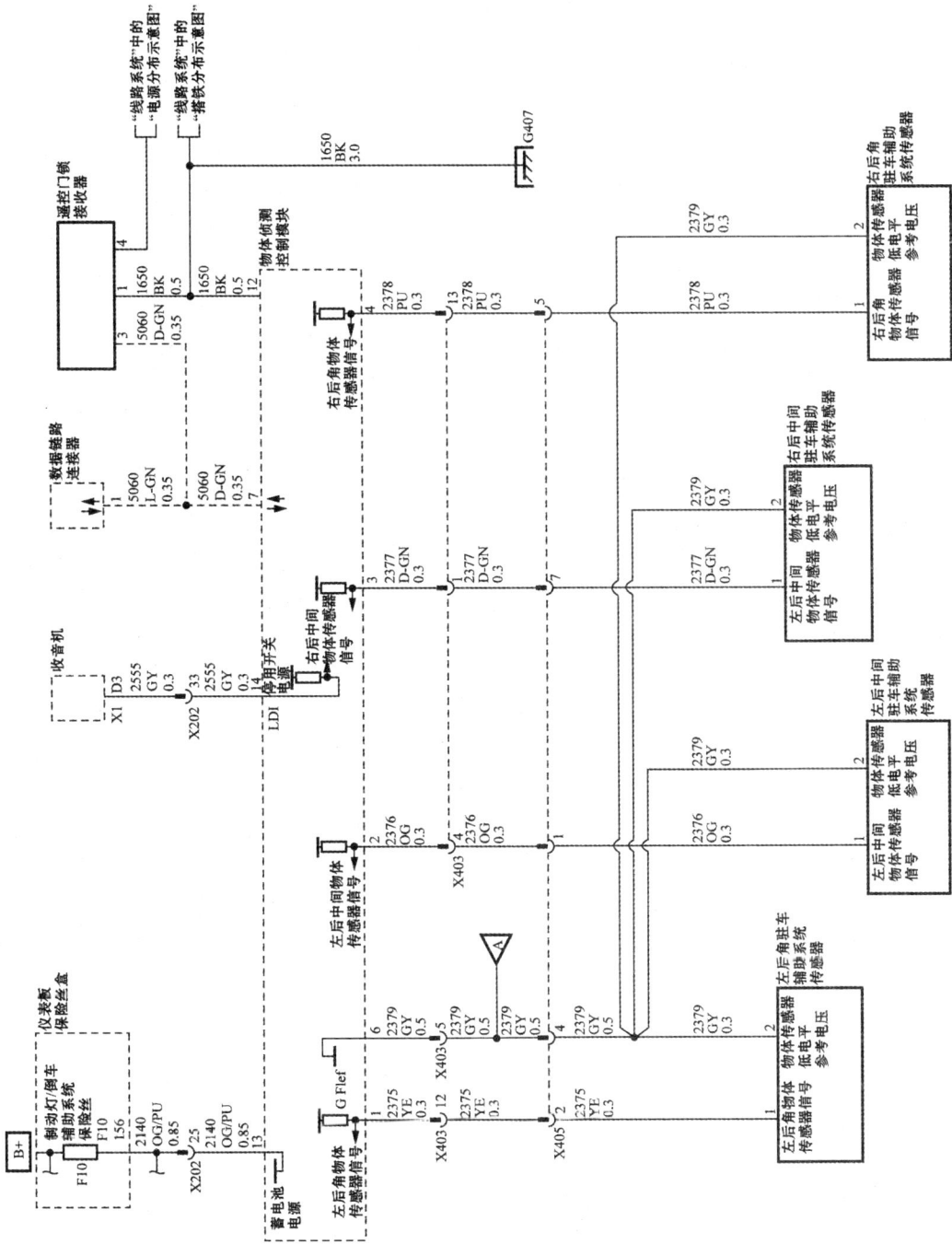

图 3-6-5 别克林荫大道汽车防碰撞系统电路图(1)——防碰撞系统电源、搭铁和后物体检测传感器

笔记

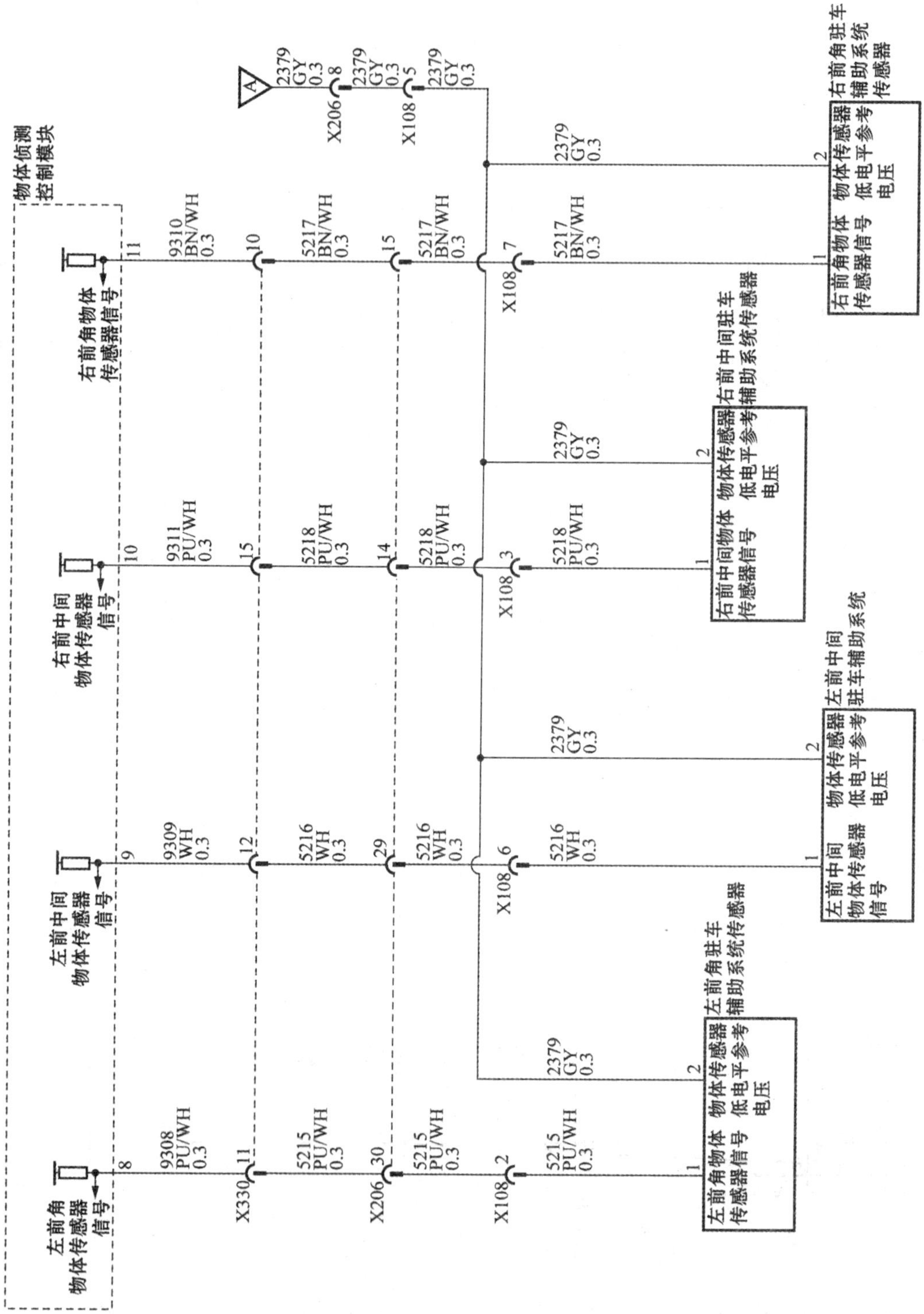

图 3-6-6   别克林荫大道汽车防碰撞系统电路图(2)——前物体检测传感器

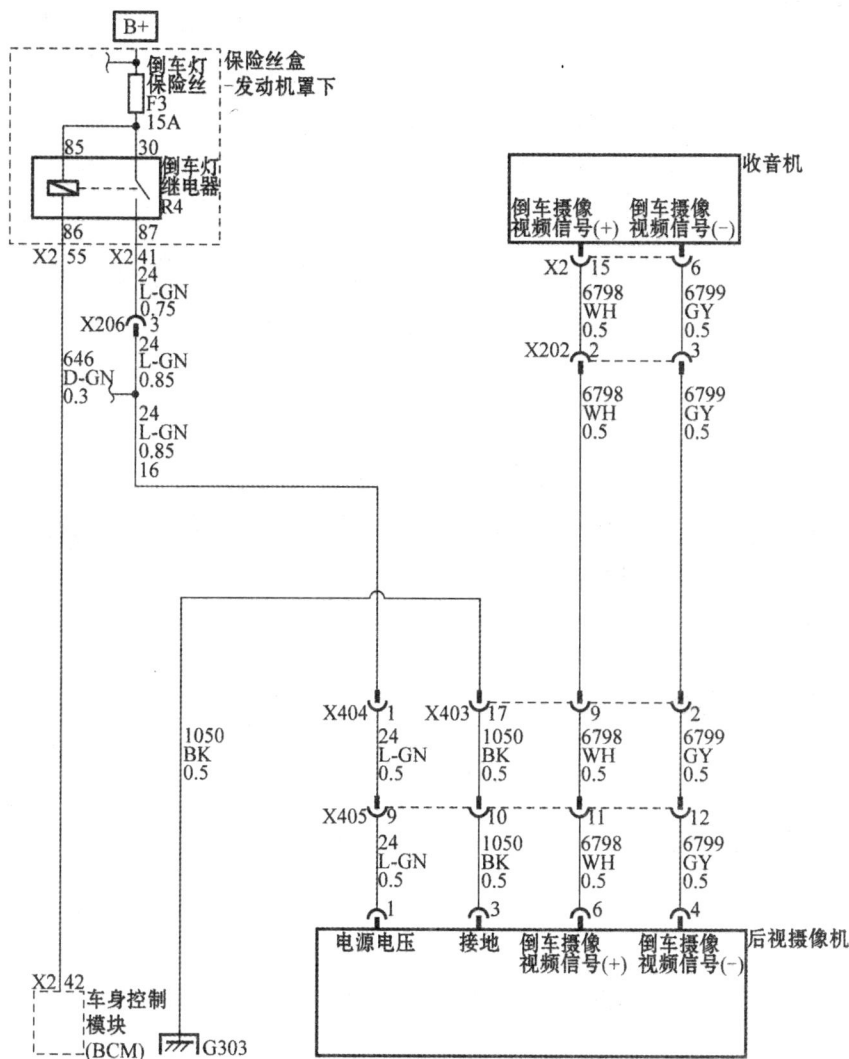

图 3-6-7　别克林荫大道汽车防碰撞系统电路图(3)——后视摄像机

后物体检测系统警报提示音和前物体检测系统警报提示音的规范如表 3-6-1 所示。物体检测系统的工作状态是：

表 3-6-1　别克林荫大道汽车物体检测系统警报提示音的规范

	距离/mm	持续鸣响时间/ms	持续静音时间/ms
后物体检测系统警报提示音	小于 400	持续	
	400～800	100	100
	800～1200	100	200
	1200～1500	100	300

（续表）

	距离/mm	持续鸣响时间/ms	持续静音时间/ms
前物体检测系统警报提示音	小于 400	持续	
	400～600	100	100
	600～800	100	200
	800～1200	100	300

点火开关置于"ON"，选择前进档，只有前传感器启动，并且只从前扬声器发出确认的声音；点火开关置于"ON"，选择倒档，只从后扬声器发出一声短暂的声音。否则说明系统中有故障。

当车辆的前进速度超过 25km/h 时，双物体检测自动禁用。

当选择倒档且前后传感器同时检测到物体时，会同时指示两个物体。

当传感器启动时，物体检测的动画（若装备）会显示在信息娱乐屏幕上。前、后物体检测的检测范围会图示说明。如果物体进入传感器范围，显示屏上的相应区域会以绿色显示。当物体更加接近时，将显示附加区域，并且这些区域的颜色会变成黄色，然后成橙色，最后成红色。

要在操作时听到警报声，当物体检测运行时音响系统将自动静音。

如果检测到固定在车辆上的物体，物体检测系统将在车辆的前进速度达 25～35km/h 后，自动完全禁用。当物品拿去或点火开关置于"OFF"然后再置于"ON"时，物体检测系统会自动重新启用。

2. 别克林荫大道汽车物体检测系统数据流的诊断

别克林荫大道汽车物体检测系统数据流可以参考维修手册，读取相关数据流可以检查系统各部件工作是否正常。

3. 别克林荫大道汽车物体检测系统故障码的诊断

注意：在使用本诊断程序前，务必执行"诊断系统检查"。在检查中拆下连接器时，首先检查连接器是否损坏或腐蚀，若有损坏应修理或更换受影响的部件或连接器。

1）DTC B0954、B0955、B0956 或 B0957 的故障诊断

（1）故障诊断信息：DTC B0954、B0955、B0956、B0957 和 DTC B0958、B0959、B0960、B0961 故障诊断信息如表 3-6-2 所示。

表 3-6-2　DTC B0954、B0955、B0956、B0957 和 DTC B0958、B0959、B0960、B0961 故障的诊断信息

故障码	DTC B0954、B0955、B0956、B0957 和 DTC B0958、B0959、B0960、B0961
故障码说明	B0954 06：驻车辅助系统传感器左前外部电路故障 B0955 06：驻车辅助系统传感器左前中间电路故障 B0956 06：驻车辅助系统传感器右前中间电路故障 B0957 06：驻车辅助系统传感器右前外部电路故障 B0958 06：驻车辅助系统传感器左后外部电路故障 B0959 06：驻车辅助系统传感器左后中间电路故障 B0960 06：驻车辅助系统传感器右后中间电路故障 B0961 06：驻车辅助系统传感器右后外部电路故障
故障诊断说明	保险杠上的 4 个超声波传感器检测车辆和物体之间的距离，当汽车以低于 17km/h 的速度驶近物体时，物体检测系统将通知驾驶员，使驻车更容易并帮助避免碰撞

运行故障码的条件	点火电压在 10～15.5V 之间
设置故障码的条件	物体传感器控制模块至物体传感器警报传感器电路开路、电阻过高、对搭铁短路或对电源短路
设置故障码时的操作	物体检测警报模块设置一个故障码 物体检测警报模块指令驻车辅助启用/停用开关 LED 灯熄灭

（2）故障诊断方法：DTC B0954、B0955、B0956、B0957 和 DTC B0958、B0959、B0960、B0961 故障的诊断方法如图 3-6-8 所示。

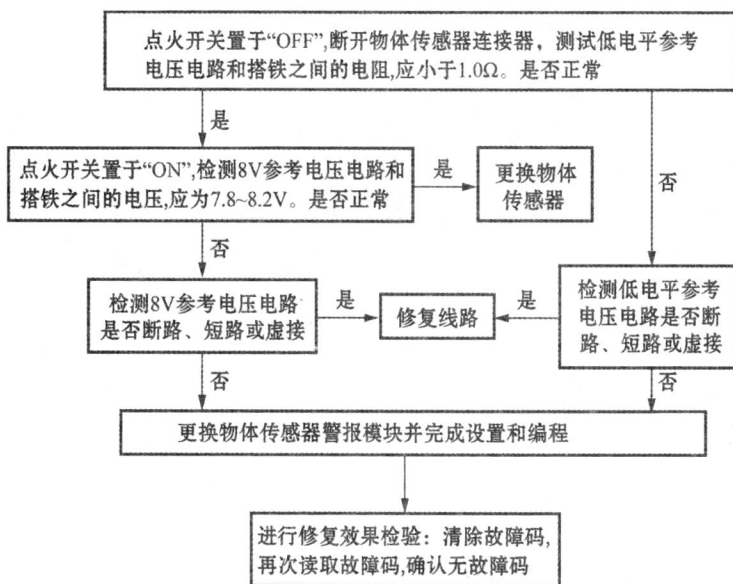

图 3-6-8　DTC B0954、B0955、B0956、B0957 和 DTC B0958、B0959、B0960、B0961 故障的诊断方法

2）DTC B0967 的故障诊断

（1）故障诊断信息：DTC B0967 故障诊断信息如表 3-6-3 所示。

表 3-6-3　DTC B0967 故障的诊断信息

故障码	DTC B0967
故障码说明	DTC B0967 02：驻车辅助开关电路对搭铁短路
故障诊断说明	驻车辅助系统启用/停用开关允许驾驶员在要求时启用/停用驻车辅助系统。驻车辅助开关从物体传感器警报模块得到电源电压，该电源电压通过驻车辅助系统启用/停用开关搭铁
运行故障码的条件	点火电压在 10～15.5V 之间
设置故障码的条件	物体传感器警报模块检测到启用/停用开关电路对搭铁短路超过 10s
设置故障码时的操作	物体检测警报模块设置一个故障码 物体检测警报模块指令驻车辅助启用/停用开关 LED 灯熄灭

(2) 故障诊断方法：DTC B0967 故障的诊断方法如图 3-6-9 所示。

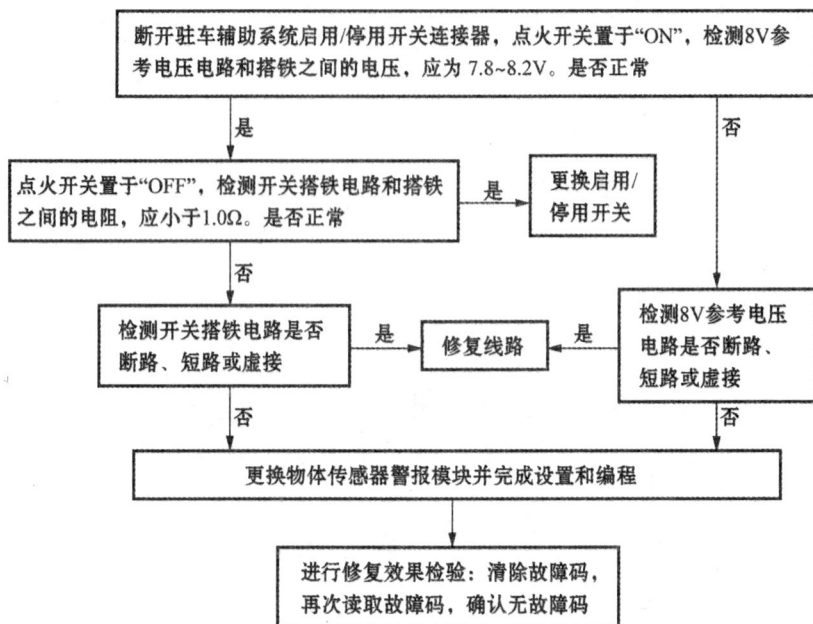

图 3-6-9　DTC B0967 故障的诊断方法

3) DTC B1015 的故障诊断

(1) 故障诊断信息：DTC B1015 故障诊断信息如表 3-6-4 所示。

表 3-6-4　DTC B1015 故障的诊断信息

故障码	DTC B1015
故障码说明	DTC B1015 00：车辆识别号（VIN）信息错误
故障诊断说明	当点火开关置于"ON"，物体检测警报模块执行自检以诊断自身的关键性故障。当物体检测警报模块系统完成加电模式时，物体检测警报模块将通过串行数据通信电路与车身控制模块（BCM）建立通信。车身控制模块随后把车辆识别号（VIN）发送到物体检测警报模块。物体检测警报模块将接收到的信息与存储器中的数据进行对比。如果存储器中的数据与车身控制模块发送的信息不匹配，物体传感器警报模块会设置一个故障码并指令驻车指示灯熄灭
运行故障码的条件	点火电压在 10~15.5V 之间
设置故障码的条件	物体检测模块存储的车辆识别号数字与存储在车身控制模块中的车辆识别号数字不匹配 存储于车身控制模块中的车辆识别号与车辆的车辆识别号不匹配
设置故障码时的操作	物体检测警报模块设置一个故障码 物体检测警报模块指令驻车辅助启用/停用开关 LED 灯熄灭

(2) 故障诊断方法：DTC B1015 故障的诊断方法如图 3-6-10 所示。

4) DTC B1325 的故障诊断

(1) 故障诊断信息：DTC B1325 故障的诊断信息如表 3-6-5 所示。

笔记

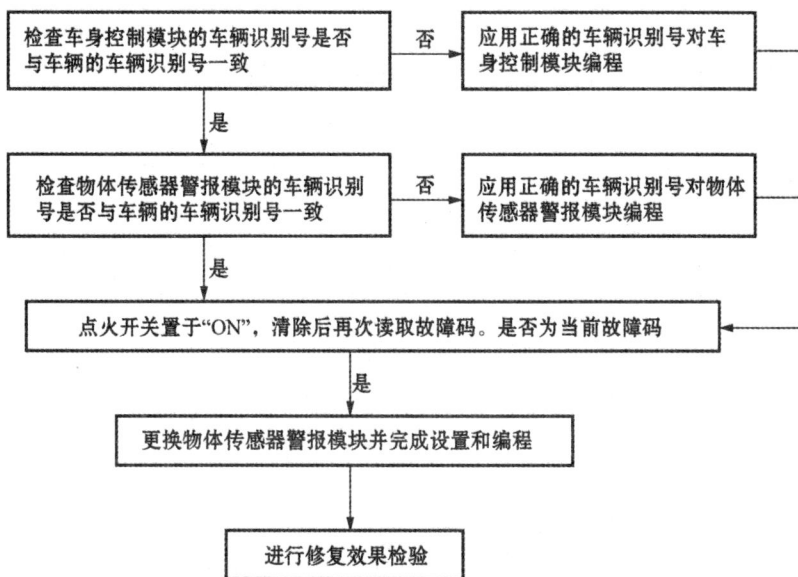

图 3-6-10　DTC B1015 故障的诊断方法

表 3-6-5　DTC B1325 故障的诊断信息

故障码	DTC B1325	
运行故障码的条件	点火电压在 10～15.5V 之间	
故障诊断说明	物体传感器警报模块监视至物体传感器警报模块的输入电压,如果电压高于或低于预定的阈值,设置故障码	
设置故障码时的操作	物体检测警报模块设置一个故障码 物体检测警报模块指令驻车辅助启用/停用开关 LED 灯熄灭	
故障码	故障码说明	设置故障码的条件
B1325 03	装置电源电路电压低于阈值	物体传感器警报模块检测到电源电压电路电压低于 9V
B1325 07	装置电源电路电压高于阈值	物体传感器警报模块检测到电源电压电路电压高于 16V

（2）故障诊断方法:DTC B1325 故障的诊断方法如图 3-6-11 所示。

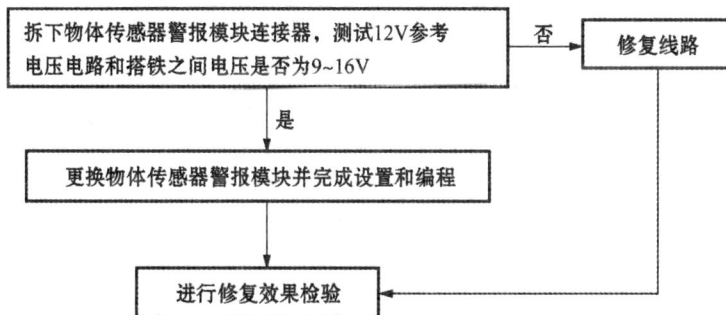

图 3-6-11　DTC B1325 故障的诊断方法

笔记

案例分析

案例：因倒车摄像机系统控制单元 J772 有故障,导致倒车影像功能失效,显示黑屏。(来源:《汽车与驾驶维修》杂志,陆建平)

车型：2009 年款奥迪 A6L 2.4 L 轿车,发动机型号 BDW,行驶里程 2.7 万 km。

症状：用户反映该车倒车影像功能失效,显示黑屏。

诊断：首先进行试车,起动发动机并挂入倒档,发现 MMI(多媒体界面)无倒车影像,显示黑屏。该车带有视觉驻车辅助系统(OPS)和倒车摄像机,检查后行李舱盖拉手内摄像机,镜头有些脏污,用玻璃清洁剂清洗镜头,倒车影像依旧黑屏。

使用故障诊断仪 VAS5052A 进入 MMI 系统的驻车辅助项目,检查后视 MMI 显示屏中显示了倒车摄像机的图像选项,确认该选项处于打开状态;按下中控台内驻车辅助按钮,尝试激活倒车摄像机,结果无效;进入网关 6C,显示"后视镜摄像机系统控制单元——正常";尝试单独进入地址 6C,显示"无法达到"。

打开行李舱内右侧盖板,取出倒车摄像机系统控制单元 J772,检查 J772 连接器,接插完好,线路排列有序,检测供电及接地均正常。由于曾遇到过前部信息显示/操作单元的控制单元 J523 出问题导致 MMI 界面内奥迪的标志不能显示,所以先对控制单元 J523 长编码进行了重新编码,结果无效。

该车倒车摄像机是一台松下品牌摄像机,其结构紧凑,集成在行李舱盖拉手内。这是一台广角摄像机(wide-angle cemera),水平方向探测角度达 130°,垂直方向探测角度 95°,摄像机的总分辨率为 25 万像素。由于使用广角镜头,倒车摄像机所拍摄影像严重失真,其图像校正是通过倒车摄像机系统控制单元 J772 来完成的。

倒车摄像机系统控制单元 J772 负责向摄像机 R189 提供 6.5V 电压,并校正摄像机广角图像,在摄像机图像中插入静态和动态辅助线。它接收摄像机所采集的视频信号,经过处理后将视频信号输入至电视调谐器。利用集成的视频开关,切换到所需视频信号上,电视调谐器将收到的视频信号进行高频放大、比较处理、信道解码和解调,然后再经前部信息显示/操作单元的控制单元 J523 处理后还原出原始图像提供给视频输出端。

打开显示器,图像显示正常,挂入倒档,也能切换到倒车影像图像界面,证明 J772 内视频切换开关良好,但倒车图像界面仍出现黑屏。根据倒车影像系统工作原理来看,问题应出在摄像机系统控制单元 J772 上。

修复：更换倒车摄像机系统控制单元 J772,然后重新编码,使用 VAS5052A 成功进入 6C系统,系统内没有故障码,数据流正常,倒车影像已恢复。

分析：由于倒车摄像机系统控制单元 J772 故障,使用 VAS5052A 不能进入 6C 系统,倒车影像功能失效,显示黑屏。

测试习题

一、填空题

1. 测定汽车行驶安全距离的主要方法有_____、_____、_____。

2. 别克林荫大道汽车倒车时,物体与车辆后部距离为_____时,物体检测系统将持续鸣响。

3. 检查别克林荫大道汽车车身控制模块的车辆识别号与车辆的车辆识别号不一致,下面应该_____。

4. 别克林荫大道汽车读出 DTC B0967 02,说明故障部位可能在_____。

5. 别克林荫大道汽车物体检测系统物体传感器警报模块参考电压应为_____。

二、判断题

1. 距离物体越近,物体检测系统警报提示音的持续静音时间越短。　　　　　　(　　)

2. 别克林荫大道汽车物体检测系统在车辆正常行驶时,如果检测到近距离物体,便产生提示。　　　　　　　　　　　　　　　　　　　　　　　　　　　　　　　(　　)

3. 别克林荫大道汽车物体检测系统故障码诊断前无需进行"诊断系统检查"。　　(　　)

4. 如果物体传感器警报模块的车辆识别号与车辆的车辆识别不一致,应用正确的车辆识别号对物体传感器警报模块编程。　　　　　　　　　　　　　　　　　　　(　　)

5. 如果检测到驻车辅助系统传感器有故障,物体检测警报模块指令驻车辅助启用/停用开关 LED 灯点亮。　　　　　　　　　　　　　　　　　　　　　　　　　　(　　)

三、问答题

1. 简述汽车防碰撞系统的组成及工作原理。

2. 简述别克林荫大道汽车物体检测系统组成及工作状态。

3. 请制定别克林荫大道汽车驻车辅助系统传感器电路故障的诊断方案。

学习单元 3.7　汽车防盗系统的诊断与修复

学习目标

认识汽车防盗系统的组成及工作原理,掌握汽车防盗系统诊断与修复方法,能够排除汽车防盗系统的故障。

为了防止车辆被盗,许多汽车公司将汽车防盗系统作为汽车标准配置,以提高汽车的市场竞争力。

3.7.1　汽车防盗系统的认识

1. 防盗系统的作用

防盗系统通常与汽车中控门锁系统配合工作,当汽车处于防盗报警功能状态时,若有人企图不用钥匙非法进入汽车、打开发动机罩或打开行李箱门时,防盗系统就能检测到这种信息,并起动防盗系统,一方面发出灯光闪烁、喇叭鸣叫的报警信号;另一方面通过切断起动电路、点火电路和供油电路来禁止发动机运行,以阻止车辆移动。

当防盗系统进入戒备状态时,防盗系统对车门锁开关及行李箱开关等所有开关进行监控,当开关被非法撬动时,防盗系统即发出警报,直到定时器到时后(一般为 30s 或 1min),警报停止,系统自动处于戒备状态。

各种车型的防盗系统进入戒备状态的条件是:关闭点火开关,锁好车门,警戒灯点亮 30s,表示车辆进入戒备状态;若警戒灯不亮,则一定有某扇车门未关好。

2. 防盗系统的分类

随着汽车技术的发展,汽车防盗系统的功能逐渐加强。防盗系统按照结构不同可以分为机械式防盗系统、电控式防盗系统和网络式防盗系统。

1）机械式防盗系统

机械式防盗系统采用机械式防盗锁加于汽车的重要部位,锁定离合器踏板、制动器、加速踏板、转向盘、变速器变速杆等部位。机械式防盗锁主要有车轮锁、转向盘锁、变速杆锁、制动器锁等。

（1）车轮锁:如图 3-7-1 所示,车轮锁用锁具将一个车轮固定。由于锁具笨重,操作麻烦,现在使用的人越来越少。

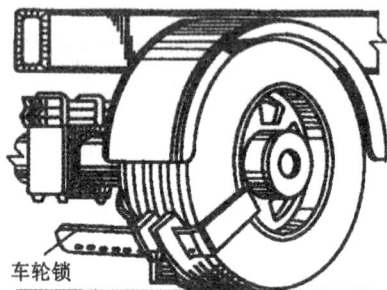

图 3-7-1 车轮锁

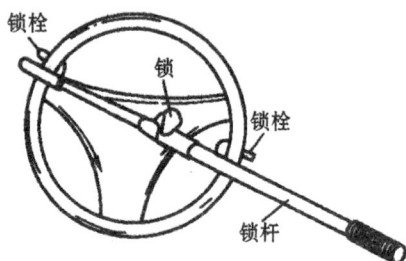

图 3-7-2 转向盘锁

（2）转向盘锁:如图 3-7-2 所示,转向盘锁又称为拐杖锁,其两端有类似于拐杖的手柄,长度可调,一端挂在转向盘上,一端挂在离合器踏板上,装有自动变速器的汽车则挂在制动踏板上,锁定后转向盘不能转动、档位不能挂上。该方法操作简单,使用方便,但是不够牢靠,容易被破坏。

（3）变速杆锁:如图 3-7-3 所示,变速杆锁是用锁具将转向盘和换档杆锁在一起,锁定后转向盘不能转动、换档杆不能拨动。

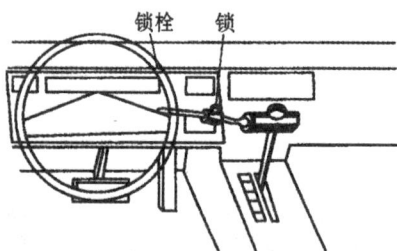

图 3-7-3 变速杆锁

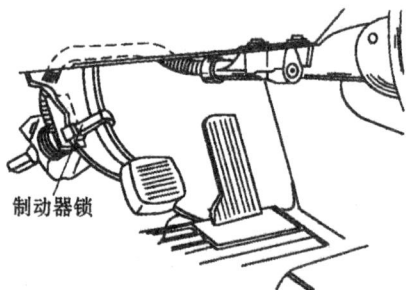

图 3-7-4 制动器锁

（4）制动器锁:如图 3-7-4 所示,制动器锁是用以机械或液压的方式,将制动器踏板固定在制动位置上,使汽车不能移动。

机械式防盗系统的优点是价格便宜,缺点是使用不方便,防盗作用不彻底,已逐渐被电控式防盗系统和网络式防盗系统所取代。

2）电控式防盗系统

电控式防盗系统是现在普遍采用的防盗系统,又称为微电脑防盗系统,其功能强,使用方便,种类繁多。

（1）按密码形式不同分类,可分为定码防盗系统和跳码防盗系统两种。

① 定码防盗系统:采用固定码加密技术,即采用专用的编/解码芯片,通过改变编/解码芯片地址位的不同状态,将地址位通过选择悬空、接地、接电源正极的不同组合,来获得密码量。只有编码芯片的地址位与解码芯片的地址位的状态一致,编码芯片才能有输出。

发射和接收的多位地址数据密码是确认用户合法性的关键,由于地址码靠芯片使用厂家手工编织固定,多位地址数据密码在使用中是固定不变的。为了提高系统的安全性能,一般采取增大地址位的位数或提高组合变量的方法。固定码芯片的编码地址位一般有 6～18 位,编码变量最大为 4 种状态。

定码防盗系统密码量少,保密性差,应用电路相对复杂,现已逐渐被技术先进、防盗效果好的跳码防盗系统所取代。

② 跳码防盗系统:采用跳码加密技术,即采用一种非线性加密算法对源代码进行随机加密,从而产生长度为 66 位的高保密度的密码控制信号,并且每次所发射传输的密码都是唯一的、不重复。系统具有钥匙学习记忆功能,若遥控器丢失,系统可以学习新的遥控器,原来的遥控器即被擦除,即使使用原来的遥控器,系统同样拒绝读取。

跳码防盗系统电路简单、应用灵活、密码量大、保密性好,应用广泛。

(2) 按输入密码方式不同分类,可分为按键式电子门锁、拨盘式电子门锁、电子钥匙式电子门锁、触摸式电子门锁和生物特征式电子门锁。

① 按键式电子门锁:采用键盘输入开锁密码,操作方便,内部控制电路采用电子锁专用集成电路 ASIC。

② 拨盘式电子门锁:采用机械拨盘输入开锁密码。很多按键式电子门锁可以改造成拨盘式电子门锁。

③ 电子钥匙式电子门锁:采用电子钥匙输入开锁密码。电子钥匙是构成控制电路的重要组成部分,电子钥匙由元器件构成的单元电路组成,做成小型手持形式,可通过声、磁、电、光等多种形式与主电路联系。该产品包括各种遥控汽车门锁、转向锁、点火锁和电子密码点火钥匙。

④ 触摸式电子门锁:采用触摸方式输入开锁密码,操作方便。触摸开关使用寿命长、成本低,优化了控制电路。安装触摸式电子门锁的轿车前门没有门把手,代之以电子锁和触摸传感器。

⑤ 生物特征式电子门锁:以声音、指纹等人体生物特征作为密码输入,由计算机进行模式识别控制开锁。其智能化程度相当高。

(3) 按控制方式不同分类,可分为遥控式和无遥控式两种。遥控式防盗系统按照发射信号的形式不同分为无线电遥控式、红外线遥控式和超声波遥控式。遥控式防盗系统增设了许多附加功能,如遥控中控门锁、遥控送放冷暖风、遥控电动门窗和遥控开起后备箱等功能。由于遥控式防盗系统安全性高、使用方便和功能强大的特点,使其应用最为广泛。

3) 网络式防盗系统

网络式防盗系统是技术先进、国际流行的一种防盗方式,可以将报警信息和报警车辆所在位置无声地传送到报警中心,具有车辆定位、遥控熄火、网络查询及跟踪、车内监听、路况信息查询、人工导航等多种功能,是全方位的防盗系统。主要有 GPS 防盗系统和 CAS 防盗系统两种。

(1) GPS 防盗系统:即通过 GPS 进行无线传输的全球卫星定位系统,俗称“天网”。系统计算机从人造卫星发射的无线电波到达时间,计算与卫星的距离,由此确定汽车位置。

(2) CAS 防盗系统:以地面信标定位,通过有线和无线传输,对汽车进行定位跟踪和防盗

笔记

窃的系统,俗称"地网"。现应用较多的是"地网"方式。

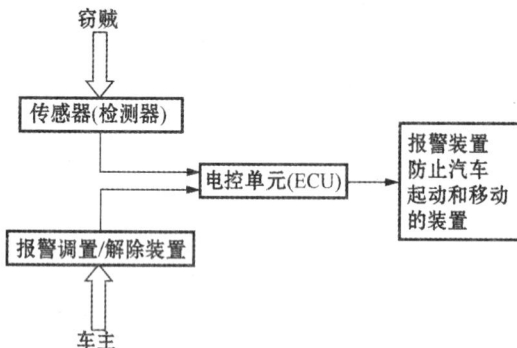

窃贼

↓

传感器(检测器)

↓

电控单元(ECU) → 报警装置 防止汽车 起动和移动 的装置

报警调置/解除装置

↑

车主

图 3-7-5　汽车防盗系统的基本组成

3. 防盗系统的组成

汽车防盗系统的基本组成如图 3-7-5 所示,一般由报警调置/解除装置、传感器、防盗电控单元、报警装置、发动机禁制装置等组成。

1) 报警调置/解除装置

报警调置/解除装置的作用是由车主进行设置,使防盗系统进入或解除预警状态。当所有车门、发动机底部及行李箱关闭时,车主通过报警调置/解除装置使所有车门锁止,防盗系统进入预警状态。此时,车内可见位置的工作显示灯工作,以确保防盗系统开始工作,同时对窃贼起到威慑作用。

(1) 报警调置/解除装置的分类:

报警调置/解除装置按照调置方式不同,可以分为主动式和被动式两种。

主动式:需要特别操作进行调置。具有暗号开关或密码电源开关板,典型方式是无线电或红外线遥控方式。其优点是安装上具有通用性,缺点是容易忘记调置而发生疏漏。

被动式,无需特别操作自动进行调置。当车门关闭后,防盗装置自动进行工作。目前中高档轿车一般都采用这种方式。

(2) 防盗系统的调置/解除:

① 准备工作:从点火开关锁心中拔出点火钥匙,关闭所有车门、发动机罩盖和行李箱门。

② 调置方法:

• 当完成下述任一项操作时,防盗指示灯将在执行操作后约 30s 内点亮,约 30s 后闪烁,防盗系统在约 30s 后完成设定。

• 用钥匙锁住汽车左右侧前车门(所有车门通过钥匙连锁动作锁住)。

• 用门锁遥控系统锁住所有车门。

• 保持所有后车门和一前车门锁住,不用钥匙锁住另一前车门(无钥匙门锁)。

防盗系统设定后,车门就不能用门锁主开关锁住或打开,行李箱门不能用行李箱门开启器开关打开。

③ 解除方法:确认防盗指示灯闪亮,完成下述任一项操作,即可解除防盗系统,指示灯熄灭。

• 用钥匙打开左侧或右侧前车门。

• 将点火钥匙插入点火锁心,转至 ACC 或 ON 位。

• 用钥匙打开行李箱门,防盗系统仅在行李箱门打开时临时解除,行李箱门关闭约 20s 后,防盗系统重新设定。

2) 传感器

传感器的作用是检测车辆被移动或车门被打开的状态,并将其转换为电信号送至防盗电控单元,防盗电控单元根据传感器信号判断汽车是否被盗。

传感器的检测方法主要有以下几种:

（1）车门开启操作不正常,开锁式车门开启,撬开车门主活塞缸并拔出。

（2）后备箱盖、油箱盖或发动机舱盖被非法打开。

（3）汽车非法移动而使车辆产生振动或倾斜。

（4）车窗玻璃被打破。

（5）采用超声波检测入侵车厢或音响装置、轮胎脱离车辆的状态,但有时会发生误动作。

3）防盗电控单元

防盗电控单元的功能如图 3-7-6 所示,电控单元根据传感器信号判断车辆是否被盗,如果汽车被盗,电控单元会输出控制信号,控制报警装置会发出声光报警信号,同时禁止发动机起动。

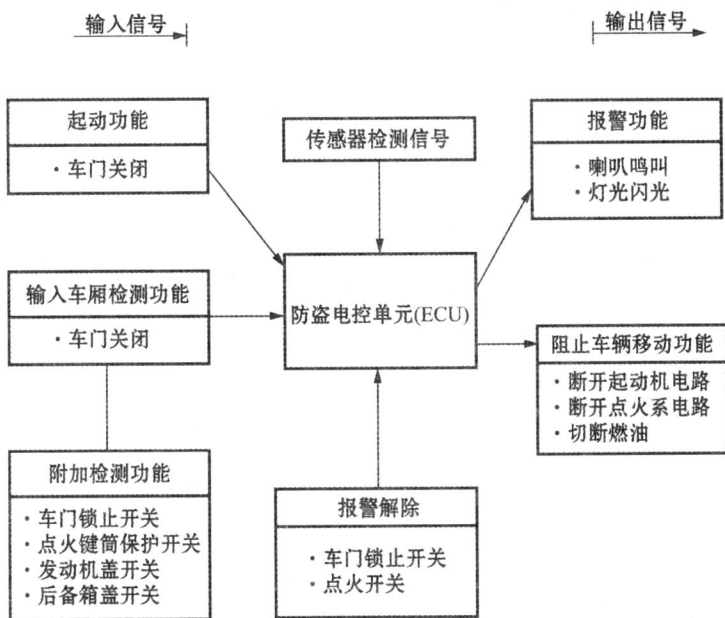

图 3-7-6 防盗电控单元的功能

4）报警装置

常用的报警方式主要有:

（1）喇叭鸣叫,使喇叭或扬声器断续发出鸣叫声。

（2）专用喇叭和普通喇叭组合鸣叫。

（3）灯光闪亮,使转向灯、大灯、尾灯忽明忽暗。

（4）指名呼叫,与汽车电话线连动,向车主发送警报。

（5）利用电波在电子地图上显示被盗车辆的位置,便于追踪查找。

5）发动机禁制装置

发动机禁制装置即防止汽车起动和移动的装置,其组成如图 3-7-7 所示,主要包括点火钥匙、点火开关键筒、防盗 ECU、起

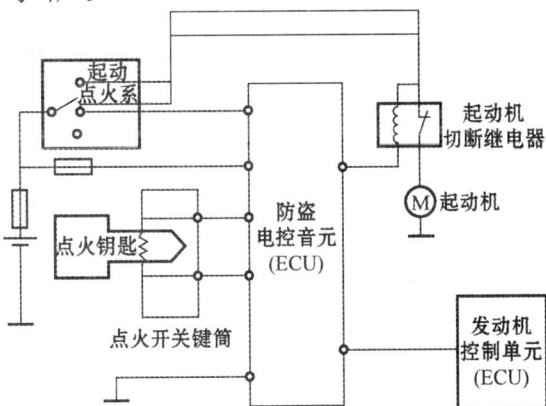

图 3-7-7 发动机禁制装置

动继电器和发动机 ECU 等。发动机禁制装置通过防盗 ECU 直接切断起动电路、点火电路和供油电路，或通过发动机 ECU 间接切断点火电路和供油电路，来禁止发动机运行，以阻止车辆移动。大多发动机禁止系统都具有点火钥匙识别功能，即通过点火钥匙来阻止汽车被非法起动。防盗 ECU 通过点火钥匙验明身份，如果使用了非法点火钥匙，防盗 ECU 就禁止发动机运行。

该装置的点火钥匙主要有两种配置形式：一种是在点火钥匙内部设置一个能够被防盗 ECU 识别的 ID 密码；另一种是在点火钥匙内部设置一个能够被防盗 ECU 识别的特定电阻。

4. 防盗系统电路的分析

以 LS400 轿车为例，分析防盗系统的电路，说明其工作过程。LS400 轿车防盗系统的组成及主要部件的安装位置如图 3-7-8 所示，主要由防盗 ECU、点火开关、车门钥匙控制开关、钥匙开启警告开关、门控灯开关、门锁开关、门锁位置开关、门锁电动机、起动机切断系统、防盗指示灯、防盗喇叭等组成。

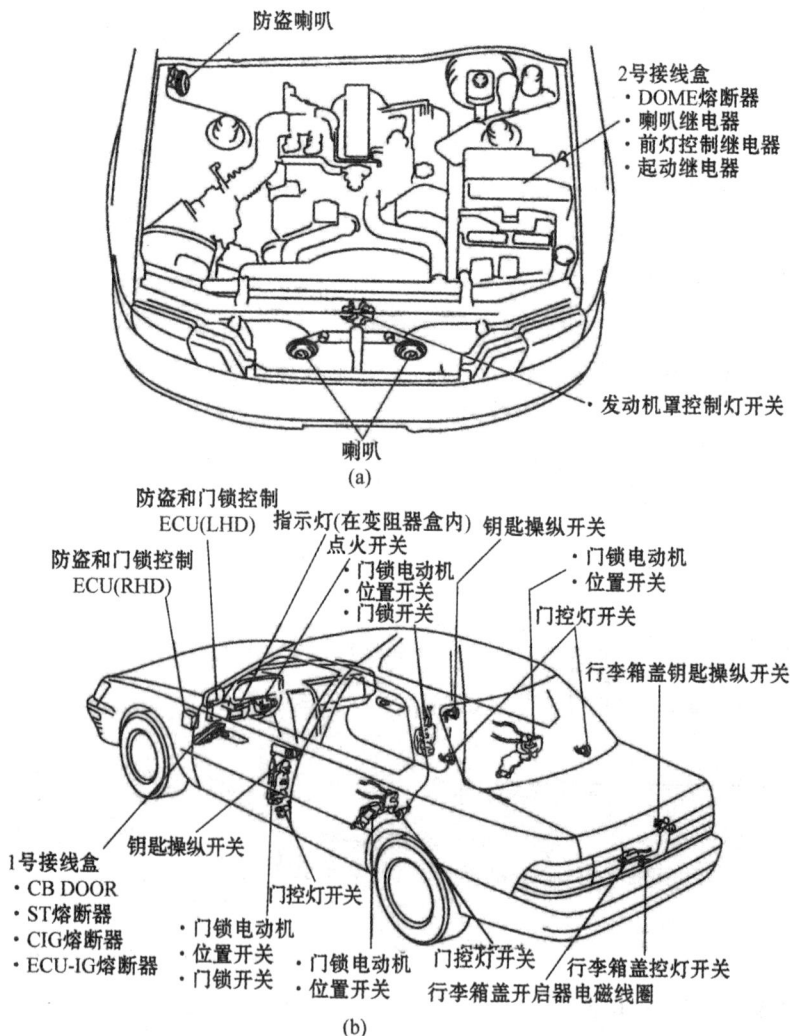

图 3-7-8　LS400 轿车防盗系统的组成及主要部件的安装位置

LS400 轿车防盗系统电路如图 3-7-9 所示,其工作原理如下:

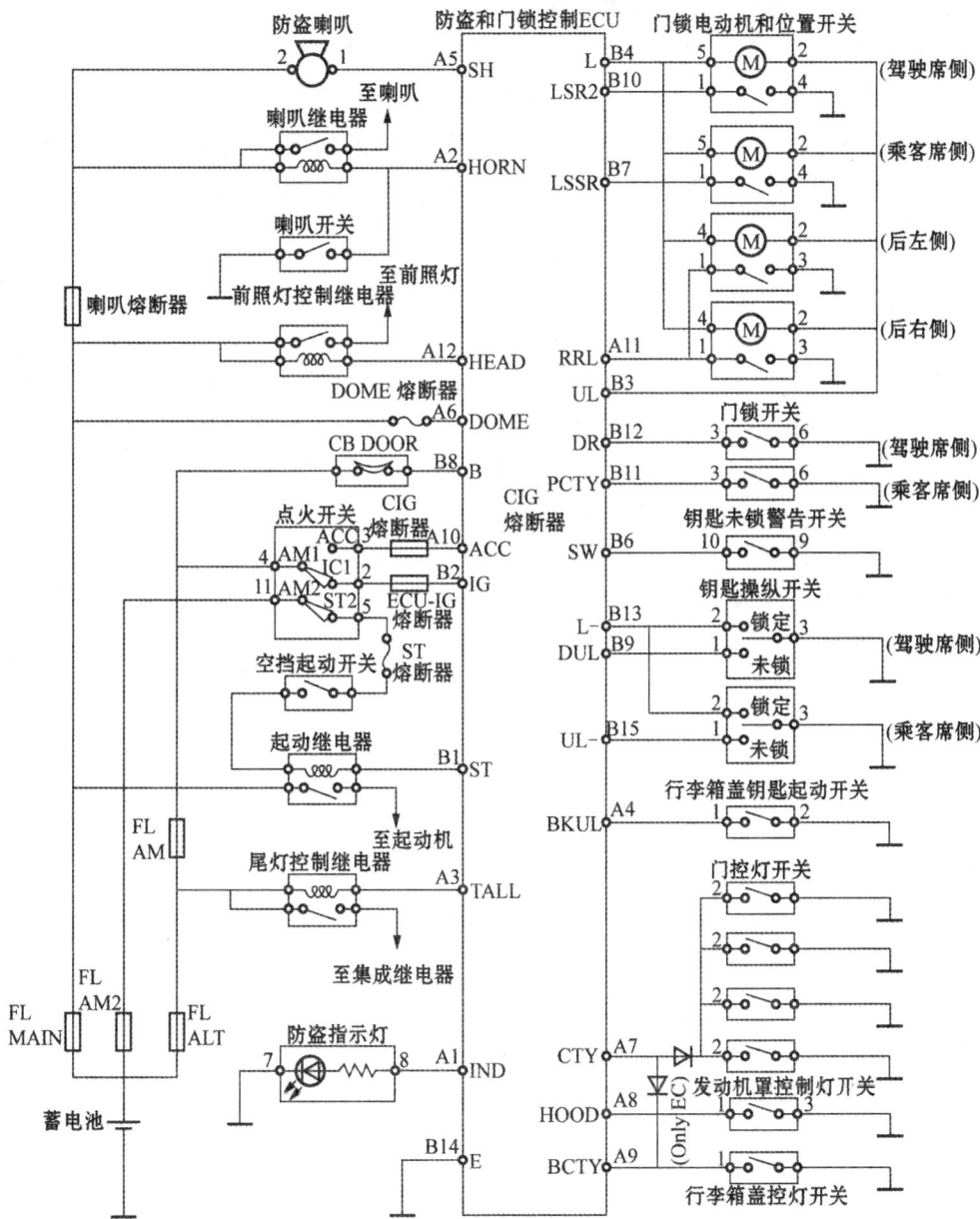

图 3-7-9 LS400 轿车防盗系统的电路图

(1) 防盗 ECU 供电电路有两类:一类是常火线电路,电源正极经保险丝直接连于防盗 ECU 的 A6 端子;一类是点火开关控制的火线电路,电源正极经保险丝、点火开关连接于防盗 ECU 的 A10 端子和 B2 端子,当点火开关接通时,通向供电两端子。

(2) 门锁开关电路:驾驶员侧车门和前乘员侧车门的门锁开关分别连接于防盗 ECU 的 B12 端子和 B11 端子,驾驶员侧车门和前乘员侧车门的车门钥匙控制开关分别连于防盗 ECU 的 B13 端子、B9 端子和 B15 端子,当这几只开关中的任一只打开或关闭时,防盗 ECU 将会驱动门锁电动机动作,将车门打开或锁止。

笔记

（3）门控灯开关、发动机罩控制灯开关和行李箱盖控制灯开关电路：门控灯开关、发动机罩控制灯开关和行李箱盖控制灯开关分别连接于防盗 ECU 的 A7 端子、A8 端子和 A9 端子。当任一车门、发动机罩或行李箱盖未关闭时，防盗 ECU 内部控制电路将 B1 端子与搭铁之间断开，起动机无法起动。

（4）门锁驱动电路：4 个门锁电动机连接于防盗 ECU 的 B4 端子和 B3 端子之间，4 个门锁电动机内部的 4 个门锁位置开关分别连于 A11、B10 和 B7 端子。门锁电动机受车门钥匙控制开关和门锁开关（手动）控制，由防盗 ECU 输出不同方向的电流驱动门锁电动机转动，将车门锁住或打开。B4 端子为高电平、B3 端子为低电平时，车门锁住；反之，车门打开。

（5）起动控制电路：起动继电器连接于防盗 ECU 的 B1 端子，经防盗 ECU 内部控制电路搭铁。如果防盗系统检测到车辆正常，起动机能够正常起动；如果防盗系统检测到车辆处于被盗状态，防盗 ECU 内部控制电路将 B1 端子与搭铁之间断开，起动机无法起动。

（6）防盗喇叭控制电路：防盗喇叭连接于防盗 ECU 的 A5 端子，如果防盗系统检测到车辆处于被盗状态，防盗 ECU 内部控制电路经 A5 端子输出控制信号，使防盗喇叭鸣叫 30s，进行报警。

（7）防盗指示灯控制电路：防盗指示灯连接于防盗 ECU 的 A1 端子，当防盗系统进入防盗状态时，防盗 ECU 的 A1 端子输出高电平，使防盗指示灯点亮，指示防盗系统处于防盗状态。

防盗系统的工作过程是：关闭车门，将门锁开关置于 LOCK 位，防盗指示灯点亮，防盗系统进入防盗状态。此时如果有人非法进入车内，例如不用钥匙打开车门、打开发动机罩盖或行李箱盖时，或蓄电池端子被断开又重新连接时，防盗系统检测到非法状态，防盗 ECU 将控制防盗喇叭鸣叫，进行报警；同时自动锁死所有车门，切断起动机电路，防止汽车被盗。

3.7.2 大众车系防盗禁制系统的诊断与修复

大众车系防盗禁制系统的发展经历了四个阶段：第一代，1993 年以后，采用固定码，钥匙中有固定电阻，钥匙扣上有密码；第二代，1997 年以后，采用固定码和可变码，单线传输，钥匙扣上有密码；第三代，1998 年以后，采用固定码和可变码，can—bus 数据总线传输，取消钥匙扣上的密码；第四代，与第三代防盗系统一致，只是必须上网匹配，每辆车的钥匙都单独铣制而成；第五代，第五代系统在维修服务来看与第四代系统基本一致，只是在使用诊断仪进行有关防盗系统方面的工作程序极大地简化，许多操作步骤已更倾向于自动化，而且为了简化操作，一些询问步骤已经删除。

下面重点介绍大众车系第三代防盗禁制系统。

1. 大众车系第三代防盗禁制系统的认识

1）大众车系第三代防盗禁制系统的组成

大众车系的奥迪、帕萨特、宝来、高尔夫、波罗以及自 2001 年以后的大部分车辆已装备第三代防盗系统，防盗系统通过打开/锁止发动机控制单元（通过 W 线或 CAN 总线），可以有效防止汽车在未被授权的情况下靠自己本身的动力被开走。与前一代防盗系统比较，其具有更高的安全性。在第三代防盗系统中，防盗系统控制单元与组合仪表是集成在一起的，钥匙上压有"W"标记，如图 3-7-10 所示，该系统主要由带有应答器的车钥匙、阅读线圈、防盗系统 ECU（安装在仪表内）、发动机 ECU、防盗指示灯等组成。

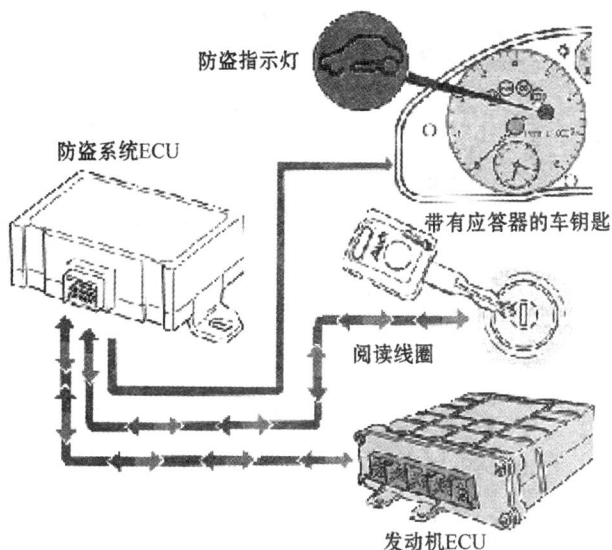

图 3-7-10 大众车系第三代防盗禁制系统的组成

应答器:应答器无需电池,它是一个整合在钥匙中的接收器和发射器单元。当点火开关打开时,阅读线圈中产生的交变电磁场向应答器中输送能量,应答器被启动,并向阅读线圈中传送程序代码。每辆车的钥匙不同,应答器的程序代码也不同。

阅读线圈:阅读线圈环绕在机械式点火锁的周围。它用于向应答器输送能量,接收应答器回传的程序代码,并把它送入防盗 ECU。

防盗指示灯:正常情况时,打开点火开关,防盗指示灯亮,持续 3s 后熄灭;如果插入点火锁的钥匙程序代码错误,或防盗 ECU 诊断发现错误,则防盗指示灯一直闪亮。

2)大众车系第三代防盗禁制系统的工作过程

从钥匙到防盗 ECU 的固定码传输:点火开关打开,防盗 ECU 指令阅读线圈向点火钥匙中的应答器供应电磁能量;启动的应答器开始通过阅读线圈向防盗 ECU 发送固定码;防盗 ECU 再把传送的固定码与防盗 ECU 内部存贮的固定码进行比较,如果相同则开始传送可变码。固定码是用来锁定钥匙的。

从防盗 ECU 到钥匙的可变码传输:防盗 ECU 随机产生一个变码,这个码是钥匙和防盗 ECU 用于计算的基础;在钥匙内和防盗 ECU 内有一套密码术公式和一个相同且不可改写的隐秘的钥匙代码,在钥匙和防盗 ECU 中分别计算结果;钥匙发送结果给防盗 ECU;防盗 ECU 把这个结果和自己的计算结果进行比较,如果相同,钥匙确认完成。

从防盗 ECU 到发动机 ECU 的可变码传输:钥匙确认完成后,防盗 ECU 就发送信号给发动机 ECU,发动机 ECU 随机产生一个变码;在发动机 ECU 和防盗 ECU 内有另一套密码术公式列表和一个相同的公式指示器,在防盗 ECU 和发动机 ECU 中分别计算结果;防盗 ECU 将这个计算结果返回到发动机 ECU 内与其计算结果进行比较,这个数据由 CAN 总线进行传递,如果结果相同,发动机被允许起动。

2. 大众车系第三代防盗禁制系统的匹配

以 BORA 轿车第三代防盗系统为例说明其匹配方法。BORA 轿车第三代防盗系统的适配,只有使用 VAS5051 或 VAG1551(第九代卡)或 VAG1552(第六代卡)才能进行,并且

笔记

VAS5051 和 VAG1551/2 必须是已编过服务站代码的。下文中所提到的 PIN1 是指所更换仪表车的防盗系统密码,PIN2 是指当更换的仪表已与别的车匹配过时,该仪表与原车匹配时的防盗系统密码。

1)更换组合仪表

更换组合仪表前需要查询车辆底盘号并获得防盗系统密码(PIN1),读取组合仪表的编码及有关信息;更换组合仪表后需要进行防盗 ECU 和发动机 ECU 的匹配、防盗 ECU 和钥匙的匹配。

(1)查询该车底盘号,根据底盘号通过与一汽大众售后服务科索赔组联系查询防盗系统密码(PIN1)。

(2)连接 VAS5051 或 VAG1551/2,打开点火开关,输入地址码 17,进入组合仪表控制系统。

(3)输入功能码 01,查看组合仪表的编码。

(4)输入功能码 10,打印出 03、04、09、30、40、41、43、44、45、46 通道的信息(注:有的通道在某些仪表中没有信息显示)。

(5)输入功能码 06,退出。

(6)关闭点火开关,更换组合仪表。

下面仅适用于已和别的车匹配过的已用过的组合仪表:

(7)打开点火开关,输入地址码 17,进入组合仪表控制系统。

(8)按"→"键,显示器显示 17 位底盘号和 14 位识别码,根据底盘号通过一汽大众售后服务科索赔组查询防盗系统密码(PIN2)。

(9)输入功能码 11,进行登录,根据要求输入 PIN2。

下面进行防盗 ECU 和发动机 ECU 的匹配,适用于所有的组合仪表(即备件仪表和经功能码 11 登录完的适配过的仪表):

(10)输入功能码 10,进行自适应;输入通道号 50,进行防盗 ECU 和发动机 ECU 的匹配。

(11)根据提示输入查询到的防盗系统密码 PIN1,如果输入正确,5s 后底盘号将出现在诊断仪显示器上,组合仪表上的防盗警告灯亮。

(12)按 Q 键确认,防盗警告灯熄灭并显示匹配信号(防盗警告灯先熄灭 5s,再亮 5s,随后熄灭)。

(13)按"→"键,返回。

下面进行钥匙匹配:

(14)输入地址码 17,进入组合仪表控制系统。

(15)输入功能码 11,进行登录,根据提示输入查询到的防盗系统密码 PIN1。

(16)输入通道号 21,输入要匹配的钥匙总数,退出到地址码状态,关闭点火开关,用另一把钥匙打开点火开关,再关闭点火开关,直至最后一把钥匙匹配完毕,此时防盗警告灯短时亮一次表示确认。

(17)输入功能码 07,检查防盗 ECU 编码,根据需要进行防盗 ECU 编码。

(18)输入功能码 10,进行匹配,输入通道号 03 进行燃油消耗自适应。

(19)输入功能码 10,进行匹配,输入通道号 04 进行多功能显示器的语言种类选择。

(20)输入功能码 10,进行匹配,输入通道号 09 进行里程显示自适应。(只有换上的组合仪表其09通道的数值小于100km才能够输入里程,并且输入值要大于100km。)

（21）输入功能码10,进行匹配,输入通道号30进行燃油表传感器特性曲线自适应。

（22）输入功能码10,进行匹配,输入通道号40进行维修保养后的行驶里程自适应。

（23）输入功能码10,进行匹配,输入通道号41进行维修保养后的行驶时间自适应。

（24）输入功能码10,进行匹配,输入通道号43进行最大行驶里程自适应。

（25）输入功能码10,进行匹配,输入通道号44进行最大时间间隔自适应。

（26）输入功能码10,进行匹配,输入通道号45进行机油质量自适应。

说明:

（1）匹配前应查询故障存储并清除。

（2）匹配钥匙总数最多8把。

（3）每把钥匙匹配时间不可超过30s,否则匹配失败。

（4）增加点火钥匙,须重新对所有钥匙进行匹配。

（5）每次匹配,须对所有钥匙进行重新匹配。

（6）如果车钥匙丢失,剩下的钥匙重新匹配一次,这样丢失的钥匙就不能再起动车辆了。

（7）装备第三代防盗止动器的车辆的钥匙,不能再与其他防盗系统进行匹配。

（8）在进行10匹配功能时,有些通道因组合仪表不同可能无此通道信息,在作自适应时可根据实际情况处理,详细情况请参阅维修手册。

（9）已匹配过的仪表在进入功能码10、通道号50自适应时,必须先进入功能码11进行登录。

2）更换发动机ECU

更换发动机ECU后要进行发动机ECU和防盗ECU之间的匹配。

（1）查询该车底盘号,根据底盘号通过与一汽大众售后服务科索赔组联系查询防盗系统密码（PIN1）。

（2）连接VAS5051或VAG1551/2,打开点火开关,输入地址码01,进入发动机控制系统,打印出发动机ECU编码。

（3）关闭点火开关,更换发动机ECU。

（4）打开点火开关,输入地址码01,进入发动机控制系统。

（5）按"→"键。

未匹配过的ECU将显示:×××××××××××××　×××××××××××××。

已匹配过的ECU将显示17位底盘号和14位识别码,根据底盘号,通过一汽大众售后服务科索赔组,查询防盗系统密码PIN2。

（6）输入功能码07,对发动机ECU进行编码。

下面适应于已匹配过的ECU:

（7）输入功能码11,进行登录,根据提示输入PIN2。

下面适用于所有ECU:

（8）输入功能码10,进行匹配;输入通道号50,根据提示输入查询到的防盗系统密码PIN1。如果输入的防盗码正确,5s后底盘号将出现在诊断仪显示器上,并且组合仪表上的防盗警告灯亮。

（9）按"→"键,返回。

（10）参阅维修手册，对发动机的相应功能进行基本设定。

3）更换组合仪表和发动机 ECU

如果同时更换发动机 ECU 和防盗 ECU，则所有的车钥匙也都要更换。在进行防盗 ECU 和发动机 ECU 的匹配、防盗 ECU 和钥匙的匹配前，必须向防盗 ECU 输入 17 位底盘号。由于 VAG1551/2 没有此菜单，只能使用 VAS5051 输入底盘号。具体操作步骤是：

（1）输入地址码 17，进入组合仪表控制系统。

（2）选择"Transmit VIN(传输底盘号)"。

（3）输入底盘号并按 Q 键确认。

（4）进行防盗 ECU 和发动机 ECU 的匹配。

（5）进行防盗 ECU 和钥匙的匹配。

3. 大众车系第三代防盗禁制系统的故障码诊断

当防盗系统正常工作时，接通点火开关，防盗警告灯点亮，约 3s 后熄灭。当防盗系统出现故障时，防盗控制单元检测到故障并存储故障码，防盗警告灯闪烁，发动机将不能起动。大众车系第三代防盗禁制系统的故障码及其诊断方法见表 3-7-1。

表 3-7-1　大众车系第三代防盗禁制系统的故障码诊断

故障码	故障码含义	故障原因	故障症状	故障排除方法
01128	阅读线圈有故障	阅读线圈有故障；阅读线圈线路有故障	发动机不能起动，防盗警告灯闪烁	检查阅读线圈及其线路，如果必要更换阅读线圈；清除并重新读取故障码，如果必要更换组合仪表
01176	代码信号过小	阅读线圈或其线路有故障；点火钥匙中的电子设备（发送/应答器）有故障；钥匙齿形不对	发动机不能起动，防盗警告灯闪烁	检查阅读线圈及其线路，如果必要更换阅读线圈；更换点火钥匙，重新对所有点火钥匙进行自适应，并进行功能检查
01177	发动机控制单元不认可	发动机控制单元不相自适应	发动机不能起动，防盗警告灯闪烁	进行发动机控制单元自适应
01179	代码程序设计错误	点火钥匙自适应错误	发动机不能起动，防盗警告灯闪烁	对所有点火钥匙进行自适应，并进行功能检查
01312	数据总线故障	数据总线有故障；数据总线在 OFF 状态	行驶性能不良（换档冲击，负荷变化冲击）；无行驶动力控制。	读取测量数据块；检查控制单元编码；读取故障码并排除故障；检查数据总线
65535	防盗控制单元故障	组合仪表有故障	发动机不能起动，防盗警告灯闪烁	更换组合仪表

4. 大众车系第三代防盗禁制系统的数据流分析

在读取防盗系统故障码或匹配过程失败后，应首先查阅相关数据流。读取数据流的步骤如下：

（1）输入地址码 17，进入组合仪表控制系统。

（2）输入功能码 08，输入数据组号，读取相关数据流。

022 组

第一区：启动授权。1＝yes；0＝no。例如，防盗钥匙没有匹配或匹配错误，或者发动机控制单元编码错误或损坏。

第二区:发动机控制单元应答。1＝yes,不管发动机控制单元是否授权;0＝no,例如发动机控制单元被关闭。

第三区:钥匙状态OK。1＝yes,不管钥匙内的固定码是否经过授权,只要可以读出一个形式上正确的收发器固定码;0＝no,例如无法读出一个形式上正确的固定码。

第四区:适配的钥匙数量。1～8把。

023组

第一区:交换码授权。1＝yes;0＝no,例如,交换码没有被授权(钥匙内存储的用于计算交换码的公式与仪表内存储的公式不同)。

第二区:钥匙状态(是指钥匙内的应答器)。1＝钥匙内的应答器被锁止,例如钥匙内计算公式不能被更改,钥匙不能再匹配到其他防盗系统;0＝钥匙内的应答器没有被锁止,例如钥匙还没有和仪表匹配过,也就是指新的备件钥匙(注意:这和密码输错的锁死不同)。

第三区:固定码授权。1＝yes;0＝no,例如:钥匙应答器内的固定码没有被授权。

第四区:防盗止动器的状态。4＝新的,售后服务供货状态(备用组合仪表);5＝已锁止,已在售后服务中编制了适配数据;6＝防盗器已经进行了匹配,正常功能状态;7＝钥匙适配有效,用检测仪适配钥匙。

024组

第一区:组合仪表锁死时间。0～255min。经过一段时间,才可在组合仪表上进行登陆。在登陆时(钥匙或组合仪表自适应),如果密码3次输入错误,控制单元将被锁止10min。

第二区:发动机控制单元锁死时间。0～255min。经过一段时间,才可通过发动机控制单元进行自适应。当密码在自适应通道Adaption channel 50中3次输入错误,那么控制单元将被锁止10min。

第三区:应急打开锁止时间。0～255min。经过一段时间,才可通过组合仪表的菜单功能输入密码(无5051时的应急功能)。如果密码3次输入错误,那么控制单元将被锁止10min。

第四区:应答器识别锁止时间。0～10min。经过一段时间,该识别功能又生效。当用一把未授权的钥匙连续20次开门时,其锁止功能即被启用。

注意:第一区和第二区的锁死时间在每3次输入错误后增加一倍。

025组

第一区:CAN与发动机控制单元的通信。1＝正常;0＝不正常,即防盗器控制单元与发动机控制单元在适配钥匙时无法通信。

案例分析

案例:行李舱开关故障导致防盗系统报警。

车型:2004年产上海大众四门豪华版高尔夫轿车。

症状:中控门锁故障,将车钥匙插入驾驶员侧门锁锁孔内,分别进行开门和锁门操作,其他3个门锁没有任何开门和锁门的动作和声响。然后又按动车钥匙上带有的门锁遥控器,进行开门/锁门(同一个按钮)操作,可以看到遥控器上的工作指示灯闪动,但是4个门锁仍然没有反应。同样,按动遥控器上的行李舱开锁按钮,行李舱门锁也没有任何动作。

诊断:该车中控门锁和遥控门锁电路图如图3-7-11所示,该车门锁的钥匙控制和遥控控制完全依赖于该车的防盗报警系统控制单元 J85,当把车钥匙插入驾驶员侧的车门锁孔内转动时,开锁/锁门的操作被与之机械连接的开关 F121 感应到,并且把它转换成开门/锁门的操作电位信号传入 J85,J85 接收到信号后,立即驱动各个车门内的门锁电机进行相应的开锁和闭锁动作。如果使用遥控器完成锁门/开门操作,J85 将相应地进入防盗报警状态/防盗解除状态,防盗报警喇叭 H8 和 4 个转向信号灯 L1~L4 会分别以 2 种不同的响声和不同闪亮方式表示其所进入的相应状态时。当 J85 进入防盗报警状态时,J85 通过门控接触开关 F1~F6 的闭合状态分别感知发动机机舱盖、4 个车门和行李舱盖的状态;同时,J85 通过安装在车内顶灯旁的超声波传感器 G209 监视车内动静。如果车门和机舱盖等被盗贼打开或破窗而入,J85 会驱动防盗报警喇叭 H8 和转向信号灯 L1~L4 报警。

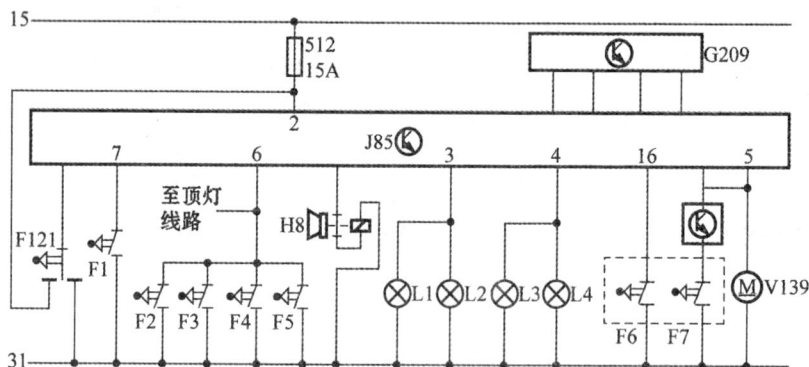

图 3-7-11   高尔夫轿车中控门锁和遥控门锁电路图

该车出现的故障应与 J85 有很大的关系。因为中控门锁控制和遥控接收,以及驱动门锁执行电动机都是以 J85 为中心完成的,由上述"无任何反应"的故障现象,怀疑 J85 没有工作。根据电路图进行检查,发现给 J85 提供电源的熔丝 S12(15A)已经熔断。更换了新的熔丝,熔丝没有立即再熔断,这时再使用钥匙进行锁门/开门操作,系统恢复了中控门锁的功能。但是,当使用钥匙遥控器使车辆进入锁门防盗状态,发现防盗报警喇叭 H8 没有任何声响,而且 4 个报警灯 L1~L4 始终闪烁不停,通过观察 4 个车门的门锁提钮可以看到,门锁都已经正常上锁。

由此看来,中控门锁电路工作已经正常了,但却出现了新的故障。正常情况下,使用遥控器锁门/开门时,报警灯和报警喇叭都应有短时的闪亮和发声,做出进入防盗和防盗解除的回应,而此时喇叭不响,报警灯不停闪烁,显然报警系统电路还有另一个故障。

拆卸位于雨刮器连杆机构后的报警喇叭,发现喇叭已经发热,怀疑给 J85 的供电的熔丝 S12 熔断是由 H8 造成的,说明刚才报警灯闪烁不停时,报警喇叭也一直通电,只是喇叭有问题没有发出声响。更换新的喇叭后,再进行开门/锁门检查操作,喇叭发出了"嘟嘟"的报警声响,4 个报警灯不停地闪烁。

这时的现象和 J85 进入报警状态一样,然而这时 4 个车门、发动机舱盖和行李舱盖都已经关闭。故障原因有以下几种可能:J85 有故障;防盗报警触发线路有故障;某个门控开关(F1~F6)或超声波传感器(G209)有故障。逐项进行检查,通过万用表检查发动机机舱盖控制开关 F1 的状态正常,F1 至 J85 的线路也没有短路接地,由此可以排除 F1 有故障。对 J85 进行替换试验,故障依旧,由此可以排除 J85 损坏的可能性。

对 4 个门控开关(F2～F5)进行了如下的推断和检查:4 个开关同时控制着延时顶灯,因为顶灯可以按时关闭,说明 4 个门控开关也正常;通过拔掉超声波传感器 G209 上的 4 针插头,并进行了试验,故障依旧,这样也排除了超声波传感器损坏的可能性。

现在就只剩下控制行李舱盖的门控开关 F6 需要检查了。依据电路图,将万用表选择在电阻档,通过测量 F6 之上的 J85 的 T22a/16 引脚上对负极电阻,可以判断 F6 在行李舱开锁和闭锁时的状态是否正常,结果发现无论行李舱打开或关闭,F6 的电阻始终为 0,也就是 F6 始终在接通状态。打开行李舱,检查 F6,F6 和行李舱释放开关 F7 并行固定在一起,同时感知行李舱锁块状态,从而确定行李舱的开关状态。用手按动 F6 开关,同时观察万用表显示由 0 至无穷大的电阻变化,说明 F6 开关正常。将 F6 按下,又使用遥控器使车辆进入防盗报警状态,此时一切正常。由此可以得知,开关 F6 不随行李舱开锁/闭锁变化的原因只是机械位置发生了变化,从而导致了 J85 错误地认为行李舱车门在关闭时也认为行李舱被打开,以致进入防盗状态报警。

修复:将固定 F6 的铁片位置进行调整,使 F6 可以受到行李舱锁块控制后,彻底排除了故障。

分析:各个故障和成因有这样的联系:F6 开关位置变化,开关状态常开,锁门之后防盗系统始终报警;防盗警告喇叭 H8 长时间通电报警而损坏,同时导致熔丝 S12 熔断,于是防盗系统和中控门锁停止工作。

测试习题

一、填空题

1. 电控式防盗系统根据密码发射方式的不同,分为＿＿＿＿和＿＿＿＿两种。

2. 遥控式防盗系统按照发射信号的形式不同分为＿＿＿＿、＿＿＿＿和＿＿＿＿。

3. 发动机禁制装置就是通过防盗 ECU 或通过发动机 ECU 切断＿＿＿＿、＿＿＿＿和＿＿＿＿,来禁止发动机运行。

4. 大众车系匹配钥匙总数最多＿＿＿＿把。

5. 大众车系每把钥匙匹配时间不可超过＿＿＿＿s,否则匹配失败。

二、判断题

1. BORA 轿车第三代防盗系统的适配,只有使用 VAS5051 才能进行。　　　　　(　　)

2. BORA 轿车第三代防盗系统,,更换组合仪表后需要进行防盗 ECU 和发动机 ECU 的匹配、防盗 ECU 和钥匙的匹配。　　　　　(　　)

3. BORA 轿车第三代防盗系统,增加点火钥匙,仅需对所增加的钥匙进行匹配。(　　)

4. BORA 轿车第三代防盗系统,,如果车钥匙丢失,剩下的钥匙重新匹配一次,这样丢失的钥匙就不能再起动车辆了。　　　　　(　　)

5. BORA 轿车第三代防盗系统,,更换发动机 ECU 后只需要进行发动机 ECU 和防盗 ECU 之间的匹配,无需进行防盗 ECU 和钥匙的匹配。　　　　　(　　)

6. BORA 轿车第三代防盗系统,,如果同时更换发动机 ECU 和防盗 ECU,则所有的车钥匙也都要更换。　　　　　(　　)

7. BORA 轿车第三代防盗系统,如果同时更换发动机 ECU 和防盗 ECU,只需进行防盗 ECU 和钥匙的匹配。　　　　　(　　)

笔记

三、问答题

1. 各种车型的防盗系统进入戒备状态的条件是什么？

2. 常用的机械式防盗系统有哪些？

3. 什么是网络式防盗系统？

4. 防盗系统传感器的检测方法主要有哪几种？

5. 防盗系统常用的报警方式主要有哪几种？

6. 以 LS400 轿车为例，分析防盗系统的电路，说明其工作过程。

7. 画图说明大众车系第三代防盗禁制系统的组成及工作原理。

⚓➤ 学习情境 4

汽车信息娱乐系统的诊断与修复

学习单元 4.1 汽车导航系统的诊断与修复

学习目标

认识汽车导航系统的组成及工作原理,掌握汽车导航系统故障的的诊断与修复方法,能够排除汽车导航系统的故障。

随着汽车工业的发展,道路交通中"有路行不通"的问题越来越严重,同时,驾车在生疏地带行驶时,会迷失方向。为此,世界各国先后开发了各式各样的导向行驶系统,即汽车导航系统,如图 4-1-1 所示。汽车导航系统具有导航、防盗、调度、监测报警等功能。

图 4-1-1 汽车导航系统

4.1.1 汽车导航系统的认识

1. 汽车导航系统的特点

(1) 导航系统由于采用了检测精度高、工作稳定性较好的角速度传感器,能实现实时位置测定。

(2) 装备 CD-ROM 只读存储器,采用声控进行导航,使系统具有自动检索功能。

(3) 采用 GPS(Global Positioning System)全球定位系统及先进的检测手段和传播技术,引入了具有自动修正车辆位置的地图匹配技术,实现了自动修正车辆位置的功能。

(4) 汽车导航系统正在实现与地面交通管理网络的联机,成为"汽车—道路—人—环境—交通管理"系统中的重要组成部分,加快了未来交通向智能化发展的速度。

2. 汽车导航系统的功能

（1）具有路线检索功能：该系统可以实时获得汽车自身所在位置和目的地的坐标，以及全部行驶的直线距离、速度、时间及前进方向。还可以直接输入地名、经纬度、电话号码等进行路线检索，快捷地提供一条到达目的地的最佳路线。

（2）具有瞬时再检索功能：当最佳路线行不通时，系统可以进行瞬时自动再检索，重新提供出新的行车路线。因为该功能是在行驶中进行的，要求检索快速，所以 CPU 应具有高速运算能力。

（3）提供丰富的菜单和记录功能：为检索方便，整个系统必须建立十分丰富的地名索引，可以用街道、胡同、门牌号数、电话号码检索。大约应记录 1 000 万件住所地名，30 万人口以上城市的电子地图应分十层表示。电话号码可根据不同局号、类别应记录 1 100 万件以上，还应留有用户自行设置电话号码的地址空间，供用户随时调用存取。

（4）可以新增兴趣点：由于城市处于不断的建设和发展中，新的建筑物和道路会不断增多，这就需要能够不断更新电子地图，可以将新的目标点或路线增加到电子地图上。这些新增的目标点与原有点一样，均可套用电子地图的各项功能。

（5）提供实时语音提示：为使驾驶员事先了解行驶中前方路面变化情况，系统应在适当时刻作出语音提示，一般道路在 300～700m 之前，高速公路按当前行驶速度在 2 000m、1 000m、500m 之前，分别向驾驶员说明前方路面情况及可更改的方向、十字交叉路口名称、高速公路分支点、进出口、禁止左拐、禁止驶入的单行线等提示，同时可进行中英文两种语音切换。配备语音识别单元，可以实现语音检索，例如用会话形式呼出"××区××街道××胡同"，电子地图上立即显示出汽车位置、到达目的地的时间、前进方向等信息。

（6）提供交叉路口全画面的扩大图：系统通过开窗程序自动表示交叉路口全画面、扩大十字路口路周围建筑物和交通标志，这是汽车导航中的一项最主要功能。凡行驶在十字路口前300m 处、高速公路进出口前 300m 处，系统自动显示扩大了的十字路口附近的全画面图，指示汽车位置、交叉点的名称、到交叉点的距离、拐弯后的道路名称及方向等。

（7）具有扩展功能：系统设有多种扩展接口，可以与交通管理部门、邮电部门、建筑部门的VICS、ATIS、IIS 联网，以便及时了解路面车辆情况。

VICS 专门收集和处理各方面交通信息和停车场空缺的信息，并不断生成新的信息，通过多路调频发射、一般道路上设置的远红外光标的发射和高速公路上设置的无线电波光标发射，这三种手段提供道路实时交通信息，然后由 VISC 专用接收机接收，在电子地图上分三层显示：第一层用文字表示，第二层用图形表示，第三层用图形表示。地图画面上用红色和橙色线路的亮灭表示道路的堵塞和拥挤状况，用绿色线路表示通畅的路线。帮助行驶车辆回避堵塞和拥挤的路段，实现自动选择道路和无阻挡行驶。交通信息通信系统框图如图 4-1-2 所示。

（8）导航系统和娱乐系统部件共用：许多导航部件可与娱乐设备集成为一体，导航系统中的导航信号接收机、控制系统、存储器、可视显示设备、声音设备等可同时支持导航和娱乐。

集成收放机可由 AM/FM 收音机、GPS、蜂窝电话和寻呼信号共用。CD-ROM、硬盘或内存卡可用来作为外部存储器，同时，CD-ROM 播放器可用来存储数字地图库和导航软件，也可播放音乐；内存卡可作为导航系统的存储设备，也可用于其他的移动办公设备。显示监视器可用于导航地图显示和商业 TV 台。扬声器可用于聆听引导指令、普通 AM/FM 广播和免提蜂窝电话。

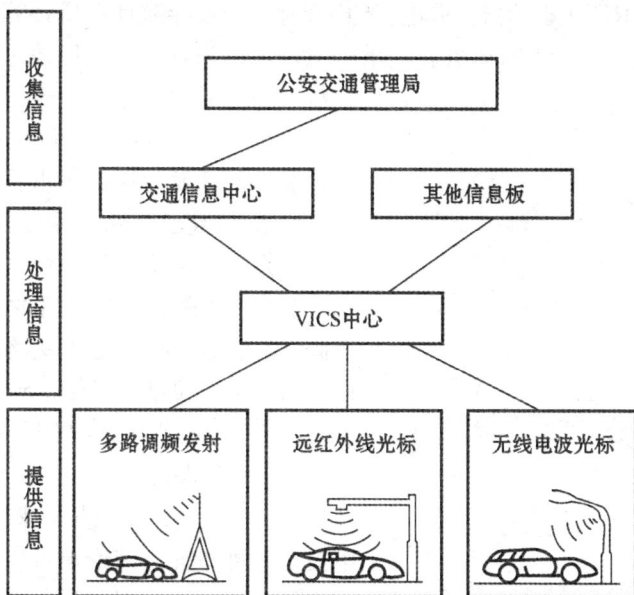

图 4-1-2　交通信息通信系统框图

3. 汽车导航系统的组成

汽车导航系统的组成如图 4-1-3 所示，主要由 CD-ROM 驱动器、GPS 接收天线、GPS 接收机、计算机、液晶显示器、位置检测装置等组成。系统的工作原理如图 4-1-4 所示，系统根据 GPS 全球卫星定位装置确定绝对位置，根据方向传感器确定相对位置，根据轮速传感器确定车

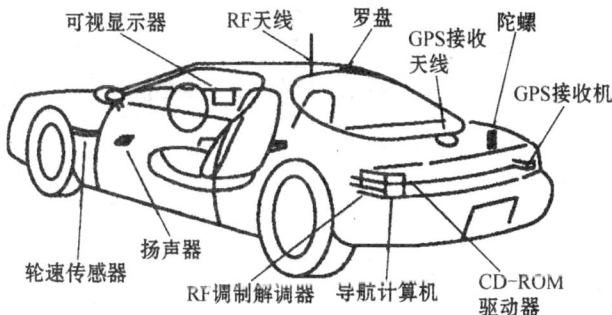

图 4-1-3　汽车导航系统的组成

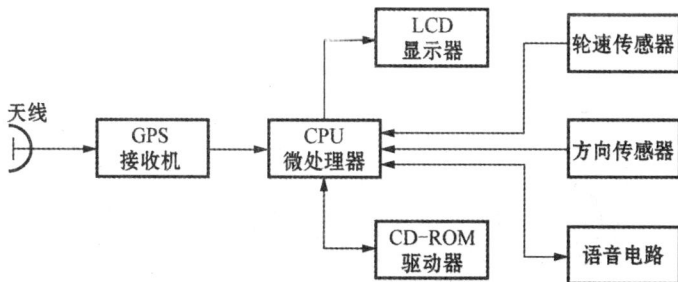

图 4-1-4　汽车导航系统的工作原理

笔记

辆行驶距离,由 CD-ROM 驱动器读取电子地图数据,经过导航计算机计算出车辆所在位置的准确经度和纬度以及速度和方向,并在显示器上显示出来,同时,可以通过语音电路实现语音导航和语音提示。

(1) GPS 全球卫星定位装置:该系统最初是由美国国防部开发的用于军事目的一种系统。出于军事原因,在将这个系统用于民用时,采取了特殊方法将发送的定位用卫星数据的准确度故意降低了,同时发送的用于军事目的的准确数据都带有密码,民用 GPS 接收器无法将这些数据解码。民用卫星数据定位精度只能达到±100m。

图 4-1-5　GPS 全球定位系统

如图 4-1-5 所示,GPS 目前总共由 24 个卫星组成,这些卫星位于 21 000km 的高空,并均匀分布在 6 个轨道上,每 12h 绕地球转一周,并发出无线电波。这种布置在理论上可以使得地球上的每一点都可至少与 4 个卫星进行无线联系。如要想精确定位,至少需要接收到 3 个卫星的信号。

车用 GPS 全球卫星定位装置由 GPS 接收天线和 GPS 接收机组成。GPS 天线是工作频率为 1 575.42MHz 的圆环型微带有源天线,其增益按系统总体增益分配确定。GPS 接收机采用 8 通道 (或 12 通道)GPS 接收机。如图 4-1-6 所示,GPS 接收器根据从 4 个或更多 GPS 卫星(三维定向)所接收无线电波的时间差,来计算汽车的三维位置(纬度/经度/高度)。如果仅能够接收到来自 3 个 GPS 卫星的无线电波,GPS 接收器只能计算出二维位置(纬度/经度),而高度位置是由先前从 4 个或更多 GPS 卫星(二维定向)所接收无线电波所计算出来的。

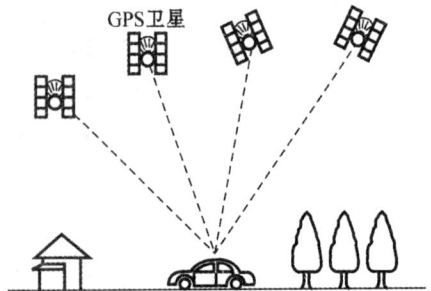

图 4-1-6　GPS 确定汽车的位置

(2) 自律导航系统:如图 4-1-7 所示,当汽车行驶在地下隧道、高架桥下、高层楼群、高山群间、密集森林等地段,与 GPS 卫星失去联系,中断信号的瞬间,可自动导入自律导航系统。此

图 4-1-7　车辆与 GPS 卫星失去联系

时导航计算机可根据轮速传感器检测汽车行驶的速度,进而根据车速和时间求出前进距离;方向传感器检测车辆行驶角速度变化值,进而确定行驶方向及其变化。当汽车行驶在沟状山道、发夹式弯路、环状盘形桥、雪道原地打滑、轮渡过河等地段时,这些曲线距离与卫星导航的经纬度坐标产生了误差,只有通过陀螺传感器的检测和微处理器的运算才能得到汽车正确的位置。

(3) 地图匹配器:由 GPS 卫星导航与自律导航所测得的汽车坐标位置数据及前进的方向与实际行驶轨迹存在一定误差。为修正此误差,确保两者在电子地图上路线坐标相统一,需采用地图匹配技术。即在导航系统控制电路中增加一个地图匹配电路,对该误差进行实时数字相关匹配,作出自动修正,得到汽车在电子地图上指示出的正确位置路线,从而可完成高精度导航。地图匹配器修正路线如图 4-1-8 所示。

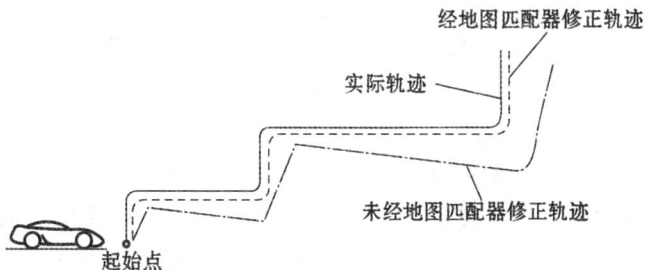

图 4-1-8　地图匹配器的修正路线

(4) LCD 显示器:平板显示器的发展趋势表明,薄膜晶体管有源矩阵液晶显示器(TFT AM LCD)是一个发展方向,因为它的每个像素都配置一个半导体开关器件来驱动,从而实现了高亮度视频图像显示,具有对比度好、扫描线多、视角宽、低反射等优点。日本已把三基色(RGB)TFT AM LCD 制定为导航用标准显示器。

(5) CD-ROM 驱动器:采用 4 倍速 650MB 的 CD-ROM 驱动器,使驱动器能够更快地从光盘上读取数据,快速送达 CPU 进行处理,缩短 LCD 画面上频繁显示执行程序的时间和读取数据的等待时间,使 LCD 显示效果的不连续性得到平滑处理,保持了声音和图像的同步。

(6) 方向传感器:采用的方向传感器包括罗盘传感器、轮速传感器和陀螺仪。罗盘传感器是一个利用电磁感应原理工作的地磁矢量传感器,通过检测地球的磁场确定汽车的绝对行驶方向。轮速传感器与 ABS 系统中的轮速传感器共用,可以通过检测左右车轮转速传感器的输出脉冲差,确定汽车转弯方向上的变化。陀螺仪通过检测汽车转向角速度确定汽车行驶方向。

(7) RF 调制解调器和 RF 天线:通过 RF 调制解调器和 RF 天线建立与交通信息系统(VICS)的联系,得到交通堵塞、道路障碍、施工、停车场情况以及交通规则变化等实时交通信息,使驾驶员快速反应,解决城市交通堵塞问题。

(8) 导航计算机:能够根据 GPS 全球卫星定位装置接收到的卫星信号、方向传感器信号和存储器中的地图数据,经过计算处理和综合的图像协调,再通过显示器显示车辆的行驶信息。

为满足汽车导航高精度快速数据处理的要求,导航计算机选用 32bit(或 64bit)嵌入式实时操作的 CPU。因为嵌入式 CPU 适合于过程控制,如实时操作处理。尤其是正在兴起的仿PC 结构的嵌入式微处理器,除具有嵌入式过程控制外,还具有 PC 机的丰富软件支持,这对于高速行驶的汽车快速处理数据是非常适用的。

4. 汽车导航系统的分类

(1) 按汽车导航系统功能分类,可分为单一功能的导航系统和多功能的导航综合系统。

汽车导航综合系统综合了汽车导航、监控、防盗、旅游、交通控制与调度等系统。

（2）按车辆信息是否实时返回控制中心分类，可分为汽车开环导航系统和汽车闭环导航系统。

汽车开环导航系统：从控制中心或电台、卫星传感器等得到定位、方位、方向等信息，根据这些信息和电子地图可以定出起点到终点最短行驶距离，但汽车的信息不能返回控制中心。汽车无法获得前方道路的交通信息，控制中心无法获得汽车行驶信息。

汽车闭环导航系统：汽车可以不断向控制中心返回行车实时信息。控制中心可以对汽车进行调度，使汽车在最短时间到达目的地；汽车可以将行驶状况报告控制中心，使控制中心了解出现的问题和车辆方位，以便营救。

（3）按有无引导功能分类，可以分为无引导功能的导航系统和有引导功能的导航系统。

无引导功能的导航系统只是简单的电子地图，无引导功能。驾驶员可以从车上 CD-ROM 存储器中调出本国城镇的方位、主干道、高速公路、桥梁等交通信息，也可以通过键盘方便地找到要到达的目的地，以及行驶路线的各种信息，帮助驾驶员选择行车路线。

有引导功能的导航系统分为内部信息导航系统和无线电导航系统。内部信息导航系统利用车上的方向传感器检测汽车行驶方向和方位，无线电导航系统利用定位卫星或地面无线电检测汽车行驶方向和方位。内部信息导航系统分为地磁导航系统和惯性导航系统；无线电导航系统分为 GPS 导航系统和固定电台导航系统，固定电台导航系统又分为中心电台导航系统和路边电台导航系统。

地磁导航系统：利用地磁传感器（罗盘）检测汽车行驶方向，利用车速传感器检测行驶距离，利用计算机计算出汽车的行驶轨迹以及到达目的地的方向、剩余距离等，并在显示器上显示出来。

惯性导航系统：利用陀螺仪检测汽车行驶方向，其他设备及功能与地磁导航系统一样。

GPS 导航系统：利用 GPS 信息接收装置接收定位卫星发射的导航信息，经过计算机计算处理后。可以得到汽车行驶的方位、速度、到达目的地的直线距离和已行驶里程。

中心电台导航系统：是一个集导向、汽车监控、防盗等功能为一体的综合系统。一般以几十到几百千米为半径设一个中心站，除接收 CPS 信息外，还收发各个汽车的导航、防盗等综合信息，可以显示出任一个汽车的实时轨迹。较大的系统设一个中心站，下设若干个子站，每个子站带若干个汽车，以扩大监控范围和导航的汽车数。

路边电台导航系统：是一个集交通控制和导航为一体的综合系统。在高速公路的路边，每隔几百米到几千米设一个小功率电台，每到一个电台，汽车上的小功率收发机和交通控制中心交换一次信息，达到交通控制与导航的目的。

4.1.2　汽车导航系统的诊断与修复

1. 宝来轿车导航系统的诊断与修复

宝来轿车的导航系统还带有高质量 RDS 轿车收音机，所以该系统不但具有卫星导航功能，还兼备收音机的功能。该系统配备有 RDS 无线电接收器、127mm(5in)彩色液晶显示屏、带有 GPS 卫星接收器的导航系统和 CD-ROM 驱动器。宝来轿车导航系统的连接如图 4-1-9 所示，导航系统的故障码诊断如表 4-1-1 所示。

笔记

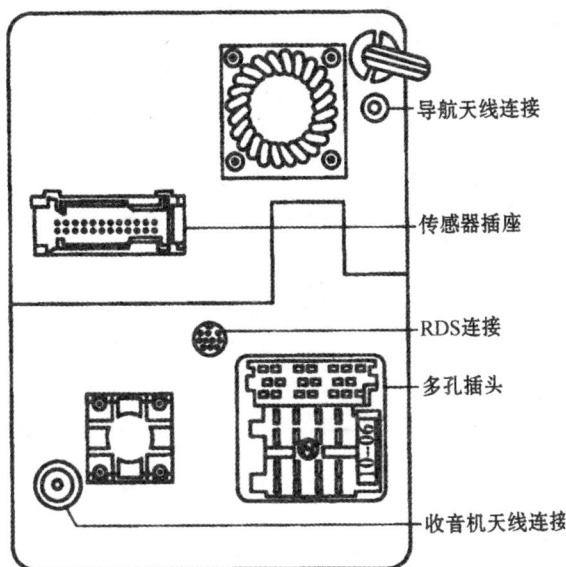

导航天线连接

传感器插座

RDS连接

多孔插头

收音机天线连接

图 4-1-9　宝来轿车导航系统的连接

表 4-1-1　宝来轿车导航系统的故障码诊断

故障码	故障码含义	故障原因	故障排除
00668	接线柱 30 电压信号太弱；导航功能不全	①蓄电池电压低于 9.5V；②蓄电池不能充电；③蓄电池损坏；④交流发电机损坏	①检查蓄电池；②必要时充电；③检查交流发电机
00854	组合仪上收音机频率显示输出无法通信；在收音机/导航系统和组合仪表之间没有数据传递	①导线断路；②收音机导航系统损坏；③组合仪表损坏	①按电路检查导线；②组合仪表自诊断；③更换组合仪表；④更环导航系统
00862	导航天线（GPS）R50/R52 断路/短路/对地短路；导航功能不正常	①导线断路；②导航天线（GPS）损坏	①按电路检查导线；②检查导航天线；③更换导航系统
00867	连接 ABS 控制单元无信号；导航功能不正常	①导线断路；②ABS 传感器损坏；③ABS 控制单元损坏	①进行车轮脉冲系数/轮胎自适应；②进行 ABS 诊断；③按电路检查导线
01311	数据总线信息无信号；音响系统(DSP)功能不正常	①导线断路；②收音机/导航系统损坏；③音响系统(DSP)损坏	按电路检查导线
65535	控制单元损坏；收音机/导航系统功能不正常	收音机/导航系统损坏	更换收音机/导航系统

2. 别克林荫大道轿车导航系统的诊断与修复

别克林荫大道轿车导航系统电路图如图 4-1-10 所示,部件安装位置如图 4-1-11 所示,常见的故障症状及排除方法有以下几种情况。

笔记

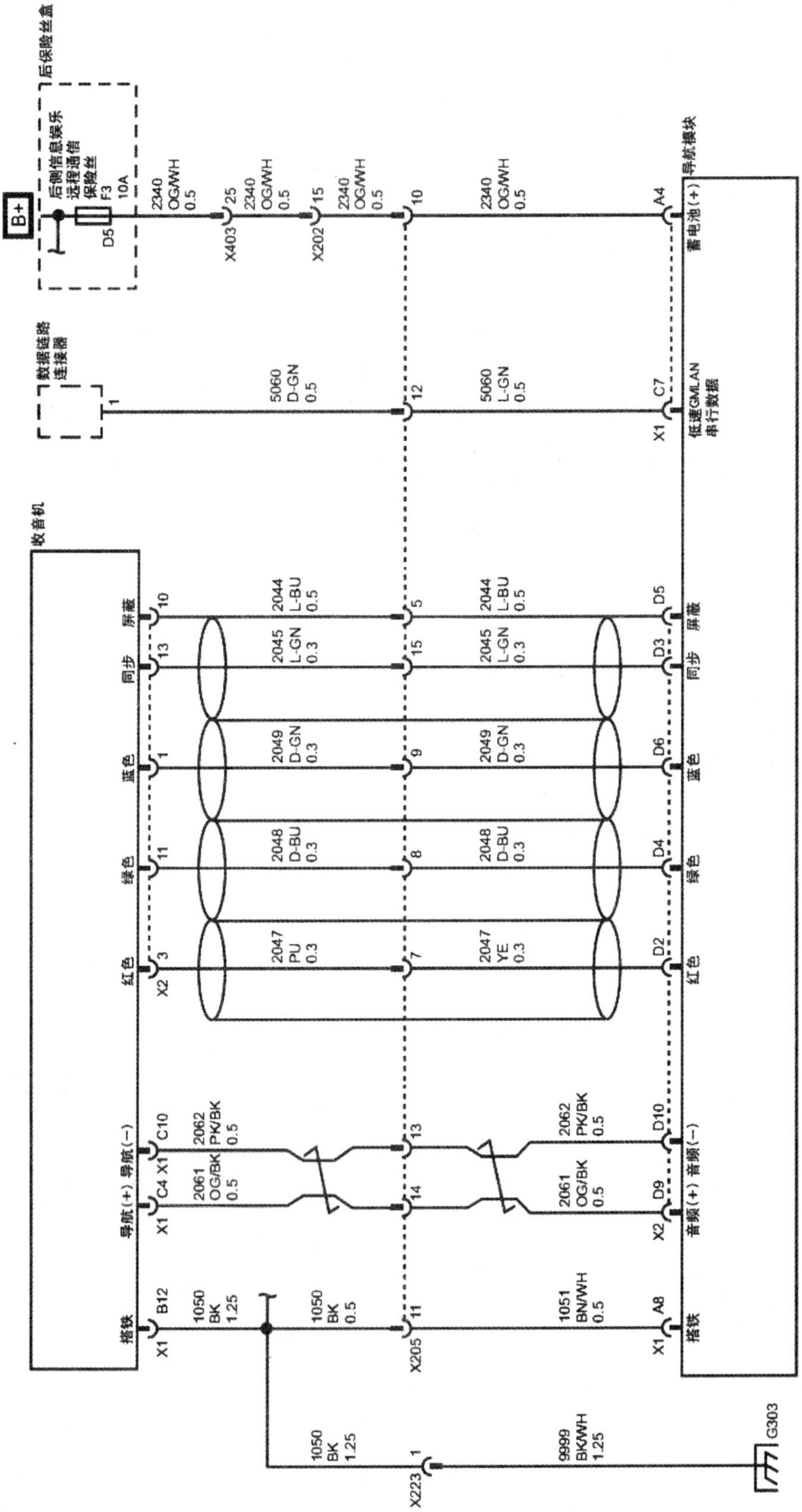

图 4-1-10 别克林荫大道轿车导航系统电路图

笔记

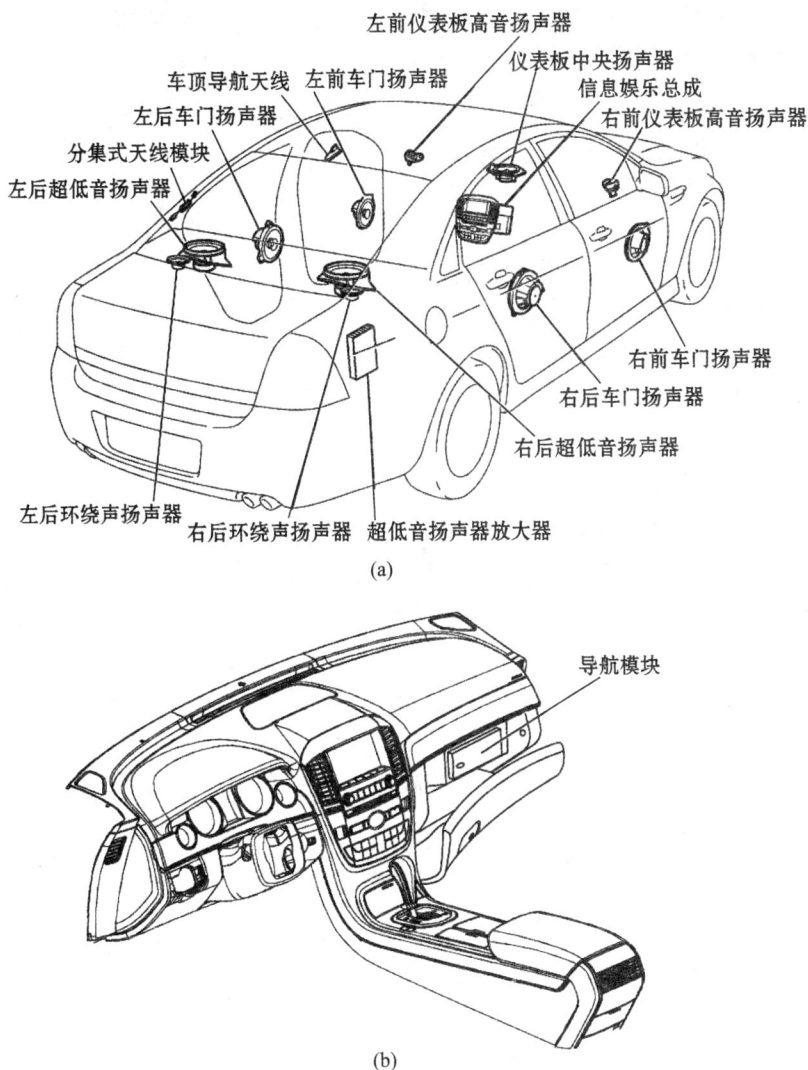

左前仪表板高音扬声器

车顶导航天线　左前车门扬声器

仪表板中央扬声器

信息娱乐总成

左后车门扬声器

右前仪表板高音扬声器

分集式天线模块

左后超低音扬声器

右前车门扬声器

右后车门扬声器

(a)

右后超低音扬声器

左后环绕声扬声器　右后环绕声扬声器　超低音扬声器放大器

导航模块

(b)

图 4-1-11　别克林荫大道轿车导航系统部件的安装位置

（1）导航系统 DVD 读出故障；导航系统不能起动或没有可行的输入目标。导航系统 DVD ROM 数据的处理是一个相当复杂的技术过程，不能和音乐 CD 直接比较。因此，数据面上的指印或积灰会导致读盘故障。只有光盘的外部边缘或中心孔可以触碰。应该用一块软布从中心孔向外部边缘轻轻地擦去数据面上的指印或灰尘，导航功能应该恢复正常。在这种情况下，不必更换设备。

（2）暂时性的导航系统 DVD 读出故障。在外界温度低或空气湿度非常大的情况下，在导航系统 DVD 激光头上可能产生露珠。在这种情况下，系统将需要用稍微长的时间来计算路线。在结露的情况下，音响系统不能聚焦激光读取光盘数据。一旦受热，露珠将在短时间内蒸发，系统也将再次正常运行。

（3）导航系统偏离道路。有时，GPS 卫星也可能发送错误的数据或变化的信号值，也会由于多路径接收情况造成反射导致 GPS 接收发生故障。更甚者，美国国防部可能完全停止 GPS 信号的提供。

　　（4）无法选择预期目的地，或者在路线指导过程中系统暂时偏离道路。导航系统可能偏离道路，例如，客户使用了新建的道路但它在导航系统 DVD 上还找不到。在停车库中或者在隧道或峡谷中行驶也可能出现这种暂时性的偏离道路情况。因为这种情况下导航系统无法正确接收卫星信号，而且停车库是非数字化区域。故障的其他原因可能是使用了陈旧的 DVD 数据盘。

　　（5）客户没有得到所需的导航路线指南。对于初次使用导航系统的客户来说，如驾驶员选择了一个著名的目的地，他期望系统给出的路线与他平时使用的路线完全一样。但是，实际上这是不必要的。导航系统使用复杂的数学算法计算出一条可能和客户预期有差别的路线。然而，系统将提供几种不同的路线计算选项：推荐的路线、优先选择高速公路、无通行费路线、选择最短的可行路线、个人设置路线等选项。有关到达目的地的路程和时间的路线计算结果，取决于所选择的路线选项。

　　（6）输入的目的地（街道名称）与邮政编码不匹配。在使用邮政编码选择目的地时，系统将只列出那些带有选定的邮政编码的街道作为目的地。可能会发生客户输入了错误的邮政编码。在这种情况下，导航单元在地址目录表中将找不到选择的街道，因此，无法提供路线指南。在与客户交谈时，请在"必须确认预期目的地的邮政编码正确"下面划线。另一种方法是，将城市名称也以字母数字方式输入（请注意：在大城市中，同样的街道名称可能被用在不同的行政区）。

　　（7）导航系统路线指南中断。可能是由于导航 CD/DVD 的积灰或者光盘的划伤，使导航系统无法读出所需的数据。

　　（8）自刻录的导航 DVD 引起的导航系统故障。由于市售的 DVD 质量不同和采用的刻录标准不同（DVD-R/DVD-RW/DVD＋R/DVD＋RW/DVD-RAM），导航数据不能 100％地被存储在自刻录的光盘上，导航模块无法正常读取数据。只有原版的 DVD 数据盘才能使路线计算更为安全可靠，从而产生完美的导航效果。

案例分析

案例：GPS 天线放大器故障导致车辆导航系统无法定位。（来源：中国易修网）

车型：2010 款奥迪 a6l2.8lfsi 轿车，行驶里程 1065km。

症状：用户反映该车导航系统不好用，多媒体交互系统显示屏上的汽车光标停滞，其他功能均正常。

诊断：首先连接 vas5052a 故障诊断仪，读取故障码，无故障码。考虑到在汽车维修车间里存在建筑物屏蔽效应和信号干扰，会导致收不到 GPS 同步卫星信号，于是进行道路测试。路试中发现不管该车行驶到何方位，光标都不动。

　　该车配备 mminavigationplus 高级版本硬盘导航系统，信息电子设备控制单元 J794 由原前部信息控制单元 J523、单碟 DVD 驱动器、导航系统控制单元 J401、电话收发器 R36、语音输入控制单元 J507 以及外部音频控制单元 R199（audi 音乐接口）高度集成，其中 J794 作用是控制 most 总线上的设备通信，读取来自多媒体系统操作单元 E380 的信息，控制和诊断用于显示 mmi 的显示器 J685，通过数据总线诊断接口 J533 与组合仪表 J285 通信显示 mmi 信息。

　　检查信息电子设备控制单元 J794 及天线线路，未见异常。按下 mmi 操纵面板左下角上的导航信息按键，无论车辆行驶到哪个方位，在 mmi 显示屏上，所显示的 GPS 同步卫星个数始终为 0，没有变化，看来汽车始终没收到卫星信号，导致汽车导航系统无法定位。

信息电子设备控制单元 J794 内没有故障码,基本可说明 J794 是没问题的,而且天线线路连接也正常,因此怀疑问题是出在天线放大器上。

修复: 拆下后挡风玻璃上绝缘装饰板,在左侧找到天线放大器 R50,将其更换。此时再次按下 mmi 操作面板导航信息按键,mmi 显示屏上立刻显示有 4 个卫星,车辆导航功能恢复了,至今该车导航系统运转正常。

分析: 如果不能在 mmi 屏地图上显示汽车位置,就等于没收到 GPS 信号,重点应检查天线或天线放大器。

测试习题

一、填空题

1. VICS 专门收集和处理各方面交通信息和停车场空缺的信息,并不断生成新的信息,通过_____、_____和_____这三种手段提供道路实时交通信息。

2. 汽车导航系统主要由 _____、_____、_____、_____、_____ 和 _____ 等组成。

3. 汽车导航系统根据 _____ 确定绝对位置,根据 _____ 确定相对位置,根据 _____ 确定车辆行驶距离,由 _____ 读取电子地图数据,经过 _____ 计算出车辆所在位置的准确经度和纬度以及速度和方向,并在 _____ 上显示出来,同时,可以通过 _____ 实现语音导航和语音提示。

4. GPS 目前总共由 _____ 个卫星组成,这些卫星位于 _____ km 的高空,并均匀分布在 _____ 个轨道上,每 _____ 小时绕地球转一周,并发出无线电波。要想精确定位,至少需要接收到 _____ 个卫星的信号。

5. 地磁导航系统利用 _____ 检测汽车行驶方向,惯性导航系统利用 _____ 检测汽车行驶方向。

二、判断题

1. 导航系统能实现实时位置测定。　　　　　　　　　　　　　　　　　　　（　　）

2. 当新的建筑物和道路不断增多时,由于电子地图不能添加新的目标点或路线,这就需要更换电子地图。　　　　　　　　　　　　　　　　　　　　　　　（　　）

3. 当最佳路线行不通时,系统可以进行瞬时自动再检索,重新提供出新的行车路线。
　　　　　　　　　　　　　　　　　　　　　　　　　　　　　　　　　（　　）

4. 凡行驶在十字路口前 1000m 处,高速公路进出口前 1000m 处,系统自动显示扩大了的十字路口附近的全画面图。　　　　　　　　　　　　　　　　　　　（　　）

5. 无线电导航系统包括 GPS 导航系统和中心电台导航系统。　　　　　　　（　　）

6. 在外界温度低或空气湿度非常大的情况下,在导航系统 DVD 激光头上会产生露珠,导致暂时性的导航系统 DVD 读出故障。一旦受热,露珠将在短时间内蒸发,系统也将再次正常运行。　　　　　　　　　　　　　　　　　　　　　　　　　　　　（　　）

三、问答题

1. 什么是汽车自律导航系统?

2. 地图匹配器的作用是什么?

3. 什么是汽车开环导航系统? 什么是汽车闭环导航系统?

学习单元 4.2　汽车音响的诊断与修复

学习目标

认识汽车音响的组成及工作原理,掌握汽车音响故障的的诊断与修复方法,能够正确使用和维护汽车音响。

随着家庭轿车的普及,汽车音响已成为汽车的必选装备,汽车音响的需求量和维修量迅速增加。随着电子工业的发展,汽车音响从最早的 AM(调幅)收音机发展到现在的具有 AM/FM/SM(调幅/调频/短波)收音、磁带放音、CD 放音、MD 放音、DTA 数码音响、DSP(数码信号处理器)、电子分音器、电视接收系统、VCD 影视系统等各种功能的音响系统,形成了多功能、数字化、逻辑化、多性能、高指标、大功率输出的立体声系统。

4.2.1　汽车音响的认识

1. 汽车音响的特殊性

汽车音响的使用环境恶劣,汽车运行中产生的振动、高温、噪声、电磁波等都会干扰音响的正常工作,因此汽车专用音响的使用和制造都比家用音响严格,价格较高。汽车音响技术的特殊要求主要有以下几方面:

(1) 安装技术:轿车的音响多安装在仪表板或副仪表板位置,安装空间狭窄。由于汽车音响体积受到限制,同时考虑到汽车音响的通用性,国际上采用通用的安装孔标准尺寸,称为 DIN(德国工业标准)尺寸。标准 DIN 尺寸为 178mm×50mm×153mm(长×宽×深),有多碟 CD 音响装置的采用 2 倍宽 DIN 尺寸,即 178mm×100mm×153mm。

汽车音响的优劣,不仅与音响本身的质量有关,而且与音响的安装技术有关,尤其是喇叭和机件的安装技术。轿车车厢空间有限,汽车音响喇叭不能带大音箱,这就需要利用仪表台、车门、后围隔板等部件与喇叭结合起来,形成一种类似音箱的结构,消除声波的相互叠加。喇叭的安装位置影响音质效果,汽车音响喇叭的安装位置要经过各种测试后才能确定下来。

(2) 避振技术:由于汽车的振动比较大,音响系统要求安装稳定,保证工作可靠。主要避振措施有:汽车磁带放音部分多采用横向放置,上下卡紧以保证稳定放音;采用优质陶瓷涂层的镀膜合金磁头,使音质与耐久性都有保障;CD 机部分采用多级减振方法,并且要求线路板上的元件焊接可靠。

(3) 音质处理技术:汽车音响的音质处理已朝数码技术发展。高级汽车音响采用了 DA(数码音响)、DSP(数码信号处理器)、MP3 技术等,形成了数字化、逻辑化、大功率的高保真(Hi-Fi)立体声系统。

(4) 抗干扰技术:汽车发动机点火系及各种用电器会对音响产生电磁干扰,同时汽车行驶过程中又会受到外界环境(高楼、桥梁、电网等)的影响,因此汽车音响中都采用了抗干扰技术。汽车音响的抗干扰技术主要有:在汽车音响的天线输入回路和电源输入电路中采用扼流圈和电容构成的滤波电路;对空间辐射干扰采用具有屏蔽作用的金属外壳密封;在音响电路中专门安装抗干扰的集成电路,用以降低外界的噪声干扰。

(5) 汽车电源的匹配:汽车音响采用蓄电池低压直流供电,为避免电压波动的影响,要求汽车音响的输出功率要大。为此要减小线路阻抗,采用低阻抗的扬声器。

2. 汽车音响的先进性

(1)防盗功能:某些汽车音响设置了防盗系统,主要有两种类型,一种是采用防盗拆装面板,在音响被盗时自动锁定,使音响的主要部分变为不可拆,或强行拆下时即损坏;另一种是采用设置密码方式,当驾驶员设定音响密码并进入防盗状态时,音响系统被拆下重新使用时必须输入密码,否则音响系统不工作。防盗系统的标识一般刻在录音磁带槽盖上"ANTI-THEFT SYSTEM(防盗系统)"。

(2)语音识别:汽车音响采用语音识别技术,以人的语音进行操作,代替手动操作,不仅操作简便,而且提高了行车的安全性。语音识别系统是靠语音识别模块,即语音频率分析集成电路实现的。语音识别系统一般可包含 20 多条指令,实现选择接收频道,控制磁带的进、退,控制磁带盒的进、出,控制激光唱机的播放、选曲等。

(3)数字调谐技术:这是汽车音响数字化的重要标志。一般利用 4 位数字专用处理器来实现调谐自动搜索,每当搜索到一个电台时,自动停留约 7.5s,并自动存储在存储器内,一般可存储 12～24 个台。如果要调用,只需按动相应的数字键即可。

(4)微机控制的磁带放音机芯:可实现快进、倒带、暂停、选曲及磁带盒进出舱门等的自动控制。

(5)减音器:当使用车载电话时,减音器自动调低系统的声音或触发消音功能,当电话挂断后自动恢复原来音量。

(6)驾驶座声场模拟系统:由于驾驶座并非处于声场中央位置,左方和右方扬声器发出的声音达到驾驶者耳朵的时间不一样,形成一种不平衡的声场效果。驾驶座声场模拟系统可以根据驾驶者的选择,使左方和右方扬声器发出的声音延迟若干秒,模拟出一个驾驶座在中央的声场,使音质定位达到完美的境界。

(7)模糊逻辑原理的应用:汽车音响为力求尽善尽美的效果,采用了模糊逻辑原理设计。例如环境噪声补偿系统,它可以计算轮胎、路面和发动机的噪声,然后与用户设定的音调和音量作出比较,自动调节音调和音量至适当的水平,从而省却了不断调整的麻烦。

3. 汽车音响的组成

汽车音响的组成如图 4-2-1 所示,主要包括天线、信号源、音频处理电路、功率放大电路、扬声器等。天线用来接收广播电台的发射电波,通过高频电缆,向无线电调频装置传送;信号源包括调谐器、磁带放音、CD 唱机、传声器等,为音响系统提供音频信号;音频处理电路包括信号源选择、前置放大、音量音调调节、响度控制等;功率放大电路为各信号源所共用,对所选

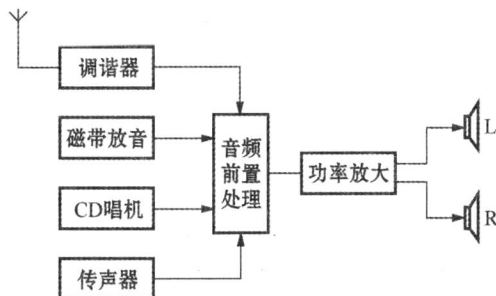

图 4-2-1　汽车音响的组成

择的音源进行放大,以便有足够的功率推动扬声器发声;扬声器俗称喇叭,将音频信号还原为声音,是直接影响音质好坏的关键部件。

1) 天线

汽车音响采用具有屏蔽作用的金属外壳全封闭式结构,必须用外接天线;又由于汽车的移动性,不宜采用具有方向性的天线。天线一端与调谐器前端相连,另一端接地。常用的汽车音响天线有拉杆式天线和玻璃夹层天线两种。

(1) 拉杆式天线:装在车头左前翼子板、前车窗左侧或车后尾部,天线材料一般采用不锈钢或镀铬铜管,有手动和自动两种。手动天线装在车头左前翼子板和前车窗左侧,常采用三节拉杆,有些卡车和大型客车采用单节天线;自动天线可以装在车头或车尾,通过电动机控制天线的升降,常有 3~5 节。

(2) 玻璃夹层天线:制作在后挡风玻璃夹层中,对汽车外观没有影响,无触碰,一般用在高档轿车上。与拉杆式天线相比,在 AM 时灵敏度低约 5~10dB,所以一般要加一级天线信号放大器,放大器多安装在 C 柱护板内。与之配套的汽车音响常标有"窗式天线专用"字样。

2) 信号源

(1) 调谐器:是无线电接收装置,其作用是接收广播电台发送的调幅(AM)和调频(FM)信号,并对其处理得到音频信号。

调谐器的调谐方式有手动机械式调谐和数字调谐系统(DTS)两种,手动调谐又可分为可变电容调谐(调容)和可变电感调谐(调感)。普通家用音响采用可变电容调谐,汽车音响采用可变电感调谐。由于汽车音响使用环境恶劣,可能有剧烈振动,行驶中接收环境在不断变化,要保证稳定接收信号,对调谐器性能要求较高。可变电容调谐容易出现调谐不稳定,电气性能不如调感式,所以汽车音响均采用调感调谐方式。

新型调谐器采用数字调谐系统,就是应用微处理器(CPU)实现锁相环(PLL)技术和频率合成技术相结合的一种自动控制系统,具有存储、预选及定时等功能。数字调谐系统提高了整机性能,操作方便,更适于汽车使用。

(2) 磁带放音机:根据电磁转换原理制成,用来读出和再生磁带记录的模拟信号。由于采用了轻触式机心、逻辑控制电路、杜比降噪系统、自动选曲电路和微处理器控制系统等新技术,提高了放音机的性能。

与家用音响相比,磁带放音机没有录音功能,只是一个单卡的磁带放音部分。其机心结构较家用卡座复杂,增加了磁带进出盒结构和自动返带机构。

(3) CD 唱机(Compact Disc):又称激光唱机,是将激光光学技术、数字信号处理技术、精密机械伺服技术、微处理器控制技术、高密度记录技术和超大规模集成电路技术等融为一体的数字音频设备。CD 唱机具有性能优异、不易磨损、曲目丰富的优点,同时具有自动选曲、程序重放、遥控操作等多种功能,因此成为汽车音响的重要组成部分。与家用音响相比,汽车 CD 的加载、卸载机构较复杂,还有专门的减振系统,电路板结构也有所不同。CD 唱机一般是 6~12 碟连放,常见的是 6 碟或 10 碟 CD。CD 唱机多安装在汽车行李箱内,也可安装在汽车其他空余地方。

(4) 传声器:即话筒,作用是将声音信号转变成音频电信号,经功放电路放大后,通过扬声器播放出来。主要用于高档豪华大客车等旅游车辆。

3）音频处理电路

音频处理电路包括信号源选择电路和前置放大电路。信号源选择电路的作用是按照使用者的要求，选择不同的信号源，输入到下级的功放电路进行功率放大，以推动扬声器发声。前置放大电路的作用是对不同的音源信号进行前置放大并对音频信号的音量、音调、响度进行调整和控制。普通汽车音响音频前置放大与功率放大常合并在一起，构成复合式功率放大器；高档数字音响将前置放大电路单独设置。

4）功率放大电路

功率放大电路的作用是对所选择的音源进行放大，以便有足够的功率推动扬声器发声。中档普通立体声汽车音响采用左右两个声道，输出功率约为 $2 \times 10W$。高档数字式汽车音响有四个声道，采用高保真、大功率集成电路功放，具有平坦的频率特性和良好的信噪比、动态特性，输出功率约为 $4 \times 30W$。

功率放大电路一般都有输出短路保护和过热保护电路，当温度达到 $160℃$ 或输出端短路时，放大器关闭无输出。

汽车音响一般都有静音电路，在音响处于开关机、状态转换、自动调谐、电台切换以及磁带快进、快退、翻面等瞬间，静音电路工作，以免扬声器发出噪声。静音电路一般分为两级，第一级在音频处理电路中，以切断噪声信号的功放输入；第二级在功放电路中，以关闭放大器，避免扬声器发出"哒哒"的背景噪声。

5）扬声器

扬声器俗称喇叭，不同信号源的音频信号经功率放大后，最终要经过扬声器还原为声音，它是直接影响音质好坏的关键部件。汽车音响扬声器具有功率大、阻抗小、体积小的特点，扬声器的阻抗多为 $2 \sim 4\Omega$，口径一般为 $102 \sim 152mm$，一般功率为 $10 \sim 30W$，大功率扬声器为 $30 \sim 100W$。扬声器的接线较粗，接线柱采用镀银或镀镍铜排，以降低接触电阻。扬声器结构形式一般有全频带、同轴二分频和同轴三分频式。

一般普通立体声汽车音响配有两只全频带扬声器，多安装于仪表台内的左右侧或左右侧的前车门内；高档汽车音响配有四只扬声器，两只中高音扬声器安装于前部仪表台内左右两侧，两只中低音扬声器安装在后行李箱内的左右两侧。汽车行李箱容积较大，内部四周一般有毡垫等充当吸音物，是安装低音扬声器的理想位置。

6）电源电路

汽车音响由汽车电源供电，由于汽车电源电压不稳定，汽车音响内部都设有稳压电路，为除功放以外的电路供电。

普通汽车音响正极只有一个供电端，若接于蓄电池正极，音响便不受点火开关控制；若接于点火开关控制的供电线，则只有接通点火开关后音响方可工作。

高档音响一般有两个供电端，一个标记为 PERMANENT B+（或 BATTER），即常供电（蓄电池）端，连接蓄电池正极，为 CPU 供电，以维持 CPU 时钟工作和记忆用电；另一个标记为 ACC（或 IGNITION），即附件（或点火）端，连接点火开关控制的供电线，当点火开关置于 ACC 档或 ON 档时该端子供电，汽车音响正常工作，当点火开关置于 OFF 档时，ACC（或 IGNI-TION）端子无电，音响不工作或限时工作（如工作 1h 后自动关机）。音响机型不同，两端子的功能不同，有两种情况，一种是 PERMANENT B+（或 BATTER）端子为主供电端，ACC（或 IGNITION）端子为点火开关检测端；另一种是 PERMANENT B+（或 BATTER）端子为辅助供电端,ACC(或 IGNITION)端子为点火开关检测端兼主供电端。两种供电的区分方法是:以熔断丝安装的接线端为主供电端。

4. 调谐器

调谐器的组成如图 4-2-2 所示,上部为调幅接收电路,下部为调频接收电路。

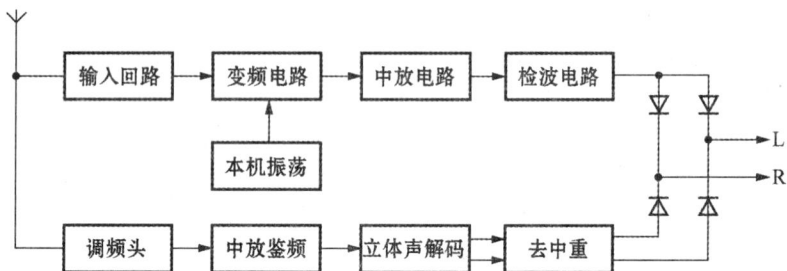

图 4-2-2　调谐器的组成

对于手动机械调谐式音响,FM 波段的高放、本振和混频都做在一个铁屏蔽盒里,称为 FM 高频头,输出 10.7MHz 的 FM 中频信号;AM 波段的元件都焊接在主电路板上。对于数字调谐式音响,一般把 AM 收音电路和 FM 收音电路分别做在两个铁屏蔽盒里;一些集成度更高的机型,AM 和 FM 处理电路采用单片集成电路,作为一个组件做在一个铁屏蔽盒里,输出 AM 和 FM 音频信号。

(1) 无线电波的调制与发送。人耳能够听到的声音频率大约在 $20 \sim 2\,000 kHz$,这个频率范围称为音频。音频的频率低,不易发射,同时信号频率又比较接近,收音机也不易选择。所以广播电台是将音频信号加到高频电磁波上发射的,该高频电磁波称为载波,将音频信号加到载波上去的过程称为调制。让高频载波的幅度按照音频信号的变化规律而变化的过程称为调幅;让高频载波的频率按照音频信号的变化规律而变化的过程称为调频。调幅波和调频波的波形如图 4-2-3 所示。

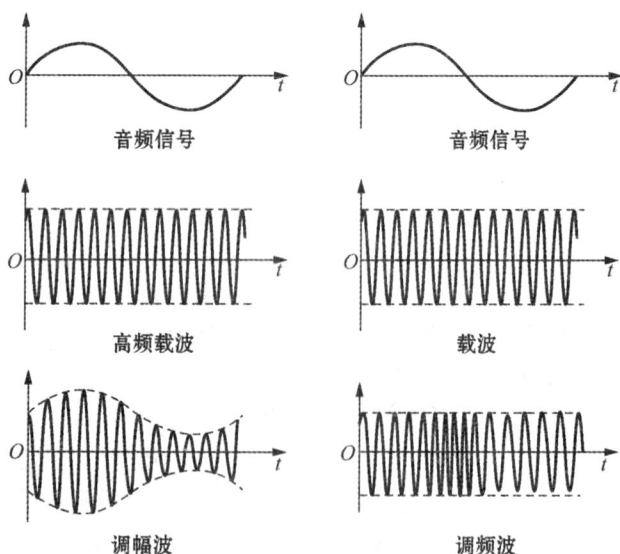

图 4-2-3　调幅波和调频波

汽车音响一般采用调幅的中波波段(525~1 605kHz)和调频波段(87~108MHz),高级汽车音响调幅有两个波段(AM1 和 AM2),调频有 3 个波段(FM1、FM2 和 FM3),每个波段可存储 6 个电台,一共可以存储 30 个电台。

无线电波的发送如图 4-2-4 所示,声音经话筒转换为音频电信号,再经音频放大器放大后送入调制器。同时,高频振荡器产生高频载波信号送入调制器。音频信号经调制后形成调幅波或调频波,再经高频放大器放大后获得足够的输出功率,送入发射天线向空间发射。

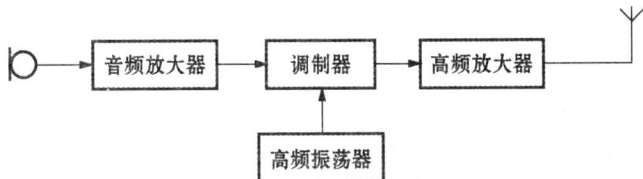

图 4-2-4　无线电波的发送

(2) 无线电波的接收。无线电波接收电路的基本组成如图 4-2-5 所示,输入电路的作用是把天线接收到的高频信号送到选择电路,选择出所要接收的电台信号,并抑制其他信号。高频放大器的作用是接收输入电路的高频信号,并将其放大后送入解调器。解调器的作用是从高频已调波中解调出调制信号(音频信号),解调器包括检波器和鉴频器,检波器的作用是从高频调幅波中取出调制信号,鉴频器的作用是从高频调频波中取出调制信号。低频放大电路的作用是将解调出的音频信号放大,推动扬声器发声。

图 4-2-5　无线电波接收电路

(3) 调幅接收电路。上述电路在解调前一直不改变高频已调波频率,称为直放式接收机。直放式接收机的缺点是灵敏度、选择性和音质都很差。实用的收音机都不采用该电路,而是采用超外差电路。超外差式调幅接收电路的基本组成如图 4-2-6 所示,主要由输入回路、变频电路、中频放大、检波电路和功率放大电路等组成。其特点是在输入回路后增加变频电路,其作用是将高频已调波变成频率固定(频率为 465kHz)且低于载波频率的中频信号。

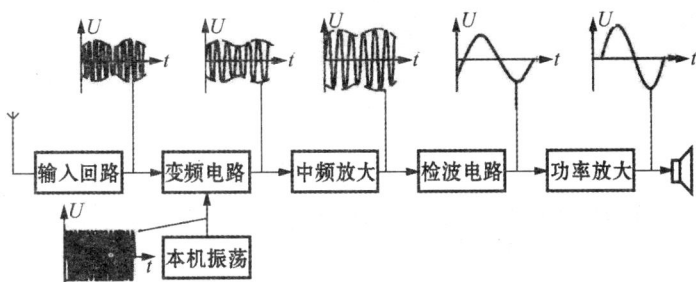

图 4-2-6　超外差式调幅接收电路的基本组成

(4) 调频接收电路。调频接收电路也采用超外差电路,超外差式调频接收电路的基本组成如图 4-2-7 所示,主要由输入回路、高频放大、变频电路、中频放大、鉴频电路和功率放大电路等组成。变频电路的作用和工作原理与调幅接收电路相同,只是中频信号频率为 10.7MHz。

笔记

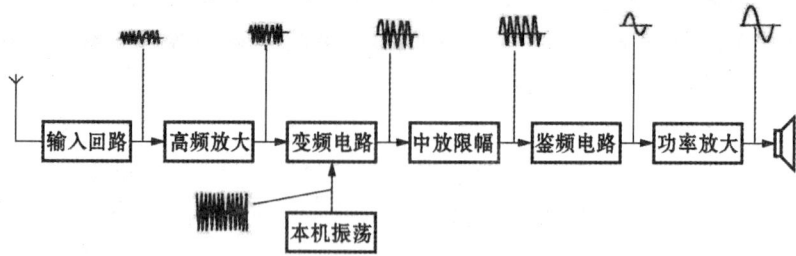

图 4-2-7   超外差式调频接收电路的基本组成

(5) 数字调谐器。(Digital Tuning System)简称 DTS,采用了微处理技术,其专用微处理电路主要以日本 NEC 公司、东芝公司和 PHILIPS 公司的产品为主。采用数字调谐技术的汽车音响取消了机械式调谐机构和指针式频率指示机构,可实现自动选台、数字显示、多个电台存储和遥控等功能,具有操作简便、性能优越的特点,更加适合汽车的使用环境,广泛应用于中高档汽车音响。

数字调谐器的结构框图如图 4-2-8 所示,主要由信号接收电路和数字调谐控制电路两部分组成。信号接收电路与一般的 AM/FM 立体声接收电路基本相同,不同之处有两点:一是 AM/FM 的本机振荡器为压控振荡器(VCO);二是各谐振回路用变容二极管替代了可变电感。数字调谐控制电路主要包括锁相环(PLL)数字频率合成器和调谐控制器(CPU),锁相环

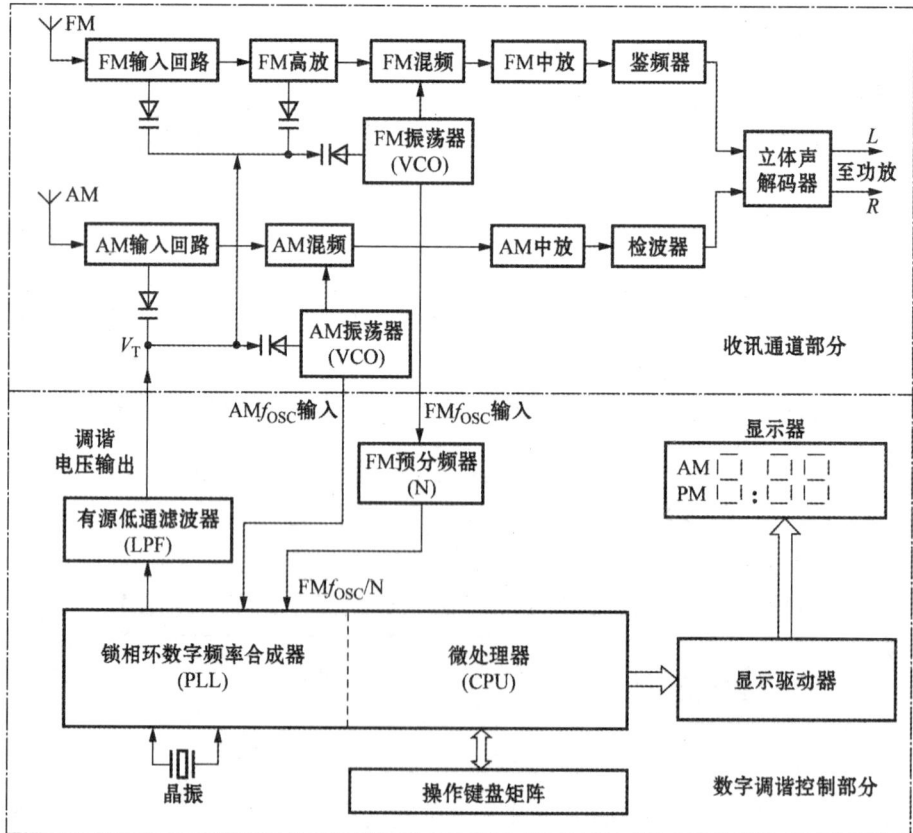

图 4-2-8   数字调谐器的结构框图

数字频率合成器的作用是完成本振信号的频率合成和频率数字显示,调谐控制器的作用是对系统进行控制。

5. 磁带放音机

磁带放音机主要包括盒式磁带、磁带驱动机构、磁头及控制电路等,可以实现录音、放音及抹音等功能。

(1) 磁带放音机工作原理:如图 4-2-9 所示,在录音时,抹音磁头首先接触磁带,抹去原有信号,形成空白带区。声音经话筒转换为电信号,再经录音放大器放大后流经录音磁头线圈,使磁头铁芯周围产生磁场,磁场强度随音频信号电流的变化而变化,当恒速移动的磁带经过磁头空隙时,与空隙处接触的磁带磁性体被磁化并留下剩磁,从而完成声音信号的录制。

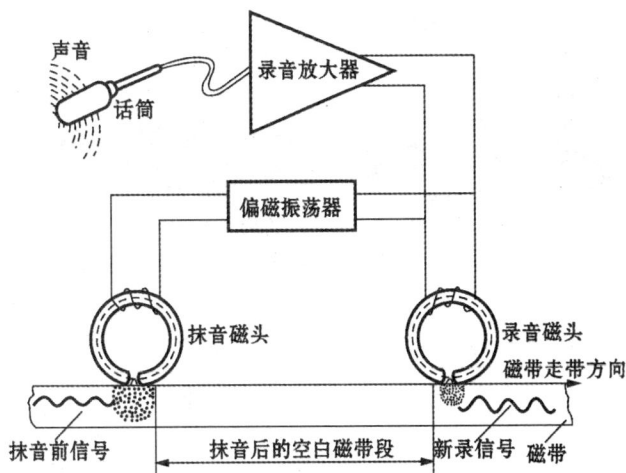

图 4-2-9　磁带录音原理

磁带放音原理如图 4-2-10 所示,在放音时,当恒速移动的磁带经过磁头空隙时,磁带上的音频剩磁不断改变铁芯的磁场,变化的磁场使铁芯线圈中产生感应电动势和感应电流,感应电流的大小与原录音音频信号电流的大小成正比,该信号再经放音放大器和功率放大器进行放大,最后推动扬声器放出声音。

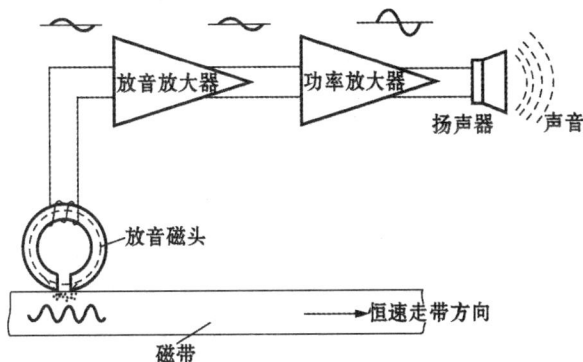

图 4-2-10　磁带放音原理

笔记

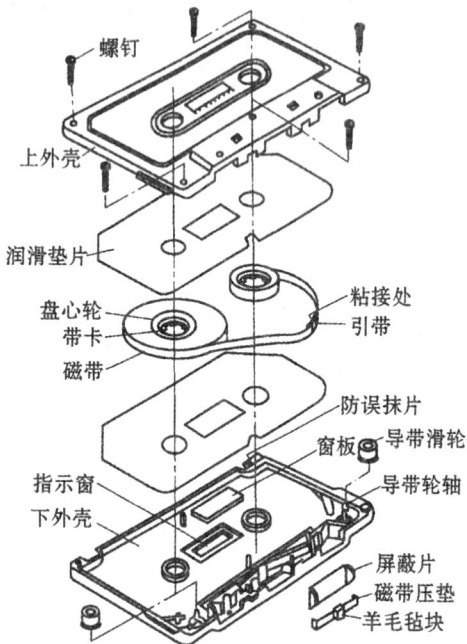

图 4-2-11　盒式磁带的结构

（2）盒式磁带的结构和规格：盒式磁带的结构如图 4-2-11 所示，磁带盒由上外壳和下外壳组成，磁带盒内有两个相同的盘心，磁带绕在盘心上，磁带两端是没有记录信号的引带，磁带盘上下面有润滑片，表面涂有石墨粉或碳粉，起润滑作用，以减少走带时的阻力，并保持磁带盘的平整。导带滑轮安装在导带轮轴上，导带滑轮随磁带旋转，对磁带的运动起导向作用，并使磁带有一定张力。屏蔽片的作用是减小杂散磁场对磁带和磁头的干扰，以提高磁带录音的信噪比。磁带压垫装在屏蔽片前，由一条窄的磷青铜片和粘在其上的羊毛粘块组成，其弹性可使磁带和磁头有适当的压力和接触面。

磁带的规格如图 4-2-12 所示，其宽度为 3.735mm，长度为 C-60、C-90、C-120，即用磁带正反走带时间表示长度，如 C-60 表示正反走带时间为 60min。磁带包括带基和磁性层，带基厚度为 $4\sim12\mu m$，磁性层厚度为 $3\sim6\mu m$，因为磁带盒尺寸一定，走带时间越长，磁带越薄。磁带一般是具有双声道四磁迹的立体声磁带，磁头也是双声道四磁迹，正反走带时读取 A、B 面的 L、R 磁迹。

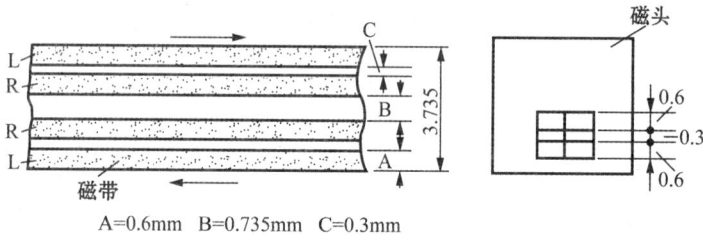

A=0.6mm　B=0.735mm　C=0.3mm

图 4-2-12　磁带的规格

（3）磁头的结构和工作原理：磁头的结构如图 4-2-13 所示，主要由铁芯、线圈、工作缝隙、屏蔽罩、导带叉和固定支架等组成。线圈绕在铁芯上，铁芯多采用坡莫合金、铁氧体和铁硅铝等高磁导材料制成，不绕线圈的抹音磁头的铁芯多采用磁钢等硬磁性材料充磁制成。铁芯被前后两个缝隙分割为左右对称的两部分，前部缝隙与磁带接触，称为工作缝隙；后部缝隙是为了防止录音时将铁芯磁化到饱和程度。为了防止外磁场对磁头的干扰，磁头正面需经研磨抛光处理，并将磁头铁芯安装于具有高磁导率的屏蔽罩中。导带叉固定在磁头外壳上，保证磁带行走时与磁头工作缝隙相吻合。立体声磁头和环行磁头的基本结构相同，只是左右声道各具有两套独立的线圈、铁芯和工作缝隙，两铁芯间有一层坡莫合金屏蔽板，以减少通道间的串音。

按照功能分类，磁头可以分为录音磁头、放音磁头、抹音磁头、录放磁头和自动反转式磁头，如图 4-2-14 所示。录音磁头的作用是通过电磁转换，将录音的音频信号电流变换为磁场

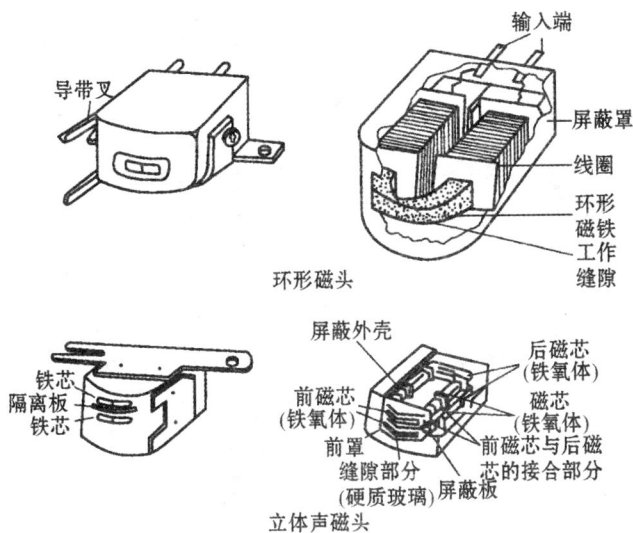

图 4-2-13　磁头的结构

形式,并以剩磁记录在磁带上。放音磁头的作用是通过磁电转换,将记录在磁带上的剩磁变换为电信号。抹音磁头的作用是在录音前将磁带上的剩磁信号抹去。录放磁头是为了降低成本而制做的录放兼用的磁头。自动反转式磁头的作用是在磁带正反向走带时均能录音或放音。

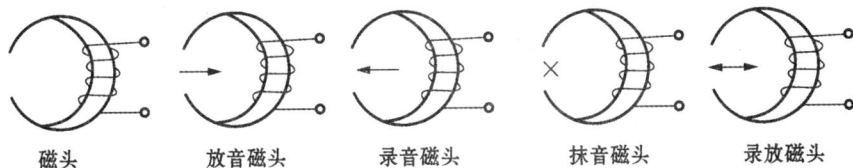

图 4-2-14　磁头的种类

（4）磁带驱动机构:其基本组成如图 4-2-15 所示,主要包括电动机、橡胶传动带、飞轮、主导轴、压带轮等。

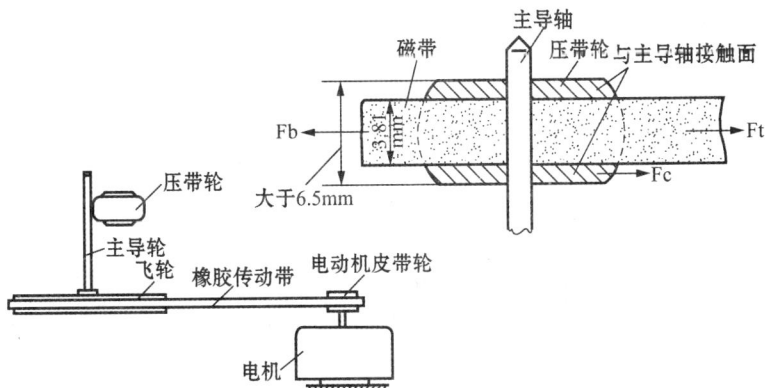

图 4-2-15　磁带驱动机构的基本组成

电动机多为小型直流电动机,具有体积小、耗电少、效率高的优点。其基本结构如图 4-2-16 所示,主要由定子、转子、换向器、电刷、外壳、屏蔽罩、橡胶垫、稳速装置等组成。屏蔽罩的作用是防止火花辐射干扰、减少漏磁损失;橡胶垫的作用是减轻机械振动;稳速装置的作用是保持电动机转速稳定,以使磁带稳速运行。稳速装置主要有机械稳速、电子稳速和频率发电机稳速三种形式。

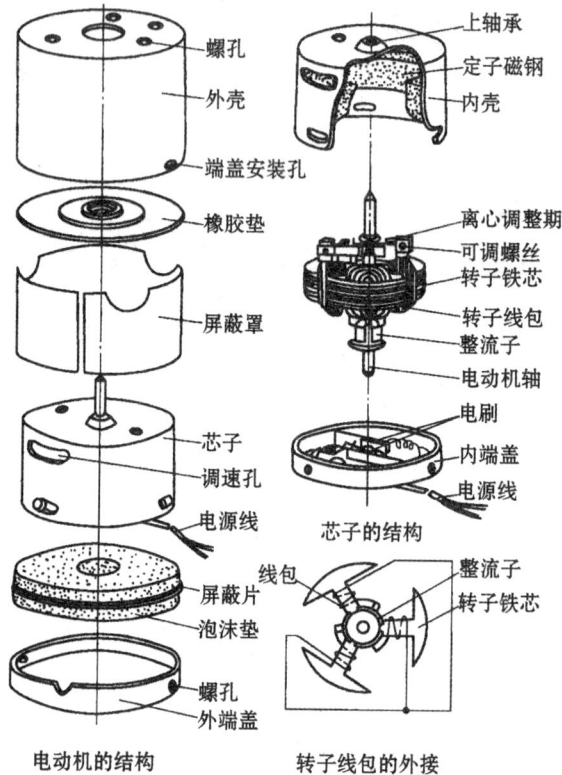

图 4-2-16　磁带驱动电动机的基本结构

电动机通过橡胶传动带驱动飞轮旋转。飞轮的质量较大,边缘厚,因此转动惯量较大,可以起到稳定转速的作用。飞轮与主导轴之间采用黄铜套紧配合,以驱动主导轴旋转。主导轴采用坚韧而不易磁化的不锈钢材料制成,表面做镀铬处理,以增加硬度,它与磁带直接接触,利用摩擦力以恒定速度传送磁带。

6. CD 唱机

CD 唱机主要由机械系统、激光头系统、伺服系统、数字信号处理系统、控制系统和电源组成。CD 唱机的基本组成如图 4-2-17 所示。

(1) CD 唱片:CD 唱片记录的是数字信号,模拟音频信号需经过模/数转换、纠错和调制处理,转换为音频数字信号,并在信号中插入控制与显示信号(也称子码),最后记录在 CD 唱片上。CD 信号被分为一段一段的,一段称为一帧,在帧与帧之间插入作为分隔符的帧同步信号。CD 唱片的结构如图 4-2-18 所示。

CD 唱片的信号轨迹是一系列深度为 $0.11\mu m$、宽度为 $0.4\mu m$ 而长度不等的信号坑,信号坑共有 $3\sim11T$ 共 9 种长度,T 为 CD 信号的时钟周期。信号轨迹从 CD 唱片的内圈向外圈以螺旋状排列,轨迹之间的间距为 $1.6\mu m$。

唱片最里圈部分称为引入区,记录唱片的目录,包括节目数和节目的位置等。唱片最外圈

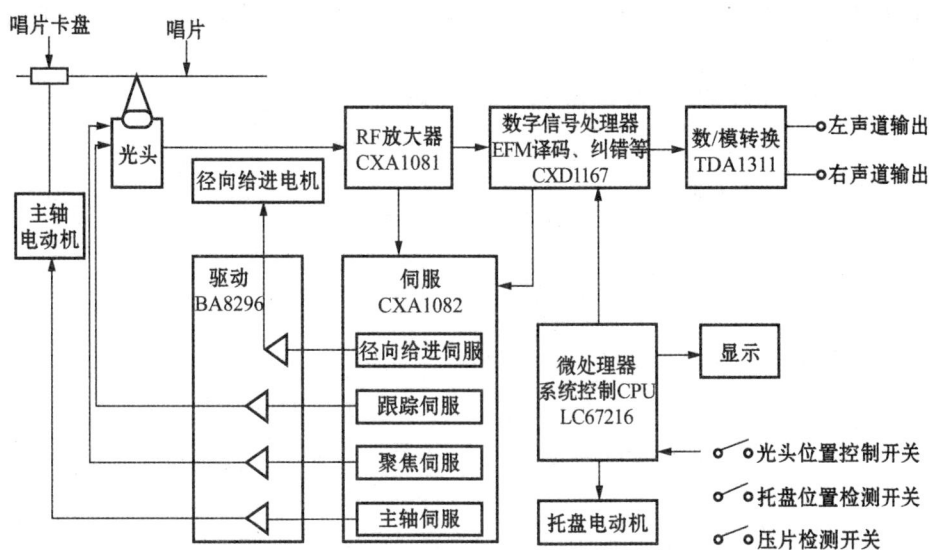

图 4-2-17 CD 唱机的基本组成

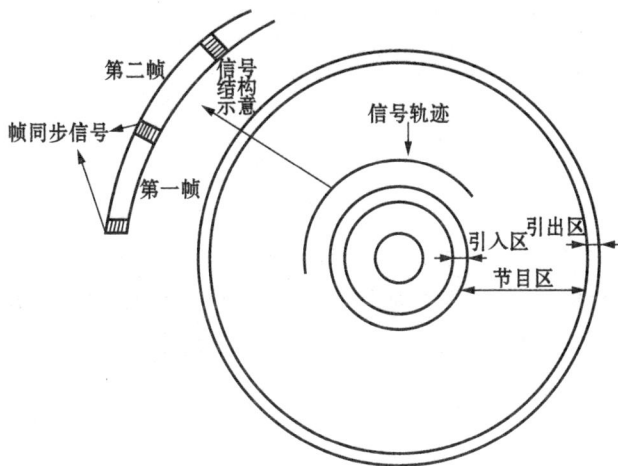

图 4-2-18 CD 唱片的结构

部分称为引出区,记录节目的末尾。

CD 唱片在播放时,从最内圈开始,由内向外,在最外圈结束。唱片不是以恒定角速度旋转,而是以光头处 1.25m/s 的恒线速度旋转,内圈转速快、外圈转速慢,转速范围约为 200～500r/min。

(2) 机械系统:CD 唱机的机械系统主要包括唱片装载机构、唱片压片机构、唱片主轴机构和激光头径向进给机构等。

唱片装载机构的作用是在控制系统的控制下,由托盘电机驱动,通过传动机构,完成唱片的移进与移出、抬起与下降的动作。

唱片压片机构的作用是利用唱片上部的磁性压盘,将唱片吸附在旋转盘上,防止唱片高速旋转时发生偏移。唱片压片机构常由托盘电动机驱动。

唱片主轴机构主要包括主轴电动机和旋转盘等,主轴电动机驱动唱片高速平稳旋转。

激光头径向进给机构的作用是驱动激光头沿唱片径向移动,读取信号轨迹的信息,同时还可以按照指令完成选曲、重放和搜索等任务。

(3) 激光头系统:包括激光源、光学器件和光检测器三部分,其基本组成如图 4-2-19 所示。

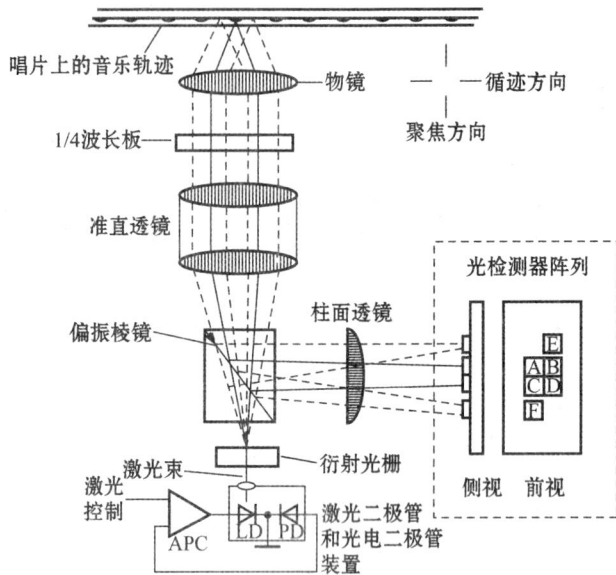

图 4-2-19 激光头系统的基本组成

激光二极管发射一束功率恒定的激光,经衍射光栅后分裂为三束光:中间的光束为主光束,用于拾取射频信号及聚焦误差信号;旁边两光束为辅光束,用于拾取循迹误差信号。三束光分别经偏振棱镜、准直透镜、1/4 滤片和物镜后聚焦在 CD 唱片上,再由 CD 唱片反射回来,经柱面透镜后聚焦于光检测器上,主光束射到 A、B、C、D 四只光电管上,辅光束分别射到 E、F 两只光电管上。A、B、C、D 四只光电管拾取射频信号及聚焦误差信号,E、F 两只光电管拾取循迹误差信号。

CD 唱片是以凹坑和镜面的形式记录信号的。当激光束照射到凹坑时,由于反射光的衍射,造成反射光量少,光电管输出为低电平;当激光束照射到镜面时,反射光量多,光电管输出为高电平。因此,激光束通过扫描唱片上的凹坑和镜面,可以获得强弱不同的反射光束,进而转换为高频电信号。

(4) 伺服系统:主要包括聚焦伺服系统、跟踪伺服系统、径向进给伺服系统和主轴伺服系统等。聚焦伺服系统的作用是根据聚焦误差信号控制激光头中的聚焦线圈动作,使物镜做上下运动,保证激光束能够准确地聚焦在 CD 唱片的信号轨迹面上。跟踪伺服(又称循迹伺服)系统的作用是根据循迹误差信号控制循迹线圈动作,使物镜做水平运动,保证激光束准确跟踪信号轨迹。径向进给伺服系统的作用是根据进给误差信号控制进给电机动作,保证激光头能够准确地沿唱片径向移动。主轴伺服系统的作用是根据主轴伺服误差信号控制主轴电动机动作,保证激光头能够以恒定的线速度读取信号。

(5) 数字信号处理系统:数字信号处理系统的作用是对射频放大器输出的射频放大信号进行解调、纠错处理,获得原数字音频信号。再经数/模转换电路转换为模拟音频信号。

(6) 控制系统:是整机的控制中心,其核心是微处理器,微处理器内部固化了系统软件程序、存储器和输入输出接口。控制系统的作用是接收各种操作指令和检测数据,包括功能操作按键、遥控器、状态检测传感器及状态检测开关的输入信号,并对各种输入信号进行判断和处理,输出控制指令,控制机械系统和电路部分的工作,使 CD 唱机进入各种工作模式并正确运行;同时控制系统不断检测唱机的工作状态,如果有不正常的情况,则发出保护命令,控制唱机停机。

7. 布线

由于汽车上的用电设备和线束较多,如果音响的安装布线不合理,就会使音响受到其他用电设备产生的噪声干扰,导致音响音质下降。音响的安装布线主要应注意以下几方面:

音响的配线电阻越小,配线消耗的功率越小,则音响系统的功率越大;音响主电源线的熔丝越靠近蓄电池越好。

音频信号线应尽可能短,避免受到噪声信号的干扰;音频信号线要离开控制单元和功放的电源线至少 20cm,最好将音频信号线和电源线分开布在驾驶座和副驾驶座两侧,如果音频信号线与电源线要交叉,最好以 90°相交,避免拾取感应噪声;音频信号线接头处应用绝缘胶带缠紧以保证绝缘,如果接头处和车体接触,会产生噪声。

电源线的电流容量值应等于或大于熔丝保险值,否则会产生交流噪声;如果一根电源线分开给多个功放供电,从分开点到各个功放布线的长度和结构应该相同;如果电源线桥接,各个功放之间会出现电位差,从而导致交流噪声;蓄电池接头应保证清洁和拧紧,如果接头处的接触电阻过大,会导致产生交流噪声;当在汽车动力系统内布线时,应离开发电机和点火装置,避免发电机噪声和点火噪声辐射入电源线。

4.2.2　汽车音响的诊断与修复

汽车音响的诊断与修复以别克君越 SGM 7240 和 SGM 7305 轿车的音响系统为例,该系统由天线、收音机、扬声器、音频放大器等组成。其电路图如图 4-2-20 所示,部件安装位置如图 4-2-21 所示。

1. 故障诊断仪的输出控制

使用故障诊断仪的输出控制功能可以指令扬声器接通或关闭,检查扬声器电路是否良好。

2. 故障诊断仪的数据列表

使用故障诊断仪读取相关数据,可以检查音响系统各部件工作是否正常,有关音响数据可以参考维修手册。

3. 症状诊断

注意:在进行症状诊断前,必须完成如下步骤:

(1) 执行"车辆故障诊断码信息"中的"诊断系统检查—车辆",以确认:未设置故障诊断码;控制模块能通过串行数据链路进行通信。

(2) 查阅系统操作,以熟悉系统功能。

(3) 直观检查是否有可能影响收音机/音响系统操作的售后加装装置;检查易于接触或能够看到的系统部件,查明其是否有明显损坏或故障,以致出现该症状。

1) 收音机信号接收不良或接收不到

排除"收音机信号接收不良或接收不到"故障的步骤,如表 4-2-1 所示。

笔记

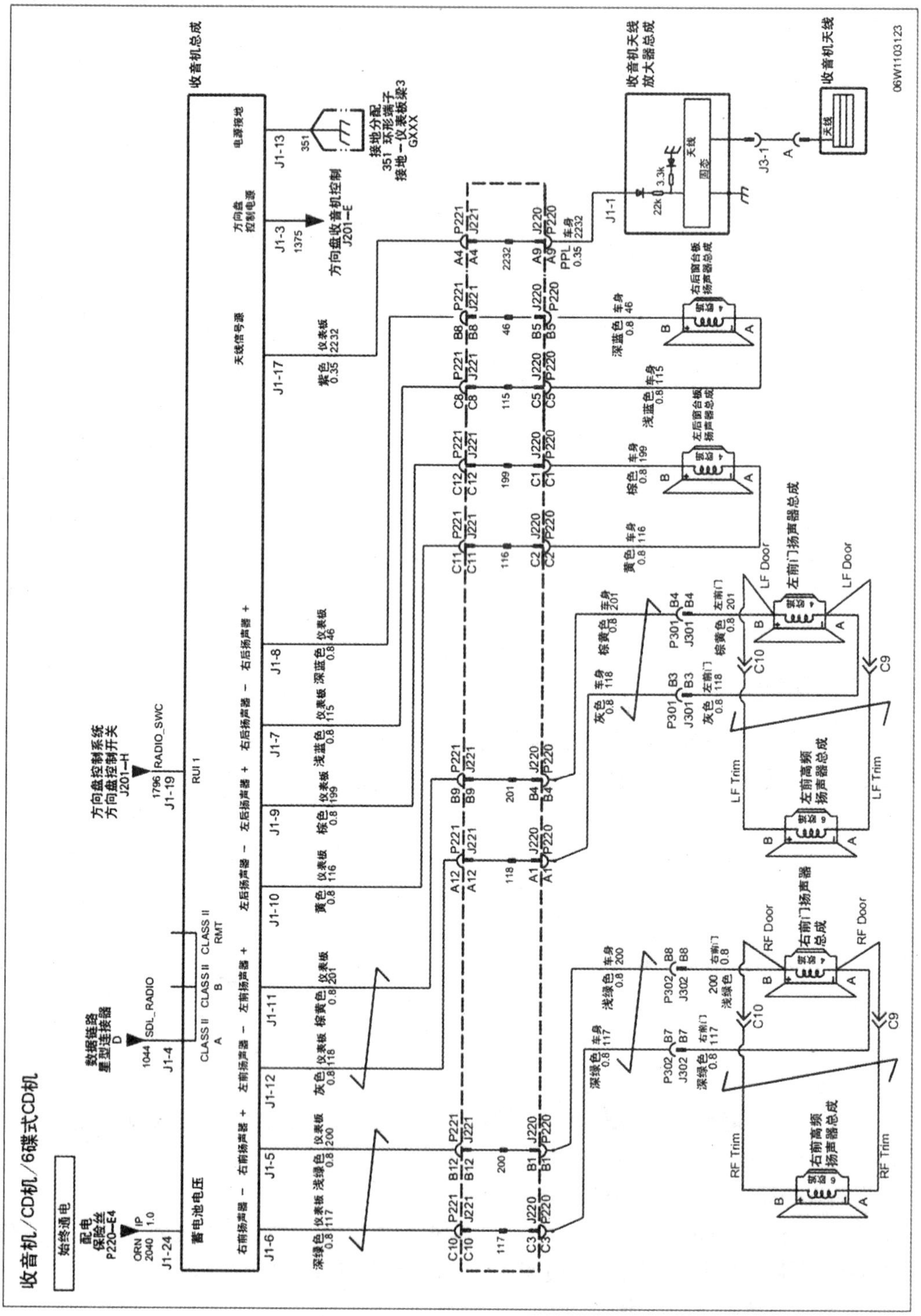

图 4-2-20 别克君越轿车音响系统电路图

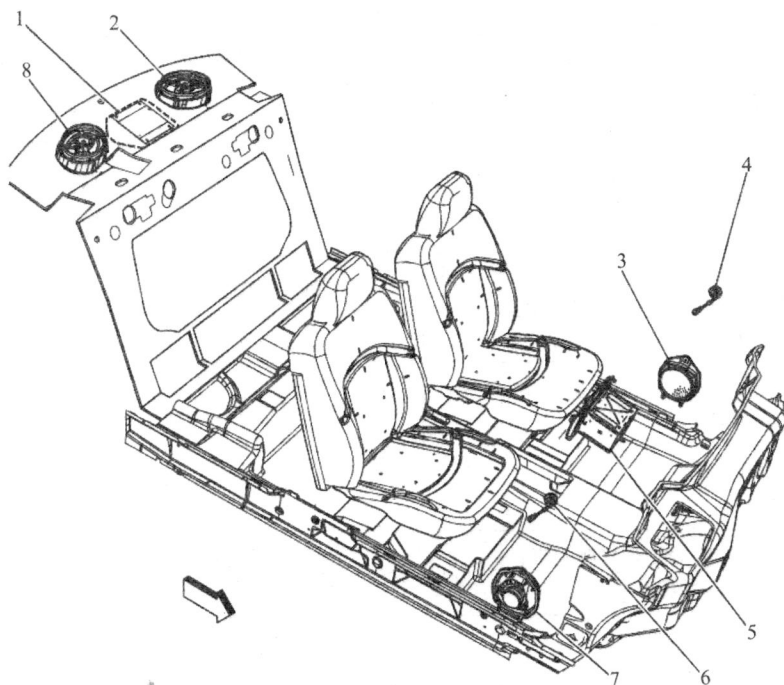

图 4-2-21　别克君越轿车音响系统部件安装位置

1—收音机放大器;2—左后扬声器;3—左前门扬声器;4—左前高频扬声器;

5—收音机;6—右前高频扬声器;7—右前门扬声器;8—右后扬声器

表 4-2-1　排除"收音机信号接收不良或接收不到"故障的步骤

步骤	操　作	值	是	否
1	是否执行了"诊断系统检查—车辆"	—	至步骤 2	至"车辆故障诊断码信息"中的"诊断系统检查——车辆"
2	(1) 确保车辆停在室外与南方天空之间视野畅通无阻处; (2) 保持发动机关闭,并接通点火开关; (3) 接通收音机; (4) 将收音机调谐至卫星频道 1。 接收信号是否清晰	—	至步骤 3	至步骤 5
3	将收音机调谐至其他一些卫星频道,接收信号是否清晰	—	至"音响系统故障排除提示"	至步骤 4
4	拨打 1-800-556-3600 与 XM 联系,确认用户账户状态或是否出现网络故障;是否发现并排除故障	—	至步骤 14	至步骤 10
5	拨打 1-800-556-3600 与 XM 联系,确认是否有网络故障;是否发现并排除故障	—	至步骤 14	至步骤 6

(续表)

步骤	操作	值	是	否
6	使用故障诊断仪,查看收音机接收器数据列表中的收音机天线参数;故障诊断仪是否显示收音机天线参数在规定的范围内	17~63mA	至步骤10	至步骤7
7	(1) 从收音机接收器上断开天线电缆; (2) 测量从收音机接收器上天线连接器的中心导体至一个外壳螺钉的电压;电压测量值是否在规定范围内	4.5~5.5V	至步骤8	至步骤10
8	测试天线电缆是否开路、短路或电阻过高;是否发现故障	—	至步骤9	至步骤11
9	更换天线电缆;是否完成更换	—	至步骤14	—
10	检查收音机接收器是否接触不良;是否发现并排除故障	—	至步骤14	至步骤12
11	检查收音机天线是否接触不良;是否发现并排除故障	—	至步骤14	至步骤13
12	更换收音机接收器。获取有关更换、设置和编程的信息;是否完成更换	—	至步骤14	—
13	更换收音机天线;是否完成更换	—	至步骤14	—
14	运行系统,检验修理效果;故障是否已排除	—	系统正常	至步骤2

2)一个或多个扬声器音响失真

排除"一个或多个扬声器音响失真"故障的步骤,如表4-2-2所示。

表4-2-2 排除"一个或多个扬声器音响失真"故障的步骤

故障原因	检查方法	修理方法
带常规选装件(RPO)U88		
低电平音频电路开路	测试相应的低电平音频电路是否开路	修理线路
扬声器故障		更换相应的扬声器
带常规选装件(RPO)U2K		
收音机接收器音频输出信号电路开路	测试左、右以及公共音频信号电路是否开路	修理线路

3)一个或多个扬声器不工作

排除"一个或多个扬声器不工作"故障的步骤,如表4-2-3所示。

表 4-2-3　排除"一个或多个扬声器不工作"故障的步骤

故障原因	检查方法	修理方法
无常规选装件(RPO)U88		
收音机无音频输出	将收音机音量调整到 50%,测量不工作的扬声器连接器上的音频信号电路之间是否存在交流电压。如果不存在交流电压,检查收音机的所有不工作扬声器的输出电路,是否对蓄电池正极电压或对地短路	如果有短路故障,修理线路;否则,更换收音机
扬声器输出电路开路	测试相应的扬声器输出电路是否开路	修理线路
扬声器故障		更换相应的扬声器
带常规选装件(RPO)U88		
放大器的扬声器输出电路开路	测试相应的扬声器输出电路是否开路	修理线路
扬声器故障		更换相应的扬声器
收音机无音频输出	将收音机音量调整到 50%,测量不工作扬声器连接器上的音频信号电路之间是否存在交流电压。如果不存在交流电压,检查收音机所有不工作的扬声器的输出电路是否对蓄电池正极电压或对地短路	如果有短路故障,修理线路;否则,更换收音机
放大器无音频输出	将收音机音量调整到 50%,测量不工作的扬声器连接器上的音频信号电路之间是否存在交流电压。如果不存在交流电压,检查所有受影响的扬声器输出电路是否对蓄电池正极电压或对地短路	如果有短路故障,修理线路;否则,更换放大器

4) 所有扬声器都不工作

排除"所有扬声器都不工作"故障的步骤,如表 4-2-4 所示。

表 4-2-4　排除"所有扬声器都不工作"故障的步骤

故障原因	检查方法	修理方法
无常规选装件(RPO)U88		
收音机无音频输出	将收音机音量调整到 50%,测试左前扬声器连接器上的左前音频信号电路之间是否存在交流电压。如果不存在交流电压,检查收音机所有扬声器输出电路是否对蓄电池正极电压或对地短路	如果有短路故障,修理线路;否则,更换收音机
带常规选装件(RPO)U88		
至放大器的蓄电池正极电压电路开路	测试至放大器的蓄电池正极电压电路是否开路	修理线路
放大器接地电路开路	测试放大器接地电路是否开路	修理线路

（续表）

故障原因	检查方法	修理方法
收音机无低电平音频输出	将收音机音量调整到 50%，测试放大器连接器上的左前低电平音频信号电路之间是否存在交流电压。如果不存在交流电压，检查收音机所有扬声器输出电路是否对蓄电池正极电压或对地短路	如果有短路故障，修理线路；否则，更换收音机
没有至放大器的收音机接通信号	测试放大器的收音机接通信号电路是否开路	修理线路
放大器有故障		更换放大器

4. 收音机的设置

完成故障诊断仪"Special Functions(特殊功能)"菜单下的设置程序，可为车辆设置新的收音机。如果新收音机设置不当，收音机将显示一个锁定(LOC)或校准(Calibrate)信息。

1) 收音机接收器的设置

钥匙处于 ON(接通)，完成以下程序：

(1) 在"Main Menu(主菜单)"屏幕上，选择"Diagnostics(诊断)"。

(2) 在"Vehicle Identification(车辆识别)"屏幕上，选择以下选项：

"Model Year(车型年代)"

"Vehicle Line(车系)"

(3) 在"System Selection Menu(系统选择菜单)"选择"Body(车身)"。

(4) 在"Body(车身)"屏幕上，选择"Radio(收音机)"。

(5) 选择"Vin Setup(Vin 号设置)"。屏幕显示"是否清除收音机防盗信息？（Do You Want To Clear Radio Theft Information?)"

(6) 选择"开始清除(Begin Clearing)"按下软键，屏幕显示"清除收音机防盗信息进行中(Clearing Radio Theft In Progress)"。

(7) 当屏幕显示"收音机防盗信息已清除，请重新点火(Please Cycle The Ignition, Radio Theft Information Was Cleared)"时，钥匙不拔出，回到"OFF"，然后拨回到"ON"。

(8) 设置完成，TECH2 按"EXIT"退出。

2) 启动 XM 卫星接收功能

注意：在更换 XM 收音机接收器后，请致电给 XM Radio，以便停用已从车上拆下的接收器并启用新的 XM 收音机接收器。在拨打启用电话后 24h 内，车辆必须停在卫星覆盖区域。

(1) 打开收音机，调至 XM 卫星频道 0，然后记录收音机识别号(ID)。要启用新的接收器，需要有收音机识别号(ID)。

(2) 拨打 1-800-556-3600 致电 XM Radio，以停用故障接收器并启用新的接收器。

(3) 将车辆停在室外并与天空之间视野畅通无阻的区域。

(4) 让车辆停在室外、点火开关置于 ACC(附件)位置、并将收音机打开 30min，以激活 XM 卫星服务。

(5) 一旦激活，收音机就会接收到其余的 XM 卫星电台频道。

5. 汽车音响防盗锁定的排除

该车音响采用"防盗锁"式防盗系统，利用 Class 2 串行数据来确定收音机是否安装在相应的车辆上。与以往车型不同的是,现在不必在收音机中设置一个安全码。收音机每次接收到"运行"电源模式信息时,它将从负责传送车辆识别号(VIN)的 Class 2 串行数据电路所接收到的信息与所储存的车辆识别号(VIN)信息进行比较。如果不相配,收音机显示屏会告诉用户收音机被锁住了。一旦被锁住,会设置一个故障诊断码(DTC B1780),收音机不会响应任何按钮,即不再工作。导致这种状况的两个情况是:

(1) 安装了其他车辆的收音机。

(2) 在负责向收音机提供车辆识别号(VIN)信息的 Class 2 串行数据电路上进行通信的模块被更换,且没有使用正确的车辆识别号对其进行相应设置。

将收音机开锁的唯一方法是使用故障诊断仪排除 DTC B1780 故障。

DTC B1780 的故障诊断信息,如表 4-2-5 所示。

表 4-2-5   DTC B1780 的故障诊断信息

故障码	DTC B1780
故障码说明	防盗锁启用
运行故障码的条件	当收音机通电时,即运行该故障诊断码; 蓄电池电压介于 9～16V 之间
设置故障码的条件	安装了来自另一车辆的收音机或安装了一个新的车身控制模块(BCM)且未用故障诊断仪输入正确的车辆识别号信息
设置故障码时的操作	收音机不工作,收音机显示"LOC(锁定)"
清除故障码的条件	① 当安装一个来自底盘相同的另一车辆的收音机时,用故障诊断仪清除所有车辆识别号数据; ② 安装新的车身控制模块时,用正确的车辆识别号进行适当设置 如果满足上述条件,故障诊断码的状态将变成历史状态。可以使用故障诊断仪清除历史故障诊断码,或在连续 100 个无故障点火循环后自动清除故障诊断码
故障诊断说明	每当点火开关从 OFF(关闭)切换到 ON(接通)位置时,收音机都会通过 Class 2 通信电路接收车辆识别号数据。如果收音机存储器中的车辆识别号数据与它通过 Class 通信电路接收到的车辆识别号数据相匹配,收音机将正常工作

DTC B1780 的故障诊断方法如图 4-2-22 所示。

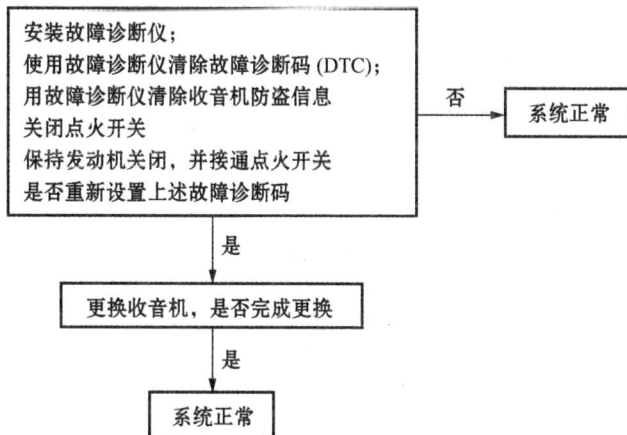

图 4-2-22   DTC B1780 的故障诊断方法

笔记

案例分析

案例：由于音响断电和 CD 机激光头表面太脏导致音响无反应。

车型：本田雅阁轿车，行驶里程 28 万 km。

症状：打开音响无反应。

诊断：本田车系多半在音响中设置防盗码，在其音响的液晶板上有 ANTI？THEFT（防盗）字样。液晶板下方附近还有一个红色指示灯不停地闪烁，警示该音响有防盗码。音响防盗码一般由 5 位数字组成，正确地输入 5 个数字后，听到"噼"的声响，就可以使用音响了。

由于在检修电气故障时，无意中将音响保险丝给拆除了，待电气故障维修完毕后，新的电气故障又出现了，即音响由于断电而出现自锁。出现自锁以后必须输入该音响的防盗密码（随车都有音响防盗密码卡片），新款本田雅阁车由 4 位 1～6 的自然数组成。

将防盗卡片上的密码 1342 顺序输入，听到"噼"的一声响后，将音响打开，再把 CD 片放入盘中，CD 片进去以后显示屏上出现 CDPEO 字样，2s 后自动退片。

从资料中查到，该故障现象是激光头没有读到 CD 片，原来以为将 CD 片装反了，退出后仔细一看没有装反。

修复：还有一种可能的故障原因是 CD 机激光头表面太脏，于是将音响解体，但千万不要拔掉电源插头（以免因断电引起自锁的麻烦）。打开 CD 机上盖，用丝绸将激光头擦拭干净，再用"皮老虎"吹一吹，使之干净彻底。擦拭时要沿同一方向擦拭，这样效果最佳，千万不要用带有油质的东西去擦激光头，那样会损坏激光头。擦净后，装复进行试验，音响一切正常，故障已排除。

分析：由于拆除音响保险丝致使音响断电而出现自锁，CD 机激光头表面太脏导致 CD 片自动退片。

测试习题

一、填空题

1. 汽车音响技术的特殊要求主要有_____、_____、_____、_____和_____。

2. 轿车的音响多安装在_____。

3. 解调器包括检波器和鉴频器，检波器的作用是从_____中取出调制信号，鉴频器的作用是从_____中取出调制信号。

4. 盒式磁带的磁带规格为 C-60，表示_____。

5. 音频信号线要离开控制单元和功放的电源线至少_____，最好将音频信号线和电源线分开布在驾驶座和副驾驶座两侧，如果音频信号线与电源线要交叉，最好_____，避免拾取感应噪声。

二、判断题

1. 汽车音响采用具有方向性的外接天线，天线一端与调谐器前端相连，另一端接地。
　　　　　　　　　　　　　　　　　　　　　　　　　　　　　　　　　　（　　）

2. 高档汽车音响多配有四只扬声器，两只中高音扬声器安装于前部仪表台内左右两侧，两只中低音扬声器安装在后行李箱内的左右两侧。　　　　　　　　　　　（　　）

3. 高档音响一般有两个供电端，一个为常供电（蓄电池）端，连接蓄电池正极，另一个为附

件(或点火)端,连接点火开关控制的供电线。　　　　　　　　　　（　　）

4. 汽车音响一般采用调幅的中波波段(87～108MHz)和调频波段(525～1 605kHz)。

（　　）

5. CD唱片在播放时,唱片是以恒定角速度旋转。　　　　　　　　（　　）

6. 音频信号线应尽可能短,避免受到噪声信号的干扰。　　　　　　（　　）

三、问答题

1. 汽车音响主要由哪几部分组成？其功能是什么？

2. 如何排除别克君越轿车"收音机信号接收不良或接收不到"的故障？

3. 如何排除别克君越轿车"一个或多个扬声器音响失真"的故障？

4. 如何排除别克君越轿车"一个或多个扬声器不工作"的故障？

5. 如何排除别克君越轿车"所有扬声器都不工作"的故障？

6. 如何排除别克君越轿车"汽车音响防盗锁定"的故障？

学习单元 4.3　车载电话的诊断与修复

学习目标

理解汽车车载电话系统的组成、结构和工作原理,能够分析典型车辆车载电话的控制电路,并能对车载电话的常见故障进行诊断与修复。

车载电话一般具有接打电话、收发短信、来电显示、上网、数字拨号、通讯录、通话管理、设置时间和日期等功能;另处一些车载电话还带有蓝牙功能,如诺基亚616、诺基亚810等。

4.3.1　车载电话的认识

1. 车载电话的特点

(1) 信号强。众所周知,手机的信号强度与运营商为其移动通信网络架设基站的发射功率以及手机离基站的远近息息相关。在电梯、火车、地下通道等比较封闭的地方,手机信号要穿过的障碍物增多,也会影响手机信号强度。而车载电话可以外接一根增强信号的天线,这样就基本上保证了通话的畅通无阻。

(2) 辐射低。当人们使用手机时,手机会向发射基站传送无线电波,而无线电波或多或少地会被人体吸收,这些电波就是手机辐射。这些辐射对人体健康造成不利影响。而车载电话使用的是外置天线,外置天线放置的位置离人体至少有1m的距离,大大降低了辐射给人体带来的伤害。

(3) 通话品质卓越。虽然目前很多手机已带有免提功能,但音量都不完美。车载电话配有独立的大功率扬声器,也可以通过接线使对方的声音从汽车音响中传输出来,使用户得到高水准的商务级通话品质。

(4) 尊贵大气的外观设计,是使用者身份的象征。

车载电话通常都有比较大的键盘,在车上拨号时非常方便,有些车载电话还有语音拨号和语音指令的功能,可让您用声音方式对电话进行操控,而不必再按数字键盘,保证了行车安全。

2. 车载电话的配件

从配件上来说,车载电话的配件有两类:

(1) 带手柄的车载电话,其主要配件有:主机、手柄、手柄座、喇叭。如摩托罗拉车载电话 M930/M930C、M900/M900C、2700GPS,诺基亚车载电话 6090、810 等。图 4-3-1 是诺基亚 6090 带手柄的车载电话。

(2) 不带手柄的车载电话,其主要配件有:主机、显示屏、控制按钮、喇叭等。如诺基亚 610、616 车载电话。图 4-3-2 是诺基亚 610 不带手柄的车载电话。

图 4-3-1　带手柄的车载电话　　图 4-3-2　不带手柄的车载电话　　图 4-3-3　车载电话的安装位置图
（诺基亚 6090）　　　　　　　　　（诺基亚 610）　　　　　　　　（摩托罗拉英文版 8989）

3. 车载电话的安装

(1) 安装方法。车载电话有安装型与非安装型。

① 安装型车载电话需要三根线:正常火线、地线、ACC。

② 非安装型车载电话:代表型号有,摩托罗拉 M930B,M930BP,这类车载电话可以随身携带。

(2) 安装位置。车载电话常见安装位置有:手扶箱、仪表台、壁柱,可查看参考资料车载电话的安装位置图,图 4-3-3 是摩托罗拉英文版 8989 车载电话的安装位置图。

4. 车载电话使用注意事项

在使用车载电话之前,需要注意以下事项:

图 4-3-4　诺基亚 6090 手柄摘下手柄图

(1) 在打开汽车点火开关时,车载电话会自动接通电源。

(2) 当您关闭汽车点火开关时,互动式电话不会自动切断电源;它会根据设置的断电延时时间而延迟断电。

(3) 定时检查您的车载电话,确保其正确安装及正常工作。要使用车载电话,必须插入一张有效的 SIM 卡。

(4) 要将手柄从手柄托上拿起来,按下手柄托上的一个按键,即可摘下手柄。图 4-3-4 是诺基亚 6090 从手柄托上摘下手柄图。

4.3.2　车载电话的诊断与修复

1. 上海别克君威轿车车载电话系统的组成

别克君威轿车车载电话系统主要由移动电话、车载电话模块、车载电话副机、话筒、右前扬声器和转向盘车载电话控制器等组成,如图 4-3-5 所示。

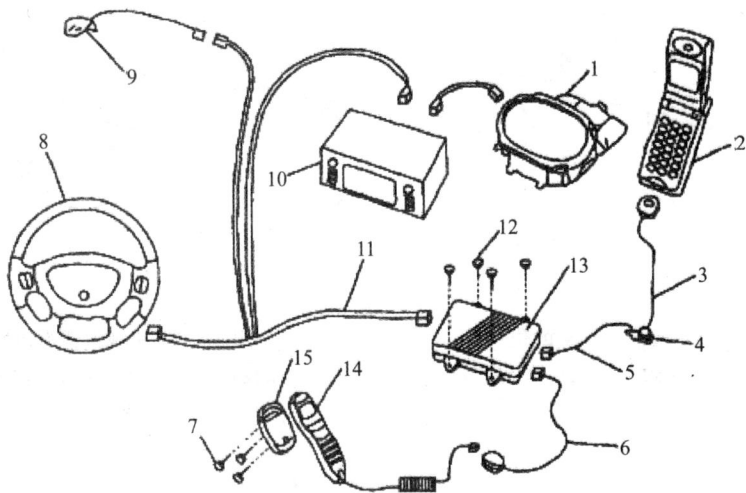

图 4-3-5　别克君威车载电话系统的组成部件

1—右前扬声器;2—移动电话(用户自配);3—信号线;4—移动电话转接头;5—信号连接线;6—车身线束;
7—车载电话副机座固定螺钉;8—转向盘车载电话控制器;9—话筒(带线束);10—收音-DVD 机;11—仪表板线束;
12—车载电话模块固定螺钉;13—车载电话模块;14—车载电话副机(带线束);15—车载电话副机机座

1)移动电话

车载电话系统的信号接收和发送是由移动电话完成的。移动电话款式必须与相应的信号线配套使用,适用于该车车载电话系统的移动电话款式及与其配套的信号线零件号如表 4-3-1 所示。

表 4-3-1　移动电话款式及与其配套的信号线零件号

移动电话的款式	信号线零件号
Motorola 3688、V3688＋、V3688X、V8088、L2000、LF2000i、P7689、P8088、Startac、CD938、V2088、V2188、P7789、A6188	EL-58D-1121B1
Nokia 5110、5130、6100、6150、6210、7110	EL-58D 524A1
Nokia 6250	EL-58D-524B1
Erric 768、788、888、T18S、T10SC、A1018SC、A1028SC、R250S、PRO	EL-58D-603H1
Erric T28,R310SC、A2618SC、T20、T29、T39、	EL-58D-604A1
Simens S25	EL-58D-811B1
Simens C351、M351、S351、3508i、3568i	EL-58D-815B1
Nokia 8210、8850、8250	EL-58D-518
Philip 989	EL-58D-E609

笔记

当移动电话和相应信号线选定后,移动电话应选择车载免提和自动接听功能。当移动电话连接到车载电话系统时,将有两声报警提示成功接入,否则系统不能正常工作。移动电话通过移动电话转接头连接到车载电话系统,移动电话转接头的位置在置物箱内,如图4-3-6所示。

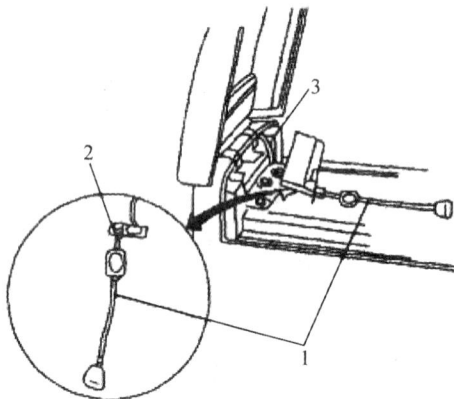

图 4-3-6 移动电话转接头的位置
1—信号线;2—移动电话转接头;3—信号连接线

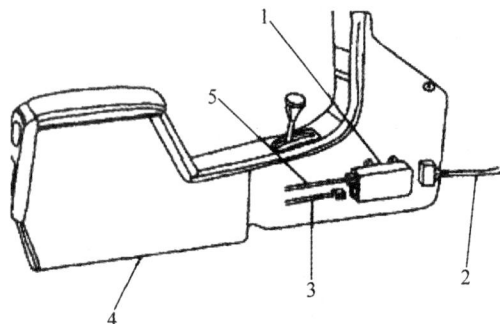

图 4-3-7 车载电话模块的位置
1—车载电话模块;2—仪表板线束;3—车身线束;
4—副仪表板;5—信号连接线

2) 车载电话模块

车载电话模块的位置在仪表板下方、前排乘客座左侧,如图4-3-7所示。车载电话模块是车载电话系统的控制装置,它具有下列功能:

(1) 当来电话时,若收音机已打开,则此时音响自动静音,然后切换至车载电话工作状态;若收音机未工作,则收音机被唤醒进入车载电话工作状态。当通话结束时,收音机自动回复至原来状态。

(2) 来电话时,若对方电话号码和姓名已录入车载电话模块中的语音电话簿,则先报对方姓名然后进入通话状态;若对方电话号码和姓名未录入语音电话簿,则只报对方电话号码然后进入通话状态。

(3) 车载电话模块的语音电话簿最多可储存100组电话号码。

(4) 车载电话模块可提供移动电话安全充电。

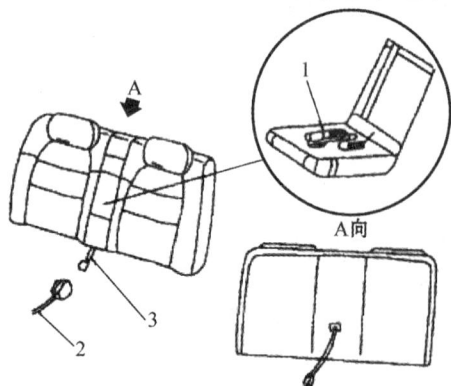

图 4-3-8 车载电话副机的位置
1—车载电话副机;2—车身线束;
3—车载电话副机的线束

(5) 当点火开关从其他位置转至关闭位置时,车载电话系统可以继续工作10min,当任一车门被打开时该系统即停止工作。

3) 车载电话副机

车载电话副机的位置在后乘客座两靠背中间,如图4-3-8所示。车载电话副机具有下列功能。

(1) 可以直接拨号或结束通话(此时移动电话必须与车载电话系统相连)。

(2) 每次按键时都会有声音和LCD画面相应提示。

(3) 可调节通音量。

(4) 语音电话簿输入和预录姓名及电话号码删除。

(5) 预设自动拨分机

（6）语音电话簿搜寻拨号

4）话筒

话筒的位置在内后视镜上，如图4-3-9所示。采用单指向性话筒，将通话音源与噪声区隔离以达到最佳通话品质。

5）右前扬声器

车载电话声音从右前扬声器传出。

6）转向盘车载电话控制器

车载电话控制器上各按钮的功能如下：

（1）Seek up按钮。向上搜寻语音电话簿，短按为单个搜寻；长按为快速搜寻（每次10组电话号码）。

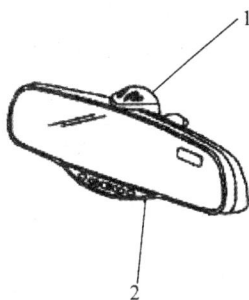

图4-3-9 话筒的位置
1—话筒；2—内后视镜

（2）Seek down按钮。向下搜寻语音电话簿，短按或长按分别为单个或快速搜寻。

（3）Mute按钮。短按进入静音、长按进入车载电话模式；再按为重拨电话号码。在车载电话工作状态时，在语音报来电号码或姓名结束前按Mute按钮为拒接，通话中按Mute按钮为挂断电话。

2. 上海别克君威轿车车载电话系统的控制电路

别克君威轿车车载电话系统的控制电路如图4-3-10和图4-3-11所示。图4-3-10中，车载电话模块的B13号端子为车载电话模块提供电源。B9号和B8号端子分别与收音-DVD机的

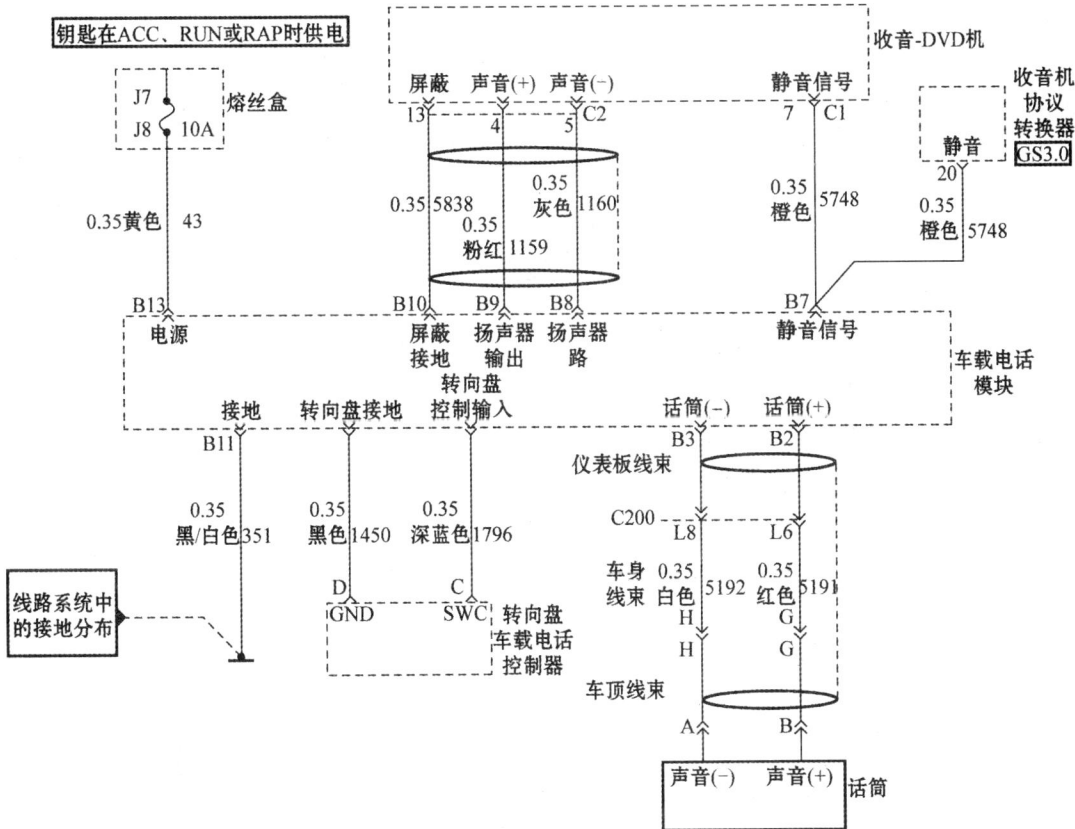

图4-3-10 上海别克君威轿车车载电话系统的控制电路（1）

4号和5号端子相连,车载电话模块将声音信号送给收音-DVD机。B7号端子分别与收音-DVD机的7号端子和收音机协议转换器的20号端子连接,当来电时,车载电话模块使B7号端子搭铁,收音-DVD机检测到低电位时控制扬声器静音。B2号端子与话筒的B端子相连,话筒将声音信号送至车载电话模块。

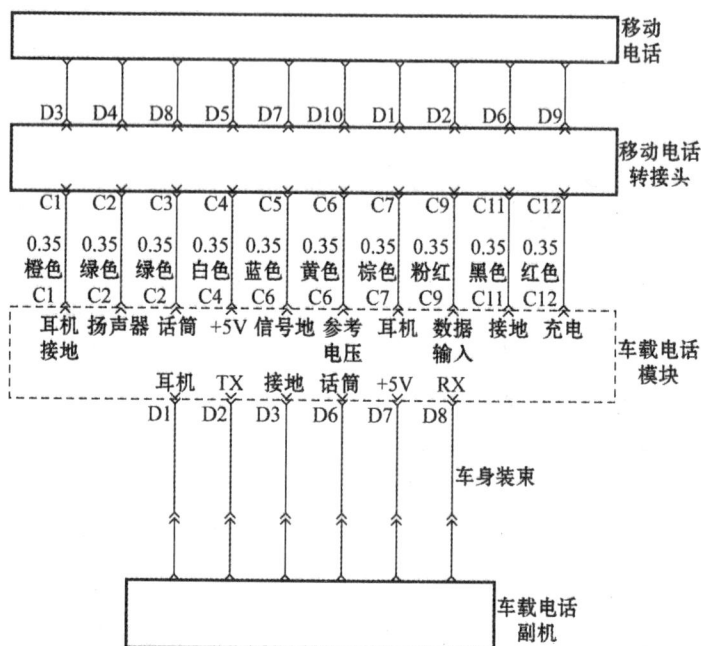

图 4-3-11　上海别克君威轿车车载电话系统的控制电路(2)

在图 4-3-11 中各个端子的说明如下:

Cl 号和 C7 号端子:该两端子没有使用。

C2 号端子:接听电话时,声音由移动电话经移动电话转接头从 C2 号端子传送至车载电话模块。

C3 号端子:通话时,话筒接收到的声音信号经车载电话模块从 C3 号端子传送至移动电话转接头,再传送至移动电话。

C4 号端子:为移动电话转接头提供 SV 电源。

C5 号端子:当移动电话转接头未接到车载电话模块上时,车载电话模块输出 5V 侦侧电压;当移动电话转接头接到车载电话模块上时伴有两声报警且 5V 电压变为 0V。

C6 号端子:当用车载电话副机拨号时,移动电话显示所拨号码,此信息经 C6 号端子由车载电话模块传送至移动电话转接头,再传送至移动电话。C6 号端子间的信号连接线为车载电话模块侦侧移动电话电池电压的信号线。

C9 号端子:当用移动电话拨号时,车载电话副机显示所拨号码,此信息经 C9 号端子由移动电话转接头传送至车载电话模块,再传送至车载电话副机。

Cl2 号端子:为移动电话充电提供电源,根据移动电话电池电量,充电电压变化范围为4~10V。

3. 车载电话系统的故障诊断

车载电话系统常见的故障主要有:

1) 来电时须按手机接听键,不能自动接听

(1) 此一般为手机未设定在"自动接听"。

(2) 可以参阅手机使用说明书,设定"自动接听"。

2) 手机不能自动充电

(1) 手机未正确装入适配器;适配器初始化失败;适配器有故障;手机有故障。

(2) 检查手机安装情况,必要时调整;执行系统初始化;检查适配器和手机,必要时更换。

3) 将手机放入适配器后,不能自动设定在"车内使用"模式

(1) 适配器初始化失败;适配器有故障;手机有故障。

(2) 执行系统初始化;检查适配器和手机,必要时更换。

4) 来电收音机不能自动静音

(1) 适配器初始化失败;适配器有故障;系统线束连接有故障;电话控制单元有故障。

(2) 执行系统初始化;检查系统线束连接;检查适配器和电话控制单元,必要时更换。

5) 来电收音机自动静音后,扬声器无声音输出

(1) 适配器初始化失败;系统线束连接有故障;电话控制单元有故障。

(2) 执行系统初始化;检查系统线束连接;检查设配器和电话控制单元,必要时更换。

案例分析

案例:车载电话的扬声器无声音输出

车型:奥迪 A6 轿车

症状:来电收音机自动静音后,扬声器无声音输出,但还能进行正常的移动通话功能。

诊断:根据故障现象,考虑可能的故障原因。首先按要求对系统进行初始化。更换新的电话适配器,打开点火开关,收音机显示"PHONE"字样,安装手机,手机显示"配置文件已生效",初始化成功完成。

但是再经测试功能,故障依旧。说明故障不是初始化问题,同时因更换了适配器和手机,所以排除是适配器或手机的故障造成的。

拆下收音机、中央扶手座以及中央扶手座下方的装饰件,拆下电话控制单元。检查电话控制单元与收音机的线束连接情况。如电路图 4-3-12 所示,电话控制单元上的 7♯/16♯/4♯插脚,分别对应收音机上收音机 10 孔红色插头 4♯/3♯/1♯插脚。通断测试,结果显示正常。在进行线间短路及对地短路测试时,发现,电话控制单元上的 7♯对应收音机上收音机 10 孔红色插头 4♯与电话控制单元上的 16♯对应收音机上收音机 10 孔红色插头 3♯两根线发生了短路。

拆下前排座椅和地板,检查线束。发现此车线束已经被修理过(询问车主,该车为事故车),在原来修埋过的地方,线束发生了短路。

修复:修复线束,换上原车的电话适配器和手机。

分析:根据电路图 4-3-12 所示,电话电控单元上的 7♯/16♯4♯分别是:NF/-信号,NF/＋信号,NF/ST 信号。信号作用为:NF/ST 线为电话控制单元向收音机提供"收音机静音"信号,NF/-线,NF/＋线为电话控制单元向收音机提供声音信号。当 NF/-,NF/＋短路后,收音机只收到了电话控制单元传来的"静音"信号,但无声音信号的传入,最终导致电话"静音后无声音输出"。

车载电话模块各端子说明如下:

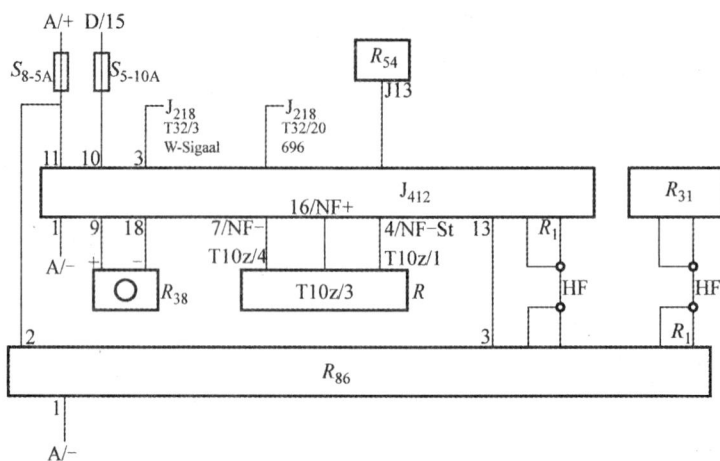

图 4-3-12　奥迪 A6 车载电话电路图

A/＋——电瓶正极；A/———电瓶负极；D/15——点火开关"ON"档；S8-5A——保险丝支架上 8 号保险,额定容量 5A；S5-10A——保险丝支架上 5 号保险,额定容量 10A；J218 T32/3 V-Signal——来自仪表 32 孔蓝色插头第 3 号脚的车速信号；J218 T32/20 58s——来自仪表 32 孔蓝色插头第 20 号脚的开关照明信号；J412——电话电控单元；R——收音机；R38——电话麦克风；R51——收音机/电话/停车加热装置天线；R54——电话适配器；R86——放大器；T10z/1——收音机 10 孔红色插头第 1 脚；T10z/3——收音机 10 孔红色插头第 3 脚；T10z/4——收音机 10 孔红色插头第 4 脚。

测试习题

一、填空题

1. 汽车车载电话一般有_____、_____、_____、_____、_____、_____、_____等功能。

2. 汽车车载电话的特点是_____、_____、_____和_____。

3. 别克君威轿车车载电话系统主要由_____、_____、_____、_____、_____、_____等组成。

4. 带手柄的车载电话,其主要有配件有_____、_____、_____和_____。

5. 安装型车载电话需要三根线,它们是_____、_____、_____。

二、判断题

1. 按照安装方法分类,车载电话可分为安装型与非安装型两类。　　　　（　　）

2. 摩托罗拉车载电话 M930/M930C 属于不带手柄的车载电话。　　　　（　　）

3. 诺基亚车载电话 6090、810 属于带手柄的车载电话。　　　　　　　（　　）

4. 车载电话常见安装位置有手扶箱、仪表台、壁柱等。　　　　　　　（　　）

5. 车载电话模块的位置在后乘客座两靠背中间。　　　　　　　　　　（　　）

三、问答题

1. 简述车载电话的使用注意事项。

2. 车载电话常见的故障有哪些?

3. 结合图 4-3-10 和 4-3-11 分析上海别克君威轿车的车载电话的工作原理。

参 考 文 献

[1] 李传志.汽车车身电子控制系统[M].北京:机械工业出版社,2006.

[2] 吴文琳.汽车舒适系统和电动控制装置维修精华[M].北京:机械工业出版社,2009.

[3] 阙广武.图解汽车车身电控系统新技术入门[M].北京:中国电力出版社,2009.

[4] 曹利民.轿车音响原理与检修[M].北京:人民交通出版社,2005.

[5] (美)James E. Duffy Robert Scharff.汽车车身维修技术[M].北京:高等教育出版社,2006.

[6] 张月相.电控汽车安全气囊培训教程[M].哈尔滨:黑龙江科学技术出版社,2007.

[7] 潘承炜.汽车安全气囊检测[M].北京:人民交通出版社,2007.